BIG SCIENCE
大科学

Ernest Lawrence and the Invention that Launched the Military–Industrial Complex
欧内斯特·劳伦斯和他开创的军工产业

MICHAEL HILTZIK

[美] 迈克尔·希尔齐克 著

王文浩 译

湖南科学技术出版社

图书在版编目（CIP）数据

大科学 /（美）迈克尔·希尔齐克著；王文浩译 . —长沙：湖南科学技术出版社，2022.5
书名原文：BIG SCIENCE
ISBN 978-7-5710-0458-3

Ⅰ . ①大… Ⅱ . ①迈… ②王… Ⅲ . ①科学知识—普及读物 Ⅳ . ① Z228

中国版本图书馆 CIP 数据核字（2020）第 044683 号

湖南科学技术出版社独家获得本书简体中文版出版发行权
著作权合同登记号：18-2015-137

DA KEXUE
大科学

著者	**印刷**
[美]迈克尔·希尔齐克	湖南省众鑫印务有限公司
译者	**厂址**
王文浩	湖南省长沙县榔梨街道梨江大道20号
出版人	**邮编**
潘晓山	410100
策划编辑	**版次**
吴炜　李蓓　孙桂均	2022 年 5 月第 1 版
责任编辑	**印次**
吴炜	2022 年 5 月第 1 次印刷
营销编辑	**开本**
周洋	710mm×1000mm　1/16
出版发行	**印张**
湖南科学技术出版社	25
社址	**字数**
长沙市芙蓉中路一段 416 号	410 千字
泊富国际金融中心	**书号**
http://www.hnstp.com	ISBN 978-7-5710-0458-3
湖南科学技术出版社	**定价**
天猫旗舰店网址	89.00 元
http://hnkjcbs.tmall.com	（版权所有·翻印必究）

目录   引言：创造与毁灭   1

引言：创造与毁灭

1　　2012年7月4日，两个国际科学团队共同宣布，借助于地球上最复杂的研究机器——大型强子对撞机（LHC）——他们发现了被称为"希格斯玻色子"的基本粒子。近半个世纪以来，或者说自从它的存在于1964年被提出以来，希格斯玻色子一直是物理学家重点寻找的目标。当时人们是将它作为赋予宇宙中物质质量的一种场的载体提出的，现在人们终于在对撞机上找到了它。

　　作为LHC的建设者和所有者，位于瑞士日内瓦的欧洲核子研究中心（CERN）总部为此举行了计划中的新闻发布会。这一消息吸引了来自世界各地的观众和物理学界高层的目光。彼得·希格斯（Peter Higgs）彼时已是83岁高龄的老人，这位曾预言存在这种以他的名字命名的粒了的英国物理学家，像其他贵宾一样，应邀出现在CERN演讲大厅的屏幕前。屏幕上播放着显示实验数据的幻灯片，这些数据出自LHC实验中高能质子束之间几乎难以想象的猛烈碰撞。LHC实验希望通过这种对心碰撞能让希格斯玻色子在瞬间爆发的能量聚集中显露原形。数据让在座的嘉宾明白，在一个令人信服的概率范围内，实验者发现了希格斯玻色子。当演讲结束时，全场起立，为研究团队鼓掌，并向将他们带向胜利的不可思议的装置表达崇敬之情。

2　　LHC的一切都是大的。它的建造，从概念到第一束质子的产生，就花去了25年时间和100亿美元。这台机器位于风光绚丽的法国和瑞士边境的90米深的地下。装置的混凝土隧道的周长达27千米。隧道内装有9600个磁体部件，每个部件都被冷却到接近绝对零度的低温下，以便能引导质子以接近99.99%的光速做对心碰撞。

对撞机以及2012年夏天宣布的这一发现，成为对大科学的最好诠释。大科学研究是一种由我们这个时代的重大科学项目驱动的工业规模的研究模式——原子弹、登月竞赛、派遣机器人作太阳系外的深空研究、微观尺度上的亚原子粒子的性质研究，等等，无不如此。当今时代，大科学主导着学术界、工业界和政府的研究方向。它解决大问题，因此需要巨大的资源，包括由成百上千的职业科学家和技术专家来操控的设备。其项目资金往往是一所大学，甚至一个国家难以承担的。CERN的对撞机不仅得到了来自21个成员国的财政和技术支持，还得到了其他60多个国家和国际机构的支持。从这些数据可看出当今大科学的规模。正如物理学家罗伯特·威尔逊（Robert R. Wilson）所阐述的那样，这种规模的研究不是哪个独立机构能够单独实现的："独自从事核科学研究就如同独自登月一样，几乎是不可能的。"

然而，大科学创立本身曾是一种孤独的努力。这种探索自然奥秘的新方法可以追溯到90年前的加州伯克利。当时一位极富魅力和机智的年轻科学家不仅物理秉赋出众，而且在推动一项新发明方面独具天才。他甚至宣称："我就要出名了！"

他的名字叫欧内斯特·奥兰多·劳伦斯。他的发明在核物理学界掀起了一场革命，然而这还仅仅是其影响的开始。这项发明改变了科学运行的基本模式，许多方面直到今天依然十分重要。它重塑了我们对大自然的基本构造的理解。它为赢得第二次世界大战提供了帮助。这就是劳伦斯所称的回旋加速器。

大型强子对撞机是劳伦斯的发明的直接产物，虽然今天很少有人能认清这个家族的相似性。劳伦斯亲手建造的第一台回旋加速器成本不到100美元，而大型强子对撞机则包括了几种先进的回旋加速器和同步回旋辐射加速器，以及用来驱动亚原子粒子到极高速度的其他先进加速器。所有这些后代均源自最初的设计原理。劳伦斯在伯克利的辐射实验室在鼎盛时期雇用了60位科学家和十几名技术人员。与其学术前辈比起来，这种团队规模似乎更像一支军队。例如剑桥大学传奇的卡文迪什实验室的欧内斯特·卢瑟福爵士，当年带着两个助手，采用手工工具（其中一些便于他在工作台上操作），就在20世纪的前十年里做出了惊天动地的发现。但在公布发现希格斯玻色子的两个研究团队看来，即便是劳伦斯当年的团队也显得微不足道。今天的团队每个都有三千名成员。

劳伦斯作为大科学工程的缔造者的地位得到了他的同龄人的广泛承认，但如今这种地位则在很大程度上被忽视了。这有几个原因值得再探讨。一是驱使他做此研究的本性和雄心，以及他极具个性的管理风格，使大科学染上了持久的个体特征，但还远不止这些。他的事迹是一段令人叹服的科学探索传奇。在此过程中，他不仅在物理学领域做出了前所未有的发现，而且也被置身于科学、政治和国际事务的风口浪尖。

从20世纪30年代末以来，国家层面的科学政策几乎不存在问题，而在欧内斯特·劳伦斯看来，这种政策却不是他要追求的。作为当时世界上最强大的粒子加速器的发明者和最大的国家级实验室的领导者，他的影响力随着第二次世界大战的到来而迅速扩张。为了支持盟军建造原子弹，他押上了个人承诺，从而将这一项目在几乎肯定要被取缔的历史关头挽救了回来。战争结束后，正是他的威望和影响力，推动了发展氢弹计划的实施。我们今天生活的这个世界，正不安地处在热核武器这柄达摩克利斯剑的威胁之下。不管是从好坏哪方面看，这些肯定都是欧内斯特·劳伦斯留给现代文明的遗产。

1929年的一天，劳伦斯通过头脑风暴法意识到，他想出了一种极为有效的加速亚原子粒子的新方法。他的目标是用它们作探针去发现原子核的结构，就像人们拿着螺丝刀去捣鼓一台无线电电子设备。原子核是一种由质子和中子组成的带电内核，它占有原子的大部分质量。他的回旋加速器从概念上说很简单，它能解决如何使亚原子粒子——特别是质子（即氢原子的核）——获得能量的难题，使它们可以穿透原子核的电场。全世界的科学家和工程师都在设法攻克这个难题。劳伦斯解决了它。

当时的物理学正经历一个艰难的转型期。小科学时代的天才，像卢瑟福、伊莲娜和弗里德里克·约里奥－居里夫妇（玛丽·居里的女儿和女婿），都曾将自然赋予他们的简陋工具运用到极限。凭借着手工器具，卢瑟福发现了原子核，并且凭直觉预言了中子的存在。后来，他的副手詹姆斯·查德威克，在另一项小规模的实验中发现了这种粒子。约里奥－居里夫妇在他们自己的实验室里继续玛丽·居里的事业——探索放射性的奥秘，学习如何通过放射性照射使一种元素转变成另一种元素。这两个实验室依托的都是天然放射性物质（如镭和钍）所产生的看不见的亚原子粒子作为探针。

他们的成就是辉煌的，但他们无法逃避这样一个现实：要对核结构作进一步研究，就需要有比放射性物质随意发出的射线脉冲速度更快、能量更高、准直性更好的子弹。换句话说，物理学家需要的是人造射线弹。聚焦高能粒子束并让它们打到靶上，不仅需要实验室的台面设备，而且需要大到几乎无法安装在室内的大机器。卢瑟福和约里奥－居里夫妇知道，他们是手工操作科学时代最后的杰出领导人，他们很快就不得不让位给新的一代。

老传统下的这些物理学家怀着敬畏的心情注视着带给他们的科学领域的新变化。正如毛瑞斯·戈尔德哈伯（Maurice Goldhaber）——其辉煌的职业生 5 涯跨越小科学的鼎盛期和大科学的成长期——在回忆这段过渡期时说的那样："第一个瓦解原子核的是欧内斯特·卢瑟福，有一张照片反映的就是他抱着放在他膝头上的装置。这时我总想起另一张照片：建在伯克利的一台著名的回旋加速器，所有人都围坐在它周围。坦率地讲，这种对比会给你一个一切都变了的印象。"

戈尔德哈伯并没有夸张。他提到的回旋加速器是一台建于1938年、有自己的专设大楼的庞然大物。这台机器的巨型电磁铁就重达220吨，高达3.4米。戈尔德哈伯提到的照片记录确实是劳伦斯实验室的全体工作人员——27个成年人——站在或坐在马蹄形磁铁的周围（图1）。

图1 辐射实验室的工作人员和同事坐在152厘米加速器的磁铁轭的底边上，此时克罗克实验室尚处于建设阶段。实验室的人员结构如下：前排（左起）：约翰·劳伦斯、罗伯特·塞伦博、弗兰兹·库利、雷蒙德·伯奇、欧内斯特·劳伦斯、唐·库克西、亚瑟·斯内尔、路易斯·阿尔瓦雷斯、菲利普·埃贝尔森。第二排：约翰·巴克斯、威尔弗雷德·曼恩、佩尔·埃伯索尔德、埃德温·麦克米兰、欧内斯特·莱曼、马丁·卡门、大卫·卡布菲尔、温菲尔德·索尔兹伯里。后排：亚历克斯·朗斯道夫、萨姆·西蒙斯、约瑟夫·汉密尔顿、大卫·斯隆、罗伯特·奥本海默、威廉·布罗贝克、罗伯特·科尔诺格、罗伯特·威尔森、尤金·维兹、杰克·利文古德。

欧内斯特·劳伦斯的性格与他带来的新时代之间有着十分完美的匹配。他的科学风格属于那种在沉静的学术研究世界里很少见的类型。他善于同百万富翁、慈善基金会和政府机构打交道。他那种和蔼可亲的中西部人的个性如同其科学天分一样重要，都是他成功的关键。科学天分加上他对工程的直觉，使他对物理学有一种本能的把握。他宅心仁厚，很少发脾气，从不出言不逊。（"哦，sugar！"是他最严厉的咒骂了。）他筹集大笔资金往往依靠的是积极宣传，记者们也总是乐于帮忙传递信息。记者笔下的人物不仅具有吸引人的个性特征，而且富有科学探索精神，而欧内斯特正好兼备这两方面要求。在他30多岁时，他已经是美国本土出生的最著名的科学家，这一点可由他的照片荣登1937年11月的《时代》杂志封面来佐证。"他创造但也破坏。"不久之后，1939年，他便获得了活着的科学家的最高荣誉：诺贝尔奖。

劳伦斯颠覆了人们心目中的科学家的刻板印象，好像他们总是在一所远离尘嚣的实验室（典型的哥特式建筑）里，以狂热、神秘的激情埋头于孤独的工作，他们的创作设计常常让其制造商几乎抓狂。在流行文化中，科学家的典型特征是超凡脱俗，《时代》杂志曾将阿尔伯特·爱因斯坦描绘成一个成天将自己关在大铁门后的阁楼里独自从事着稀奇古怪的天才构思的人："憔悴、紧张、烦躁……数学家爱因斯坦甚至不会记账。"

相反，劳伦斯不仅非常睿智，而且体力充沛。他终于成功地建成了这样一座实验室，它不是那种幽暗的哥特式城堡，而是一座矗立于山坡之上的现代化科学殿堂。它既远离喧闹的加州大学伯克利校园，又可俯瞰旧金山海湾迷人的景色。他一点都不孤独，他主持着一个由朝气蓬勃的年轻科学家和研究生——物理学家、化学家、医生和工程师——组成的团队，所有人都在跨学科的协作中艰苦跋涉和认真思考；他管理着数以百万美元的经费，以确保这种协作能够顺利实施。他以其雄心、气魄、智慧和财富体现了新世界强劲有力的作风。布鲁斯·布利文(Bruce Bliven)，一位经常行走于愤世嫉俗的政客和厌世专家之间的进步记者，很快为著名的劳伦斯教授——科学奇迹的奠基人所倾倒，发现他"很容易说上话，完全是那种你能想象的美国人"。

● ● ●

"大科学"一词是由物理学家阿尔文·温伯格（Alvin Weinberg）在1961年——欧内斯特·劳伦斯去世三年后提出的。温伯格从他作为橡树岭国家实验室（该实验室是按照劳伦斯的规格要求建立的，用于生产制造原子弹所需的浓缩铀）主任的角度，调研了前几十年的科学研究模式，并对这一时期作了这样的定义：其科学成就的标志——高耸的火箭、高能加速器、核反应堆——都是用铁、钢和电线电缆搭建的，就像早期文明用蟠纹石教堂和大金字塔向天上的神和世俗的国王表示他们的虔诚一样。

只有官僚作风的管理模式才会保留下这些科学运作的古迹。在劳伦斯的辐射实验室里，核心装置——回旋加速器——在技术上是如此复杂，操作上又是如此容易失灵，以至于需要专职工程技术人员时刻保持警惕。"保持一切按部就班的逻辑——无论是指科学机械还是指精心设计的像机器般运转的组织架构——已成为这一活动的重要组成部分。"温伯格回忆道。在照管机器的那些人眼里，这种因科学问题的令人生畏的复杂性所强制的宏大承诺已变成一种信仰。"如果不付出巨大努力，不采用庞大的工具，我们根本不知道如何获取有关物质最微小的结构和宇宙最大尺度上的信息。"劳伦斯实验室的前物理学家沃尔夫冈·帕诺夫斯基（Wolfgang K. H. Panofsky）如是说。

追求更大更好的推动力有其自身的逻辑。回旋加速器的每一项发现都为物理学家所做的探索开辟了新的前景；要揭开每一个新的谜底，就要求机器做得更大，能量更高。每一项新发现都给该机构带来新的威望，为它招募到更多的科学家，获取更多的荣誉，以及为筹集更多的资金创造出更多的动力和机会。

使大科学作为科学探索的典范而得到最终验证的是第二次世界大战的两大技术成果：雷达和原子弹。如果没有跨学科的合作和几乎无限的资源支撑（这已成为新范式的标志），要开发出这两样东西几乎是不可能的——而且肯定不可能及时发明出来而影响战争结果。建立第一座观察核的链式反应的原子反应堆被公认为恩里科·费米（Enrico Fermi）的功劳。这种链式反应对于开发钚弹，就是后来扔在长崎的炸弹，至关重要。费米不仅构思了这一概念，而且监督了它的建造。但要实现费米的这一设想，则需要建立一支由"物理学家、数学家、化学家、仪器专家、冶金学家、生物学家，以及可以把这些科学家的研究成果转化为实物的各类工程师"组成的团队。温伯格观察到，"链式反应堆可要比核物理学家的一项实验大得多"。

劳伦斯在科学工作中的研究风格的这些变化不仅让人敬畏还给人带来不安，直到今天它们依然如此。

甚至在劳伦斯职业生涯的早年，当大科学仍处于形成阶段时，科学家、大学校长和其他专家便已开始担心它对知识追求和传播的影响。1941年，卡尔·康普顿（Karl Compton）——麻省理工学院院长，也是一位精通回旋加速器的物理学家——就曾对侵入学术界的那种对金钱和名望的争夺的"反常的竞争要素"感到忧虑。他不安地对朋友诉说道："要维持一项积极的计划和运转良好的员工队伍，需要的是更积极的宣传而不是科学界的津津乐道。"一些科学家看到的是过度竞争，完全不协调的工厂式研究模式，那些仍采用旧世界管理方式和研究程序的大学对于像伯克利这样的大科学机构唯恐避之不及。而另一些人，譬如帕诺夫斯基，则认为大科学对于解决物理学的大问题是十分必要的。他们在伯克利的新系统内训练自己，然后将大科学的福音传播开来。（帕诺夫斯基将它带到了斯坦福大学。）

有关大科学如何永久地改变科学家的工作方式这一点，早在战争年代就已有著述。当时科学和技术共同体主要是集中精力赢得胜利。然而，随着和平的到来，科学家们开始重新琢磨大科学带来的变化。有些人担心，"个人灵感"这一在过去取得突破的法宝是否还会有用武之地。匈牙利物理学家尤金·维格纳（Eugene Wigner）就曾这样问道："一个跨学科的团队能够发现相对论或薛定谔方程吗？"像许多其他人一样，他担心的是日益增长的管理上的需求将使最有才华的科学家离开实验室。在小科学时代纯粹致力于自身课题研究，并口耳相传地教授学生的研究人员，现在不得不应付许多其他职责：他必须管理好筹集到的大笔资金，写课题申请报告，为各种委员会提供咨询服务，在华盛顿的国会和各执行机构的走廊上徜徉以打探消息。研究机构的领导人不仅得是科学家，而且还得是老板、拉拉队队长和推销员。

资金很充足，但到款都是有条件的。随着资助规模的增长，这些条件变得越发苛刻。在战争期间，美国政府的资助自然主要是针对军事研究和发展。但即使在1945年德国和日本投降后，政府仍然是美国科研机构最大的单一资助者，其军事用途仍继续主导着学术界科学家的研究方向，尤其是在物理学领域。第二次世界大战后接着是朝鲜战争，然后是被称为冷战的漫长、紧张的生存时期。而且军事服务现在已演变出一个强大的合作伙伴：军工产业。在战后时期，大科学和"军事－工业复合体"的逐渐融合曾让艾森豪威尔总统深感不安。工业对学术实验室的日渐深入的介入给科学家带来了压力，他们必须注意到他们的工作的商业可行性。物理学家不是在从事基础研究，而是开始"把时间花费在追求经济上可获得专利的方面，而不是探索科学的基础原理方面"，科学史学家彼得·格里森（Peter Galison）这样观察道。作为大科学的先驱，欧内斯特·劳伦斯比大多数同龄人更早面临这些压力，但专利争夺战——不仅仅是什么能申请专利，还有在大科学团队中谁该拿大头——很快就在学术界成为普遍现象。政府和工业界也很快就加入到这一狂欢中：为了保密，为了一体化，抑或为了大投资带来更大的收益。

正是劳伦斯帮忙播下了产业界参与研究的种子。他让他的投资人看到回旋加速器是如何服务于他们所青睐的目标的，从而培育了产业界的雄心。对于生物研究机构，他利用加速器生产了大量的人工放射性同位素，用以了解光合作用的复杂性和杀死癌细胞的效果。他让企业家看到了原子核作为发电机的美好前景，一旦实现核能发电，电能将变得难以想象的便宜，而且几乎是用之不竭的。至于那些仍然致力于基础研究的慈善基金会，他向它们提出了一系列旨在揭开自然世界奥秘的项目，从而提高了这些基金会的声望。洛克菲勒基金会的总裁雷蒙德·福斯迪克（Raymond B. Fosdick）最简洁地一语道出了大科学在这方面的本质作用："新的回旋加速器已不只是一台研究设备。"他在1940年这样说道，它是"一个强有力的象征，它代表着人类对知识的渴望，是人类精神最高尚的表达方式，是人类对真理无畏探索的象征"。那一年，这个非营利基金会的董事会投票决定资助劳伦斯100多万美元，用以建设世界上最强大的回旋加速器。

没有人对劳伦斯照顾到他的资金支持者的利益诉求说三道四。如果他无法用创纪录的成就来支撑他的承诺，那么他在筹集资金上的艰苦努力就会前功尽弃。伯克利的辐射实验室开创了新的核医学科学来与疾病作斗争。它的回旋加速器经常加班加点用以生产世界各地的研究人员所需的放射性同位素。劳伦斯的期盼——原子能总有一天能用于取暖，用于几百万个家庭和工厂的照明，用作船用动力让海轮远航全球——极富远见，而且完全发自内心。当然，这一切现在都已实现。

大科学的成功给科学家带来了巨大的荣誉，他们因帮助赢得战争而倍受人们尊敬和钦佩，他们被看作人类渴望探索大自然奥秘的活的宝库。但这种高看热捧不可能持久，因为科学知识是不完善的，公众总有一天会感到幻灭。随着大科学项目变得越来越大，科学家们开始变得举步维艰，因为用于解决紧迫的社会问题所需的公共资源有很大一部分被大科学占用了。

到20世纪末，社会对大科学的信任开始消退。回想起来，它的许多成就似乎模棱两可：是的，原子弹赢得了战争，但代价是核的阴云永远在人类的头顶徘徊。原子能的和平利用带来了电力，但其价格远远高于其倡导者当初的预想，而且它还给我们带来了三哩岛、切尔诺贝利和福岛的灾难，带来了人类是否真能可靠地驯服核技术的问题。人类漫步月球，但在那壮观的瞬间过后，公众对太空探索的兴趣迅速消退。所有这些花费——图什么？

在1961年提出"大科学"一词的同一篇文章里，阿尔文·温伯格概述了当时人们关于大科学对研究、对大学和社会的影响的疑虑。他十分公允地说道，如果建立大科学所需的大规模支出吸干了稀缺的资源，并将科学家从探索与人类生存条件更密切相关的领域引开的话，那么，"我认为，大多数美国人宁愿选择一个优先考虑如何治愈癌症的项目，"他写道，"而不是把第一个宇航员送上火星。"

在美国，这种疑虑在20世纪80年代到90年代初引起关于是否应该上马超导超级对撞机项目的激烈争论。这台加速器原定设在得克萨斯州的沃克西哈奇附近，其能量将是欧洲核子研究中心的大型强子对撞机的3倍。该项目最终因地区和预算政策而搁浅，但它的致命伤是公众已经怀疑其目的性。1993年，超导超级对撞机的项目被国会否决了。

大型强子对撞机是如此巨大、复杂和昂贵，以至于一些科学家认为它可能标志着国际级大科学的终结。它做出的发现所提出的关于自然世界的问题，只能通过更大、能量更高的对撞机来回答，正如劳伦斯的每一台回旋加速器造就了未来对更大的加速器的需求一样。像大型强子对撞机一样，下一代机器，如果要建造的话，将需要多国联合来进行。让多个国家就一项在外人看来十分抽

大科学

象的探索组织在一起进行合作是很不容易的。

　　欧内斯特·劳伦斯从未表现出这样的疑虑。他的目标是如何解决"研究自然的问题"，正如罗伯特·奥本海默所说的那样，他的职业生涯达到了这一目的。我们现在来评估大科学的影响并不贬损他的成就。但大科学确实迫使我们去审视它是怎么来的。故事要从小科学世界里的大人物说起。

第一部分：机器

第1章　英雄时代

　　欧内斯特·卢瑟福是科学界的伟大人物之一。他是那种驾驭时代发展的巨 15
人，而不是顺着别人的车辙亦步亦趋的盲从者。一位熟人曾对他说道："你总
是处在波峰上。"据说他是这样回答的："是的，毕竟是我制造了波，不是吗？"
他说话大声，笑声爽朗，对他那个时代里著名的"粗俗笑话"由衷地欣赏。C. P.
斯诺（C. P. Snow）——卢瑟福的一个年轻的助手，曾以其小说被学术界和政府
列于走廊橱窗而赢得文学名声——曾这样回忆起卢瑟福勋爵："一个体格高大
而笨拙的人，高大的凸窗下沿只到他半胸位置，他有大大的蓝眼睛和湿乎乎下
垂的下唇。"

　　卢瑟福1871年出生于新西兰，父亲是一位能干的工匠，母亲是乡村教师。
当时的新西兰还是大英帝国的一个遥远的海外殖民地。卢瑟福成年后成为他那
个年代富于直觉的理论家和杰出的实验物理学家。没有人能质疑他在发掘实验
结果的意义方面的天才能力，他的实验结果均产自他精心打造的手工设备。"卢
瑟福是一个艺术家，"他以前的学生 A. S. 拉塞尔（A. S. Russell）这样评价道，"他
的所有实验都带有他的独特风格。"

　　卢瑟福24岁时第一次来到剑桥大学著名的卡文迪什实验室当研究生。那
是在1895年，一个偶然的时刻，当时物理学家们都在琢磨他们的设备所表现出
来的一种新的物理力。就在卢瑟福到来之前的一个月，德国物理学家威廉·伦 16
琴（Wilhelm Roentgen）报告称，某种放电产生的辐射具有很强的穿透力，它能

将人的手骨成像在感光底版上。伦琴称他的这一发现叫X射线。

伦琴的报告促使巴黎的物理学家亨利·贝克勒耳（Henri Becquerel）寻找X射线的其他特征。他采用的方法是将多种化学物质放在阳光下暴晒。他用一张黑纸将感光底版包裹起来，再用涂有待检测化合物的纸盖在其上，然后将它们放置在太阳下，晒过一段时间之后，再将它们拿回房间查看密封底版上是否有阴影出现。1896年2月，巴黎连续几天是阴天，于是他将最新制备的材料——涂有铀盐的纸包裹着的底版——放在一个抽屉里，等待太阳再次露脸。当他给底版显影时，发现底版在黑暗的抽屉里竟然自发地被铀盐曝光了。

不久之后，玛丽·居里（Marie Curie）和她的丈夫皮埃尔·居里（Pierre Curie）在巴黎的他们的实验室确认，贝克勒耳射线是由某些元素自然产生的。这些元素里包括了他们所发现并命名的两种：钋（用以纪念玛丽·居里的故乡波兰）和镭。他们把这种现象称为"放射性"。（贝克勒耳和居里夫妇因为在这一最初称为"贝克勒耳辐射"方面的工作而分享了1903年的诺贝尔奖。）

同一时期，其他科学家也在积极探索以解开隐藏在原子内部的奥秘。卡文迪什实验室主任J. J.汤姆孙（Joseph John Thomson）——欧内斯特·卢瑟福的导师，在1897年发现了电子，从而建立起原子可分割成更小的粒子——"微粒"（他这么称呼这种粒子）——的概念。汤姆孙提出了一种原子结构模型。在这种模型中，他的这种带负电荷的电子散布在未分割的正电荷体当中，犹如细碎的果粒散布在松软的蛋挞当中。这个模型一经出现便成为著名的"葡萄干布丁"模型。它风行了14年，直到卢瑟福将它请下台休息。

17   与此同时，卢瑟福也在忙着检查"铀辐射"，他的登台可说是由贝克勒耳的发现促成的。1899年，他确定放射性可分为截然不同的两种类型，他按放射性的穿透力将它们分为：α辐射——容易被铜、银、铂或玻璃吸收；β射线——贯穿力更强，能够像阳光穿过玻璃窗一样轻易穿过铜、铝等轻金属。此时卢瑟福已经搬到蒙特利尔，他获聘麦吉尔大学的教授职位，这所大学建有当时一流的实验室。这些实验室由加拿大商人资助，是工业界资助科学研究的早期范例。卢瑟福有一位天资聪颖的助手，名叫弗雷德里克·索迪（Frederick Soddy），他提出了"同位素"的概念，用以命名同一种元素中那些结构不同但化学性质相同的元素成分。卢瑟福认定，像铀、钍和镭这些重元素的放射性是由衰变产生的。所谓衰变是指一种自然发生的转化过程。通过多步衰变——有些衰变仅持续几分钟，有些则历经几个世纪，甚至几千年——这些重元素最后变成放射性不活泼的铅。最终，卢瑟福确定，α 射线实为失去电子的氦原子，即氦核；β 射线是高能电子。这项工作使他荣获 1908 年度诺贝尔化学奖。那时，他已经回到英国获聘为曼彻斯特大学教授。

在曼彻斯特，他通过对原子结构这一核心问题的钻研，为科学树立了更大的里程碑。"我是在将原子看成是一个好看的硬家伙的环境中成长起来的，根据个人趣味，你可以将它看成是红色的或灰色的。"多年后，他在谈到葡萄干布丁模型时这么说道。虽然他认为原子的空间基本上是空的，而不是点缀着带电什锦块的均匀质量体，但此时他还不认为这是一个替代模型。与曼彻斯特大学的两名研究生助理汉斯·盖革（Hans Geiger）和欧内斯特·马斯登（Ernest Marsden）一起，他开始着手寻找这样一个替代模型，使用的工具就是 α 粒子。他知道，这些粒子都能被磁场偏转，但奇怪的是，它们在通过固体物质——如薄的云母片——时偏转得更厉害。这表明原子内部是一个电磁漩涡，而非平静的、坚实的布丁，这种漩涡使经过它的粒子被甩出去。

卢瑟福的实验是采用从纯净玻璃小瓶里的镭放射出的 α 粒子来轰击金箔。[18] 盖革和马斯登通过观察 α 粒子打在涂有硫化锌的玻璃板上所发出的闪光或闪烁来记录 α 粒子的散射。该装置显示出卢瑟福做事特有的简单性和风格，但执行起来任务极其繁重。观察者需要先坐在没有灯光的实验室里进行一个多小时的暗适应，然后一次只能持续观察一分钟，因为紧盯显微镜屏幕的紧张往往会产生虚幻的闪烁感，从而混淆了真实的闪烁。（盖革由此最终发明了以他名字命名的粒子计数器，从而解救了疲劳无助的实验者。）

实验表明，大多数 α 粒子穿过金属箔后仅有非常轻微的偏转或没有偏转。但有一小部分——大约是八千分之一——出现大角度反弹，有的甚至被直接回弹到放射源。

卢瑟福对这一结果感到震惊。"这几乎就像你向一张薄纸发射一枚38厘米的炮弹，结果它竟弹回来打在你身上一样难以置信，"几年后他这么说道，那时他已建立起核物理历史上最珍贵的图像。对他来说，理解这其中所发生的事情并不难，因为这一现象只能解释成原子内大部分空间是空的，几乎所有质量都集中在一个极小的、带电的内核上。只有当 α 粒子碰巧直接打在这个内核上或足够接近这个核才可能被它的电荷偏转。卢瑟福的结论是，这个内核就是原子核。

卢瑟福的发现在原子物理学家的模型概念上引起了一场革命，但这并不是他最终的成就。那是在1919年，他报告了一个比1911年观察到的薄纸反弹结果更令人吃惊的现象。

卢瑟福再次挪了位置，这次是去了剑桥，担任卡文迪什实验室主任一职。这间实验室是在1874年建立的，第一任主任是詹姆斯·克拉克·麦克斯韦（James Clerk Maxwell）。刚任命时麦克斯韦还不是那么出名，但在短短的几年内，他发表的关于电和磁的工作使他获得了世界范围的声誉，所建立的卡文迪什实验室也跟着成为欧洲领先的科学中心。麦克斯韦建立起来的电磁概念将电和磁看成是同一个电磁现象的两个方面，从而在艾萨克·牛顿爵士的经典物理学与阿尔伯特·爱因斯坦的相对论世界之间建立起桥梁，他的卡文迪什实验室成为英国物理学实验传统的充满生机的宝库。

在卢瑟福掌舵期间，卡文迪什实验室陶醉于其破旧但庄严的氛围中。在机构设置上它可谓小科学的缩影。建筑物的形状就像个L形围拢的小庭院：长边一侧三层，顶层的山墙上开着窗子，屋檐急剧向下倾斜。大楼里有一间大实验室和一间专供"教授"使用的小实验室，一间存放实验设备的房间和一个演讲大厅。卢瑟福每周过来三次，给大约四十名学生讲课，偶尔从上衣里面的兜里抽出几张备课卡片来提示一下。物理学家马克·奥利芬特（Mark Oliphant）在20世纪20年代中期从澳大利亚来到卡文迪什。他是这样描述的："地板上没铺地毯，油漆的松木大门显得昏暗，石灰墙面色彩驳杂，惨淡的光线透过脏兮兮的玻璃从天窗射下来。"对于实验室主任，他将卢瑟福描述为"一个高大、面色红润的男子，头发稀疏，胡子倒是一大把，让我不由得想起百货商店和邮局的看门人"。实验室严格遵守欧洲的"绅士传统"，晚上六点，不管实验是否还在进行，到点关门，一位年老的值班人员会来到实验台前不耐烦地瞪着还在工作的科学家，摇晃着手中的实验室大门钥匙提醒他时间。工作拖拉被认为是一种"坏的习惯，坏的形式，坏的科学"。

卡文迪什非常看重它昔日的光荣历史，当年它在十分有限的资源条件下取得了伟大的进步。整个年度预算约为2000英镑，大约相当于21世纪里的80000美元。这点钱就是在旧时代按当时的工作强度来说也可谓捉襟见肘。提高资金使用效率的诀窍全在于卢瑟福一帮助手的精明和手艺，他们能够从简洁优雅的实验装置中提取出最大的成果。1919年的实验就体现了卢瑟福团队的这一风格。

卢瑟福在带着詹姆斯·查德威克（James Chadwick）一起工作时，后者的实验技能堪比卢瑟福本人，训练他如何让 α 粒子去打一系列气态靶：氧气、二氧化碳，甚至普通的空气。在用一个改进了的1911年的马斯登－盖革密闭盒进行实验时，他们发现，普通空气会产生特别频繁的闪烁，就是那种类似于氢原子核——质子——所产生的闪烁。卢瑟福正确地猜测到，这种现象与空气中所含的80%的氮有关。

"我们必然得出结论。"他写道，"氮原子……在与一个高速 α 粒子的近碰撞中被瓦解了。作为氮核的一个组成部分的氢原子被释放出来。"这些绕口的话在科学界产生了地震，因为卢瑟福描述的这种现象是原子的第一次人工分裂。人们最终认识到，这个反应涉及氮原子核——由7个质子和7个中子组成——对由两个质子和两个中子组成的 α 粒子的吸收，然后放出1个质子，氮－14嬗变成同位素氧－17。但真正为科学世界开辟了一条新的路径的是卢瑟福在文章结尾提出的观点。"总之这个结果表明，"他写道，"如果 α 粒子——或类似的弹丸——在实验中能获得更大的能量的话，我们就能够打破许多较轻原子核的结构。"

换句话说，由镭和钍自然产生的 α 粒子作为核探针已经物尽其用。它们已经显得不够强大。我们必须找出某种途径来使弹丸有更大的能量：人的智慧

20

加上大自然的馈赠就能创造出一种新的核探针。卢瑟福为核物理学的未来制定
21 了一个路线图。在遥远的地平线那端，现实将表明，完成获得必要能量的任务
已经超出了卢瑟福这一代人所熟知的优雅的基础科学的能力。

卢瑟福的发现在物理学领域催生了一批精英。后来 J. 罗伯特·奥本海默（J.
Robert Oppenheimer）将这一时期描述为"一个英雄的时代"，这不仅仅是因为
知识资源被集中到应对卢瑟福提出的挑战，而且还在于这一工作发生在一种知
识危机的背景下。物理学家们不得不面临一系列惊人的难题，这些难题彻底撼
动了他们关于自然世界的概念。在20世纪20年代的大部分时间里，他们痛苦
地怀疑他们是否能够彻底解决这些问题。

那个时代的杰出物理学家的话里总是充满了对知识的绝望。德国物理学家
马克斯·玻恩（Max Born）——新的量子力学理论的最早信徒，在1923年写道：
"大量的矛盾可能仅仅意味着整个物理学概念系统必须从根本上推倒重建。"维
也纳理论家沃尔夫冈·泡利（Wolfgang Pauli），一个集严谨的知识完整性与尖
刻的批评于一身的人（他对一篇草率的文章的著名批判是称它"简直不叫错"[1]），
在1925年感叹道，物理已变得"非常混乱"，"我希望我……从来没听说过它"。
即使头脑冷静的詹姆斯·查德威克在回忆起卡文迪什的实验时也称它"如此绝
望，简直到目前为止都属于炼金术时代的做法"。

尽管他们的任务异常复杂，但或许正是因为这一点，他们的工作才吸引了
公众的目光。在二十几岁的年轻人看来，物理学带有戏剧性的光环，甚至还有
浪漫色彩。第一次世界大战后的头十年始于亚瑟·爱丁顿（Arthur Eddington）
勋爵于1919年11月在英国皇家学会和皇家天文学会联合举行的会议上对爱因
斯坦的相对论所做出的惊人确认。伦敦《泰晤士报》历史性地以三行标题"科学
的革命/新的宇宙理论/牛顿的想法被推翻"宣布了这一结果。爱丁顿通过艰苦

1　泡利将错误分成程度不同的三种，由轻到重分别称为"wrong""very wrong"和"not even wrong"。所谓not even
　wrong，你可以理解为"那简直不叫错，叫胡扯"。——中译者注

的宣传活动，使得相对论及其创建者——阿尔伯特·爱因斯坦——成为国际生活中人尽皆知的热词。但这只是激发了公众对探索自然界基本真理的好奇心，同时让他们形成了这样一种印象：现代物理学家都是无畏的人，为了收集数据 22 敢于奔赴天涯海角，就像爱丁顿，为了见证相对论所预言的日食奇景，居然跑到遥远的非洲普林西比岛上去。

报纸编辑表现出对最新突破的极大兴趣。科学家成了名人。1921年，玛丽·居里带着她的两个女儿——艾娃（Eve）和伊莲娜（Irène）——做了一次6周的美国之旅，这在公众中引起了广泛的钦佩之情。这次访问是由玛丽·马丁莉·梅洛尼（Marie Mattingly Meloney）夫人发起的。她是纽约的一位社会名流，也是一家时尚杂志的老板。当她得知居里夫人的研究因缺钱买不起镭时感到非常震惊。梅洛尼出了个点子：筹集100 000美元为居里购买1克这种宝贵的矿物质(这个量差不多就是能嵌在顶针里的那一点)，并邀请居里坐船来美国接受这项礼物。"居里夫人正计划终结所有癌症"，《纽约时报》在她到来那天早上的头版上发布了这一消息(次日报纸又悄悄地将这条赤裸裸的断言收回了)。居里夫人此次访问的高潮是在白宫受到梅洛尼和包括西奥多·罗斯福的女儿爱丽丝·罗斯福·琅沃思（Alice Roosevelt Longworth）在内的华盛顿社会名流的隆重接待。玛丽·居里直接从总统沃伦·哈丁（Warren Harding）的手上接下了载有镭的缎带瓶，之后她用她那"蹩脚的英语"(《纽约时报》用语)表达了她的感激之情。可见即使在小科学时代也需要这样的融资。

公众开始相信，物理学掌握着自然世界所有现象的关键，包括化学和生物学。撰写卢瑟福传记的作者亚瑟·伊芙（Arthur S. Eve）写道："物理学家们携最初的成功，正努力根据正电子、负电子和它们在以太中产生的效应来解释所有的物理和化学过程。"如果他们是对的，他说："像遗传、记忆和智力等现象，以及我们的道德和宗教思想……都可以根据正、负电子和以太来解释。" 23

并不是所有的物理学家都如此自信。随着时间的推移，他们更深入地探究原子结构的复杂性，但对自然世界的认识却增长有限。他们的困惑源于两个相关且同样令人费解的现象。一个是自然在微尺度上表现出的所谓波粒二象性：

实验结果显示，光和电子的行为有时候像粒子，有时候则像波。

爱因斯坦早期关于光电效应的开创性工作表明，光是由一股"光量子"或粒子构成的。但他承认，如衍射、干涉和散射等行为又都属于波的性质。他没有调和这些相互矛盾的观察结果，而是将这一问题提交到他的同事面前。"这是我的观点。"1909年，他在德国萨尔茨堡召开的一次科学会议上这么宣布："理论物理学下一阶段的发展将带给我们一种光的理论，它可以解释为一种波与（粒子）理论相融合的理论。"

物理学家带着未解决的亚原子行为之谜进入20世纪20年代中期，希望不断积累的观察结果能将他们引向事实真相。但情况恰恰相反：他们获得的数据越多，似乎他们知道的就越少。"非常奇怪的情况是，越接近问题的解，"年轻有为的德国理论物理学家沃纳·海森伯（Werner Heisenberg）这样认为，"矛盾却变得越来越严重。"唯一的答案似乎就像英国物理学家威廉·布拉格（William Bragg）勋爵当作玩笑提出的："上帝在每周的一、三、五利用波动理论来解释电磁现象；魔鬼则在每周的二、四、六用量子理论来解释它。"

大概要算海森伯和他的导师，说话温柔但逻辑严谨的丹麦人尼尔斯·玻尔（Niels Bohr），最后猜中了正解。海森伯将这个认识过程比作在浓雾中看一个浮现的对象。他们的结论是，对于发生在量子尺度上的事件，任何人能知道的仅限于他能够观察到的是什么——所获知识依赖于观察手段。换句话说，如果一个人所用的仪器是设计用来检测作为粒子的电子的，那么这些电子就会表现为粒子；如果他所用的仪器是设计用来检测波的，那么这些电子就会以波的形式出现。电子作为粒子和电子作为波是同一事物的同样有效的两种表现，这里没有矛盾，有的只是——按玻尔的话——"互补性"。

理论认识上这可算是一种突破，但互补性并没有解决原子核所产生的反常结果。核结构成为20世纪物理学家的第二大神秘难题。

欧内斯特·卢瑟福将原子描述成一个微型太阳系：带负电荷的电子围绕着一个体积微小但质量巨大的带正电的核做轨道运动，这个核由质子和带负电荷的电子构成。这个模型的诱人的简单性使得它成为广为接受的真理，特别是在尼尔斯·玻尔于1913年证明了电子只能在与特定能级相关的、距核一定距离的轨道上运动之后，就更是如此。这似乎是调和了经典力学与量子力学之间的关系：前者支配轨道运动，后者决定着能级，从而决定了电子可以占据的轨道"壳层"。原子在整体上呈现中性：轨道电子的负电荷平衡了原子核的正电荷，原子核之所以呈正电性是因为质子数大于电子数。因此，按卢瑟福的推算，氦原子有2个轨道电子和1个由4个质子和2个电子构成的核；镭有138个轨道电子和一个由226个质子和88个电子构成的核。

问题很快就变得明显，这个模型产生的问题比它解决的问题还要多，而且越重的原子问题越大。到了1923年，也就是玻尔原子模型提出后的第10个年头，物理学家们仍在质疑其普适性。玻尔模型仅适用于最简单原子——氢——的实 25 验观察，氢只有1个质子和1个电子。而对于下一个最重的原子——氦，这个模型便开始失效，所引起的反常几乎让马克斯·玻恩感到绝望。

麻烦制造者是那些核内电子。没人能解释这么多粒子是如何被约束在核内的；或者如果有东西切入，这些高能粒子是如何能够待得住的。玻尔本人被迫承认，他珍爱的量子力学可能不适用于所有的核，我们或许需要发展出更新颖也更让人不知所措的机制来解释日渐增多的实验反常。

现成的解决方案卢瑟福那里就有。这位卡文迪什的元老自这个十年开始就一直在思索这个谜团，当时他认为，核内电子在强相互作用力的作用下会产生"严重变形"，因而它们在性质上非常不同于轨道电子。他认为，在这种情况下，电子会与质子结合形成一个不带电的、迄今未被发现的复合粒子，他称之为中子。

卢瑟福让永远忠实的查德威克来探索这种难以捉摸的中子。"他向我详细地阐述了……问题的困难性，复合核如何能够建立起来，如果可用的基本粒子只有质子和电子的话，因此现在需要的就是借助于中子。"查德威克多年后叙述道："他大方地承认这纯粹是猜测……除了私下讨论，他很少提及这些问题。"但"他完全改变了我。"

随着探索的进行，事情变得越发明显：要解开核结构的神秘性，所需的探针的高能量已超出大自然提供的范围。卢瑟福不愿意公开谈论这一法则的潜在影响。镭发射的 α 粒子的能量接近7.6百万电子伏，β 射线，即电子，则只有3百万电子伏。"我们所需要的，"卢瑟福宣称，"是这样一种设备，它能提供10百万伏特量级的电压，可以安全地置于一个相当大的房间内，由几个千瓦功率的电源驱动……我向懂技术的朋友们推荐这个有趣的问题。"

但产生卢瑟福所要求的电压仅仅是问题的一部分，而且是最简单的部分，大自然就能满足这一要求，因为一个闪电的电压就有3~200百万伏特。这些巨大的、短暂的电压可以成为一道亮丽的景观，但能被利用的价值不大。问题是如何利用这个力量，如何维持它，并操纵它对原子核实施攻击。通过电力行业常见的安排，如串联变压器，"能获得的电压似乎没有上限"，卢瑟福声称，再说发电厂就能够产生"一道几码长的火花，类似一个小尺度的快速连续的闪电"。但这项技术仍谈不上"接近，更不用说超越放射性元素在提供高速电子和高速原子方面的作用了"。

科学家在试图获得所需能量的过程中常常遭遇到设备被炸成碎片，实验室到处散落着玻璃碎片的令人沮丧的局面。有些人选择了勇敢地面对大自然的愤怒：来自柏林大学的三名男子在阿尔卑斯山的两座山峰之间拉了一对700码（1码＝0.9米）长的钢缆，等待测量雷电。当雷电到来时，他们测得的电位差高达15百万伏特——但狂怒的雷击将其中一人当场炸得粉身碎骨。

美国高校这时已开始分享与大企业合作的成果，并将这种协作关系正式投入到工作中去。加州理工学院接受了南加州爱迪生有限公司馈赠的礼物——一台1百万伏的变压器，这样加州理工大学就可以发展高电压技术，爱迪生当年曾梦想，可以利用这项技术在三百英里外的科罗拉多河上建造一座大坝（即胡佛大坝）水电站，将产生的电力传输到洛杉矶。加州理工学院的物理学家们用这台机器来产生X射线，但它远不及卢瑟福所要求的那般紧凑——不是放进"一个相当大的房间"，而是填满了一座面积达836平方米的三层大楼。整个楼坐落在地下很深的地基上。但就是这样也仍然无法产生可用的高能粒子束。最后，这台机器成为加州理工学院最著名的景观，每逢校庆"纪念日"，校友们便要到这里来观看它在雷鸣般的报告声中所发出的"长长的九曲回肠般的电弧"。

在探求这一目标的过程中，最重要的人物之一是物理学家默尔·图夫（Merle Tuve）。他决心在真空管里实现一次性加载 1 百万伏的高压，那么多的能量会把现有的真空管炸得粉碎。"我相信，我们所有人在年轻时都是极端分子。"他后来解释说："我们总是想去达到温度的极限、压力的极限、电压的极限、真空的极限，或是其他什么的极限。"他选择的仪器是特斯拉线圈，一种由富于远见的物理学家尼古拉·特斯拉（Nikola Tesla）在 1890 年发明的高压变压器。图夫的版本是由铜绕线包裹着的一个空心的三英尺长的玻璃管构成，整个装置浸在盛满油的加压缸里以抑制电火花。他和他的华盛顿卡耐基学院的同事们设法产生了 1.5 百万伏甚至更高的电压来显示 β 射线的产生和偶尔出现的加速质子，但这台设备显得粗糙、古怪，而且不可控。不久，图夫就抛弃了它，觉得它不适合做原子核研究，并诅咒它为"无法摆脱的麻烦"。

图夫转向求助于静电起电机。静电起电机是由普林斯顿大学的一位名叫罗伯特·范德格拉夫（Robert Van de Graaff）的工程师发明的。这个装置有一个位于绝缘柱顶部的大的空心金属球壳，球壳内有一套穿过绝缘柱自下而上连续传动的丝织带。在底部，直流电源通过金属尖针向丝织带放电，使丝织带带电并通过电机转动传送到顶部；在顶部，再通过一根与金属球壳相连的金属针将传送带上的电荷传送到球壳上，并在壳上积累，使之最终达到合适的电压。范德格拉夫起电机可以产生丰富的电压和火花，从而使它成为许多好莱坞影片中疯狂科学家必备的主要道具，但它还不足以成为卢瑟福所需的能提供"富足的"高能子弹的武器。为此图夫和范德格拉夫一起，想方设法利用真空管和其他设备来产生所需的经过聚焦的高能带电粒子束。最后他们终于成功了，但就在他们艰辛跋涉的时候，范德格拉夫的技术已经被另一些全新的东西超越。

这种新技术的开发者就是欧内斯特·劳伦斯（Ernest Lawrence），一个生长在南达科他州的一个名叫坎顿（Canton）的小镇上，曾在童年与默尔·图夫——

他的同学和街对面的小伙伴——一起分享他所迷恋的电动小玩意儿的人。在物理学撞上阻碍理解原子核的这面大墙之际，欧内斯特·劳伦斯如命中注定一般开始了他的职业生涯。这道障碍令人恼怒，物理学家只能隔着这道墙远远盯着远处昏暗的景观，真相一直笼罩在薄雾中。劳伦斯像是在这堵墙上打开了一道缺口，薄雾瞬间被清除掉。同时，劳伦斯的发明还标志着科学研究从小科学形态过渡到大科学。他发明了一种切实可行的方法，可以人为地将亚原子粒子加速到足够的能量使之打入到核内，让物理学家看清楚核到底是由什么组成的。在他们的同事看来，卢瑟福和劳伦斯都以"欧内斯特"著称，他们的工作都将在人类探索自然的历史上留下划时代的一笔。

第 2 章　南达科他小子

20 世纪之交的南达科他州坎顿镇，是一个有两千户居民的欣欣向荣的农业 ₂₉
小镇，它位于该州东南部[1]的楔形地区，地处爱荷华州和内布拉斯加州交界，密
苏里河和大苏河在这里汇合。在这里，欧内斯特·劳伦斯和默尔·图夫一起长
大，两家人隔着一条街相邻而居。默尔比欧内斯特大不到六周。两个家庭在镇
上都占有突出的社会地位：图夫家族的安东尼·图夫博士是当地的预科学校
奥古斯塔纳学院的院长，而劳伦斯家族的卡尔·劳伦斯则为当地所有学校的督学。

作为重视学术的家庭的孩子，欧内斯特和默尔从小就养成了爱学习的美
德。这种成长经历在当时的美国中西部一点都不显得另类，欧洲北部和斯堪的
纳维亚地区来的移民很早就将这种重学术的传统带到了这一地区。多年之后，
欧内斯特逐渐扩大的实验室就容纳了很多这样有才华的年轻研究人员，他们来
自明尼苏达、蒙大拿或北达科他等州，从小就在乡村学校受到良好的自然科学
方面的教育，然后在各自的州属大学里继续接受高等教育。他们接受的教育加
入了美国人在机器和技术方面的独特才干，因为他们在孩童时期就处于各种机
械设备的环境之下：农用机械、收音机和汽车。"我们大多数人都是无线电爱
好者，都能拆装 T 型车。"斯坦利·利文斯顿（Stanley Livingston）这么回忆道。 ₃₀
他也来自于中西部（威斯康星州），是一位在欧内斯特·劳伦斯开始他的职业生

1　原文错为西南部。——译注

涯过程中起着至关重要作用的人。因此，这两位全国最杰出的物理学家出现在同一个农业小镇上，成为终生的朋友、同事，和同时探求神圣的自然规律过程中的竞争对手，这绝不是一种巧合。

图2　劳伦斯家族肖像，大概拍摄于1910年前后。顺时针从左开始：卡尔、欧内斯特、贡达和约翰。

劳伦斯家族（图2）具有北方中西部人特有的虔诚，宗教服务作为个人救助或神学思考的源泉，深入社区生活的方方面面。卡尔在星期日学校里教授圣经课，在他们的婚姻生活中，却是他的妻子贡达（Gunda）维护着家庭中保守的人际氛围，卡尔反倒是以一种轻松欢乐的方式予以调节。欧内斯特的弟弟约翰就曾回忆起他父亲偶尔一边叼着雪茄，甚至偶尔一边喝着威士忌，一边露齿一笑地评论道："一个人如果没有一点坏习惯——至少一个或两个坏习惯——那他一定有什么地方不对劲。"

正如贡达回忆的，欧内斯特心灵手巧。"他一出生就是个大人。"她对她的这个任性自负的大儿子这样描述道。关于那个时期的一则家庭故事是这么说的：一天，欧内斯特想要独自一人去离家70英里外的爱荷华州的苏城看望表姐。当时他只有八岁，贡达马上否决了这个想法。（"你还只是个小孩，"她告诉他。）卡尔则耐心地劝说道，欧内斯特可以坐火车去苏城看望表姐，然后原路返回。"当妈的，你就让他试试吧，看看翅膀长硬了没有，"他对妻子说道。最后他的意见占了上风。欧内斯特平和的性情，他那既不愿被挫折压倒又不过分夸大失败的秉性，以及面对挑战时的冷静，这种冷静可以化解更炽烈的情感冲动——不论是涉及金钱还是有关技术——都肯定植根于他的中西部成长环境的宁静。但他沉稳的举止背后有一个缺陷，那就是他有口吃的毛病。家里人认为，这不是因为他情感受挫的反应(当今的后弗洛伊德学说可能这么认为)，而是他的脑子转得太快，语言表达能力跟不上所致。大多数口吃可以在十几岁时通过言语治疗师的医治得到矫正，虽然到成年后偶尔还会出现，但这通常发生 31 在智力活动高度亢奋的时刻。

图3　少年时期的欧内斯特(图中左二)与不知名的小朋友在一起。

从欧内斯特青春期的照片可以看出（图3），他是一个英俊的年轻小伙子，嘴唇随他母亲，蓝色的眼睛则随他父亲。他略带龅牙的笑容透露出轻松自信；从他的学生时代就戴上的圆眼镜让他从小就是一副教授模样。这是一个高大的青年，衣服宽松地穿在他骨感纤瘦的身架上，就像在耐心地等待他长壮实。欧内斯特继承了他父亲的活力，但也许不是他所有的运动技能。他在学校足球队就待了一年，却在前额留下了一个包块，这个伤痕甚至到成年依然可见。在后来的生活中，他到周末会热情地享受滑雪和徒步旅行的快乐，但常常到了星期一只好一瘸一拐地挂着拐杖到实验室来。他驾驶过跑车和快艇，那种彪悍的操控技术每每让乘客把心都提到嗓子眼儿。他在网球场上引人注目的取胜更多地要归功于他的不懈进取的风格而不是精湛的技术。

欧内斯特和默尔越来越沉迷于电子学，特别是新兴的无线电传输技术。但两人的特点也日渐显现。欧内斯特的兴趣表现在动手能力上——一天，他趁母亲不在家，便在餐桌上钻了个洞来安装发报机的按键。而默尔则勤奋地认真阅读给业余爱好者看的杂志（像《现代电学》和《电气实验者》等）。这种不同的方法贯穿于他们的整个职业生涯。

当时无线电正处于起步阶段。信号传输依靠的是低功率运行的火花隙发生器，这种装置会产生大量干扰，在潮湿环境下则彻底失效。由于当时的技术还无法传递像声音这样复杂的信息——这种技术要到第一次世界大战后真空电子管得到广泛使用后才有可能——因此通信只能通过电报和摩尔斯电码。这种发报系统的效果取决于天线的尺寸和发射功率。天线必须接地；欧内斯特和默尔在图夫家房子外面挖了一个4米深的洞，用来埋设他们的天线，尽管图夫博士对这种电气工程心有不快。

两个男孩在图夫家的阁楼上度过了他们的空闲时间。屋子里到处是被丢弃的电池、玻璃管和线圈。1917年，他们想象他们能截获海上的军舰或潜艇发出的讯息。这种憧憬在他们收听到德国瑙恩的一个电台所播送的无线电广播POZ后变得尤为迫切。德国的这个基站建于1913年，可谓无线电广播史上的一座著名的里程碑，它发送的可读信号可达到1550英里远，几乎覆盖整个欧洲大陆。但有趣的是，在美国参战后的一个深夜，广播突然终止了，当时图夫博士在阁楼上发现了默尔抄录的摩尔斯电码。伍德罗·威尔逊（Woodrow Wilson）总统已颁布法令，在此期间私人无线电传输必须停止，尽管默尔抗议他只接收，不发送，但他愤怒的父亲告诉他："既然总统说了，你就得服从。"他要求默尔当场拆毁，将它整个打包放入原来的箱子，然后亲自将它密封起来。

不久之后，大学招生开始了。贡达一改往日对丈夫在欧内斯特的童年和青春期所采取的放纵做法，铁了心要欧内斯特去上圣奥拉夫学院——一个路德教会机构在明尼苏达寒冷的北部地区设立的一所与世隔绝的学院。她坚持认为，一个将满17岁的男孩，重要的是要让他远离"州立大学的邪恶"。

可以想见，欧内斯特一去便发现圣奥拉夫是个极其单调乏味的地方。他非常厌烦将大量的时间花在学习圣经、教堂和军事演习上，只有化学课让他稍感兴趣，他的成绩反映了他在这段时间里绝望的沉闷：宗教学是C，电学和磁学的成绩居然是D！就像多年后家里亲戚挖苦地评论那样，在这个领域他注定要成为一代世界权威。

1919的夏天，欧内斯特的圣奥拉夫历练算是结束了——他在南达科他州的弗米利恩（Vermillion）的州立大学的实验室找了一份工作。弗米利恩离家仅50英里，但却是另一个世界。第二学年他悄悄地将学籍转到了南达科他大学，等到他父母知道，这事儿已成了既成事实。

在南达科他大学，劳伦斯遇到了他的第一位真正给人启发的老师——刘易斯·埃尔斯沃思·埃克利（Lewis Ellsworth Akeley）——一位在农村的校园里却具有令人难以置信的世界级影响的人物。埃克利来自纽约北部的一个显赫且爱冒险的家庭：他的兄弟是著名的探险家和保守派人士卡尔·埃克利。在弗米利恩，刘易斯·埃克利教授着非常广泛的课程——化学、物理学、拉丁语和生理学。欧内斯特曾为建立一个校园无线电台找过他。他对劳伦斯的热情印象非常深刻，以至于第一次见面后他就在晚上向他的妻子称赞这位新学生。埃克利邀请他再次见面，并巧妙地帮他跳过预科直接进入物理系学习。他会拿欧内斯特作为例子来引导其他学生——有时弄到尴尬的程度。"这里有个小伙子，我想你们都该去见见他。"有一次埃克利这么对他的学生说道。有个学生对这段往事的记忆非常深刻，以至于40年后还能向约翰·劳伦斯娓娓动听地道来，"这就是欧内斯特·劳伦斯。总有一天他会出名的。"

获得学士学位后，欧内斯特去明尼苏达大学继续读研究生，默尔·图夫已经在此注了册。就好像受到上帝的眷顾，欧内斯特在这里又遇到了一位高等物理学领域真正的自由思想先驱，他的名字叫威廉·弗朗西斯·格雷·斯旺（William Francis Gray Swann）。

年仅38岁，斯旺便跻身全美国领先的相对论专家行列。在该领域他曾与爱因斯坦本人保持着长期的私人通信往来。他身材魁梧，鹰钩鼻子上方镶着一双敏锐的眼睛，目光在乌黑的眉毛下炯炯有神。斯旺有着很高的修养，大提琴演奏得出神入化，以至于让他踌躇，此生到底是从事科学，还是从事音乐？

斯旺出生在英国的西米德兰兹郡（West Midlands），1913年，他越洋加入了华盛顿卡耐基学院的地球科学研究管理系，这是一个由钢铁大亨和慈善家安得烈·卡耐基（Andrew Carnegie）投资、成立于1902年的独立研究中心。1918年他去了明尼苏达大学，但在那里没打算待多久。从劳伦斯遇见他的那年开始，他作为一位理论家的名声让他扶摇直上，先是执教于芝加哥大学，后又去了耶鲁大学，出任斯隆物理实验室主任。劳伦斯则是每一步都紧随不离。

斯旺的教学方法明显不墨守成规。他很瞧不起那种所谓的"对事实赞美的狂热"，他认为物理教育的正确目标是通过灌输养成某种"心态"——一种能引导学生对自然现象背后的抽象原理有深刻理解的心智。他一直强调，事实总可以从参考书中检索到，或通过简单的实验室程序被追忆到，而我们要激发的是学生的创造性，因为这才是开启思想境界之门的钥匙。多年后，斯旺写道："我认为，如果我今天晚上去睡觉，明早醒来发现我已经忘了我所学到的一切，但却成功保留下我在思考时所获得的经验，那么我就不应该为受到的损失感到非常难受。"

我们可以看到，欧内斯特·劳伦斯的职业生涯简直就是以行动重演了斯旺的戒律。劳伦斯永远不会允许公认的事实成为某个想法的绊脚石，如果后者符合他对自然世界的看法的话。有无数次，同事们信心满满地告诉他，他们通常理解的某项事实不利于他的直觉判断；而且几乎每一次，他都会按照自己的直觉行事。而事实经常是，有时甚至令人大感意外，他会成功地证明"事实"是错的。

斯旺可能还留给劳伦斯另一份遗产：一个负面的教训。斯旺频繁地更换科研机构就反映了他个性的一个方面，这种个性抵消了他的聪明才智——他有 35 一种喜欢惹恼别人的倾向。"在任何地方，如果他无法妄自尊大，他就会很不高兴"，伯克利的物理学家伦纳德·勒布(Leonard B. Loeb)回忆道，他曾是斯旺在芝加哥大学的同事。要想像劳伦斯那样，成为斯旺的拥趸，就意味着得准备着随时拎包走人。这对于一个从稳定、关系亲密的家庭环境中成长起来的人来说是很难做到的。与他的导师不同，劳伦斯终其一生在学术上都是一个居家男人，他宁愿留在原单位而不是搬来搬去。在去伯克利之前，他有好几个月都在婉谢伯克利劝他离开耶鲁的花言巧语，尽管他只要一签字，明显的好处几乎唾手而得。他到了伯克利后，新的高薪聘约几乎每年都有，但劳伦斯都会仔细斟酌，同时确保让伯克利知道，他宁愿留下，如果大学能给他多一点自由和资源的话。很难说他是否认真考虑过来自像哈佛大学这样令人崇敬的机构的提议，但最后，他都把它们给拒了。

斯旺帮助劳伦斯将他那原始的补锅匠的技能运用到如何更新有用的实验设备上。这个过程始于斯旺对电磁学上一种特殊现象的兴趣。这就是磁单极效应，它是指沿轴向绕制的长直螺管的磁场可以让这一节螺管在一端与桌面接触，另一端敞口向上的状态下像一个茶壶盖那样转起来。斯旺让劳伦斯设计一个实验来演示这个效应，并乐呵呵地承认以前那帮小子给出的都是不确定的结果。"每两年，就有人想出转动磁铁或什么东西来指望得到他想要的效应，但他都不明白为什么要这么做，"他告诉劳伦斯，"我们有可能摆脱这种黑暗中的摸索。"

劳伦斯用铜和铁等金属件搭建了一个漂亮的装置。他在设计和建造装置方

面的速度要比他所取得的成果更令人印象深刻，这符合斯旺的预期，并由此将
科学向前推进了一点点，如果有的话。不管怎么说，他得到了结果，这就足够
令人鼓舞的了；更主要的是这篇报告构成了他的硕士论文。斯旺将这篇论文
投到《哲学杂志》上，并于1924年发表。这是欧内斯特·劳伦斯的第一篇科学
论文。

1924年，劳伦斯跟着斯旺来到耶鲁大学。在知识界，耶鲁的声望要高出明
尼苏达大学一大截。坐落在康涅狄格州纽黑文的这所大学有着无与伦比的实
验室设施和杰出的教师，吸引着最有前途的年轻的研究人员。其中就有唐纳
德·库克西（Donald Cooksey），一个温文尔雅的加利福尼亚人，他的兄长查尔
顿（Charlton）是耶鲁大学物理系的教员。当时，在研究X射线难以捉摸的性质
方面，年轻的库克西是一个称职的物理学家，但他知道自己敌不过新来者。

"他与众不同，"库克西回忆道，"他富于进取心，对什么都有兴趣，什么都
想知道。"在库克西的眼里，劳伦斯还是一个地道的乡巴佬。"他对东方有一种
可爱的天真。他从来没见过摩天大楼"。但谁也没料到，两位年轻科学家之间
结下的友谊会持续一辈子。库克西以国际化大都市里长大的人所特有的方式教
育劳伦斯，但他真正的职业兴趣则使他成为劳伦斯终身的助手和代理人——劳
伦斯最先进的加速器的共同设计者、劳伦斯实验室的经理，以及劳伦斯去世后
其遗产的守护者。从库克西的角度来看，这种关系堪称完美。许多年以后他承
认："我知道，我永远不会成为一个伟大的物理学家，但我想我可以在某些方
面帮助他，在我看来很明显，他能成为这样的物理学家。"

在耶鲁，劳伦斯最亲密的研究合作者是杰西·比姆斯（Jesse Beams），来自
中西部的另一个乡下人——他的祖父母坐着大篷车从西弗吉尼亚州迁移到堪
萨斯州。像欧内斯特于1925年获得耶鲁大学的博士学位一样，比姆斯也是一个
刚拿到博士学位的新人。他们的合作项目看上去雄心勃勃，这很好理解，科学
家如果不能全身心投入地干上一两年，就注定要被淘汰。他们的目标是，通过
测量从光量子（即光子）打到靶上的那一刻到电子从靶的表面飞出这段时间间

隔来研究光的结构。他们还试图通过让光束穿过快速旋转的镜面的分光作用将光子"斩"成碎片。这个项目巧妙地将以前做过的工作——劳伦斯在斯旺的指导下做的气态蒸汽条件下的光电效应研究和比姆斯对短寿命物理现象的调查——结合起来。"我们决定看看是否能将我们以前各自所用的设备搁一块儿，设计一种方法来获知量子有多长。"比姆斯叙述道。

他们得到的结果令人困惑。有时量得的光量子似乎有三四米长，有时它们似乎"只是一小束能量"，比姆斯回忆道。事实上，他们遇到的是光的波粒二象性，这个问题他们的物理学前辈以前就遇到过。

他们在最终发表的论文中用中性的专业语言描述了他们的困惑，而且他们的失望也暴露无遗。"电子对光电过程中能量量子的吸收在持续时间上不存在明确的信息。"他们报告说，"所谓光量子的长度——如果这个概念有意义的话——在实验上同样是未知的。"但不管怎么说，两人确实成功地测定了光电效应的延迟时间，这个延迟大约是二十亿分之一秒。由于这个结果要比一些杰出的理论家如玻尔等提出的数值小得多，因此这个结果代表了两位博士学位论文尚墨迹未干的年轻科学家提出的一项大胆的挑战。但是，他们的结果经受住了考验，在随后的几十年里，人们用比他们在1926年手头能用的更先进的测量设备证实了他们的测量结果。

杰西·比姆斯同欧内斯特·劳伦斯为期一年的合作使前者对劳伦斯的那种永不枯竭的活力留下了深刻的印象。"他能让你干到死，实际上。"比姆斯回忆道。他们的实验有时需要设备在密切监督下24小时连续运行，但欧内斯特似乎总能找出时间和精力去打网球或壁球，或在星期日去耶鲁的马场骑马兜风。在此期间，他还开始对耶鲁大学医学院院长乔治·布卢默（George Blumer）的16岁的女儿玛丽·布卢默（或叫莫莉 [Molly]，提起这个名字大家都知道）展开攻势。玛丽·布卢默不仅是一位受众人瞩目的少女，而且是一名将铁定进入瓦萨学院，在哈佛医学院占有一席之地的优等生。起初，她对这个个子高高的、瘦得不能再瘦，而且非常单纯的欧内斯特·劳伦斯的关注假装没看见，后者的种种以博一笑的招儿反倒逗得她的姐姐爱尔莎（Elsie）咯咯地笑。他是那种系个鞋带都会陷入遐想的男孩。但莫莉很快就被他的活力、他的智慧和他的执著追求所征服。

劳伦斯在实验上早熟的天性和他做事十分投入的性格引起了学界和业界猎头们的注意。他的文章发表得既快又多。他感兴趣的领域，包括电子束的传播及其作为电离剂的作用，是物理学中最值得关注的领域，他在实验技术上的足智多谋受到广泛好评。在通用电气公司设在纽约斯克内克塔迪的实验室——他和比姆斯曾应公司顶级研究项目主管阿尔伯特·赫尔（Albert W. Hull）的邀请在这里连续度过了两个夏季——他对那些最深奥的技术问题表现得如此淡定，以至于人们称他为"巡回大使"，因为他站在同行老哥的背后看上一眼，就能提出所需的建议。

1926年春天，一位被派往华盛顿出席美国物理学会——美国顶级专业组织机构——会议的观察员向组织报告说："我已捕捉到东部在实验方面最有才华的年轻人——这个小伙子的名字对于读过他最近写的关于电离电势的论文的人来说可谓耳熟能详……在我个人看来，这是我见过的最有魅力的男人之一——一个充满活力的一流数学家。"这位观察员就是伦纳德·B. 勒布，加州大学的物理学教授。伯克利招徕欧内斯特·劳伦斯的行动正式启动。

· · ·

39　　在20世纪20年代中期，加州大学正处在十字路口。它有充足的资金和一流的设施，但它还需要全力打造与其财富相称的学术声誉。这些钱源自私人捐助者和政府补贴，后者部分源自伯克利的化学家和工程师们对美国战争努力的贡献所获得的回报。美国在第一次世界大战中所取得的成功，使这块大陆上的人们对科学研究作为国家力量的价值，以及作为工业发展基础的价值有了新的认识。美国国家研究委员会——这个成立于1916年，作为政府资助学术机构，但一度因政治内斗和学术间不信任而变得举步维艰的基金渠道——在战后的岁月里重新焕发活力。像伯克利这样的在战争中充分展现出自身价值的高校，在接受资助教师研究和实验室建设的赠款方面自然名列前茅。学术界开始慢慢感觉到美国政府作为科学研究的赞助人的潜在分量。

提高伯克利学术地位的任务落到了威廉·华莱士·坎贝尔(William Wallace Campbell)的肩上，他在 1923 年成为该校的校长。作为全国首屈一指的天文学家，坎贝尔在加州大学利克天文台主任的位子上干了 23 年。在 20 世纪 20 年代的一出科学大戏——通过天文观测确认爱因斯坦的相对论——的展演过程中，他可是一个重要角色。广义相对论预言，从遥远的星球到达地球的光，在途经太阳时将因受到太阳引力场的影响而弯曲，其弯折的角度要比牛顿经典物理学预言的角度大。这种现象在观测上表现为恒星位置的明显偏移。如果在日食（这时太阳的光盘变得黑暗）期间我们观测太阳附近的某颗恒星，就应当能够验证这一预言。在坎贝尔的专家圈子里，进行这一验证早已是势在必行的事儿。自 1898 年以来，在利克天文台和加州铁路大王查尔斯·弗雷德里克·克罗克(Charles Frederick Crocker)的资助下，已经有 6 支日食探险队分别前往印度、乌克兰和南太平洋岛国基里巴斯等偏远地区进行观测。

1918 年，远征巴西的探险队遭遇到恶劣天气，这迫使坎贝尔不得不将确认 ₄₀广义相对论的荣誉让与英国天文学家亚瑟·爱丁顿，后者在非洲的普林西比岛上成功实现了这一历史性的观察。但坎贝尔于 1922 年 9 月在澳大利亚西北海岸进行的观测最后确认了这一预言。

坎贝尔深切体会到欧洲人的那种将美国科学看作资金和人力资源丰厚，但理论上缺乏理解的优越感。每年，他选派最有前途的天文学研究生去欧洲主要的科学研究中心，如剑桥、曼彻斯特、巴黎或德国的哥廷根等地学习。这些选派活动都是强制性的所谓"学习之旅"，其目标是要让学生获得在美国根本无法取得的"现代物理学发展"的必要基础。因此，当 1914 年到 1918 年期间的第一次世界大战切断了前往英国与欧洲大陆的所有通道后，坎贝尔感到这种差距陡然变得严峻起来。

在战后的岁月里，当大量的复员学生涌入校园，使得伯克利过时的科学设施捉襟见肘穷于应付时，加州的立法机构和大学的私人赞助者表现出前所未有的慷慨。一项公认的促进行动是于 1921 年将原先的斯鲁普理工学院——帕萨迪纳的一所中等规模的私立技校——并入加州技术研究院。著名的天文学家乔治·埃勒里·海耳（George Ellery Hale）为这一高校升级付出了大量心血。所需费用均来自海耳的忠实的慈善支持者团队。随后，该机构聘来诺贝尔物理学奖得主罗伯特·密立根（Robert A. Millikan），并将芝加哥大学校长聘请来担任校长，从而使这所高校一跃跨入世界顶级大学的行列。

为了不被淘汰，伯克利为1924年的最大一笔投资举行了揭幕礼。揭幕当天，勒孔特馆——这座以1869年大学建成后被任命为第一位教员的物理学家约翰·勒孔特（John LeConte）的名字命名的大楼——便成为当时世界上最大的物理楼之一。但是，要聘请到著名教授来充实这些宽敞的办公室和实验室却不是一件像盖个大楼这么简单的事情。学校曾邀请过尼尔斯·玻尔、美国诺贝尔奖获得者亚瑟·霍利·康普顿（Arthur Holly Compton，他曾答应过出任物理系主任，但芝加哥大学的丰厚待遇让他不惜违约改换门庭），甚至邀请过斯旺，但都无功而返。

物理系的窘境在于手头只有两位年轻的教授，伦纳德·勒布和雷蒙德·伯奇（Raymond T. Birge）。他们制定了一套诱捕科学天才的新战略，就是在选取对象上，找那些正处事业上升阶段，但还没机会谋得闲职养尊处优的年轻科学家下手。他们将拿到国家研究基金的研究员名册作为开采的富矿。这项基金是美国国家研究委员会设立用来资助跻身全国前5%的博士候选人的，因此它成为衡量一位候选人的科研能力的非常宝贵的指针。他们罗列了想要邀请的6位候选人的名单，其中就包括耶鲁大学的青年教师、人们公认的东部地区目前最好的研究员：欧内斯特·劳伦斯。

勒布在华盛顿与劳伦斯进行了初次接触后，伯奇接着来忽悠。他用一则对手机构正设计捞取劳伦斯的有针对性的八卦来刺激劳伦斯。"我这里有康奈尔干这事儿的显然真实的信息，你可能对此感兴趣。"他在寄给欧内斯特一封信中说："里希特迈尔（Richtmeyer）已经不止一次被系里其他人撂在一边，在那里待得很不舒心……我劝你还是留在耶鲁（至少目前如此）。"伯奇有意拼错了人名，康奈尔有两位杰出的父子物理学家，父亲叫弗洛伊德·里克特迈耶（Floyd

K. Richtmyer），是康奈尔的长聘教授，儿子罗伯特，刚取得本校的研究生学历，但不久就去了麻省理工学院。

那年夏天，劳伦斯携手比姆斯去了趟欧洲，斯旺在那里休学术假。这是劳伦斯第一次出国访问。这位年轻的科学家期望斯旺带他们游历欧洲各地，向他们介绍他在欧洲科学界杰出人物中的朋友和熟人，使这趟迟来的旅行成为一趟地道的"学习之旅"。

但是，斯旺在巴黎与他们匆匆寒暄之后，便撂下他们，自己与大提琴家巴 ⁴² 勃罗·卡萨尔斯(Pablo Casals)一道开办大师暑期班去了。这样，他们只好以节俭的方式自己游历欧洲科学研究的标志性圣地来度过整个夏天了。他们在哥本哈根大学的尼尔斯·玻尔理论物理研究所停留过，但大师们都不在家，他们只好像普通游客那样满足于在大厅里走个来回了事。在柏林和哥廷根，他们受到了著名的物理学家的亲切会见；在巴黎，他们在玛丽·居里的镭研究所遇见了这位斯旺的朋友——居里夫人本人。在那里他们看到，尽管有法国政府、欧洲和美国的慈善家的支持，但她的工作条件却几乎惊人的简陋，甚至没有高级一点的设备——甚至跟他们在耶鲁的基本工作装备的质量都没法比。在英国，他们得到的是同样的印象。在这里，最具突破性的进展都是在曼彻斯特和剑桥的最不起眼的手工设备上实现的。

小科学正处于繁盛时期。但欧内斯特在那一刻没有吸取到这样的教益：即使装备差点儿，但高质量的研究和坚实的理论推理有可能产生奇迹；反之，如果设备得不到智慧地使用，即使实验室装备得再先进也无法产生有价值的成果。他将不得不学着如何在艰苦的条件下工作。然而，他离开时的感觉是，他和比姆斯从欧洲人那里得到的教益比他想象的要少。他向比姆斯打抱不平道，美国"并不落后，除了在声誉上"。他预言，不要很长时间，欧洲人就将到美国来进行他们的"学习之旅"。

回国后，欧内斯特发现伯奇给他写的一封信。信中将伯克利描绘成地球上的学术天堂。"现在我有个想法，就是你会喜欢上加利福尼亚州，加州也会喜欢上你。"并信心十足地强调道："这里的教学安排要比全国任何一个地方都轻松……远远轻于那些普通的州立大学,而且显然比在耶鲁要轻松。"伯奇的目的是先让劳伦斯移去耶鲁大学的声望这道光环,比起遥远的公立大学,这道光环似乎具有压倒性的优势。耶鲁对外界向劳伦斯的招揽也不是置之不理。在他离开去欧洲之前,这所大学就已经给了他一个年薪3000美元的助理教授职位。比姆斯则只有1000美元,因此他相信耶鲁不会让劳伦斯离去。

但伯奇可不这么看。他一直在向这位年轻的小伙子施压,让他感到机会难得得快点决定。"在……合理的时间把握好机会就有了一切。"他写信给劳伦斯,强调物理系主任埃尔默·霍尔(Elmer Hall)已经答应给他副教授的职位,年薪3300美元,还不包括教员到任一年后提高的那500美元。在伯克利,伯奇向他保证:"现在对年轻人的任命和选拔机制完全不同于对老人的那一套。"这还只是对普通人才。"在这一点上你不必理会什么平均水平或其他大学的水平,或提职的平均年限等……我认为你只需关心你是被当作特殊人才来对待的。我怀疑在这所大学里是否还有其他人能像你这样,以这么短的教学时间和科研经历就得到了永久性的副教授职位。这证明……我们是多么重视你。"

有两个因素最终促使欧内斯特切断了与耶鲁大学的脐带关系:一个是斯旺决定去费城出任一所小且经费少的巴托尔研究院的院长一职;第二个是耶鲁大学高傲地拒绝了这位抢手的助理教授提出的晋升为副教授的请求。事情发展得如此之快,这直接打乱了纽黑文的盘算。欧内斯特的学术导师们过去就无法看透他身上的那种青春力量,更不用说让他们有信心摆脱这样一种思维定式:教员不会离开耶鲁大学去接受一所遥远的西海岸州立大学的职位。比姆斯——劳伦斯圈子里第一个得知他要去伯克利分校任职的成员,直奔物理系主任约翰·泽莱尼(John Zeleny)的办公室宣布,耶鲁大学正在犯"有史以来的最大错误"。泽莱尼沉痛地回答说,他知道这一点,但他无法说服院长。1928年3月12日,劳伦斯发电报给伯克利接受邀约。

那年夏天,在驾车横穿美国去接受他的新工作之前,他在华盛顿停留下来去看了看默尔·图夫。默尔刚收到约翰·霍普金斯大学给他寄来的博士学位证书，两年来他一直躲在华盛顿卡内基学院的地磁系，以前斯旺曾常来这地方。44 在这里，他一直在用他庞大的特斯拉线圈和范德格拉夫起电机来设法生产出高能质子，以便探测原子核。在他的实验室里，到处是石油刺鼻的焦油味和电机的哒哒声，图夫问劳伦斯，他打算在伯克利做什么研究，得到的是一个在他看来含糊不清的答案。

"他回答得相当含糊，话里尽是些高速转镜、量子截断和其他一些零星的小概念。"图夫回忆道。这还是过去的劳伦斯，只会分心于小玩意儿和小装置，而不是埋头于科学杂志。

图夫用他那大六周的年龄优势所确立的权威以及发小之间的坦率责备劳伦斯："我说，现在正是你精心选择研究什么样问题的最重要时刻，就像你在聚会上选择什么样的馅饼。对你来说，现在正是选择充满有待回答的新鲜问题的研究领域的当口。"恰当的选择是必不可少的。"任何一个本科生都知道，用人工产生的高能质子束和氢离子束去打靶的核物理学正是这样一个领域……他应当在这个领域里圈出一片土地来耕耘和成长。"

劳伦斯清醒地听着，他的眼睛划过眼前的磁铁、特斯拉线圈和实验室里随处乱扔的真空管。"他含糊地寻找着可看清的充满具体问题的领域。"图夫总结道。在那一刻图夫可能没意识到，实际上他已经为他的朋友设置了毕生从事的职业生涯的路径。

第3章 "我要出名了"

45 　　在凡事都要求有严格的程序记录的领域里，对于这样一个开创性时刻，回旋加速器诞生的整个环境背景却仍然模糊得令人沮丧。我们知道欧内斯特·劳伦斯是从一本不起眼的德国技术类杂志的一篇文章中获得的这一基本想法，我们知道这本杂志、这篇文章及其作者。我们知道这一刻发生在1929年的春天，虽然确切日期不甚明了。

　　但我们不清楚是什么促使劳伦斯拿起了这本杂志并通读了这篇文章。他是很早就开始琢磨如何加速粒子的问题，还是这个引导他毕生从事这项工作的概念只是他偶然碰到的？对于这个问题，他同时代的人分化为两拨，而且他自己的笔记也是多有矛盾。难道他完全偶然地在伯克利图书馆的科学书库里看到了1928年12月19日出版的这期《电气技术档案》，还是这本杂志之所以在那里是因为他自己订阅的？两种可能性都有证据支持。他是"在大学图书馆里浏览现刊"时偶然注意到这篇由挪威物理学家罗尔夫·维德勒（Rolf Wideröe）写的文章，就像他在接受他的诺贝尔奖的获奖演说中所述的那样？还是在打发一次无休止的教师会议的无聊时偶然看到的这篇文章，就像他在多年后与维德勒面对面地交谈时所说的那样？

　　有一点是众所周知的：劳伦斯几乎立刻领会他所看到的东西的重要性，尽管维德勒的这篇报告是用高度专业的德语——一种很大程度上超出了欧内斯特的知识范围的语言——写就的。"我只看图表和照片。"他在诺贝尔奖演讲中

46

说道。从这些图表和照片中，他看出维德勒的"一般方法"是让离子通过一系列加载有电位差的间隙来不断地给离子施加一个作用力，使它们沿直线加速。你想劳伦斯是什么人，这种由多个小脉冲对粒子的逐步加速"马上使我意识到，这正是我一直在寻找的解决加速正离子的技术问题的真正答案"。更确切地说，它似乎解决了如何在不用高电压的情形下产生高能粒子的问题。放下文章，他很快画出了一幅将质子加速到1百万伏的直线加速器草图，这是满足卢瑟福的10百万伏要求的重要的第一步。然而，他并没有很快达成目标——简单的数学计算告诉他，要实现这一能量需要一个相当长的直管——"长到实验室根本无法容得下"。

然后是真正的头脑风暴。如果他能将离子路径改成圆形轨道，让它们不断重复通过单个电间隙会怎样？这个紧凑而高效的电加速器概念将若干既定的原理合成为一个新的原理。第一条原理是，带电粒子进入垂直方向的磁场后走过的是一条弯曲的路径。挑战现在变成如何定时给出电脉冲，使得正好在粒子路过间隙时给它们加速，这意味着这些电脉冲要由一个以固定频率工作的振荡器来生成。

第二条原理——它是如此重要，以至于现在已成为所谓的"回旋加速器原理"——是，当粒子获得速度后，其螺旋路径的回旋半径变宽。从而延长了它们必须走过的返回到起点的距离；由于速度的增加和路径的延长同时起作用，因此随着粒子运动速度加快，其路径也拉长，结果它们仍将以与此前相同的时间间隔到达间隙。这一原理类似于自行车轮辋（钢圈）上的点与轮毂（轴套）上的点保持同步，即车轮每转一圈，钢圈上的点行进了几英尺，而轴套上的点只转过几英寸。

把这两条原理整合在一起，它们显示出，以固定频率振荡的电场可以反复 47 驱动做螺旋运动的质子流而无须重新调整。质子即使在被加速时依然与振荡电场保持同步的这种现象后来被称为"共振"。在加速器的设计师看来，这一原理就像爱因斯坦的 $E=mc^2$ 一样基本。

物理学界并非完全不知道回旋加速器的原理。早在1929年，匈牙利物理学家莱昂·西拉德（Leo Szilard）——其多产的心灵在20世纪20—30年代孕育出一系列神奇的装置——就曾提出基于这一想法的装置构想并试图获得德国专利。但他的设计过于空泛，也许太过革命性，难以说服专利审查官。西拉德富于创造力，但他缺乏欧内斯特·劳伦斯的坚韧，正像他多年后所承认的那样。"欧内斯特的优点，"他对一个朋友说道，"在于执行，而不是脱离实验的想法。"对西拉德而言，他提出的装置构想只是许多可能有用也可能没用的想法之一；而在欧内斯特·劳伦斯那里，一个想法就足以支撑起职业生涯。

欧内斯特以百米冲刺的速度回到他在伯克利教工俱乐部的单身宿舍，与室友一起讨论他的想法，他们大多像他一样是未婚的年轻教员。通常，劳伦斯不是一个喜欢凑热闹的主儿，但他们时不时就看到，一旦他有了新思路，他会变得热情洋溢，激情喷发。他们中许多人终身都记得他们第一次听到欧内斯特·劳伦斯描述回旋加速器时的情形。汤姆·约翰逊（Tom Johnson）还记得当天晚上在伯克利的图书馆听劳伦斯描述它的情形，他手里攥着维德勒的文章。在教工俱乐部，劳伦斯遇到的第一个人是唐纳德·沙恩（Donald Shane），一位数学家。他尽心地将劳伦斯潦草的计算检查了两遍，认为数学上看来没什么问题。

"但你打算拿它做什么呢？"沙恩问道。

"我要用它来裂解原子！"他回答说。

第二天劳伦斯仍然兴奋不已。一位教师的妻子永远记得他的这种癫狂：那是初春的一个寒冷的早晨，她在伯克利的林荫道上遇到了他，他朝她大喊："我要出名了！"他有一个研究生叫吉姆·布雷迪（Jim Brady）。当他冲进他在勒孔特二楼的实验室时，布雷迪正在摆弄仪器。他一把将布雷迪拖到黑板前，三笔两笔就在黑板上写出了公式。图夫的静电加速器能产生高电压，这没错，"但是，我们得到这些高压后能拿它们做什么呢？"他问道。如果你把1百万伏高压加载到真空管上，可以肯定你只会让真空管爆裂。但是，如果你只在真空管上加几千伏，并将1百万伏高压加在粒子上，那么玻璃管就不会炸裂，而是粒子得到加速。

产生几千伏特的电荷是做得到的。用磁场将离子约束住让其做100次轨道运动也是可行的。在劳伦斯的广阔视野里，卢瑟福的10百万电子伏特的目标已经唾手可及。实现这一点所需要的是一个能量足够高的振荡电荷、一副尺寸足够大的电磁铁和一个离子能在其中被驱动得团团转的离子源（劳伦斯将它描绘成一个"质子旋转木马"）。正像劳伦斯在第一天晚上对沙恩说的，他没看出其中有什么不对的地方。

概念上是对的，重要性说得也对，还有一件事也没错：它就要让他出名了。

然而，就像西拉德说的那样，将黑板上的涂鸦转化成能用的设备可不是一件简单的事情。劳伦斯还指挥不动实验室的工作人员，他只有三个研究生，而且每一个都有各自的经他核准的项目需要研究。再说他的朋友和同事圈里，还没有一个人能像他的伯克利教工俱乐部的邻居们在第一个不眠之夜里那样接受质子旋转木马的概念。默尔·图夫，此时仍在努力用他那难以驾驭的特斯拉线圈来产生高能粒子，也看不出劳伦斯给直线加速器赋以曲线变化能有什么实际用途。每个人对共振为什么不起作用似乎都有不同的理由，但没人能给出它应该管用的理由。离子会失去同步，他们说，或是会打到加速器的真空室壁上，或是会在转圈过程中与游荡的空气分子碰撞损失掉。劳伦斯回答说，通过在真 49 空室里加速粒子，并用磁铁来约束其路径，他可以消除碰撞，但这种想法只是引入了如何在强大的电磁力漩涡中如何保持一个密闭真空的技术问题。随着伯克利的新学期开学，欧内斯特的回旋加速器还处于纸上谈兵的阶段，因为有很多其他的项目让他分心。其中之一就是他与名叫戴维·斯隆（David Sloan）的非常专一的研究生共同开发的X射线管。这种能产生百万伏特的电子，虽不适合作为攻击核的炮弹，但可用于范围广泛的其他实验。

然而，圣诞节后，两件事情促使他重又拾起加速器的方案来。

第一件事情是与著名的德国量子物理学家奥托·斯特恩（Otto Stern）的交谈。这位未来的诺贝尔奖得主利用假期经停加州大学伯克利分校。斯特恩的专长是研究磁场对原子和亚原子粒子的作用。当欧内斯特在教工欢迎晚宴上向他描述了自己的想法后，他异常感兴趣。劳伦斯第一次听到一位对亚原子行为有切实领会的物理学家对他的想法表示支持，而不是通过狡辩来扼杀它。

"你为什么不开展这项工作呢？"斯特恩不耐烦地吼道。或者像约翰·劳伦斯——这场相遇的见证者——在回忆时用他蹩脚的德语复述斯特恩的话所说的那样："Sie mussen Zurich gehen！"他的意思很明确："回到实验室去！"

几天后，1月1日发行的《物理学评论》带来了第二个惊喜。这一期杂志刊登了默尔·图夫的一篇报告，声称他的特斯拉线圈可以"不太费事地"将α粒子驱动到高达10百万电子伏特的能量。在这个能量上，图夫计算过，粒子输出功率相当于2600克的镭。任何一位物理学家都不会不明白图夫给出的断言的意义，他们记得，1921年居里夫人千里迢迢来到美国，就是为了接受捐赠给她的1克镭，这可是价值10万美元哪！欧内斯特仍怀疑图夫的线圈真的可用作实用的加速器，因为间隙间的高电压极易击穿，产生巨大的火花，这一点为产生高能粒子束所需的高功率设置了一个硬性上限。但图夫的声明促使他拿出他自己的卓越想法。

新年初，劳伦斯的研究生尼尔斯·艾德勒弗森(Niels Edlefsen)完成了他的博士工作。劳伦斯实践自己的想法的机会来了。艾德勒弗森可谓大器晚成，他比欧内斯特大六岁，但还只是一个助教。但他愿意跟着劳伦斯干，在整个勒孔特大楼的那么多物理学教授里，只有欧内斯特会在半夜向他的学生伸出援手，温存地问道："不介意我和你一起工作一段时间吧？"

现在劳伦斯反过来向他求助。"我有一个疯狂的想法，"他对艾德勒弗森说道，"它那么简单，我不明白为什么没有人想到要尝试一下……你何不留下来跟我们一起干？"这是劳伦斯在建立世界上第一所伟大的大科学实验室时所用方法的第一次亮相：尽量利用廉价的研究生的劳动力。很快他就将拥有这种丰富的资源。

到1月中旬，艾德勒弗森一直在努力组装劳伦斯的设备。冬去春来，他已经用金属容器和玻璃容器搭建了一系列回旋加速器原型机。他将真空室内壁打磨得光滑如镜，在侧壁开了狭缝，配备了细丝和电线，并用厚厚的封蜡来维持真空。

第一批模型，小到足可放在手心里，与日后那些精心设计的家族后代简直没有任何相似之处，更不用说与21世纪坐落在瑞士乡村的十几英里长的庞然大物相提并论了。艾德勒弗森的装置像被卡车碾过的威士忌烧瓶（图4）。在欧内斯特的指导下，艾德勒弗森将这些单元安置在物理实验室的电磁铁的两个四英寸宽的磁极之间，用真空泵将其中的空气抽空，然后充入氢气，再用带电钨丝将气体电离。

图4 尼尔斯·艾德勒弗森制作的第一台回旋加速器。基本上就是一只用封蜡密封的装满板条的玻璃烧瓶。利文斯顿怀疑这些东西产生不出劳伦斯所声称的共振加速现象。

结果算是模棱两可。根据艾德勒弗森的简陋的离子探测器的测量，是有东西在烧瓶中活动，但它是不是振荡电场共振加速的质子就不好说了。但不论艾德勒弗森怀着怎样的疑虑，都抵挡不住劳伦斯的乐观情绪。欧内斯特宁愿相信他已经取得了概念上的证据，核查结果只需采用性能更为优越的检测设备即可。正如他在给南达科他州的父母的信中——他有一颗孝心，经常给父母写信——所报告的那样："如果这项工作证明我所预想的方法是对的，那这将是我将要去做的最重要的事情。"

那年夏天，艾德勒弗森离开了伯克利到另一所大学去做博士后工作。欧内斯特通过打网球来"放松"自己度过了暑假。假期结束后，他就项目的进展写了篇演讲提纲提交给将于1930年9月19日在伯克利召开的国家科学院会议，同时写了篇报告提交《科学》杂志以供几周后出版。这些文章都经过精心的措辞修饰，不是明说，而是暗示他和艾德勒弗森得到了他们一直以来所寻求的共振。文章避开了给出任何实际数据，因为他们还没什么可报告的。但文章充满了劳伦斯的自信和他那远超现实的、直观地把握可能性的方法——在这里，这种现实指的是通过持续共振将质子束加速到百万伏特的动能。他写道："初步实验表明，无须克服严重的困难就有可能将质子加速到用于研究原子核所需的足够高的速度。"通过回应默尔·图夫的断言，他精心地在他的童年朋友的旁边树立起他自己的旗帜。但是现在，物理学界希望他能好好做到他所吹嘘的目标。幸运的是，下一个天才的合作者已经登场。

米尔顿·斯坦利·利文斯顿原先是一个身材魁梧的农场男孩。他在加州圣盖博山脉的山脚下长大，他父亲在那里拥有一片橘园。利文斯顿在达特茅斯学院学的物理，这个学院在自然科学领域不是很强。利文斯顿承认，达特茅斯的硕士学位也许只相当更严谨的研究机构的一个学士学位，但是他的所学已足以让他得到伯克利的教师奖学金。（"当时没有那么激烈的竞争。"他回忆道。）

与1930年秋天来伯克利的其他人不同，利文斯顿之前还从来没有听说过劳伦斯这个名字。他第一次知道学校里还有个叫劳伦斯的教授是在选修了劳伦斯给本科生开设的磁学课程以后。刚来的头几个星期里，他为修满物理类课程可谓绞尽脑汁，但他很快就进入了欧内斯特的轨道。在他为准备合适的博士论文课题而征集的导师提供的选题里，他最着迷的就是劳伦斯的建议：他应该研究"磁场下氢离子与射频场的共振"。简言之——回旋加速器效应。伦纳德·勒布，尽管是他将劳伦斯招聘进伯克利，现在却傲慢地警告利文斯顿，做劳伦斯的课题工作有可能是在浪费时间。"他不认为（回旋加速器）能成功。"利文斯顿回忆道。利文斯顿带着勒布的疑虑回到劳伦斯那里，后者以惯有的强大的自信消除了他的疑虑。利文斯顿签约拜入劳伦斯门下。

这是一个很偶然的合作关系，利文斯顿的技能正好与劳伦斯的构思形成巧妙的结合。后者提供远景和富于灵感的实验蓝图；利文斯顿的农场成长经历则培养了他乐意与机器打交道、善于动手维护和修理那些无法送出去修理的复杂机器的特长。他的任务是将劳伦斯的想法和艾德勒弗森的袖珍装置变成可以工作的加速器。

利文斯顿的第一项任务就是消除劳伦斯和艾德勒弗森提出的夸口。无论艾德勒弗森是否真的在他的小装置里看到过迹象，利文斯顿的结论是那不是共振。没有任何证据表明，氢离子在艾德勒弗森的"过于粗糙"的装置里被充电转圈，更别说被加速到1百万电子伏特的哪怕一定的比例了。利文斯顿推测，艾德勒弗森得到的只是因蹩脚的真空技术而滞留在真空室内的大气中的氮和氧等物质电离后的重离子。这些离子可以形成一小段距离的弯曲路径，因此那些到达探测器的离子大概都只经历了一次加速。大部分离子可能都在与拳头大小的容器的器壁的碰撞过程中损失掉了。回旋加速器原理仍有待观察和实验证实，而这正是需要利文斯顿的工作"来做到这一点"。

他白手起家，用一个黄铜打造的直径10厘米的扁筒状真空室取代了艾德勒弗森的金属块和封蜡。真空室内部的一半由形如字母D的半圆形中空电极占据，后来这个部件就永远叫作"D"了（图5）。另一半是空的，只装有一根用作靶的铜带。加速了的粒子在其螺旋轨道的末端将撞击到这根铜带上，其最终能量由跟铜带相连的静电计进行测量。接着在第一个D的旁边安置第二个D，以加强电荷驱动效应，使得粒子每次从一个D跑到另一个D时得到加速——就是说，粒子在跑完一整圈时能够得到两次加速。利文斯顿将这第一台正式的装置描述为，"现代回旋加速器的所有基本功能都出现在子宫内"。

图5 斯坦利·利文斯顿制作的10厘米回旋加速器。图中显示了内部结构，包括一个半圆的"D"和一条用作靶的铜条。劳伦斯和利文斯顿最终用这个装置实现了粒子的共振加速。

事实上，他已经克服了将劳伦斯的幻想变成现实世界里的加速器的实际障碍。那是在9月。但是，在他看到真正的共振加速迹象，并能够在工作日志上写下这一点时已经是12月1日了。他用毫不掩饰的自信写道："最后，我们似乎得到了正确的效应。"利文斯顿通过计算得知，他加速的是电离的氢分子H_2，它们在10个完整的轨道周期里被加速了20次。圣诞节后不久，他成功地从实验室同事那里借得了磁场强度比现有的10厘米装置所用的磁场高两倍的磁铁。这个获取很及时，因为欧内斯特正遭遇少有的自我怀疑病症。"我们在得到高速质子方面遇到点麻烦，"他写信给斯旺，"我们可以让它们不停地旋转，但我们 54 一直无法确定转了多少次，因此无从知道我们已经能够取得什么样的速度。"

利文斯顿用较大的磁铁得到的结果驱散了乌云。他的测量表明，他已经让离子在真空室内转了41圈，即取得了82次谐振，能量被提高到80 000伏。"劳伦斯真的很兴奋，"利文斯顿回忆道，"你看，我们证明了这一点。说完他就去忙了。"

更确切地说，欧内斯特是去找钱来建更强大的加速器。欧内斯特在迈出最后一步之前想好下一步的超前思维的习惯现在得到了充分体现，这部分是由于需要验证他对下一步会带来的结果的乐观估计的刺激。甚至在利文斯顿的结果得到切实验证之前，欧内斯特就已经规划好为获得更强大的、能使质子超越百万伏阈值的电磁铁所要进行的活动。根据他提交给校方科研项目审批委员会的申请报告估计，这台设备需要花费700美元。委员会例行地将它转交给了罗伯特·G. 斯普劳尔(Robert G. Sproul)，他在三个月前刚就任大学校长。这是他将伯克利推向国家级大科学研究的领军机构所要处理的第一个预算案。

斯普劳尔在那年秋天就已经充分认识到劳伦斯对于伯克利的价值。当时，西北大学带着起薪6500美元的正教授职位的惊人报价找到这位物理学家。这个报价要比伯克利的全职教授的待遇还高出一半，更不用说对一个29岁的伯克利的副教授了。失去劳伦斯的前景在理工科教师队伍中引起了恐慌。鉴于劳伦斯是"全国他这个年龄段里最优秀的实验物理学家"——失去他将对本校科研的发展构成"非常严重的障碍"——由理工科资深教授组成的学术委员会一致推荐，将他提拔为全职正教授，年薪提到5000美元。看到斯普劳尔还在游移不定，忠诚的斯旺宣称，他的门生注定将在十年之内成为世界上十位最重要的物理学家之一。而更直接的评价则来自吉尔伯特·刘易斯——杰出的化学系主任。他告诉斯普劳尔，眼下的问题不在于是否任命伯克利历史上最年轻的教授，"而是我们是否应该建立一个物理系"。

关于劳伦斯在伯克利的未来前景的争论在教师闭门会议上达到高潮：以伯奇和刘易斯为代表的硬科学系别与人文和社会科学系别之间发生了激烈交锋。一个低级教授一下子提到这么高的等级，跨过许多资历更深、有更长工作积累的教师，这是前所未有的，持异议者如是说。如果要这么偏袒一个系，那只能让其他系的老师心生离意。39岁的斯普劳尔在支持者与反对者之间做了一次权衡，但他的决定是注定的。"如果他有十分之一的机会能成为全国顶级的物理学家，我就在这里赌一把。"他批准了对劳伦斯的晋升。正如我们现在看到的，劳伦斯以富余的时间做到了斯旺的十年期许——仅用8年时间就将诺贝尔奖捧了回来。

事实上，劳伦斯并没有看出西北大学提供的待遇有那么诱人。他的目标不是为了自己获得大的提升，而是为了让他的实验室的重要性能获得大学新一届行政领导班子的明确承认。在这方面，他成功了。建新的回旋加速器的资金申请正是他首次利用他的新晋地位的一个机会。他没有失望。作为接手伯克利校长后面临的第一批提案中的一份，斯普劳尔将欧内斯特·劳伦斯的提案作了特例处理，对他的这位新星的研究预算没打折扣。他几乎没作任何讨论就签署批准了700美元的拨款。

拿着从国家研究委员会那里要来的额外的500美元，劳伦斯从联邦电报公司那里订购了一套定制的、磁极有23厘米宽的磁铁。他将建造相应的新真空室的任务交给了利文斯顿，然后就从实验室消失了，他去"钓资金和其他的支持"，利文斯顿回忆道："我不知道他具体在做什么，但我看得出来，他为寻找下一步的支持花费了大量精力。"

当他再次出现时，并非总是催促前进。3月的一天他又出现在实验室里，劳伦斯宣布道："斯坦，你现在得停下来撰写你的论文了。"利文斯顿这才开始意识到，他只有两周时间来完成必要的工作，以便在6月能拿到博士学位。这事儿对他和劳伦斯都事关重大：利文斯顿要想在秋季学期还能留在伯克利，就得得到讲师的教职，而要想做到这一点就必须先拿到博士学位。劳伦斯认为这些都是必须要做的，因为他需要利文斯顿来完成新加速器的建设。

利文斯顿放下了一切来赶写基于他在10厘米加速器的工作的毕业论文。随后，他接受由伯奇和其他三位教授出席的就放射性问题进行的口试。从第一个问题就可以明显看出来，他全身心地投入加速器研究让他根本没时间对教授提出的问题有所准备。伯奇"问我一个很直白的问题，问我学过卢瑟福、查德威克和埃利斯在该领域的最有名的书吗？我不得不承认，我没有。我没有时间"。考场气氛变得很难堪。利文斯顿找到劳伦斯沮丧地说，他几乎肯定会被拒绝授予博士学位，因为他没能证明对核物理的基本知识有一定掌握。劳伦斯听到这个消息后表现得出奇的平静，原因很快就变得一目了然。答辩委员会没有吹毛求疵全票通过了授予利文斯顿博士学位。说白了劳伦斯的意见分量足够重。"我想，"利文斯顿多年后回忆道，"他是有说服力的。"

利文斯顿很快就又回到了他的加速器建设的岗位上。当新的磁铁于7月3日到货时，他已准备好新设计的直径28厘米的真空室。真空室安装在两个磁极面之间，并立即投入使用。两个星期后，劳伦斯奔走相告，该装置已将质子加速到高达90万伏。项目上马仅一年后，他就即将敲开百万伏的大门。

• • •

"我急于想让你知道，生产高速质子的实验已获成功，并超出了我们的预期。"7月17日，劳伦斯写信给弗雷德里克·加德纳·科特雷尔（Frederick Gardner Cottrell）博士："这项工作已经推进到一个非常重要的阶段，现在摆在我们面前的最大困难不再是实验性质的，而是资金方面的。" ⁵⁷

这封信标志着一个重要的新阶段的开始——劳伦斯正从动手的实验物理学家转变成筹募资金的掌门人。大学的那点资源，一次分得数百美元，已不再能满足他的目的。下一代的加速器将需要数千美元，为此他需要一个新的靠山。弗雷德里克·科特雷尔就是在这个时候登场亮相。

科特雷尔在1908年曾是伯克利物理化学系的一位知名教授，当时他获得了一项发明专利——让烟囱排放的烟尘先经过带电栅网从而将其中的杂质沉淀下来。他31岁那年，承接了E. I. 杜邦公司——化学品制造商巨人——的一个项目：希望将烟囱里的废硫酸回收起来。他之所以承揽这项业务是因为他父亲的去世使家里负债累累，他需要额外的收入来平衡开支。他的发明被证明也可以用于净化有毒气体和冶炼厂的污水处理，以及矿井空气中的煤粉颗粒沉降等。带着三个合作伙伴，科特雷尔成立了一家公司将这些处理过程商用化。但是，一个大学教授将基本的学术研究成果拿来赚钱的想法让他感到不安。在内心里，他是一位教授而不是一个实业家。这样的思维定式在那时候并不算是非同寻常，当时的基础研究模式仍然囿于这样一种信念：杰出的科学家都是致力于无私追求知识的人，如路易·巴斯德(Louis Pasteur)就以宣称如下名言而著称：“我从不会为了金钱而工作，我永远都是为了科学而工作。”

大学实验室做出的发现该如何对待的问题在学术界引起广泛讨论。亚伯拉罕·弗莱克斯纳（Abraham Flexner）——关于美国大学的责任的最具权威的学者——写道：“眼下研究被用作生钱的源泉，大学的精神正江河日下。”而巴斯德和他同时代人的那种上流社会的脱离现实的做派则显得陈旧，甚至是愚蠢，他们认为创造利润那是工业界要做的事儿。面对无线电巨头从迈克尔·法拉第和詹姆斯·麦克斯韦这些先驱们的发现中赚得盆满钵满，教授们只有羡慕的份儿。这些先驱曾公开声称不要专利，不用此挣钱。

大学会议和教授委员会对学术追求利润所引发的冲突和妥协感到担忧。花着纳税人的钱的公立大学是否有权独占这些发现，使得私营公司可以将它们卖给同一批纳税人来牟利？谁应该真正享有一项由无数科学家经过几年甚至几十年的辛勤工作所做出的发现的专利？当对真理的追求被商业利益的竞争所压倒，科研同事之间变成对手时，同事之间的这种不受约束的予取可能会发生什么？诱人的财富是如何影响科学方法的，我们还能够从无私追求真理的（不计亏损的）失败中学到很多东西吗？

科学家是研究者还是商人？洛克菲勒基金会医学部主任艾伦·格雷格（Alan Gregg）转述了"我们的一个较大的医学院的院长"的抱怨，他的一位教员"整天忙于大学研究专利下的产品流向以至于根本没有时间进行研究或教学"。著名的英国科学管理专家沃尔特·弗莱彻（Walter Fletcher）对一名美国听众警告道，商业繁荣肯定会对学术标准产生"恶性影响"。"大学会更倾向于通过薪酬或晋升来奖励那些从事短期见效的人，而不是奖励那些追求知识本身的人，"他说，"正像我们知道的，对于知识本身的进步，没有什么能比这更具灾难性。"

再有就是现实：对基础研究的资金投入总是存在削减的危险，尤其是在经济萧条时期。"科学依赖于财富的物质支持，"《哈珀月刊》在1936年注意到，"实 59 验室需要花钱来装备和维护，而最近要得到这些必要的资金已经变得越来越困难了。捐赠已经萎缩……政府对纯科学的经费支持已被削减……既然科技创造财富，那么，为什么不能让其人才培养实行自我支撑呢？"

许多这类问题到今天仍然没有得到解决。你可以想象这些问题在刚提出时争论该有多么激烈。

很显然，必须找到一种方法在不破坏学术规范或制约科学探索的前提下掌握实验室发现带来的利益。首创模式出现在威斯康星大学，该校的哈利·斯汀伯克教授发明了一种增加食物中维生素 D 含量的方法。但他不是将专利权抓在自己手里，而是与他人合伙创办了威斯康星校友研究基金会，或称 WARF，它在 1925 年拥有他的这项专利，并及时授权给了桂格麦片（Quaker Oats）公司。到 1930 年，该专利每天的收益是 1000 美元，所有收入都用于威斯康星大学的研究。其他主要的研究型大学也采用了 WARF 模式。虽然加州大学还不是，但它要求有可能获得专利发明的教员都得向大学校长提交其资料，校长将任命一个委员会劝告他"如果有任何可产生效益的发明，应采取由校董事会代为受理的方式"。在这项笨拙的制度下，伯克利利用教员的日益富于创造性劳动的工作始终处于停滞状态，直到 1931 年，斯普劳尔遇见了弗雷德里克·科特雷尔。

在接受他自己的专利的一年内，科特雷尔一直在琢磨如何将他的专利收益用作为全国性"科学工作的赞助机构"的蓄水池。这个机构是一个基金会，它将广泛的专利产品组合起来，利用其收益来支持遍布全国的有前途的科学家。主要的挑战在于找到可托付的实体。逻辑上，美国加州大学是他自己的专利权的受益者，因为科特雷尔的工作是在大学实验室里完成的，但它的行政机构完全不可能协调好其作为公共利益的无私的公仆的责任与那些具有商业价值的专利的拥有者之间的关系。为此，科特雷尔于1912年建立了一家独立的慈善机构——研究公司。作为其与生俱来的权利，该公司获得科特雷尔的专利并听从其指令，即它的盈利目的主要是用以资助科研。该公司的董事们有权与其他有前途的发明绑定构成投资组合，并以相同的方式使用它们。

然而，在接下来的20年里，科特雷尔的梦想执行起来可谓步履蹒跚。问题出在为了避免统得过死，他没在公司里担任任何正式的管理职位，而是将控制权交给了由实业家组成的董事会。而对于董事会，他行使不了任何权力，甚至没有大的影响力。这些墨守成规的受托人决心像运营他们自己的企业一样来保守地运营研究公司，也就是说，在赞助之前先积累大量资本金。结果到1930年，研究公司积累的专利权价值超过100万美元。但其资助组合只有区区23 000美元。

欧内斯特·劳伦斯很幸运，因为这种旧的思维模式已经发生变化。这个过程始于1927年研究公司任命了新总裁。他就是霍华德·普瓦隆（Howard Poillon），一位精明的商人。他不仅决定要充分利用好公司日益增长的专利组合，而且更愿意顺从科特雷尔的意愿，从慈善事业的角度来做出判断。这两人携手合作了15年，在此期间，他们创造了一种支持科学的慈善事业模式。这种模式后来又为洛克菲勒基金会、福特基金会和支持研究的其他主要赞助机构继承。

在科特雷尔的影响下，斯普劳尔废除了伯克利的专利政策。今后，有发明专利的教师将有"充分的自由"利用他们手中的资源，但同时又悄悄地鼓励他们与研究公司合作，后者则与发明者私下商妥专利费。大学声称不主张任何权利，但这项声明应被理解为，为表彰伯克利在促进生产性专利转化方面的作用，该公司应"不时酌情地"做些捐款以支持校园的研究。这是一种健康的共生关系，因为研究公司将成为伯克利分校的专利代理人，而大学将成为该公司最重要的受益者之一。

随着这种关系的确立，并在其科学顾问普瓦隆的引导下，弗雷德里克·科特雷尔开始通过自修来弄清楚欧内斯特·劳伦斯的实验室是怎么回事。他花了很少的时间就明白了这项工作的意义。1931年7月7日科特雷尔写信给普瓦隆，申明劳伦斯的工作"可能被证明确实是非常伟大的"。他将欧内斯特描述为："一个我们需要密切跟踪的人。他足够年轻，有足够好的起步，可以走得非常远。他不仅自己工作做得好，而且给我印象特别深刻的是，他总是能够设法让他的研究生们全力以赴地去从事他所关心的一大堆研究问题。"在这些项目中，他认定两种设备——斯隆的X射线管和加速器（当时尚未被称为回旋加速器）——"在其早期的发展中相当突出和重要"。

劳伦斯，这位千方百计设法赢得研究公司慷慨捐助的主儿，一直保持向科特雷尔通报28厘米加速器的研究进展。最终，他在7月17日写给科特雷尔的信中宣布，该项目获得了"超出我们的预期"的成功，并认定现在唯一的限制因素就是"资金问题"。劳伦斯现在关心的是百万伏阈值以外的问题。下一步是实现20百万伏的粒子加速。为了解决新的、更大的加速器的关键环节，他盯上了业已制造完毕但被美国联邦电报公司取消了的原本用于中国的项目的80吨的磁体。现在这个大家伙就撂在货主在旧金山郊区的一个仓库内。由于回旋加速器的输出功率直接正比于其磁体的大小，因此得到这个大家伙将实现一次重大飞跃。但劳伦斯也同时告知科特雷尔，这副磁铁用起来需要有专门的实验大厅、一系列全新的高功率振荡器及其他配件。他估计购置这些差不多要10 000美元。由于看到他的这项工作是资助研究的各种慈善资金最合适的投资对象，因此他提到[62]他的同事们都劝他向卡内基基金会申请专项资助，卡内基基金会有"为特殊的研究项目准备的专项资金"。接着他又令人放心地说："当然，我马上就想到了你。"

研究公司打算赌一把。作为化学基金会的合作伙伴，它打算将这个基金会也拉进来一道投资。这个化学基金会是美国政府于1918年成立的，目的是管理作为战利品缴获来的德国化学专利的使用。这两个基金会共投资了7500美元，到欧内斯特的新的加速器于1931年准备开始运行的时候，大学标称的预算平衡已经膨胀至12 000美元——这还没算上他已经说服了的联邦电报公司免费捐赠的磁铁的价钱。在早期，他的能力不仅仅表现为从他精心设局的赞助人那里弄来现金。作为大学的贡献的一部分，斯普劳尔给了劳伦斯校园里一栋两层的木结构小楼。这座小楼就位于吉尔伯特·刘易斯的化学楼的街对面，两楼之间是一条狭窄的小巷。欧内斯特在楼里安装了新的磁铁，其极面做了精心的打磨，以适应新的直径69厘米的真空室。这座原本要拆迁的建筑现在用混凝土夯实了坚固的基础。他将这座楼命名为辐射实验室（图6）。（这个名称具有"明快的好处"，他向斯普劳尔建议道。）随着工程进展，欧内斯特·劳伦斯已变得不仅仅是一位负责一大帮研究生的物理学教授，他已在校园内树立起个人领地的标志。这座楼后来有一个更简洁也更著名的名称"Rad Lab"[1]，由此开始了新的科研范式。

图6　最初的辐射实验室。1931年，伯克利大学校长罗伯特·斯普劳尔给了劳伦斯一座将要拆除的木板搭条建的校园建筑，以安置新的69厘米回旋加速器。比尔·布罗贝克后来认为它的主要优点是："如果你在任何地方钉钉子，没有人反对。"

1　Radiation Laboratory的简称。——中译者注

欧内斯特与研究公司日益密切的关系迫使他学会处理新的（对他来说）专利的概念。起初，他与大学里的其他科学家一样，对专利事务很反感，认为它散发出浓烈的商业气息，一点都不像是在搞学术。这激起了普瓦隆的强烈反应，他敦促科特雷尔，要他的这位客户对其工作的市场价值给予重视："如果他是我们时不时要奖励的对象之一，那么我们似乎应当培养起他的专利保护的本能。"

劳伦斯勉强答应与该公司的洛杉矶专利事务律师亚瑟·奈特（Arthur 63 Knight）见面。但最后，他的这种抗拒是在9月里的一天被一则令人不愉快的消息给驱散的。雷神公司——马萨诸塞州坎布里奇市的一家做无线电电子管的制造商——申请了一项机器专利。只是这台机器怎么看都像是回旋加速器的翻版。回旋这个词来自约翰·斯莱特（John Slater）——麻省理工学院的物理系主任，他是从他实验室的一位国家基金研究员那里得来的第三手信息。后者则是从他在哈佛大学雷神公司做兼职的一个朋友那里听来的消息。斯莱特写信给劳伦斯，说这项申请涉及"你的质子转圈机器……我从没想到这种东西还能申请专利，但我想无论如何你肯定想知道这件事情"。劳伦斯回复道："我也从没想过要为手头的工作申请专利，我这样做只是应研究公司和化学基金会的迫切要求。"现在他活生生地看到，如果你不及时确立你的优先权，那么私人公司很可能偷走你的发明。在奈特的指导下，他请老朋友汤姆·约翰逊（现正在巴托尔研究所与斯旺一起工作）发一份声明，确认约翰逊亲眼见证了1929年4月劳伦斯在大学图书馆对维德勒的论文的检查，并听到他当时的描述："他的方法是让质子在磁场中旋转并且每半周增加其能量。"从奥托·斯特恩那里，欧内斯特获得一纸证明，上面写着："1930年年初我在伯克利逗留期间，你常常跟我说起你的生产非常快的轻离子的实验，并说这些结果现在已经以论文形式发表了。"

劳伦斯与专利局官僚之间的关系可以说从来就不是让人感到特别舒服，或者说在这个问题上有利可图。为回旋加速器申请专利的想法与这个发明家的本意可以说格格不入，他的兴趣主要在这部机器能够为学术界带来丰富的研究内容，而不是其商业授权，特别是因为它的工业应用还不是那么具有吸引力。让劳伦斯更受刺激的是专利局的审查员不知道如何评价劳伦斯的这项工作，这导致他对劳伦斯提出的专利申请持怀疑态度。劳伦斯向奈特抱怨道："很明显，审查我们这项专利申请的人并不了解这项工作的意义。"经过为期两年的努力，1932年2月，这项专利终于申请成功（图7）。劳伦斯最终接受了这样的观点：尽管让人不爽，但为科学发明申请专利保护是必要的。1935年，他向普瓦隆表示感谢时说道："对科研工作者来说，牢记他的工作成果的商业价值，到头来商业发展的成果将反过来支持他的工作，这是完全正确的，而且事实上几乎是一项责任。"但他发现这个过程"明显令人不愉快"——尤其在几年后就他的用于生产放射性同位素的方法与专利局发生的旷日持久但最终无果的缠斗。在回旋加速器之后，劳伦斯没再获得另一项专利，直到第二次世界大战时期这一局面才告终止。当时联邦政府要求对他发明的铀分离过程技术进行合法保护，并要求将专利权永久地转让给政府。

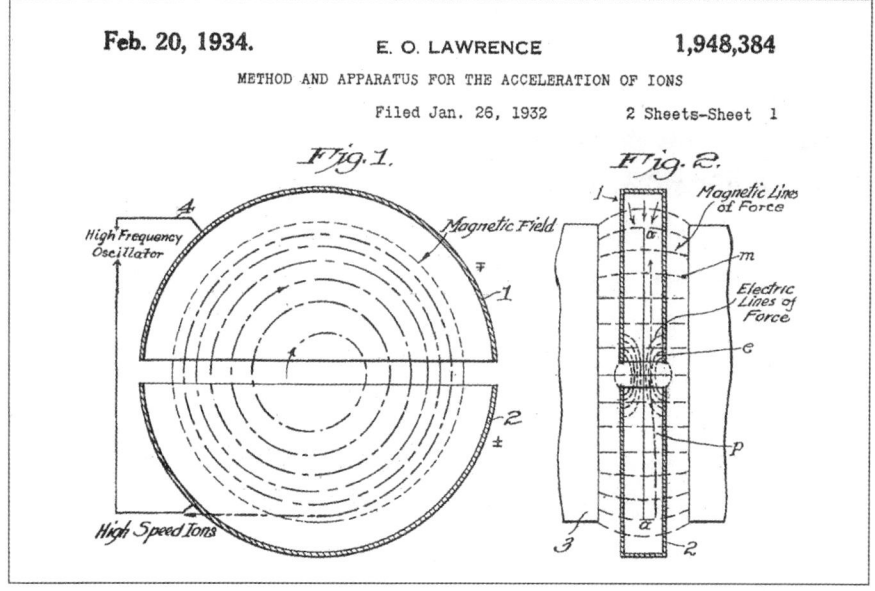

图7　劳伦斯1932年回旋加速器专利申请书中的一页。其中显示了带电离子的螺旋路径(图1)，和磁场在保持这些粒子在"D"中被加速的作用(图2)。

在69厘米加速器仍在设计的同时，劳伦斯和利文斯顿努力改善利文斯顿利用已有的磁体建成的25厘米加速器的性能。这是一个黄铜制作的腔室，其真空度由一般常用的封蜡来维持。最终的突破发生在1931年夏末，当时欧内斯特在东海岸与研究公司在纽约的董事会见了面，并向莫莉·布卢默求婚。当时莫莉就要去哈佛攻读细菌学硕士学位。（"我开始意识到我有两个强烈的爱恋——莫莉和研究！"在前往东部临行前他向他的耶鲁大学的朋友唐纳德·库克西热情洋溢地倾诉道）。

利文斯顿利用欧内斯特不在的机会对他自己设计的真空室做了些改进。劳伦斯曾叮嘱，用于加速做回旋运动质子的振荡电场只能设置在两个D形盘之间的间隙处。D形盘内部应没有任何电场，他认为有电场会干扰到使粒子做回旋运动的磁场。他们用细钨丝做成的栅网将每个D形盘的平行口罩上，以防止外电场漏进D形盘内，但同时允许转圈的粒子束通过。两人都很盲目，对电场理论都缺乏最基本的训练。但现在利文斯顿在屡次遭遇束电流和能量提不上去的挫折后，猜测可能是这个带电网罩阻挡的粒子要比他们想象的多得多。他打开真空室，用手揭去了钨丝栅网。这是早年实验室惯用的所谓"剪去再试试"的典型做法：虽然理论上说事情非常基本，但检验一个人的直觉对不对的唯一办法经常就是将其付诸实践，看看会发生什么。这一次，利文斯顿后来回忆道："他或多或少是凭着直觉（行事）——这样做其实没什么道理，我只是觉得得跳出常规得到点什么。"封上真空再运行起来，粒子电流和能量瞬间大了许多。8月3日，利文斯顿向物理系秘书口授一份电报发给劳伦斯，并向在纽黑文的布卢默一家问好："利文斯顿博士要我告诉你，他已经获得了1 100 000伏特的质子。他还建议我加上'欢呼声'。"那天晚上劳伦斯向布卢默一家宣读了这则消息，然后将莫莉带到门外正式向她求婚。她接受了，前提是婚礼在春季后拿到了她的学位后再办。带着与她牵手的承诺，憧憬着实验室的进一步突破，劳伦斯兴奋地回到了伯克利。

第4章 垫片和封蜡

利文斯顿的突破并没有为28厘米回旋加速器性能的提高画上句号。在接下来的几个月里，他和欧内斯特马不停蹄地将粒子束的能量提高到更高的水平。先是白天加班加点，后来延伸到深夜，几乎没有任何喘息的机会。机器的每一个部件都被拆卸、重新加工并重组，目的就是达到新的电压阈值。"我们正在走向更高的水平，这是肯定的。"利文斯顿回忆道，"劳伦斯说，'我们正在创造历史'。他不让我花一分钟去做别的事情。"习惯于阴郁性格的利文斯顿在他的导师的不懈推动下已经开始变得烦躁。但是，欧内斯特的热情奔放和有机会做出突破性发现的憧憬不断支撑着他。欧内斯特从东部返回后检查了利文斯顿的无栅网D形盘。他意识到，允许电场泄漏到D形盘里实际上起到了聚焦粒子束的作用，从而保护了回旋质子不与真空室壁碰撞。他在黑板上画出了电力线的结构，向一脸迷惑的利文斯顿解释了这个现象。利文斯顿若干年后想起这一点时仍然惊叹道："这就是劳伦斯天才的地方，他只要看一眼就能理解新现象。"利文斯顿纯粹是由于智慧和运气发现了电聚焦现象，劳伦斯则看出了这背后的基本原理。他将这一原理纳入到后续的设计中。

利文斯顿对他无法将质子加速次数超过75次这个对机器的有效性的神秘约束还是感到困惑。他怀疑障碍可能起因于爱因斯坦预言的相对论性极限：当粒子获得了速度之后，它也增加了质量，正是这个质量增量使粒子最终失去了与振荡电场同步的能力。如果真是这样，那么回旋加速器作为科学的最强大和最有效的原子粉碎机的统治地位可能是短暂的。劳伦斯承认存在一些障碍，但直觉告诉他，它们远没达到相对论性极限。相反，他得出结论，是磁场的不均匀性导致质子束失去了共振。他和利文斯顿发明的解决方案是在真空室和磁极之间间隙的某些地方插入金属条或垫片，以消除磁场的这些不规则性和"变形"。

到底是劳伦斯还是利文斯顿最先提出的均匀场的思想现在已无从查考，可能两人对此都有贡献。但是不管怎样，他们在一起花了大量时间来测试不同的形状、大小的垫片，以及垫片的安置位置。试错是一个漫长的过程：他们向缝隙随机插入圆形的、方形的、环形的、多角形的金属垫片，就像汽车机械师试图通过观察来用铅块给轮子找平衡。最终他们发现，细长的泪滴形、广角一端朝向磁体中心的垫片好使。最大潜力翻了4倍，加速次数达到300次或150个完整周期。这一具有里程碑意义的成果是在1932年1月9日取得的。当时他们给D形盒上的电压加到4000伏，经过300次加速，最后质子的能量达到1.22百万伏。"在这里，实验再次走到了理论的前面！"劳伦斯声明道。每当他琢磨出有关回旋加速器的想法，那一刻他会变得活力四射。"当电压表的指针满量程来回摆动时，表明1兆电子伏能量的质子到达了收集极。"利文斯顿回忆道，"这时劳伦斯就会在房间里高兴得手舞足蹈。"

这一发现的新闻很快在校园范围内传播开来。利文斯顿回忆道："我们忙了一整天来向渴望的观众展示百万伏能量的质子。"但参观者见证的只是这一成就的间接证据——电表上的指针从一端到另一端的摆动。这一消息也在校园外引起了巨大轰动。所有地方报纸和多家国家级出版物都在抢登相关的故事。还有一点给人印象深刻的就是原本在国际物理学界看来是死水一潭的西海岸现在变得活跃起来。就在劳伦斯和利文斯顿突破1百万伏特之前的一天，普林斯顿大学的物理学家约瑟夫·博伊斯(Joseph Boyce)向他的同事们报告说："要说沿海的科研机构的工作真正有起色的那要算是伯克利。劳伦斯刚搬进一座古老的木结构建筑里……他希望在那里能有6种不同的高速粒子产出。"他提到了28厘米的加速器、新的很快就能利用联邦电报公司的磁铁建造起来的69厘米加速器、斯隆的重离子直线加速器、特斯拉线圈和范德格拉夫起电机（这台东西从没有真正竖立起来过，虽然为它提供的房间还一直保留着）。"在纸面上，"博伊斯继续道，"这听起来像一个疯狂该死的项目，但劳伦斯是一个非常能干的指导，他有很多研究生，有充足的资金支持，并且他到目前为止在质子和汞离子方面的工作已取得相当大的成功，这些足以让他对未来充满信心。"大科学的基石正在移动到位。

但兴奋被证明是短暂的。4月下旬，从卡文迪什的破旧的走廊里传出了另一项引人注目的成果：物理学家约翰·道格拉斯·科克罗夫特（John Douglas Cockcroft）与都柏林圣三一学院毕业的年轻人欧内斯特·沃尔顿（Ernest Walton）一起，用质子轰击的办法实现了锂核裂解。他们所用的质子能量仅为劳伦斯所取得的能量的几分之一，而这点能量劳伦斯曾认为用于轰击是不够的。劳伦斯发明了一种极好的砸碎原子的工具，但他一直忙于将工具制作得更好，而典型的小科学实验室已经从他的鼻子底下将奖品盗了去。

科克罗夫特34岁，一位性情温和的男人。他的工作开始受到大西洋对岸美国物理学家的关注。他对实验物理学的专注是如此强烈，以至于连他实验室的研究人员都对他的超凡绝尘感到绝望。"对于像我这样认识浅薄的人，"剑桥大学的实验工作者回忆道，"看到冰破了，就会想到下面是大量的冰冷的水。"但是科克罗夫特是卢瑟福培养的风格独到的物理学家，尤其是在对待设备方面，他可谓足智多谋，这也是卡文迪什实验室的标志。正是卢瑟福指派科克罗夫特去从事分裂原子的任务，并亲自安排他与沃尔顿搭档。

科克罗夫特的做法与劳伦斯的截然不同。他用来打靶的不是像回旋加速器产生的那种高能量但小电流的粒子束，即快速而少量的质子流，而是用具有中等能量但数量巨大的质子束。这个方法源自俄国物理学家乔治·伽莫夫（George Gamow）的理论。伽莫夫从量子力学推得，即使是中等能量的粒子束，偶尔也会有粒子贯穿原子核。因此伽莫夫提出，只要产生足够量的质子，早晚会有幸运的子弹发现它的标靶。

科克罗夫特和沃尔顿将入射粒子能量定在30万伏特，他们认为这个能量用串联电容器组就可以实现，做法是将电容串联充电然后并联放电，就像将一个巨大的重物一步步地吊起，然后突然下落到地面。他们的电压倍增器用的是卡文迪什实验室楼上的几个直立的电子管，主加速管置于一个地面钻好的洞里，输出终端则安排在地下室的一个木制小屋内。实验者需要团身才能进入这个狭窄的空间，猫在那里，眼睛紧盯着荧光屏来捕捉被轰击的锂靶所发出的闪光。4 月 16 日，科克罗夫特和沃尔顿紧张地召呼卢瑟福下到地下室来，让他亲眼看看屏幕上他们认为的很大程度上是 α 粒子的迹象。观看了几分钟后，这位 α 射线的发现者从小屋里爬出来宣布："当我看到它时我知道这是 α 粒子。"结论无可怀疑：科克罗夫特和沃尔顿已经将质子射入锂核，这种核的最常见的形式是有 3 个质子和 4 个中子。产物是 2 个 α 粒子，每个都有两个质子 71
和两个中子。

十多年前，卢瑟福用 α 粒子去打氮靶，打出了一个自由质子；现在他的助手试着反过来用质子来打锂靶，并首次分裂了原子。这是卡文迪什实验室依靠直觉和机智战胜那些更具膨胀的野心、优越的资源条件但可能较缺少想象力的实验室的又一个实例，而且不是最后一个。

劳伦斯因为自己的弟子成了发明家而感到高兴。但当他得知自己居然在一个简单到伸手可及的问题上被超越，他显然被激怒了。"我们还没有准备好做实验呢，"利文斯顿沮丧地回忆道，"我建造了机器，但没有包括用于研究嬗变的任何设备。"

劳伦斯迅速行动，力图从失败中恢复过来，尽管这是个很长的过程。5 月14 日，他在耶鲁大学的校园与莫莉·布卢默举行了婚礼。这一天是新娘 21 岁生日的前一天，距科克罗夫特 – 沃尔顿在《自然》上发表的报告到达美国仅过了几天。他从长岛海峡度蜜月的小屋里给他的研究生吉姆·布雷迪发了封电报，要他帮着利文斯顿用 28 厘米加速器产生的质子束去轰击锂晶体。布雷迪已经取得了博士学位，并接受了圣路易斯大学的教职。但劳伦斯巧妙地说服了布雷迪所在系的新系主任，让他在伯克利再留一个夏天，站好最后一班岗，同时收取他从圣路易斯大学领得的第一份薪水——这个精明的安排给辐射实验室增添了额外的力量，真要谢谢圣路易斯大学的热忱帮助。布雷迪急于跳入当前核物理学最热的研究前沿，他从化学系的储藏室借来了一小块锂。从耶鲁大学过来度学术暑假的劳伦斯的两个朋友——唐·库克西和弗兰兹·库利（Franz Kurie）——表示愿意提供帮助，并且库克西还是手工制作盖革计数器的专家，因此布雷迪欣然接受。

在辐射实验室的工作人员忙着再现科克罗夫特–沃尔顿的结果期间，劳伦斯与莫莉这对新婚夫妇也转了一圈回到了加州。他们先是去拜访了在纽约和芝加哥的朋友，最后到了劳伦斯在坎顿的老家。在这里莫莉可是实实在在地领略到了自己在纽黑文大都会的家与牧区州劳伦斯的家之间在生活方式上的差异。她在饭后习惯性地掏出一支烟，这在布卢默家族里早已司空见惯，但欧内斯特的妈妈贡达·劳伦斯则在震惊之余赶紧放下窗帘，以免被邻居看到她家里居然有女人抽烟。欧内斯特掏出一支雪茄陪着媳妇莫莉一块儿抽，用他习惯性的防守对付着妻子的怒容，"每个人都得有一些坏习惯"。

欧内斯特和莫莉搬进了伯克利基思大道上租来的房子里。这所房子位于校园以北一处山脚下。布雷迪已经离开去张罗自己的婚礼，就任他在圣路易斯大学的新职位；库克西和库利也已经回到了东部。接手锂实验的是一个名叫米尔顿·怀特（Milton White）的研究生，他现在正巧第一次遇到处于狂热的阵痛中的欧内斯特·劳伦斯。

"这个地方正赶上要开始着火。"怀特回忆道。劳伦斯现在满脑子都是将要在辐射实验室建立起来的69厘米回旋加速器，但他每天都会出现在勒孔特大厅，有时是在深夜。他拍着怀特的肩膀，仔细询问他的结果。"他会在早上两三点钟跑来，想知道为什么我们没有得到更多的数据，是什么阻碍我们进展，他是真的给人压力。"怀特感受到的压力还来自"我们没能做到第一所带来的羞耻感"。他指的是裂解核，而且由于辐射实验室系统所忽视的是那些设计上最简单的计数器和探测器，这一点就更令人不堪。加速器的技术难度更高，但是他们已经掌握了。假如实验室停下来将目标直指这种明显的实验，那么它将第一个裂解锂核，而不是让人脸红的第二名。

机器性能的敏感性无助于改善人的心情。28厘米加速器的磁体，不像新磁体那样有通水冷却，因此最多只能运行1个小时左右，时间再长就可能过热。然后它需要将近13小时才能完全冷却下来。怀特允许运行机器的时间是从下午1点开始，工作1小时左右，然后关闭电源，到凌晨3点再做下一轮实验。这一轮过后到下一轮开始将是在第二天下午5点钟。因此怀特总是为失眠所困扰，常常像幽魂一样在校园里游荡，不知道白天黑夜。 73

不过，一旦有了具体的实验目标，28厘米加速器被证明是能够担当重任的。在劳伦斯的紧盯的目光下，仅仅用了三个星期，怀特就拿到了足够的数据来发布。9月15日，辐射实验室向《物理评论》期刊寄去了报告他们实现锂核嬗变的文章，两周后这篇署名劳伦斯、利文斯顿和怀特的文章就面世了。报告对下述事实——他们并没有真正新的突破，只是在很大程度上证实了科克罗夫特－沃尔顿的发现——做了轻描淡写的处理，但却强调这样一个事实：通过加倍卡文迪什实验的能量，他们表明，放出的 α 粒子数量随轰击质子能量的提高而增加，这是对卡文迪什实验室结果的并非不值得考虑的扩展。

劳伦斯1932年搬入木板楼并命名辐射实验室的举动标志着实验室与其公认的家长伯克利物理系之间在行政、财务和人力资源等方面有了分野。而且这一鸿沟随着他地位的上升只会变得更宽。雷蒙德·伯奇在同年里接手埃尔默·霍尔成为新的系主任。他喜欢用诙谐的方式说话："我不知道那边的辐射实验室怎么运行。"不过，他一直以最先将劳伦斯带到伯克利而感到当之无愧的骄傲。

物理系和辐射实验室之间最明显的差异表现在他们的研究预算上。从1931年至1933年，物理系的预算平均为每年11 000美元，主要用于设备和用品购置，到1934年的大萧条之年，则下降至8000美元。相比之下，辐射实验室的花费则不断上升，从1933年的17 670美元上升至1936年的22 000美元。这些数字还不 74
包括劳伦斯和唐纳德·库克西的薪水。劳伦斯1932年的薪水是5000美元/年，库克西1932年从耶鲁大学调过来后成为实验室的实际副主任（尚未正式任命），其薪水为3000美元/年。他们的工资算在系里的预算内，类似的还有支付给研究生的助教金和其他一些少量津贴，这些人拿着系里的钱却在新的辐射实验室轮班忙得不亦乐乎。

劳伦斯拿研究生当劳力使可谓用到了极致。这是他建造的这个投资巨大的设备能够低成本运行的关键所在。1937年是很典型的一年，辐射实验室在其工作人员名单上列有17位物理学博士后研究员，但支付工资的却只有两人。其他人员均是靠像国家自然科学研究委员会和洛克菲勒基金会这样的赞助机构提供的助学金来维持的，或是从同一机构拨给辐射实验室的公共开支项里列支的。劳伦斯的这种总能够从十几个投资机构那里找来数万美元来维持项目运行的能力使得辐射实验室几乎没受到大萧条带来的预算削减的影响，而这种影响当时却困扰着学校的各个方面。从1932年到1939年，实验室工作人员的总人数从10人飙升至60人，但辐射实验室由国家资金支付的在编人员的人数却从未超过10名。1933年后，劳伦斯甚至打探到新的联邦财政计划，如工程进度总局和国家青年局的计划，这些计划每年支持的研究员人数多达15位。

利用这些基本要素，劳伦斯正创造一个有凝聚力的研究机构。他亲切的个性提供了一种黏合剂，特别是他对改善加速器工作的全身心投入以及对所有人的科学贡献的认可，使得这一机构得以良性运转。辐射实验室很快就建立起一支由化学家、生物学家、医学科学家和工程师组成的队伍。从当时的学术机构管理的角度看，这无疑创造了一种独特的跨学科的氛围。

劳伦斯的另一大创新是培育了科学讨论这种交流方式：定期讨论会。讨论会每周一次，辐射实验室的所有工作人员和其他单位来的访问学者都被邀请参加。每个星期一晚上1点到7点半，加速器停机，所有人都到勒孔特大楼图书馆开会。届时欧内斯特坐在大红色的真皮座椅上宣布当天的会议内容。这些内容他从不提前公布。当晚的发言者可能是一个研究生来详细介绍欧洲最近的一篇文章；也可能是一位来访的学者阐述自己的工作。这种讨论会被证明是保持实验室掌握物理学最新进展的一种理想方式。但随着时间推移，会议多是讨论实验室自身的进展。在成立之初，讨论的议题几乎都集中于其他地方所做的研究。在1936年以前，他们关心的几乎总是伯克利以外的研究进展。

与此同时，北加州的富人和有影响力的人士——他们中许多人曾就读于伯克利分校或得到过大学的慷慨支持——开始为他们的慈善事业留意新的、备受瞩目的候选人。湾区工业界开始察觉到与劳伦斯和他越来越出名的机器建立联系的价值。为了得到用于戴维·斯隆的X光机的电子管，劳伦斯向联邦电报公司发出请求，后者最后答应将每只管子的价格降到225美元的出血价，权当是出于慈善为科学做贡献了。只有少数商业企业对欧内斯特的软磨硬泡表现出坚决的抵制。民用巨头太平洋天然气和电气公司（PG&E）就是一家这样的公司。1931年9月，劳伦斯希望公司能够赞助回旋加速器一年120 000千瓦时的运行电费，该公司总裁奥古斯特·霍肯布拉默（August F. Hockenblamer）采取了坚定的回绝态度。"本公司是加州第二大纳税大户，因此对大学的基金支持有非常大贡献，"他对伯克利分校的研究院院长A. O. 洛伊施纳（A. O. Leuschner）抱怨道，"在我看来，实验的费用属于'纯科学'的范畴，应从大学的科研经费里走。"PG＆E愿意为那些能够商用化的研究投入更多的钱，例如"电力在农场的效用"的研究，但回旋加速器没这资格。

尽管有现金和资本资产的流入，但劳伦斯在他的王国里依然抠得要命。员工对资金的来源和数量无从知晓，他们一直在持续的压力下节俭地工作。一天，1932年来自普林斯顿大学的杰克·利文古德（Jack Livingood）奉劳伦斯之命将他平日里丢弃的没用完的焊料收集起来，这个任务花了他整整一个上午，他是蹲在水泥地上徒手捡拾这些废弃的铁料的。唐·库克西被安排负责对实验室的预算进行监督，他向来以盘查严格而著称。对于像购入大功率电池这样的事情，审核起来都是以小时计，每一个铜板的开销他都会在手里掂量掂量。

学术界很快就传开了，辐射实验室的研究人员过的是一种清贫的紧日子。莫莉·劳伦斯原本以为有欧内斯特每年5000美元的工资，日子过得"很富足"。但她震惊地发现，米尔顿·怀特为了一年600美元的助教奖学金能够花，竟然与另外三个男青年挤在一间每月租金40美元的宿舍里。宿舍的炉子上总是支着一只炖锅，每日里室友们轮流去菜市场淘些便宜的蔬菜回来炖着吃，有时候为了放些肉或多放些马铃薯，他们会争得面红耳赤。因此，每周一晚上在交流会召开之前，莫莉都会邀请这些节俭的工作人员轮着来家里改善一下伙食。供应的有烤牛肉和土豆、沙拉和苹果派。这些工作人员的生活标准后来虽有逐步提高，但直到美国政府这个特别富有的赞助人出场，局面才真正有所改观。

正是在这一时期，欧内斯特给外界留下了一支日渐壮大的队伍的冷酷无情的司令的印象。在辐射实验室众多个人的回忆里，提到最多的一个词就是"奴隶主"。那些为他的能量和远见所倾倒的人在这种压力下蓬勃发展；其他人则只能有两个选择：臣服并融入，要不走人。在家里，欧内斯特始终让他床头的收音机开着，并调谐到实验室振荡器的频率，这个振荡器的屏蔽是如此之差，以至于其干扰很容易传到四分之一英里之外的他的家里。这样，如果收音机变得沉默，哪怕只有几分钟，他就会打电话到实验室，甚至亲自跑去，设法搞清楚到底是机器出了问题还是根本就没有人看管，值夜班的溜出去喝啤酒去了。原本说好每周五晚上一家人去看电影，但莫莉已逐渐习惯了这种安排被这台机器所打断。第一次，当他们离开家后欧内斯特漫不经心地说："你不介意我去趟实验室看看孩子们做得怎样了吧？"

"当然不介意，"她后来回忆道，"其实孩子们对工作并不像他那样上心。还有就是那些讨厌的真空漏气，而且我们从来没有感觉到去了解决了大问题。最后，我只好找了把旧椅子找个角落坐了下来。"

许多个晚上都会是这样。但莫莉——作为一名医生的女儿——知道她正在见证这个科学团队的诞生，一种研究型实验室的新范式的诞生。"这里看不到等级序列，没有人真在那里发号施令——甚至连斯坦·利文斯顿这位团队的元老，这位无疑是最有经验的操作人员，都不这样，"她回忆道，"每次都有五六个人，包括欧内斯特，每个人都忙得两手黑黑，身上工作服脏兮兮。他们时不时聚作一堆，就像一支橄榄球队，等着信号做下一步行动。但是，每个人都是一个四分卫。即使是最没经验、最年轻的新手提出的建议，都会被斯坦或欧内斯特认真考虑并采取相应的行动。整个场面与我想象的那种科学研究的模式相去甚远。"

这种人人平等的氛围有助于缓和每个辐射实验室工作人员都必须严格遵

守程序所带来的紧张关系，也彰显了劳伦斯令人振奋的个性。"他热情友好，他给人一种驾驭感和潜在的成就感，而这种感觉我在其他地方还从来没有感觉到过。"马尔科姆·亨德森（Malcolm Henderson）回忆道。作为耶鲁大学医学院教授的儿子，亨德森与布卢默的女孩子们一起长大，在获得了卡文迪什实验室的博士学位后于1932年加入辐射实验室。

欧内斯特的泰然自若的风度为这幅图像添加了最后一道色彩。他几乎从不发脾气，历年来他的学生和同事中没有一个人说起过他曾出言不逊。即使是遇到非常大的挫折——例如在重要的捐助者来访期间机器正好发生故障——他也只是发出一声"哦，糖！"那已经是他最大程度表示不满了。

• • •

欧内斯特·劳伦斯带着新娘从东海岸回来后，69厘米机器的磁铁和真空 室在新的辐射实验室的安装已接近完成，欧内斯特开始将大部分需要人工来完成的工作交给他的研究生去做。几个月前，他还是个单身汉，他描述他的日常生活是"与利文斯顿和布雷迪一道，就我们的大磁铁和相关的设备夜以继日地工作"，并承认自己"忽视了其他一切，甚至是我的未婚妻"。现在，婚后的生活促使他从筹款和实验室管理等事务中抽出身来，让生活变得更有意义。周日他开始习惯于去打网球。"他会来的，而且机器总是在星期天的早晨出故障，"利文古德回忆道，"他会说，'这样，我要出去打网球，你们这些人想法子解决它。'"

然而在他的领导下，实验室形成了一个整体。大家有时集体去约塞米蒂国家公园游玩，或到卡默尔的海边度周末，有时劳伦斯要留在家里，他就慷慨地将自己的轿车借给大家出行。整个实验室每月在迪比亚斯的酒店举行一次员工晚宴（图8）。这家餐馆正好位于伯克利的城市公交线路上，其食品质量算是中等，但允许这拨激情澎湃的年轻人大声喧闹，而且每次来都会变得越来越无所禁忌。实验室本身总是乱哄哄的：戴维·斯隆的X射线管的工作占一间房，线性加速器占着另一间，第三间房子里是质子加速器——到1935年，它们统称为回旋加速器。欧内斯特称其为"一种实验室的俚语"。（到1939年在劳伦斯的诺贝尔奖获奖演说里，这个名字用起来已变得足够正式。）但是，机械性的诡异造成了大量的停机时间。"每个人都不得不等待回旋加速器的真空抽到足够好的水平，"亨德森回忆道，他放松自己的独特方式就是吹风笛。"如果天气好的话，就可能去户外打一场橄榄球，或跑到教师活动中心打台球或游个泳。"然而，一旦有工作要做，这种活动就会即刻停止。

图8　在伯克利校区附近的奥尔巴尼的迪比亚斯酒店聚餐，是辐射实验室成员及其客人每年的保留节目。这张照片是唐纳德·库克西于1940年拍摄的。坐在最远端的海伦·格里格斯是欧内斯特的秘书，也是格伦·西博格未来的夫人。

有一件事没有变，那就是实验室对待科学运作（包括安全程序）的草率做 79 法。科学家本应对于高压电场的危害性和放射性对活体组织的可能影响有相当程度的了解，但实验室的工作人员在接近这些无情的物理现象工作时却表现出惊人的粗心大意。

杰克·利文古德最近给我一个电话。说在1934年的一天早晨，他正站在一个扶梯上用一根端部带有钉子的木棍去捅斯隆的X光机的电调谐线圈做测试。这在X射线组是通行做法，但是这次噼里啪啦的火花直从线圈传到木棒上，16 000伏的高压瞬间从他的大拇指传过他的身体，并通过他皮鞋上的钉子传到地面。他被震得从梯子上摔到水泥地上，躺在那里痛苦地扭动着背部。

工作在隔壁回旋加速器房间的马尔科姆·亨德森经常听到从事X射线的工作人员喊叫，他们得让自己发出的声音压过电子管振荡器的啸叫声。但这一次的声音有点"特别"，他意识到出事了，赶紧跑过去。他看到利文古德匍匐在地上，一群人正围着他，其中包括傻了眼正焦躁不安的欧内斯特·劳伦斯。作为医生的儿子，亨德森检查了利文古德的脉搏，给他简单包扎了一下就叫车赶紧去医院。利文古德在医院里躺了10天，让他严重烧伤的手和脚底得到基本恢复。

欧内斯特陷入极度慌乱，他向库克西报告说，他认为利文古德这下是"完了"。他希望这次事故能"让实验室的每个人牢记高压设备的危险无时不在"，但同时又强调"当设备正在工作时要确保它万无一失是不现实的，唯一的办法就是思想上保持高度警惕"。他声称自己一直在向工作人员提出危险警告——"以至于我把自己看成一个'爱挑毛病的老家伙'，但现在好了，这种警告会得到更多的重视"。当然，事实是他发出的有关实验室的物理环境的危险性的任何警告都可能因他对改进机器的无穷尽的需求和紧迫的期限而被淹没了。

工作人员对回旋加速器和X射线管产生的能量场的无视表现得更显著。他们对设备发出的丰富的 α 射线和 γ 射线只采取了最小程度的预防措施。戴维·斯隆只是用薄的铅皮裹着他的 X 射线管的输出部分，而 X 射线容易穿透这种屏蔽被他看成是这种管子的高效率的可喜标志而不是作为其危险的提醒。放射性物质对健康的影响几乎无人不知——这不仅仅是因为在20世纪20年代美国镭公司工作的妇女中毒有广泛的报道。那些佩戴表盘上点缀有夜光镭漆的腕表的工人习惯于用舌头将笔刷舔尖，从而将放射性物质吃进嘴里。旧金山和纽约的医学研究人员对斯隆的设备表现出很大兴趣，毕竟，因为 X 射线以破坏癌细胞著称，只要他们能将射线集中到足够精确的位置上以便使正常细胞不受伤害。

这些问题在辐射实验室通常属于黑色幽默。莫莉·劳伦斯试图对她自己的担忧保持沉默。她曾看到，出席她的婚礼的一位名叫乔·莫里斯(Joe Morris)的物理学家一直戴着黑色手套，为的是不让人看见辐射引起的灼伤。斯隆的X射线管的工作有了突破的那天晚上，欧内斯特一直待在实验室直到凌晨3点才回家。这期间她打电话他也不接，她又不敢出去，生怕欧内斯特开车回来进不了门。她不由得开始瞎想："那些超剂量辐射带来的所有恐怖故事很可能就落在他头上了。"当她丈夫到家时，她将他堵在门口请求道："我们将拥有一个家庭，对吧？"她的担心一直没有完全消除，直到她在新年年初怀孕，并在10月中旬产下一个健康的婴儿——约翰·埃里克·劳伦斯——为止。后来劳伦斯家有了5个孩子，而且个个出生时都很健康。

男人们继续漫不经心地在有放射性（包括中子）排放的条件下工作。劳伦斯认为中子对人体组织的活性特别强。"我们一直希望不要暴露在大剂量的中子辐照下，"1935年他告诉科克罗夫特，承认辐射实验室已经确定这种粒子"的致命性要比X射线强大约10倍"，并说他已决定挪动回旋加速器的控制面板，"通过插入合适的材料使之与磁体进一步隔离开"。这种"插入的材料"是水箱。

工作人员的漫不经心可能反映了那种急性损伤的次数并不太多。一位研究人员可能偶尔会被磁铁的强大磁场甩出来的金属工具所伤——一块飞出的铁屑甚至切去了欧内斯特的手指尖——但更严重的物理效应依然潜伏着，直到很多年以后才显现，这时暴露在辐射实验室的设备下已不可能被指为疾患的原因。例如，迪安·考伊（Dean Cowie）在1935年到辐射实验室当研究生时是20多岁，他在32岁时被查出患有白内障。这时已没有办法确定这到底是因为他在伯克利时经常用肉眼去观察回旋加速器的射线束引起的，还是他后来在华盛顿卡内基学院在默尔·图夫的回旋加速器上工作造成的，或是源自从未确诊的易感性眼病。他的辐射实验室的同事们只能说，他们记得考伊干活时"既不是特别小心，也不是相当马虎，与大家一样"。恢复考伊的视力的治疗费用最终由卡内基学院承担。

在团队建设上，劳伦斯有组织地发展了一种研究型实验室的新范式。由于他对智力和人力资源的需求是多多益善，因此他愿意聘请任何人，不论他是否是正式的科班出身，只要他愿意加入加速器运行的行列就行。

从一个学术实验室的角度看，他的一些新员工可以说是明显的怪才。其中之一是指挥官特勒肖·卢奇（Telesio Lucci），一个温文儒雅的56岁男人。他在前墨索里尼的意大利海军服役时获得了这个头衔。卢奇以其国家任命的驻匹兹堡领事官员的身份（还有其他身份）来到美国，目前在伯克利与他的美国妻子威妮弗蕾德（Winifred）住在一起。这是一位和蔼可亲的绅士，关于他个人的荒诞不经的故事和他对墨索里尼的强烈憎恨说起来话就长了，而且稍有触及他就会 82 愉快地跟你扯闲篇。当他对辐射实验室所发生的事情变得非常着迷后，他选择了在伦纳德·勒布的手下当一名一般的勤杂工，并提供免费服务，这在欧内斯特看来简直是一种不可抗拒的价码。卢奇善于用螺丝刀，但却没有一点物理知识。让他特别振奋的是推上沉重的电闸启动加速器的那一刻，这时合闸引起的电涌有时会强大到足以使整个实验室、校园，甚至伯克利分校所在的整个城市的电力供应受到影响。卢奇认为造成这个问题的原因是电路闭合得太快，为此他改为非常精心地慢慢地推上电闸，在他的同事当中一时传为笑话。

　　但正是物理学之外的科学家的存在标志着辐射实验室真正开始区别于传统的物理实验室。像大多数其他重点大学一样，伯克利倾向于将化学家、生物学家、物理学家和工程师看成是处在离散的沙箱里的居民。这种情况的改变始于劳伦斯的辐射实验室接纳这些陌生人。这种外联在很大的程度上是出于不得已而为之。查德威克在1932年年初发现了中子，使得关于原子结构及其行为的认识除了物理学之外不借助化学就无法得到充分的理解。至于生物科学，一个无法回避的事实是：与资助基础科学研究相比，研究基金会更渴望投资医学研究。劳伦斯看得很清楚，两个主要的癌症研究机构——哥伦比亚大学的癌症研究所和位于旧金山湾对面的伯克利自己的医学院——都对斯隆的X射线管表现出极大的兴趣。这两个机构的资金支持者——对于哥伦比亚大学是化学基金会；对于伯克利医学院则是银行和铁路大王威廉·克罗克——似乎都急于加大对斯隆的进一步研究的资助力度。在参观辐射实验室期间克罗克表现得是那么渴望。作为加州大学的董事，克罗克曾提出资助劳伦斯12 000美元用以建造供医学院用的斯隆X射线管。但是克罗克来到辐射实验室打算视察一下管子的工作状况的那天，管子正好出了问题。（"哦，看在上帝的份上！"欧内斯特惊呼 83

道。）作为替代，欧内斯特下令将该设备拆解开，以便他能向这位富有的捐助人讲解管子各部分的功能。克罗克单刀直入，"让它转起来还需要多少钱？"他问。

为了质子加速器的建设，劳伦斯在向慈善家和基金会化缘的奔走中度过了艰难的一年。他得用基础科学的抽象术语来向他们解释建造加速器的目的。但现在克罗克的问题让他感到震惊。它暗示来钱不难，只要一台仪器能够在医疗获得应用——尽管这种应用前景还远远谈不上确凿——他就可以提供资助。劳伦斯的这一认识在研究公司的霍华德·普瓦隆那里得到了强化。普瓦隆已经毫不拖延地将X射线管推进到可申请专利的阶段，而且一点也不向外界透露他的设计。"我已经警告［斯隆和劳伦斯］，要他们提防其他人对它的注意，免得……专利情况变得模糊不清。"他告诉他的专利律师亚瑟·奈特。欧内斯特没有反对，既然X射线管的筹钱能力似乎已经超越了回旋加速器。"有人告诉我这种深度治疗的医疗装备有非常大的市场，"他写信给普瓦隆，"请尽可能快地向商用化发展，我怕通用电气公司和其他人也将进入这一领域，并干扰我们的进步。"

克罗克对医学院项目的捐资解决了劳伦斯的一个紧迫问题：斯坦·利文斯顿在伯克利的一年讲师资格聘期期满后仍能留在手下干活。欧内斯特直接指派利文斯顿到湾区那边去帮助斯隆安装X射线管。实际上，利文斯顿在X射线管研制上所发挥的作用与他在25厘米和69厘米回旋加速器的研制上的作用是一样的。虽然来年他的工资将从医学院的预算里支付，但只要有需要，他就会听从召唤回到回旋加速器的研制工作上来。

利文斯顿全身心地投入到他的新任务当中，甚至训练自己用X射线管为一些早期患者进行诊治。许多年以后，他回忆起这段经历时仍抑制不住内心的喜悦："我运行了它6个月，产生了1百万伏特的X射线，这在历史上是首次。"他十分赞赏劳伦斯指派他从事这项工作还有另一个原因：这是他第一次有机会摆脱欧内斯特·劳伦斯的影子单独干。

斯坦·利文斯顿是最早一批发现大科学所要求的团队合作可能不适合他们的科学家之一，尽管不是最后一个。虽然这一点并非不寻常：有才华的科学家变得屈从于那些更有才华、具有更强个性的科学家——就像一帮助手臣服于欧内斯特·卢瑟福，但研究人员仍被灌输这样一种自我形象："在追求真理的道路上的一名孤独的科学家。"这一浪漫的措词来自于罗伯特·威尔逊。他的这种偏爱独处的性格源自于他在怀俄明州的童年生活。在辐射实验室，威尔逊的贡献是对回旋加速器做了巧妙的改进——设计了一种允许探针插入真空室或取出而不影响真空的橡胶密封垫圈。但他对于要他压抑个人的真理追求而服从组织的优先事项（包括繁琐的机器维护）这一点经常愤愤不平。"作为实验室最年轻的成员，我不得不屈从，看着他们按老板的意思干而不是按我自己的方式干，"他后来回忆道，"这里只有［劳伦斯］是自主的，可以展示创造性。在某种程度上，整个团队都仅仅是在执行他的想法。"他能够保持自己的独立性和创造力的唯一办法就是工作到深夜，这时他能够几乎是独自一人掌控这间大的实验室。在伯克利获得博士学位后，威尔逊赶紧逃到普林斯顿，那里的旧式风格能够更加包容他的这种孤僻的研究风格。

要说在劳伦斯的这种制度下受伤害最深的数斯坦·利文斯顿。尽管他具有欧内斯特核心圈的创始成员的地位——毕竟他是劳伦斯手下的第一个博士，是第一台能工作的回旋加速器的设计师——但在辐射实验室的同门情谊方面，利文斯顿总显得孤独，下班时间他也很少参与大家的胡闹。他25岁来到伯克利，他与其他研究者都是同代人，但他因为年龄大、更不安分而打击他们。马尔科姆·亨德森后来评说道："我不知道是什么让他这么多刺。"

利文斯顿是个不知疲倦的工作狂，在劳伦斯于1932年度蜜月期间，他在实验室一干就是没日没夜，以至于物理系主任埃尔默·霍尔对他那浑身脏兮兮的样子提出警告，命令他"离开伯克利，放下他的问题"去休息。霍尔告诉劳伦斯："利文斯顿看上去太累了，我昨天建议他无论如何必须休至少两周的假。我担心他会变'僵化'……如果他不中途休息一味这么拼命的话。"但当时利文斯顿刚刚想到要去除D形盒的栅网，现在去休息，既不符合他的个性也完不成劳伦斯的日程表。他努力干了一个夏天，当欧内斯特回来后就更加拼命了。他们如此紧密地一起辛劳了这么长时间，说他们对成果的贡献难分彼此这是完全可以理解的。

利文斯顿认为自己在回旋加速器的早期研发的过程中与劳伦斯是同等的伙伴关系。在发表的描述回旋加速器工作原理的第一篇文章（见1932年4月的《物理评论》）里，他的名字不是紧挨着欧内斯特的名字吗？文章中所画的仪器还是他手工描绘的28厘米的黄铜设备呢。这个项目的成功到底是应归功于劳伦斯的眼光独特，还是应归功于利文斯顿的技术设计，有时似乎真的不好说。但即使是今天回顾起来，有一点是不言而喻的：如果没有欧内斯特·劳伦斯，回旋加速器就不可能在伯克利诞生。对于这一点，至少在劳伦斯的心中，从来就没有过任何疑问。

在他的大多数学生和同事看来，欧内斯特似乎对荣誉非常慷慨。当辐射实验室有新的发现时，他经常让他们的名字排在杂志文章的前面。有时他甚至拒绝署名——这种做法在杰出人物领导下的世界各主要科学实验室几乎是闻所未闻。大部分工作人员似乎都认为，辐射实验室对荣誉的处理是公平的。"欧内斯特有足够的荣誉拿出去说，这个大家都知道，"亨德森回忆道，"我知道我得到了我应得的。"

但斯坦·利文斯顿不这么看。随着回旋加速器吸引了全美国范围的越来越多的关注，劳伦斯把更多的时间花在了陪同前来参观辐射实验室的嘉宾上，沉醉在他们的赞美声中，有时陪同他们默默地走过正在干活的利文斯顿身旁而忘了向他们介绍，有关功劳荣誉的事情开始出现。有一天，他开始与欧内斯特面对面地讨论这个问题，并解释说，他认为自己的贡献没有得到赏识。

欧内斯特答复的冷漠态度令人震惊。"这个课题是我自己负责，"他说，"如果你感到不满意，你可以随意去任何其他课题组。因为我可以让任何一位研究生做你现在所做的事情，要多少人有多少人。"

利文斯顿跌跌撞撞地走出了欧内斯特的办公室。在路上他遇到了吉姆·布雷迪。在实验室后者的资历与他相当。他脸色铁青，他向布雷迪详细讲述了与欧内斯特交谈的经过。布雷迪说了些同情的话，但私下里，他是赞同老板的意见的。他后来回忆道，劳伦斯提供了视野，而"利文斯顿只是一双手臂"。这也许说得过于刻薄，其实劳伦斯通过努力确保利文斯顿能拿着克罗克提供的医学院助学金再干上一年，就已经证明了他对这副特殊手臂的尊重。

但斯坦·利文斯顿显然已无法再在辐射实验室的心理环境中待下去了。老板的看法已通过充盈的人力资源显示出来，而且没有人被允许忘记，欧内斯特的眼光是整个实验室活力的来源。伦纳德·勒布作为一个顾及自身的自尊的外人，曾有幸从一个较远的角度来看待辐射实验室的动向，他指出："当一个像欧内斯特·劳伦斯这样的有着……无意识的、正派热情的人领导一个单位时，总会有事情发生。通常他总能够将科学界中那些较容易说服的人和弱者吸引到他的轨道上来。"那些被吸引到劳伦斯轨道上来的最杰出的研究人员——有实力拿诺贝尔奖的科学家，如路易斯·阿尔瓦雷斯(Luis Alvarez)、埃德温·麦克米兰（Edwin McMillan）和格伦·西博格（Glenn Seaborg）等——会找到适合自己的方法来利用劳伦斯实验室的资源，然后独立抬升自己的声誉。劳伦斯认为，他们的成就为辐射实验室增添了光彩，并因此给了他们尽可能多的自由。[87]其他人，像威尔逊，则从辐射实验室吸取到他们所需要的知识和经验，然后在其他地方迈入自己成功的职业生涯。还有一些人，像唐纳德·库克西，作为领导的追随者，扎根实验室，同样铸就了自己长期的和富有成效的职业生涯。欧内斯特创造的这种研究范式对每个人都是全新的。

在勒布看来，利文斯顿属于那种在这个大家庭中注定处于不舒心的被忽视状态的个性类型。"利文斯顿无疑属于那种容易受到暗示的人，"勒布对劳伦斯授权的传记作家赫伯特·柴尔兹（Herbert Childs）说道，"但他个人主义观念较严重，总想摆脱……问题是利文斯顿干得太辛苦，作为合作伙伴干了太多年……并变得对他的贡献非常敏感。作为离决策圈最近的人，而且在劳伦斯的领导下无疑已经取得了超出他正常能力的成就，在这种情况下，当他……意识到原来所有一切都归功于劳伦斯时，他的士气遭受了严重挫折。随着团队的形成，也不可能还有其他解决方式。"这些都说明，即使在利文斯顿于1934年7月离开伯克利前往康奈尔大学——美国物理学界的另一潭死水，当时正通过任命两位第一流的物理学家汉斯·贝特（Hans Bethe）和罗伯特·巴切尔（Robert

Bacher)作为教员来打翻身仗——应聘教师职位后，他仍然是这个后来被称为回旋加速器共和国的忠实成员。康奈尔大学聘请他主要是为了建造它自己的回旋加速器。它的28厘米加速器由学校的微薄资源在那儿支撑着，但利文斯顿把它建成为在美国伯克利之外的第一个成功的回旋加速器(图9)。说得更广一点，他已成为回旋加速器历史上非官方的守护人，一位传播这一技术的孜孜以求的历史记录者，促使欧内斯特不断地提供该领域的进展报告。

　　但他从未放弃这样的看法：他在加速器发展中的作用被忽视了。为此，他将矛头对准了唐纳德·库克西。作为辐射实验室的资深副主任，库克西是劳伦斯光辉的官方守护者。库克西"使得劳伦斯在实验室变得偶像化"，利文斯顿在离开30多年后这么说道："库克西把控着实验室早年的历史介绍，导致新的一代根本不知道创业初期所发生的事情，认为肯定是劳伦斯亲自完成的这一切……我认为他是在玩弄历史。"

图9　69厘米回旋加速器。磁铁极面和独特的马蹄形支撑轭之间的是利文斯顿设计的真空室。利文斯顿（左）带着他特有的忧郁表情。

利文斯顿可能没有意识到，在他质疑劳伦斯贪功自居的时候，辐射实验室已经获得了独特的声望。如果劳伦斯的注意力仍是致力于机器的完善而不是利用其功效，那么它的性能和它的结果就不会被世界各地注意到。具有国际声望的物理学家们都来到伯克利想一睹奇迹，并考虑用他们自己的加速器能做点什么。伯克利和它的迥然不同的科学探索风格正在得到越来越广泛的认可，而这主要是欧内斯特·劳伦斯做的。

　　还有另外一个因素：欧内斯特曾与一位杰出的年轻科学家建立起合作关系。这是一位理论物理学家，具有享誉国际的声誉。他是劳伦斯的伟大的朋友，但他与这位南达科他小子之间的差异犹如月亮与太阳的差异。他的名字叫奥本海默。

第 5 章　奥本海默

　　　这是一张欧内斯特·劳伦斯和罗伯特·奥本海默（昵称奥丕）在一起，象征着他们的友谊之花盛开的照片(图10)。后来，他们的个人关系因敌对、猜疑和政治上的原因而恶化。照片拍摄于新墨西哥州的佩罗卡连特，奥本海默和他的兄弟弗兰克在那里租了个农场。照片上没注明日期，但时间想必是在20世纪

图10　罗伯特·奥本海默(左)和欧内斯特·劳伦斯处于他们友谊的第一个也是最温暖的阶段，时间大概在1931年前后。照片拍摄于新墨西哥州的佩罗·卡林特牧场。

30年代初。两人都穿着那种皮革能护到小腿肚的马靴，背景是他们刚骑马郊游回来的沙漠。欧内斯特双腿叉开站在那里，就像年轻的马克·安东尼[1]，向周围下达命令；他穿着紧身的格子纹夹克，里面是V领羊毛衫，打着领结，对着镜头咧嘴一笑。罗伯特则懒散地倚靠在他的帕卡德汽车的挡泥板上，他的皱巴巴的黑夹克上沾满了灰尘，头发蓬乱得像拖把，浓眉下的一双眼睛对着镜头闪着不信任的目光。

是什么将这两个具有不可调和的分歧背景的年轻人聚到一块？在了解他俩的人看来，两人在四分之一世纪里共同创建了大科学，并主宰美国物理学界。欧内斯特·劳伦斯和罗伯特·奥本海默是最神秘的一对：欧内斯特，信奉路德教的教师的后代，在中西部地区长大，在政府赠地学院接受的教育；罗伯特，一个犹太商人家庭出身的后代，毕业于哈佛，游学于欧洲的伟大庙堂。劳伦斯一副宽阔的肩膀和运动员的身板（罗伯特曾对他那"难以置信的活力"发出惊叹），总是收拾得整齐利落；奥本海默的体格则出奇的单薄，头发永远凌乱，香烟几乎从不离嘴。甚至他们个性上的反差似乎也像彼此在照片中所流露的那样。欧内斯特喜欢营造一种世俗的美食家的氛围，但事实上，在他这里实验室的工作永远是第一位的；罗伯特则表现得像个苦行僧，但他的嗜好既多而人又放荡：酒、女人、美食、音乐和政治，不一而足。在他们第一次见面时，性格外向的劳伦斯正准备与他将要结伴一辈子的女人订婚；而性格内向的奥本海默来到伯克利时则已经有了好几场恋爱经历，而且未来还会更多。

他们生活中的共同点是物理学。但这不是答案的全部，因为他们的科学工作方法也大相径庭：奥本海默是一位理论家，很少去用扳手拧螺栓；劳伦斯则是实验物理学家，他的那些闪现着灵感的小玩意儿改变了物理学——包括奥本海默的物理学。也许这就是秘密。他们似乎是互补的一对，合在一起才构成一个整体，就像粒子和波的表现合在一起定义了光子一样。"劳伦斯的实验天才与奥本海默这位理论大家合起来，就形成了你能想象的最强大的物理学团队，"

1　马克·安东尼，古罗马政治家和军事家。凯撒军队中最重要的指挥官。——中译者注

　　　　　　　　　　　　　　　　　　　　　　　　大科学

詹姆斯·布兰迪(James Brady)多年后对采访者说道，"他们总是在一起。"

他们都有着同样的冲动，就是要将他们所选择领域的新发展开拓到其逻辑的终点——大科学(但其着眼点则看似荒谬地聚焦在无限小的粒子上)。他们要把他们的学术家园变成该领域的学习和探索的主导中心。劳伦斯将提供设备并开凿所需的新的资金和赞助的来源，使它变得更强大；奥本海默则提供劳伦斯的机器得以建立的知识基础。双方失去一方都不足以实现他的目标。

这将是两人生命中最重要、最持久的职业关系。而且，这种关系还将让全世界产生共鸣。欧内斯特·劳伦斯和罗伯特·奥本海默之间的结合将深刻影响到核物理学本身的发展，影响到第二次世界大战中盟军的战略，以及战后岁月里民用和军用核政策的发展。两人之间的关系很少有像他们这样对我们今天生活的世界产生如此深刻的影响。

尤利乌斯·罗伯特·奥本海默差不多是在欧内斯特·劳伦斯到来的整整一年后来到了伯克利。而且他的每一点滴小事都如同巨雷不同凡响。

这是1929年的夏天，新学期开学前的几个星期。奥本海默在哥廷根马克斯·玻恩的指导下提前两年时间获得了博士学位。在哥廷根，他一直与沃纳·海森伯和保罗·埃伦费斯特（Paul Ehrenfest）这样的量子力学的后起之秀交往。他似乎轻易地就掌握了量子理论中那些令人目眩的难点。在他的博士学位答辩结束后，一位在答辩中给他出难题的考官——当时刚获诺贝尔奖的詹姆斯·夫兰克(James Franck)——告诉同事："我得赶紧走。否则该他来考我了。"

在他接到的邀请他回美国发展的10份聘书里，奥本海默选择了两份：一份来自加州理工学院；另一份来自伯克利。这一选择的原因是他可以做出一项不寻常的综合安排：能同时兼顾两个地方，轮流到两所大学教课一个学期。这对大学有好处，对他自己更好：他可以在伯克利这片理论"沙漠"上创建一个新的理论物理学派，同时又能通过加州理工学院更为传统的物理系来保持对该领域最新进展的了解。他回忆道："伯克利没有理论物理学。它的实验物理也是相当老旧，死气沉沉……这既提供了一个很好的条件又是一项挑战。我认为加州理工学院的物理非常全面，我不会完全孤立。"两所大学愿意共同分享罗伯特·奥本海默这一事实充分反映了在当时的美国学术界，合格的理论物理学家，特别是像奥本海默这样耀眼的理论物理新星，非常缺乏。在十年的时间里，奥本海默的理论学说和欧内斯特·劳伦斯的回旋加速器将会使伯克利变成如同加州理工学院一样的超级学府——它不再是沙漠，而是卓越的国际核物理研究中心。

奥本海默来到伯克利不像几个月前他前往加州理工学院时那般富于传奇
色彩。当时他驾驶着那辆在路上因车祸有两处严重受损的破车穿过沙漠按时赶到了帕萨迪纳。刚结束旅程，他便吊着胳臂出现在加州理工学院的物理实验室，宣布道："我是奥本海默。"而在伯克利，他一来便搬进了教师俱乐部——单身汉的天堂，那里有欧内斯特·劳伦斯做邻居。当时劳伦斯28岁，奥本海默要比他大近3岁。两人就这样成了一见如故的朋友。

虽然就一位有着高学历的科学家而言，广泛阅读专业以外的东西不是很常见，但奥本海默的兴趣范围则非常广泛。在哈佛，一位同学曾惊叹道："他将这里的知识洗劫一空。"沉浸最深的是物理和化学，当然还有数学、哲学和法国文学。但他为了阅读柏拉图的原著，居然学会了希腊语，后来为了研究《薄伽梵歌》又去学了梵文。在欧洲逗留期间，人们惊奇地发现，他在荷兰莱顿大学的一个讨论会上可以用自学的荷兰语来做演讲。他回忆道："我不认为我的荷兰语非常好，但还行[受到夸赞]。"多年后，他让他在伯克利的一个研究生助教里奥·尼德尔斯基（Leo Nedelsky）替他做一次讲座。"这没什么大不了的，"他告诉尼德尔斯基，"内容都在这本书里。"当尼德尔斯基指出这是本荷兰语写的书时，奥本海默回答道："没有什么比荷兰语更容易学的了。"

然而，奥本海默的这种强迫症般的博学多识也带来了他的一个突出的知识缺陷：他对于让自己持久地钻研一门学科缺乏耐心。这肯定是他作为最有成就的美国物理学家却没有获得诺贝尔奖的一个因素，但这并不意味着他没有做出开创性的工作。在这段物理学史上史无前例的知识酝酿期间，很少有哪个方面是奥本海默没有公开发表过通信或论文的。这些论文都是原创的，大都有广泛影响，甚至是开创性的。1930 年，他预言了正电子（一种带正电荷的电子）的存在。但作为一个理论家，在提出这个问题并"认为自己得到了正确的结论"后，他便失去了兴趣。结果是卡尔·安德森——他在加州理工学院的学生——发现了这种粒子并因此荣获诺贝尔奖。在 20 世纪 30 年代，奥本海默通过对天体物理学的研究预言了中子星的存在，更令人惊讶的是，他还预言了黑洞——大质量恒星坍缩成的巨大引力源，其引力大到连光都逃不出去。但中子星直到 1967 年才被探测到，而黑洞的证据则要到 21 世纪才发现，我们低估了奥本海默的成就，也酿成了他神奇的未竟事业的悲剧。

"奥本海默能很快看透物理本质，然后在信封的背面做计算，并得出所有要点，他的这种能力极强，"他的同事罗伯特·谢尔博（Robert Serber）回忆道，"但要做完并做成一项完美的工作……那不是奥本海默的风格。"恰恰相反，他的一些最著名的论文正是由于存在很初级的数学错误而大为减色，偶尔甚至会导致错误的结论。谢尔博又说道："他的物理很好，但他的算术很糟糕。"

奥本海默的真正才华表现在他的综合能力上。他对物理学的把握使他能够为几乎任何新的实验发现建立起理论基础。1939 年的一天，路易斯·阿尔瓦雷斯——劳伦斯的辐射实验室里最杰出的成员之一——就见证了这一点。那天下午，他闯进奥本海默的办公室告诉他一个惊人的消息，德国化学家奥托·哈恩（Otto Hahn）和他的助手弗里兹·斯特拉斯曼（Fritz Strassmann）宣布发现了核裂变。所谓核裂变就是重铀原子核分裂成两块。奥本海默站在勒孔特大楼他的办公室的黑板前，当着在场学生的面当即宣称道："这不可能。"然后他便在黑板上演算起来，想必一定是哈恩和斯特拉斯曼搞错了。这就是奥本海默表现出的知识上的傲慢，他最不讨人喜欢的品质。但紧接着第二天，他参观了阿尔瓦雷斯的实验室，见证了对这个现象的演示。"还不到 15 分钟，他不仅同意这个反应是真实的，"阿尔瓦雷斯回忆道，"而且还推测出，在这个过程中，会产生额外的中子，这些增生的中子可用于分裂更多的铀原子，从而产生出能量或制造炸弹。"这是对奥本海默的非凡的科学洞察力的最经典的示范。抛开自己当初的失误，他立即领悟了这个现象的基本物理机制，更令人印象深刻的是，他能够像国际象棋大师看到以后几十步一样，设想到这个发现的延伸意义。

奥本海默在伯克利所展示出的这种个人魅力和知识吸引力的奇特组合，使得他日后当之无愧地成为洛斯阿拉莫斯原子弹计划的有效率的领导者。在校园里，他一向以"理论物理的吹鼓手"的面貌出现，谢尔博后来谈道。阿尔瓦雷斯也许是出于嫉妒，曾称那些追随奥本海默的人为他的"随从"。他们模仿他的每一个动作和怪癖。他们学着一支接一支地抽他抽的"切斯特菲尔德"品牌的香烟，并模仿他的长腿走路的步态和他几乎听不见的嘟囔声。他的艺术品位成为他们全体共同的品位："我们真不该喜欢柴可夫斯基，因为奥本海默从不喜欢柴可夫斯基。"一个名叫埃德温·尤林（Edwin Uehling）的学生感叹道。每年春天一到假期，奥本海默就去了加州理工学院，这些随从便乘坐一辆大篷车屁颠屁颠地跟着他南下。到了8月，他们再一起迁移到北方。

奥本海默的课堂风格很有点与众不同。他大多时候是背对着学生，在黑板上随便找块空白处就写下复杂的公式，有时在大家还没来得及记下时就将黑板擦了腾出地方写新的公式。"我还记得他特有的写黑板的姿势，一只手拿着一根粉笔，另一只手夹着一根香烟，头被一团烟雾罩着。"爱德华·杰约伊（Edward Gerjuoy）回忆道，他是奥本海默在伯克利带的博士生。他讲话像是喃喃自语，时不时还会停下来发出一声嘟囔，被学生们讽刺为"尼姆－尼姆－尼姆"。他的朋友埃伦费斯特从欧洲来访加州理工学院，在一次演讲时，坐在前排的他忍不住插话让奥本海默声音大点，最后他问道："奥本海默，这是秘密？"

听他讲课，不仅是他的喃喃自语让人不知所云，而且主题也非常模糊：甚至对世界上最资深的理论家都是个挑战。作为加州理工学院的研究生，卡尔·安德森花了几天时间在拥挤的演讲厅里听奥本海默讲量子力学，但愣是没听懂。最后，他向奥本海默承认，他实在是听不懂，他不得不放弃这门课程。奥本海默感到不安，他透露其他每个注册的学生也已经做了同样的事情——大厅里挤得爆满的学生都是不要学分的没注册的学生，这样不用冒风险。他请求安德森不要退课，如果没有一个学生选修，这门课当然就不能算作加州理工学院所开课程的一部分。安德森照办了，并得到了一个A。"即使所讲的内容令我

　　　　　　　　　　　　　　　大科学

头大，但好歹这门课总算过了。"他回忆道。

与熟谙讲清楚概念但不耐烦课堂教学的负担的劳伦斯不同，奥本海默喜欢教书，他只是不是很擅长讲课。他讲课时的那种模棱两可的态度反映了他自己对新发现的现象也吃不准，这些内容甚至在今天理解起来也需要有一番全新的训练准备。"在那些日子里，"他怯怯地向一位责怪他讲课学生听不懂的研究生解释说，"我只是想教育我自己。"

奥本海默的粉丝圈外的那些人对这一切非常困惑——甚至连恩利克·费米（Enrico Fermi）都感到不解，他应该算是深知这种行为的，因为他也是他自己的学生的崇拜对象。1940年，费米在伯克利参加了一场由奥本海默的一群学生主办的研讨会，费米发现自己根本听不懂这种嘟嘟囔囔的讨论。后来，他对他的朋友和同事埃米利奥·塞格雷（Emilio Segrè）说道："我去参加他们的研讨会，可让我沮丧的是我听不懂他们在说什么。只有最后一句话让我振作起来。说：'这就是费米的 β 衰变理论。'"

但奥本海默就是这样建立起了这个国家的领先的理论物理学派。在1929年到1943年（他前往洛斯阿拉莫斯之前）期间，他在伯克利指导了20多篇博士论文。这个数量占美国在此期间授予的博士学位论文总数的一个很大的比例。其中一个原因无疑是，他是当时美国少有的几位直接受教于欧洲的量子力学鼻祖的教师之一，同时也是少数几位将其知识传授给新一代的人之一。另一个原因是，直到20世纪30年代末，在欧洲的独裁和战争乌云使得欧洲的物理学家开始向美国大量移民之前，奥本海默几乎是一个人独占美国市场。在1937年年底，当杰约伊还是纽约城市学院的本科生时，他向他的学业指导老师询问他是否可以继续他的理论物理研究，结果"他们告诉我，唯一公认的团队就是奥本海默的团队"。

在同住单身宿舍的前些年，劳伦斯和奥本海默几乎形影不离。他们一块儿出去社交，一起玩耍，有着一些相同的习惯，虽然每个人都有自己的方式：他们都抽烟，但奥本海默是不停地抽，而劳伦斯则是偶尔抽一支（似乎遵从他的清教徒的教养，只是偷偷地抽）。想搞清——或仅仅是理解——劳伦斯和奥本海默之间的关系成为认识他俩或他俩身边的许多人消磨闲暇时光的一个有趣的话题。化学家马丁·卡门（Martin Kamen）简明地总结道："奥本海默——非常理智和内省，有时变得傲慢而迷人——不断受到不安全感的困扰。他拥有非凡的分析能力，但动手能力很差。劳伦斯——理智稍差但直觉强大——几乎从不自我怀疑并且动手能力超强……一个的理论智慧正好与另一个的实验技能形成互补，这种亲密关系有一个基础，它使得两人之间知识上和文化上的差异被降低到最小。"在一个方面，他们相互间配合得可谓完美，卡门观察道："他们有一个共同的驱动力，就是成为舞台的中心。"

让他们的关系变得非同寻常的是，在这个核物理诞生的初期，理论家和实验家通常会以一种既谦虚又怀疑的态度审视对方。他们有着典型的不同的个性、不同的世界观，甚至不同的政治观点。"理论家们在政治上倾向于更自由，自由到变得激进。"诺贝尔奖获得者埃德温·麦克米兰在几年后这么评论道，他是劳伦斯实验室的助理，也是劳伦斯的连襟。麦克米兰在战后年代回顾道：97"实验者……在政治上更倾向右倾。"当时战争已使科学政策失去控制，毁了很多人的事业和声誉，但甚至在20世纪二三十年代，人们看待物理学的方式，人们看待世界的方式，都还不存在问题。

但劳伦斯和奥本海默明白，他们双方如果失去对方就不可能有所成就。"劳伦斯严重依赖奥本海默。"布兰迪说。例如回旋加速器产生了一个令人困惑的结果，劳伦斯的反应总是："让我们去问问奥本海默。"

"因此我们就去找奥本海默，"布兰迪回忆起一次这样的经历，"劳伦斯还没说完第一句话，奥本海默便打断说：'不，不，不，不，不，这不可能。这将是违反热力学第一定律的。不可能！'于是劳伦斯只好说：'好吧，那就忘了这茬。'他们一直就是这样工作的。"

从奥本海默这方面看，他则被劳伦斯这部宏大的机器所产生的洪流般的结果深深地刺激了。"他们（用回旋加速器）发现的东西经常是如此惊人，我简直不明白这怎么可能，"他在晚年回忆道，"有时我肯定是被惊到了。我错了。"

他同样痴迷于劳伦斯的创新型的定期俱乐部活动，每周一次的自由交流科学数据和新闻，参加的有研究生、物理系教师和偶尔来访的著名学者。奥本海默称它为劳伦斯的"另一项伟大发明"。由于住在伯克利，奥本海默很少错过这种交流机会，而且还经常主持组会，尽管在这些场合，劳伦斯总是退居到听众席上，像其他人一样费力地辨别着奥本海默的喃喃自语。

当然，奥本海默也不像出席组会的其他理论物理学家那样，在劳伦斯和他的伙计们面前表现得那么自大。劳伦斯的成就，他判断："自己不是在理解自然的领域，而是在理解研究自然的问题的领域。他和所有人一样，对整个物理学风格的形成有贡献。"在理论家中，很少有人能像奥本海默那样认可劳伦斯的方法——简单感知自然，不抽象——的价值。他认为："抽象基本上不在［劳伦斯的］菜单里。他的菜是建立并扩展一种技术。这是一种工具性的方法，没有它天文学和物理学就走不远。"

在表面上，他们热络的友谊一直持续到20世纪40年代，但个人生活上和职业生涯带来的各种变化使这对最亲密的朋友之间的裂痕在扩大。欧内斯特依然是佩罗卡连特的常客，在那里他会穿上"非常合身的马裤"，骑上英国式的马鞍。在家里，他会和奥本海默一起围着伯克利散步到很远的地方，甚至走入加州北部田园般的森林里。"我们谈物理学。"奥本海默回忆道。他知道欧内斯特的知识兴趣比自己窄，他可能不是特别愿意谈论像东方哲学和西方艺术这样广泛的内容。

有件事情可以见证他们的相互信任和关怀。1931年10月，奥本海默的母亲得了不治之症，要他去纽约，劳伦斯每隔几天就给他写信。劳伦斯清楚地知道母亲的去世对奥本海默的打击会有多大。"离开这么久，我感觉很糟糕。"奥本海默对劳伦斯的关怀这样回应道。他甚至问劳伦斯："你能为这个搞理论的孤儿做些什么呢？"——尽管他心里想的是，这位大实验家可以做的是对奥本海默的学生保守秘密。

那年年底，这两个朋友在新奥尔良召开的美国物理学会的会议上重新相聚。在会上，他们的声望与日俱增，两人的关系也显得形影不离。一个同事的妻子目睹他们站在电梯口的两侧长时间交谈，电梯到了，劳伦斯进去又出来，与奥本海默做进一步交谈，直到电梯操作员发话他们才结束这场谈话："分手吧，甜心。"

同样是这次会议，欧内斯特显露了他的另一面，它更明显地展现了他们之⁹⁹间关系的成熟：这种关系很有点像默尔·图夫在欧内斯特前往伯克利之前所发挥的顾问和导师的作用。在向会议作论文报告时，奥本海默一直受到一向以尖刻闻名的加州理工学院院长罗伯特·密立根的非难。密立根对奥本海默挑战他的宇宙线起源理论耿耿于怀。在过去十多年里，他一直在为自己的理论作强烈辩护（但最终被证明是错的）。奥本海默深深感激欧内斯特在这件事情上给予的道义上的支持。"也就是你，欧内斯特，那么可爱，在星期三的会议上对我说了那么些安慰的话，"奥本海默在几天后给欧内斯特的信中写道，"我当时真的非常需要这些安慰，我为我的报告感到羞愧，更是被密立根的敌意和无所顾忌的攻击所苦恼。"就像是要回报劳伦斯的安慰的话，奥本海默透露，密立根的行为已经让他开始与加州理工学院切割，以后将更多地致力于伯克利，只要"不与加州理工学院完全破裂"就行。

但也正是在这个时候，他们的关系开始发生微妙的变化。奥本海默作为理论家的声望越来越高，但劳伦斯的职业地位的上升则完全是在一个更高的层面上。"劳伦斯在20世纪30年代已成为一个比较突出的家伙，确实是这样，"奥本海默回忆道，"他把我看作一个潜在的非常好的物理学家……但从某种意义上说，不是那种世俗的、没有经验也不很明智的那一类。"

奥本海默承认，他们的社会背景注定是不同的。罗伯特和他的妻子凯蒂乐于同波希米亚人[1]和政治左派交往；他们选择的物理学家朋友圈也多是那些在音乐和艺术上兴趣广泛的人，像谢尔博夫妇和加州理工学院的莱纳斯·鲍林（Linus Pauling）。而劳伦斯，随着职业地位的提升，他的社交圈渐渐移向成为他

1　也暗指那些放荡不羁的文人。——中译者注

　　　　　　　　　　　　　　　　　　　　　大科学

的资金赞助人的银行家和石油巨头们。早在1932年，斯普劳尔就赞助他成为波希米亚俱乐部的会员，这个俱乐部是旧金山最难进入的名人社交圈。而对于奥本海默这位真正的波希米亚人和犹太人来说，要成为这个俱乐部的会员是不可能的。

的确，在整个20世纪30年代，奥本海默可谓逆势而动，反对行业和学术界上层的反犹太主义风气。1936年，他倾力争取对罗伯特·谢尔博担任他在伯克利的研究助理的任命，但伯奇拒绝将谢尔博的微薄的薪金提高到超过1200美元。（在奥本海默的请求下，劳伦斯从辐射实验室另支了400美元给他。）但他为谢尔博争取助理教授的努力没能成功，几年后，谢尔博才发现原来是伯奇在从中作梗，他当时曾写信给一个朋友：“系里有一个犹太人就够多的了。”

然而，真正使劳伦斯与奥本海默之间关系疏离的是政治。在20世纪30年代，劳伦斯认为自己属于新政[1]民主党人。但他刻意让实验室与政治保持距离。他认为，科学家从事任何政治活动都是不合适的——那是“政治鬼混”，正像他在与奥本海默的一次谈话中所称的：“你干嘛要傻不拉叽地去从事这些政治？”一次，他这么询问奥本海默的弟弟弗兰克，他当时也在辐射实验室工作：“你别去了——你是一个优秀的物理学家。”这是一个很有预见性的提醒，因为弗兰克·奥本海默与劳伦斯的实验室的联系突然终止了，接着他的早期共产党员的身份就被揭露出来。

罗伯特·奥本海默无法摆脱政治就跟他无法放弃音乐和美酒一样。这些都是他与外部世界保持接触的方式。他的政治活动最让劳伦斯受不了的不仅仅是其激进主义色彩，对这一点欧内斯特变得越来越充满敌意，而且罗伯特对由此给大学，特别是物理系，造成的可能损害态度冷漠，因为在战后的几年里，大学可接受的政治话题的广度已大大缩小。起初劳伦斯对奥本海默的轻率还能够
冷静处理，但那天，奥本海默在辐射实验室的黑板上出了一则为西班牙内战中

---

1 New Deal，指罗斯福总统在20世纪30年代推行的一系列新的经济政策，其核心内容是救济、复兴和改革。目的是通过政府干预将美国尽快从20年代末的经济大萧条中拯救出来。——中译者注

的反法西斯力量提供救助而举办鸡尾酒会的通知。劳伦斯在日常巡视实验室时发现了它，他一句话没说，操起黑板擦就将它擦去了。随着时间的推移，他发现自己很难对朋友的政治态度保持沉默，终于有一天，他对罗伯特从事的所谓"左翼活动"给予了谴责，并告诫他，这些活动可能会限制他在大学和工业界发展的机会，并且随着战争一触即发，成为他为政府服务的障碍。

几年来，这种紧张关系一直被掩盖着。在劳伦斯将他的新娘莫莉带来伯克利之后，奥本海默仍然是这个家庭圈子里的亲密的一部分。在劳伦斯的次子于1941年元旦刚过出生后，他们为他取名为罗伯特，以纪念他们家与奥本海默的亲近关系。1940年11月，在奥本海默将他的新婚妻子——离异的凯瑟琳"姬蒂"哈里森——带来他们在伯克利的家的这一天（姬蒂已身着孕妇装），劳伦斯夫妇最先在城里设宴欢迎他们的到来。

但随着他们的事业和他们的政治活动的发展，他们之间的距离开始变大，他们之间似乎出现了一些更根本的东西。多年以后，当罗伯特·奥本海默面临他一生中巨大的公共危机时，欧内斯特·劳伦斯的一句话就可能使他免受政治动机的考验，吉姆·布兰迪问劳伦斯，为什么他和他在伯克利的团队没有为奥本海默作辩护。

"有一个很好的理由，"劳伦斯回答说，"我们是唯一真正了解这个人的人。"

"在我看来，"布兰迪认为，"这个理由几乎是个人的。"只有时间才能揭开这个谜。

但分裂远在未来。到1933年，他们的合作已经为将加州大学建设成世界上最伟大的学术中心之一、最富于成果也是最有野心的机构之一做好了准备。伯克利吸引来最有前途的年轻研究生，将最杰出的客座讲师招至麾下，从研究基础中取得了最大的产出贡献，同时也获得了最多的公众关注和赞誉。罗伯特·奥本海默是全国首屈一指的理论家。欧内斯特·劳伦斯作为实验家和研究原子的最有效仪器之父的名声则从大洋的此岸传到彼岸——那一年里，他的名声远播欧洲。标志这一激动人心的时刻的是一封来自比利时布鲁塞尔的出席索 102

尔维会议的邀请信。索尔维会议是每三年一届在布鲁塞尔召开的物理学界精英国际会议。劳伦斯是应邀与会的唯一一位美国人，他将与其他21位目前和未来的诺贝尔奖获得者共聚一堂（图11）。

图11　1933年的索尔维物理学会议会集了科学界的精英，其中包括一批当前或未来的诺贝尔奖获得者。劳伦斯作为唯一受邀的美国人，站在右边第二个。其他名人包括（圈出的，从左到右）：埃尔温·薛定谔、弗雷德里克·约里奥－居里、伊莲娜·约里奥－居里、沃纳·海森伯、尼尔斯·玻尔、恩里克·费米、E.T.S.沃顿、玛丽·居里、乔治·伽莫夫、欧内斯特·卢瑟福、沃尔夫冈·泡利、约翰·科克罗夫特、鲁道夫·皮尔斯、莉泽·迈特纳和詹姆斯·查德威克。阿尔伯特·爱因斯坦出席会议但没在照片里。

　　会议主席、法国物理学家保罗·朗之万（Paul Langevin）问起劳伦斯他要讲的演讲大纲，劳伦斯回答说，他将报告一种全新的氘核（氢的重同位素，在另一个核的撞击下会碎裂）理论。劳伦斯非同一般地声称，他保证将改写物理学基本定律，其支撑的基础就是从回旋加速器得到的广泛的实验结果。令人欣慰的是，这些结果已被奥本海默从理论上予以验证。奥本海默高兴地看到，他们破坏了某些他完全不认同的欧洲的量子动力学理论。正像奥本海默在会议前夕高兴地写给他弟弟的信中所说的那样，劳伦斯"肯定已经确立了H_2核的不稳定性。它在碰撞下分解成中子和质子……在我看来它将成为海森伯的伪核量子力学的令人绝望的障碍"。

这原本可能是劳伦斯和奥本海默合作的最伟大的时刻：一项具有扎实的理论基础的惊天动地的实验结果就将揭晓。但事与愿违，他们在国际舞台上犯了一个世界级的错误！大科学，尽管已经崭露头角，但还没有完全准备好大白于天下。

第二部分：实验室

第6章　重氢核事件

欧内斯特接到出席索尔维会议的邀请不只是辐射实验室得到了国际科学界的认可，而且为实验室带来一次崭露头脸的机会。

1933年10月的会议，主题为"原子核的结构和性质"，是比利时化学家和实业家欧内斯特·索尔维（Ernest Solvay）创办于1911年的系列会议的第7届。劳伦斯的出现是自会议开办以来美国物理学家的第八次亮相。而且这次他将是出席这次会议的唯一一位美国人。他将与欧洲科学界最闪亮的明星们一起讨论核物理学的要点。这些客人中有爱因斯坦、海森伯、玻尔、埃尔温·薛定谔、玛丽·居里夫人及她的女儿伊莲娜和女婿弗雷德里克·约里奥·居里。他们中没有一个人在做出开创性工作时拥有像欧内斯特那样的资源优势。仅剑桥一家就来了8位代表，包括卢瑟福、查德威克和科克罗夫特。

欧内斯特不失时机地传播他受到邀请的消息，在给斯旺和其他朋友的信中，他宣称自己"非常惊讶和高兴"。他从大学要来300美元用以支付旅行的费用。在与会前的几个星期里，他对科克罗夫特和查德威克提交会议的论文准备了详细的评述意见——实际上，是对崇敬的卡文迪什实验室的工作提出了直接挑战。但劳伦斯正要踏上的是一层薄冰。当他迈步走上去后，他不仅几乎让回旋加速器和辐射实验室的声誉都跟着他颜面扫地，而且大大损害了大科学所承载的美好前景。

他报告的主题是被称为"重氢核"的粒子（今天公认的术语是"氘核"）。重氢的核，或氘，或重氢核，反正欧内斯特·劳伦斯让它们彼此都出了名。

中子和氘都是在1932年这个奇迹年里发现的，这一年核物理学探明了一些最大的秘密。氘来得最早。哈罗德·尤里（Harold Urey），一个在哥伦比亚大学工作的伯克利化学博士，很早就着手确认雷蒙德·伯奇等人所猜测的氢的一种重的同位素。尤里要捕捉的目标是一种质量为2的原子。按伯奇的推测，这种成分在氢气里的浓度大约为每4500个质量为1的氢原子中有1个。他的发现是科学推断的胜利，因为给氘带来额外重量的中子直到这种同位素本身被发现的数月后才被发现。当詹姆斯·查德威克发现中子时，卢瑟福已经寻找了这种不带电的核粒子整整10年。氘原子结构的谜团终于解开了：与普通的氢原子核由1个孤独的质子组成不同，氘核——重氢核——是由一个质子和一个中子构成的。

尤里的发现启发了吉尔伯特·刘易斯——前者在伯克利的导师，也是化学系富于传奇色彩的头儿——去寻找一种大量产生重水的方法。重水是一种由氘原子取代氢原子所形成的水分子。刘易斯想用氘作为介质来进行有关新同位素的实验，他在实验方面的足智多谋可谓名声在外。刘易斯设想了一种包含蒸馏蓄电池用稀硫酸的电解过程，并很快就拿出了氘浓度达50%的样品，这个纯度比其他任何人取得的都要高。刘易斯对他的这种提纯过程很有信心，以至于他对这些仍属于稀有物质的东西非常挥霍。"他喜欢讲他是如何用他第一次提炼的重水来喂苍蝇的，"一个学生回忆道，"它翻了个身，向他眨了眨眼。"但听起来更可信的是，他曾告诉别人他是如何用滴管拿最初的样品来喂老鼠的。在吸食了这种当时所谓的"世界级供应"的重水后，老鼠并无不良反应。

刘易斯很快就向欧内斯特·劳伦斯提供了大量重水，用于蒸发成气体吹入回旋加速器。刘易斯可谓老派的孤独研究的化身，但他很高兴能在扩张科学边界方面发挥作用。现在他成了辐射实验室的常客。他坐在凳子上，嘴里永远叼着烟雾缭绕的黑雪茄，看着欧内斯特的助手们用这个新型的、效率惊人的发射器去轰击他们能找到的每一种元素（图12）。

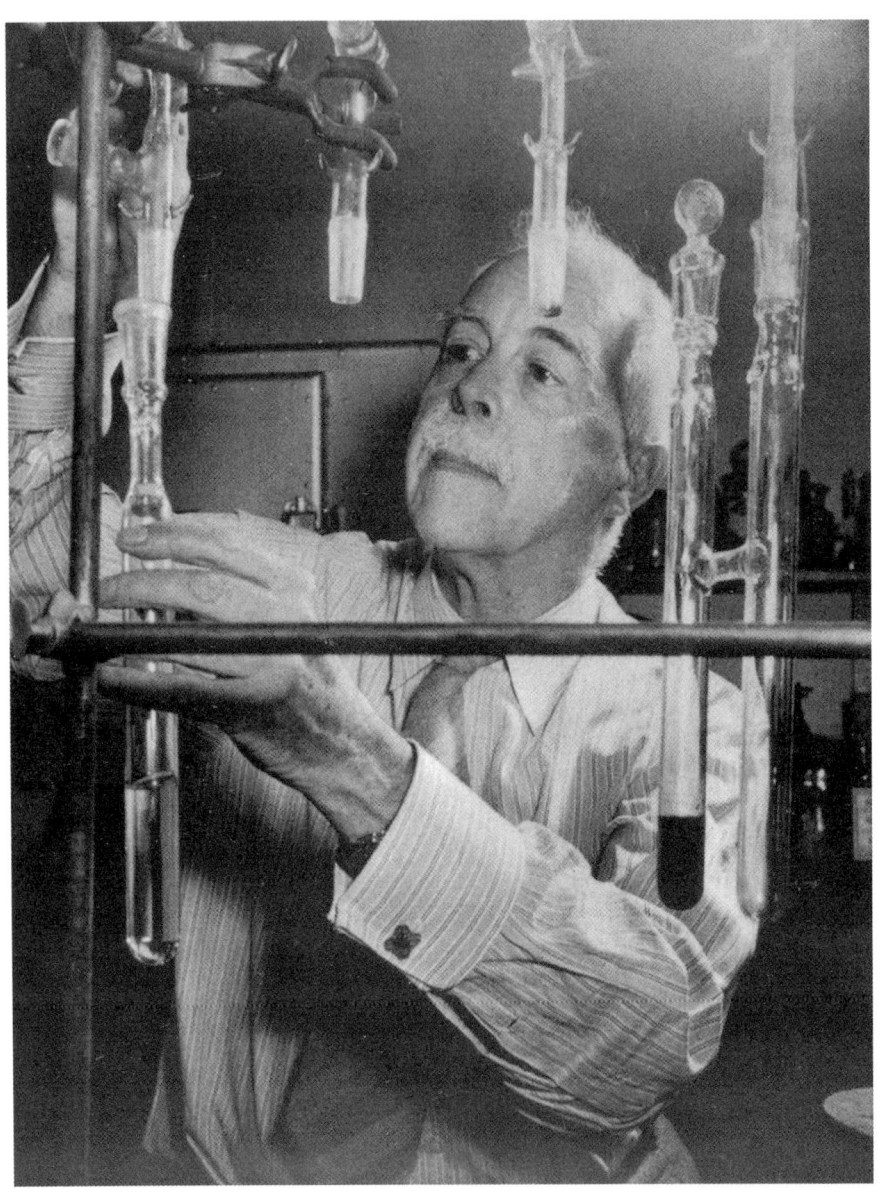

图12　当劳伦斯来到伯克利时，化学系主任吉尔伯特·刘易斯是伯克利科学院无可争议的院长。

劳伦斯对探索利用重氢核的可能性的兴奋程度一点不亚于刘易斯。任何重量是单个质子重量两倍的其他离子——例如质子-质子对——都会对所瞄准的靶核有额外的冲击力，但由于其电荷加倍，因此它受到靶核的正电荷的排斥力也强大得多。但重氢核就不同了，其质量是质子质量的两倍，但电荷数不变，因此应该能够更好地穿透靶核的电磁场。但即使是欧内斯特也没有想到氘核原来是这么有效。"当我们用氘核后，"利文斯顿回忆道，"我们得到了前所未有的巨多的反应产物。"对于锂靶，氘核产生的衰变产物是质子轰击时的10倍（通过检测打出的 α 粒子的数量测定）；对于铍靶，产物数量飙升到100倍。

"欧内斯特与氘核束的恋情是一段传奇。"路易斯·阿尔瓦雷斯后来评论道。辐射实验室最终能够做到通过让氘核偏转出真空室并通过铂"窗口"进入空气来生动体现这种炮弹的威力：劳伦斯在向访客展示氘核束产生的因空气中氮气电离而出现奇异的紫色辉光时，永远是那么不知疲倦。但还有比紫色辉光更多的产物。每一种受到氘核轰击的元素都会产生大量的 α 粒子，而出现这种粒子就表明受轰击的靶已衰变。

这个发现促使劳伦斯实行辐射实验室24小时轮班制，日夜监督用这种魔法元素轰击数十种靶元素。对于像锂和铍这样的轻元素，高产出率并不特别令人吃惊，但在更重的原子如金和铂上也发生了同样的事情。最后，辐射实验室对实验结果兴奋不已，这不仅仅是因为建造了一台更大的机器。辐射实验室利用其优势终于成为世界上独一无二的实验室：在此情形下，刘易斯对氘的大量供应与回旋加速器产出的高能粒子实现了完美的结合。从任何方面说，世界上都没有任何一间实验室能与它匹敌。辐射实验室看上去突然就像卡文迪什的一个可敬的对手，而后者仍沉浸在查德威克发现中子的光辉之中。辐射实验室在较重元素方面的工作尤其值得重视，它所要求的轰击粒子的能量之高让卡文迪什的科克罗夫特-沃尔顿装置的相对微薄的力量相形见绌。

"一夜之间，我们向全世界投出去大量的核物理学论文，"斯坦·利文斯顿回忆道，"这是一个旁人还无法进入的领域，因为他们既没有氘也没有这么高的能量。"利文斯顿补充道：正是重氢核"使伯克利实验室出了名。我们开辟了一个全新的科学领域"。在 5 月底之前，欧内斯特授权伯克利的宣传部门发布了有关在锂、铍、硼、氮、氟、铝、钠等元素上看到的具体"转变"，并宣称："按这样的进度，在未来几年里核物理将实现一个令人不敢想象的巨变。"

但那只是开始。当他们准备正式在 1933 年 7 月号的《物理评论》上向世界公布有关重氢核的结果时，辐射实验室团队发现，所有的轰击，不管是什么靶，打出的都是同样能量的质子，在空气中的飞行距离都在 18 厘米或 7 英寸的范围内。根据传统的核物理学，这是反常的，甚至令人奇怪，因为不同重量的原子核应该放射出能量范围很宽的衰变产物，重元素应产生较高能量的反冲才对。劳伦斯在给科克罗夫特的信中写道："我几乎不知所措。"

他的困惑并没有持续很久。几天后，他提出了一个解决方案：这些质子不是靶核衰变的产物，而是氘本身衰变的结果，这些氘在与靶核碰撞后"爆炸"了。这个结论导致另一个同样令人吃惊的假设：如果氘核的破碎赋予两种成分——质子和中子——以相等的能量，那么简单的数学运算就能给出原子质量单位（或取"1"，即取氧原子重量的十六分之一为单位的质量单位）下的中子的重量。但这样得到的中子比其他实验室推测的中子重量轻得多。

劳伦斯的结果对核物理学有着重要影响。他测得的中子重量直接与卡文迪什实验室提出的值——在 1.0067 到 1.0072（原子质量单位）之间——相矛盾。这很容易理解，卡文迪什对它所发现的粒子的特性怀有特殊的兴趣，更不用说这里还涉及它一向以能够利用手工精心打造的设备进行精确测量而感到自豪的那种民族自尊心。事情绝非要将劳伦斯的挑战击溃那么简单。这场小科学与大科学之间的大战正成为索尔维会议上交锋的前奏。

最初，劳伦斯仓促的推销可谓令人瞩目。5 月，在加州理工学院为玻尔来访举办的欢迎会上，他在描述用氘核轰击 8 种重核靶（最重的是铝核）的衰变过程中暗示产生了较轻的中子。玻尔称这个结果是一项"了不起的进步"。加州理工学院的校长罗伯特·密立根则称赞劳伦斯做出了一项"出人意料"的发现，抑制了他的机构与伯克利竞争的情绪。

接着是在芝加哥举行的美国物理学会的年会上。这次年会适逢 1933 年度世界博览会在此举办，也是欧内斯特在国家级舞台上的首次亮相。他被证明完全胜任这一挑战，《纽约时报》和《时代》周刊分别在头版和突出位置发文盛赞这位明星。《时代》的科学记者威廉·L.劳伦斯将伯克利的重氢核誉为"新的科学奇迹……是用于释放被闭锁在原子核心的巨大能量的最强大的大炮"。威廉·劳伦斯借用卡文迪什的弗朗西斯·阿斯顿（Francis Aston）的一个比喻，报道说一杯水所释放的能量可以供远洋客轮"毛里塔尼亚"号"在大西洋上走个来回"。他向他的读者介绍说，欧内斯特·劳伦斯是伯克利一帮神童组成的"探险队"的队长，他们中的大多数都才"三十出头"。

《时代》杂志的文章将主题锁定在劳伦斯与外行听众沟通的天才能力方面。文章一开头写道，有一次玻尔演讲时，讲着讲着就缠上了麦克风的连线，扬声器里传出了刺耳的啸叫声。"而要听懂圆脸的加州大学年轻教授欧内斯特·奥兰多·劳伦斯所讲的他是如何用'重氢核'子弹使各种元素衰变的，就要容易得多，也愉快得多"。《时代》探索了从"理论家玻尔"所代表的保守的小规模物理学"哲思"（对此听众很难理解）向新一代人如欧内斯特·劳伦斯这样的身材魁梧的年轻实验家的转型过程，后者轻快地跳过理论的丛林，"像小男孩用弹弓"将重氢核射向锂原子。劳伦斯已成为《时代》杂志发掘的人才，很快他便作为当代美国科学的象征成为杂志的封面人物。

与此同时，卡文迪什实验室也没闲着。与劳伦斯和刘易斯一样，欧内斯特·卢瑟福很快就看出氘核作为核炮弹的好处。但苦于无法在自己的实验室里产生氘，他只是在拜访吉尔伯特·刘易斯时获得了一丁点样品——大约半立方厘米（或十分之一茶匙）的纯重水。他将它们封装在3支精致的玻璃管里带了回来。马克·奥利芬开发了一种将这种液态重水几乎没有损失地变成气态的方法，从而使实验室能够回收这些宝贵的材料加以反复利用。

卢瑟福毫不吝啬地向刘易斯大赞劳伦斯，祝贺"劳伦斯和他的同事们这么快就将他们制造的新炮弹用于攻击敌人……这些发展使我感到重新变得年轻"。但卢瑟福的同事们发现，劳伦斯的结果很值得怀疑。他们知道他们的设备不可能取得劳伦斯通过回旋加速器实现的那么高的能量，因此他们选择了一条利用较低能量但较高质子流的途径——功率小但粒子数多。他们毫不费力地找到了劳伦斯的18厘米的质子，但只有在较轻的靶元素锂和铍的实验中才能观察到。在卡文迪什，科学家们观察到，除非是较重的靶受到如硼这样的轻杂质的污染，会勉强出现一些重元素靶衰变的结果，而像金这样的元素则根本不裂解。但奥利芬特甚至在洁净的钢靶实验中都能清晰地检测到质子释放，而这种靶本应表现出惰性才对。另外就是随着轰击时长的增加，质子的出射率也增加。对此他认为，这些重氢核是"附着在靶上"，因此劳伦斯解释成炮弹氘核被撞解体的说法不成立，事实上，是作为炮弹的重氢核将附着在靶表面的重氢核给打裂解了。换句话说，劳伦斯的靶被污染了——他所谓的伟大发现只是蹩脚技术的产物。两个实验室在实验经验方面的差异很能说明问题：对于卡文迪什经验丰富的资深物理学家来说，污染是一个熟悉和很好理解的现象，但对于伯克利的那些傲慢的炮手来说则不是这样。

随着索尔维会议的临近，人们对氘核的兴趣早已超出了伯克利和卡文迪什两个实验室的范围。同样，人们对劳伦斯的氘核裂解理论，从而对他计算的中子质量的怀疑，也不再局限于他们内部。卡耐基研究所的默尔·图夫对他的这位童年好友"厄尼"发出了措辞严厉的警告。认为他在没有确认所有事实之前就过早地下了不可靠的结论。劳伦斯在启程赴布鲁塞尔的前夕，立即自责但申辩地做了回复。"我完全同意铍靶实验的中子产物并不能证明重氢核解体和中子质量小，"他写道，"不过，我认为我们现在有了相当确凿的证据……我们观测到，用铍以外的元素靶所得到的中子的质量恰与我们预期的一致。"他信心满满地踏上了行程。他在给他的朋友、美国物理研究院主任亨利·巴顿的信中 112
说，他准备"说服任何人，重氢核确实被裂解了"。他要面对的最难缠的听众正在大西洋彼岸等着他。

行程中，劳伦斯与卢瑟福就原子核能的远期应用前景进行了讨论，彼此意见稍许相左。仅仅几周后，他便到达比利时。在9月召开的英国科学促进会上，卢瑟福曾对这个想法泼了冷水："原子裂解产生的能量是一种非常糟糕的东西，"他警告说，"就我们目前的处置能力，以我们目前的知识水平，任何人说可以利用原子能，那都是在放空炮。"

"放空炮"一词很快传遍了世界各地，它令怀疑论者感到振奋。《科学美国人》杂志声称："也许这至少将给那些不负责任的作家们的热情降降温。他们告诉那些容易受影响的读者……现在被锁在原子内的能量，尽管这些原子仅占物质的极少量的一部分，将足够一艘远洋邮轮在大西洋上走个来回。"但当这种言论传到劳伦斯这里后，他的看法完全不同。他同意卢瑟福认为的核反应产生的能量是"糟糕的东西"，但他把这归因于"纯属枪法好坏的问题。就目前来说，上百万次'射击'才可能有一次使原子核分裂……但事实上这样的可能性是存在的：一次'命中'，原子就能释放出大约20倍的打靶所需的能量……就我个人而言，我不知道这是否能做到，但我们正朝着这个方向努力"。

从表面上看，两位欧内斯特的意见似乎直接对立，况且他们的陈述在当时又都有广泛的受众。然而事实上，他们在观点上的分歧并没有想象的那么大。卢瑟福特地精心地指出，他的考虑是基于"我们目前的处置能力"。他当然不排除在未来的某个时间点会有突破。劳伦斯提到的"枪法"应当能够提高到这样一种水平，分裂原子所需的能量将远远低于产出。要说两人的观点差距大的地方，那就是在劳伦斯看来，这个未来可能很快就会到来。在这方面，就像许多其他关于科学见解的争论最终都是远见战胜近视一样，劳伦斯是对的。

不管怎么说，索尔维会议讨论的问题不是针对未来的预测，而是针对眼下的结果。劳伦斯知道卡文迪什的代表们不仅对他的氚核理论持怀疑态度，而且对作为实验工具的回旋加速器本身亦不认同。他事先收到了与会者论文的副本，并在文章相应的段落做了标注——他在科克罗夫特的论文上愤怒地画出一句，该句声称，回旋加速器"只有小电流是可能的"，并在旁边注释道："这不对！"

在会议上，科克罗夫特为卡文迪什对爆炸性氚核的质疑裹了一层糖衣。他声称劳伦斯的观点不一定是错的，但显然不够成熟："进一步讨论衰变的性质是相当多余的……除非我们有更多的实验信息。"——言下之意从他自己的加速器，它的电流，如果不计它的能量的话，得到的实验结果要比回旋加速器的强得多。"我们现在的信息并不充分。"卢瑟福和查德威克断然声称道，他们在自己的所有打靶实验中都没有观察到劳伦斯所称的那种可疑的轻中子，并认为没有理由修改他们的中子权重的计算以符合劳伦斯的结果。

令劳伦斯更为惊讶的是他听到其他欧洲代表对他的氘核理论的持续攻击。沃纳·海森伯认为，辐射实验室的实验结果根本无法与核理论相协调，并断然声称我们应当放弃的是劳伦斯的结果，而不是公认的理论。话里透着他对美国科学的蔑视。原子核理论断言，如果所声称的衰变真能在原子核的电场中发生，那么质子和中子的产额将随靶核变重而相应减少。玻尔在加州理工学院时曾如此这般地称赞劳伦斯，现在却支持他的朋友和学生海森伯。他认为，即使重氢核进入靶核后发生了裂解，那么出射质子的速度和喷射范围也应随靶核质量的增大而变大，而不是像劳伦斯发现的那样保持不变。玛丽·居里和约里奥夫妇则提出中子质量要比查德威克测得的更重，这个值可以一举解决核活动的许多谜团。他们试图让劳伦斯体面地退下，因此推测可能存在不同权重的不同中子类型。但他们假定的中子重量最终被证明最接近正确答案。劳伦斯尽力应对着所有这些挑战，但显然他被打败了。

"劳伦斯在那次会议上不仅在老朋友面前颜面扫地，而且在其他人眼里也不再神奇。"利文斯顿后来回忆道。查德威克的蔑视尤其令人不堪："在以后的很多年里，查德威克始终认为伯克利的所有报告肯定都是捏造的。"他的这种态度并没有因其上级卢瑟福的更宽厚的看法而有所缓和。卢瑟福在捍卫自己的结果的同时仍对劳伦斯的精神报以善意。卢瑟福对查德威克说："他就像我当年在他这个年龄时的表现一样。"

卢瑟福兴高采烈地邀请劳伦斯来参观卡文迪什实验室，劳伦斯热切地接受了。访问期间，查德威克仍继续显露他阴沉的一面，他对这位美国客人是如此无礼，以至于他的同事和朋友不得不替他找借口。"我就猜到你在欧洲会'遭遇到'查德威克。"耶鲁的欧内斯特·波拉德（Ernest Pollard）同情道，一年前他刚在查德威克手下获得了博士学位。"我认为要说他有什么不对劲儿，那就是他太劳累了。在他手下工作的这两年中，他似乎一直都很疲倦——卡文迪什实验室研究的真正领导者是他而不是卢瑟福，"欧内斯特在回应时承认，"他对我是有点儿粗鲁……虽然我有点失望，但我真的没有反对他的意思，因为我非常尊重他的工作。"倒是卢瑟福用他那风风火火的良好愿望做了弥补："他是个傲慢的年轻人。"在劳伦斯离开后，他这么对奥利芬特说道："但他得接受教训！"但更为蹊跷的是，正是卢瑟福继续抵制在他的杰出而古老的实验室里上马回旋加速器。查德威克此时已转赴利物浦大学任职，他将率先在大不列颠推出回旋加速器建设项目，并成为劳伦斯最亲密的专业上的朋友。

但那是未来的岁月。眼下，查德威克的轻蔑，听起来就像是从小科学堡垒深处发出的咆哮，让劳伦斯受到了深深的刺激。一回到伯克利，他就加快了氘核轰击的步伐。他似乎是被一种要让查德威克出丑的冲动所驱使。他在向一位同事吹嘘他的伯克利轰击计划的规模时忍不住补充道："也许不久之后，证据就足以说服那些最怀疑的人了……甚至包括查德威克。"利文斯顿在加州理工学院休学术假期间，遇到了那里新近聘请的教师，丹麦物理学家查尔斯·克里斯蒂安·劳里森（Charles Christian Lauritsen）。利文斯顿请他帮忙看看他们的实验结果。劳里森观察了氘核分别轰击铝、碳和铜等靶的出射中子的结果后回答道："要我看，查德威克现在恐怕不得不收回他的言论了。"他甚至去捅马蜂窝：在给一位卡文迪什的科学家的信中，他吹牛说他发现了重氢核解体的"明确的证据"，并加上一句："看来现在连查德威克也会同意的。"在一篇投稿《物理评论》的文章中，他试图直接反驳卡文迪什方面认为其结果是靶受到污染所致的断言："对精心清洗过的不同的靶的一系列测量表明，这一现象依然存在。"在为此项工作提供了大部分资金支持的研究公司看来，劳伦斯是在一个除他之外几乎人人都觉得不可靠的基础上竖立起一座崇高的科学灯塔："这个所谓原子本身在受到适当轰击下会爆炸的第一个明确的情形引起了极大的兴趣，不仅是因为它可能是原子能的来源，更是因为它是当代理论所无法理解的……它有望成为一种新的理论结构的基石。"

然而，潮流明显是逆劳伦斯而动。加州理工学院的劳里森不仅没有确认劳伦斯的结果，而且反驳了它们。他认为，他的轰击所产生的中子来自靶的裂解，而不是重氢核的碎裂。他的这份发表在《物理评论》上的报告，紧挨着的另一篇就是辐射实验室为轻型中子辩护的文章，是将查德威克的中子重量作为给定值 116 来接受的，他甚至没有提及劳伦斯的理论，好像后者不值得注意。

更糟糕的打击来自默尔·图夫。劳伦斯从欧洲回来时还曾顺道在华盛顿停留拜访了他。劳伦斯请求他的这位童年好友利用卡耐基的加速器仔细检查一下辐射实验室的结果。这台加速器是世界上唯一一台能量接近回旋加速器能量的机器。然而，图夫所能确认的是：辐射实验室的工作实在是太过草率。"经过对我们的全部数据的检查，"他在2月写给"亲爱的厄尼"的信中写道，"我们得出了一个惊人的结论：我们无法核查哪怕一例你所报道的结果。"在做了一番不可避免的解释后，他直截了当地断言道，还是污染问题。说白了，就是劳伦斯的品质低劣的聚焦束使得回旋加速器的内表面镀上了一层氘的涂层。劳伦斯的实验测的不是两个重氢核之间的碰撞分裂，这是显然的，而是氘核-氘核聚变效应，而且这种效应还十分显著——只是不是几个月来劳伦斯激烈辩护的那种方式。

来自卡文迪什实验室、卡耐基研究所和加州理工学院的证据已被判定是无可辩驳的。2月28日，科克罗夫特写信告诉劳伦斯，对轰击目标靶做彻底的净化已完全消除了爆炸性重氢核的证据，（为我们）提供了"非常好的拒绝承认你的假设的理由"。两周后，奥利芬特跟着发了一篇文章：观察表明，即使靶上仅有一层极薄的污染性重氢核，也会产生错误的结果。（"你认为这一切有可能吗？"他以商量的口气问道。）对劳伦斯的错误的最终解释还是来自卢瑟福，这也许是不可避免的。在别人仍纠缠于卡文迪什的实验精度时，卢瑟福再次展现了他的理论直觉能力。一天晚上，他半夜3点钟一个电话将奥利芬特从梦中唤醒，告诉他氘核-氘核碰撞产生的两种反应有几乎相等的频率：一种反应发射出1个质子并生成1个带两个中子的氢同位素（即氚）；另一种反应发射1个中 117 子并生成1个相对原子质量数为3的氦同位素。

惊愕不已的奥利芬特问他得出这个结论的理由是什么。"理由！理由！"卢瑟福咆哮着，"我是突然想到的！"卢瑟福的结论意味着，由于短视地坚持可疑的模型，劳伦斯已经错过了发现两种新的同位素。而卢瑟福，作为单打独斗的旧式卫士，则用他那别具一格的洞察力识破了这一秘密。

劳伦斯现在面临的境况是：如何能够在不牺牲自己的尊严或辐射实验室初起的声望的情形下从这个让他名誉扫地的摔倒处爬起来。这个过程是这样小心翼翼地开始的：劳伦斯、刘易斯、利文斯顿和亨德森签署了一封给《物理评论》的信，坦诚地承认"对于最初导致我们提出重氢核不稳定性假说的现象，现在已经有了另一种合理的解释"。他们承认，进一步研究表明，污染"可能是我们观察到的现象的最终原因"。

这是一个异常坦率的表白，虽然科学界的惯例并没有这么要求。随后，劳伦斯在给科克罗夫特和图夫的私人信件中也表示了几乎相同的悔意："我真搞不懂，在实验进行的过程中，我为什么蠢到没有认识到[污染]这种可能性……我很遗憾，重氢核不稳定性问题让你受累这么多，我非常感谢你这么有效和及时地介入并澄清这个问题。"他给科克罗夫特的信在邮路上不知怎么阴错阳差地投到了卢瑟福的女婿拉尔夫·霍华德·福勒的手中。福勒是卡文迪什实验室的副主任，他很大度地宽慰劳伦斯说（但显然不确切）："长远来看，卢瑟福和查德威克将会相信你的解释是对的。"

图夫就不那么宽容了。他对科克罗夫特抱怨说，劳伦斯的错误是"判断和观点上的错误，而不是技术性错误"。也许是看到这位儿时的朋友因其了不起的工程成就积攒了那么多的赞誉和公众的好评，却在物理上表现得那么弱智还洋洋得意，图夫变得非常沮丧。更糟糕的是，图夫觉得，劳伦斯在发表这些结果之前不愿意核实，从而给其他实验室的科学家带来了无法忍受的负担，他们为此浪费了时间和金钱来确认这些不确实的结果。

图夫在给劳伦斯的私人信件中使用的语气更加苛责。他恼怒地写道："面对你发表的文章所引起的普遍兴趣，我们已经决定，现在控制局面的唯一办法是发表一份直白的声明，讲明我们努力检查了你的结果但没能证实你的结论。

这个问题是没办法逃避的……我必须说，在这个问题上我们当然不能像以前那样泰然处之。这种事情一生中有一次就足够了。"然后他透露，他已经将他的报告寄给了《物理评论》。图夫的愤慨让劳伦斯恢复了辩护意识。"看起来，"劳伦斯回答道，"你说你们无法检查我们的哪怕一项观察结果，这话有点夸大了。"

6月中旬，在伯克利召开美国物理学会年会期间，这场家庭剧在劳伦斯家的草坪上上演了最后一幕。图夫提出了他的研究结果。正如加州理工学院的劳里森的结果一样，图夫的结果与劳伦斯的结果之间分歧巨大。按照欧内斯特系里的同事莱昂纳德·勒布给《科学》写的关于这次会议的官方报道的口径："讨论很充分。"这种温和的词语没能准确地反映出讨论的激烈程度。双方都毫无克制地攻击对方。激烈时，好说话的伯克利物理系的系主任雷蒙德·伯奇不得不用身体将劳伦斯和图夫隔开，以平息他们的愤怒。勒布的报告试图掩饰实验结果的差异，指出劳伦斯、图夫和劳里森的研究结果"至少不矛盾，但不是很互补"，并向读者保证，这三篇论文"给出了一致的图像"。

这种处理激怒了图夫。他发了篇"更正"，攻击勒布的报告是"错误的和误导性的"。为避免有人搞不清他指责的对象，他提到辐射实验室"在几个月前放弃了一项惊人的假说……他们被告知这个假说在帕萨迪纳、剑桥和我们实验室都无法得到证实"。这三家实验室的结果"'不矛盾'的说法……过于乐观了，对此我不负责，也不认同"。

重氢核事件是辐射实验室的一个转折点。此前直到1933年秋天，欧内斯特·劳伦斯一直是扶摇直上，他的名声在物理学界和公众中越来越响。作为一种技术现象，回旋加速器的明星效应加剧了其发明者对工程和销售环节的偏爱，而对繁琐吃力的硬科学研究则有所疏离。这个填满伯克利校园里这座旧木楼的上千吨的巨兽正是工业家和基金会掌门人非常欣赏的装置。对他们来说，要搞懂这部机器所要取得的深奥的科学目标太难了。只要他的赞助人愿意开支票，欧内斯特在科学上的失败似乎并不重要。研究人员和外行人都对有望实现数百万电子伏的质子输出的概念感到兴奋和渴望，他们没有停下来想一想打算拿它做什么。但这些目标对科学家来说至关重要，他们将对于是否应将钱花在大科学上做出最终判断。

甚至在重氢核事件之前，辐射实验室的一些研究人员已经开始质疑这台机器的建造是否真的能成为基础科学的驱动力。但他们没吐露他们的抱怨，有时是因为这种抱怨被回旋加速器越来越强的技术能力所带来的兴奋给扫除了。在辐射实验室，你研究项目只完成了一半似乎可以免受责罚，但该你值夜班你却溜了则是大罪。这种本末倒置的核研究方法所造成的恶果现在摆在了他们面前。

对于那些一直对回旋加速器心存疑虑的人来说，劳伦斯的错误加剧了他们的鄙视。这其中就包括卢瑟福。在这场争议之后，他告诉查德威克："我不会在卡文迪什建造回旋加速器。"卢瑟福的这种态度不仅源于在1933年索尔维会议上展示的这种机器所取得的结果的低劣，还在于他个人的研究风格。"卢瑟福对复杂的设备有一种恐惧。"詹姆斯·查德威克回忆道。当然，他补充道，对一个用实验台上的仪器不断取得成功的科学家来说，这是很自然的事情。

但是核物理学的复杂性正在迅速超越小科学实验室仪器的能力。查德威克在卢瑟福之前就看清了这一点。1935年，就像斯坦·利文斯顿不甘忍受劳伦斯的剥削另谋高就一样，查德威克也不甘忍受其导师的独裁统治，离开卡文迪什去了利物浦大学。卡文迪什苍穹下的一颗明星就这样急速落向他方，但在此之前，查德威克更愿意就研究手段与欧内斯特·卢瑟福交换意见。"我没有准备与他争吵。"他解释说。小科学还没有走到山穷水尽的地步：它还会产生一些更壮观的成功，代价从某种意义上说当然是再次牺牲辐射实验室的声誉。但是查德威克知道，只有回旋加速器产生的高能量才能服务于物理学的这一刻已经来到。

利物浦大学在物理学方面乏善可陈。查德威克的到来将改变这一面貌。在到达的几个星期后，他就被告知，他因发现中子被授予诺贝尔物理学奖。第一批祝贺信中有一封来自劳伦斯。欧内斯特透露，他接受了英国工业巨人大都会维克斯的研究总监亚瑟·弗莱明（Arthur P. M. Fleming）的访问邀请，并说服弗莱明为利物浦建造回旋加速器投资。查德威克热情地予以回应，并表明他在索尔维会议上的表现并不是内心上要跟劳伦斯过不去，而是维护科学的严肃性使然，他渴望得到任何能够推动他的大学进入更高层次的援助。"如果你知道这里的实验室在过去几年里一直都是怎样运行的，你会感到惊讶，"他对劳伦斯说，"实验经费甚至不如男人抽烟的钱多。"

利物浦很快便收到劳伦斯发来的蓝图和两名英国出生的辐射实验室训练有素的物理学家。劳伦斯派他们来帮助查德威克建造他的机器。作为欧洲回旋加速器建设先锋队的一部分，利物浦大学很快就将成为卡文迪什在英国核科学领域的竞争对手。作为欧洲回旋加速器中心，它将与巴黎的弗雷德里克·约里奥的实验室、哥本哈根的玻尔研究所携手联合，而且没过多久，就奇迹般地与卡文迪什实验室达成了联合。1936年，卡文迪什发了两笔"横财"。第一笔来自苏联，它们支付了 30 000 英镑，用于购买苏联公民彼得·卡皮查（Peter Kapitza）留在卡文迪什实验室的仪器。1934年卡皮查回国访问期间被政府拘留，但他高兴地承诺在莫斯科复制他在英国实验室的工作。第二笔25万英镑是来自汽车大亨奥斯汀勋爵（Lord Austin）的捐赠。这些钱结束了卡文迪什一直缺钱的窘境。所有这些地方很快就涌入伯克利训练有素的回旋加速器专家，他们像大科学DNA的载体被播撒到全球。

辐射实验室从氘的尴尬中恢复过来还得益于劳伦斯的坦率承认错误（至少证据一旦变得无可辩驳后如此）。在实验室内部，他很不好意思："这是一个错误，而且是一个严重的错误。"利文斯顿回忆说："他告诉我们，我们被自己的热情驱动得走得太快，今后我们应该更加谨慎地分析我们的结果。"但他也宣称，错误是科学方法形成过程中不可避免，甚至不可或缺的一部分。"我感觉更糟糕的是，"他告诉库克西，"如果我们对错误过于担心，我们就会永远处于凄惨的境地，因为随着我们向前推进，我们会遇到更多的事情。"但是，他决心让实验室里的理论家和实验家们进一步加强联系，更好地应对挑战或加强彼此间的判断。不久之后，他的技术熟练的回旋加速器队伍就得到了富于创造力的人才的补充。像埃德温·麦克米兰、弗兰兹·库利和路易斯·阿尔瓦雷斯等科学家将承担起将回旋加速器从工程壮举转变为真正科学成就的源泉的工作。展示它的能力的第一个机会就在拐角处。但是，还有一个更严厉的教训正在前方等着，它将表明，再富于灵感的工程技术，离开了注意力集中，都将一事无成。

第 7 章　回旋加速器共和国

作为玛丽·居里的女儿和女婿，伊莲娜和弗雷德里克·约里奥－居里夫妇[123]俩都是物理王国的成员，但这并没有使他们免受像劳伦斯在索尔维会议上所受到的那样的严厉打击。根据一个都不宽恕的卡文迪什代表的说法，他们的错误在于提出了中子的重量比查德威克给出的重。此外，他们用 α 射线轰击硼和其他轻元素靶所得到的结果导致他们提出质子是由中子和正电子组成的。这与查德威克提出的中子是质子和电子的复合体的图像相矛盾，尽管这种图像也让他遇到了同样困难的问题：如何将电子（无论其电荷大小）嵌入普遍接受的原子核模型。

劳伦斯带着一脸的疲惫和累累伤痕从索尔维回到了家，对于受到的批评不得不屈服。约里奥夫妇回到他们在巴黎的略具规模的实验室后，则决心验证他们的中子理论，并因此获得了诺贝尔奖。他们的方法主要是用他们通常所用的最原始的放射源——一大块廉价但具有强的 α 射线放射性的钋——产生的 α 射线去轰击铝箔。正如他们所预料，轰击从靶箔里打出了正电子。然而蹊跷的是，当他们停止轰击时，这种发射仍以同样的方式在持续，与用放射性同位素进行时所出现的情形一样。但这里所说的同位素可不是天然同位素，而是他们在实验室产生的磷的不稳定的同位素。正如他们在法文的《法国科学院通报》[124]杂志上明确报告的那样，他们发现了人造放射性。

这个发现令世界各地的物理学家激动不已，尤其是玛丽·居里夫人。约里奥夫妇将装有这种第一例人工制造的放射性元素的试管带到了居里夫人的病床前。"我仍然清晰地记得她用被镭灼伤满是疤痕的手指握住（它）的样子，"约里奥后来回忆道，"我永远不会忘记她当时快乐激动的表情。"

辐射实验室是从欧内斯特·劳伦斯那里得知这个消息的。他"冲进实验室……手里挥舞着一份《法国科学院通报》的复印件"，利文斯顿还记得那一刻。工作人员并没有像居里夫人那样高兴地欢迎约里奥夫妇的这一成就，因为这个发现对他们的草率粗陋的研究方法无疑是又一重责备。世界上没有一个实验室能像他们实验室这样具备发现人造放射性的能力，因为没有一个实验室能够进行这种持续的轰击。辐射实验室没有借口为几个月来忽视了呈在科学家眼前的现象辩解。他们用氘核轰击了数十种元素，在轰击期间不遗余力地跟踪 α 粒子的发射，但轰击结束后电子或正电子的持续发射却没能引起他们的注意。

他们几乎是立即就能用回旋加速器再现约里奥的发现，但这只是加重了他们的耻辱感。约里奥曾认为，他们用 α 粒子在硼靶中诱发出的放射性应能够在氘核作用于碳靶的过程中产生。而氘对于辐射实验室可以说是要多少有多少，于是劳伦斯下令："让我们试试吧。"只消几分钟，利文斯顿和马尔科姆·亨德森就找出了实验室没能发现约里奥夫妇所发现的现象的原因：回旋加速器的振荡器与探测用的盖革计数器的开关是联动的，关闭回旋加速器的同时也关闭了检测装置。利文斯顿和亨德森立即重新调整了开关电路，然后用氘核对碳靶轰击了一刻钟，随后再打开计数器。"只听到'哒、哒、哒、哒……'"利文斯顿回忆道。他们已将碳衰变为放射性的氮同位素。"实验结果就像一直在那里等着我们去发现。从劳伦斯带来这个消息后不到半小时，我们就观察到了这个现象。"

劳伦斯通过发动全实验室的努力来掩盖他的挫败感。他将约里奥夫妇的发现扩展到铝、镁和硼之外更重元素的靶上。但他在给最亲密的同事的一系列忏悔信中流露了他的真实感受。"半年多以来，我们一直在摆弄这些放射性活跃的物质，"他对普林斯顿的乔·博伊斯沉痛地诉说道，"我们一直在责备自己，我们当时为什么没想到要注意这些。"

鉴于伯克利声称回旋加速器对于各种核研究均具优越性的断言，监督方要求有比简单的开关联动更深刻的解释。劳伦斯经常挂在嘴上的一个借口是，受激放射性是一种根本意想不到的现象，辐射实验室没能捕捉到不值得大惊小怪——在约里奥夫妇偶然发现之前，世界上其他物理实验室不也都错失了吗？但这并不确切。早在20世纪20年代，卢瑟福就已经开始用 α 射线轰击靶来诱导放射性。他失败了，那是因为他的检测装置没有能力检测中子和正电子——对于当时尚未发现的这两种粒子，这是可以理解的。而回旋加速器在电路设计上的失误则几乎不能成为辐射实验室在寻找这种卢瑟福早在15年前就已从理论上预见了其可能性的现象的证据方面蹉跎失败的借口。

劳伦斯直到1940年年底还在为这个失误进行辩解，他给出的合理解释是，当时辐射实验室一门心思都在完善回旋加速器的性能上，因此不得不在不重要的短期发现方面做出点牺牲。约里奥夫妇的发现，他告诉洛克菲勒基金会的沃伦·韦弗（Warren Weaver）说："在学术上不是一件大不了的事情，如果没有大量产生这种放射性物质的技术手段的话。"对于人类幸运的是，他暗示道，回旋加速器已经被精心发展到可以从事这项服务的程度。

整个辐射实验室都感到强烈的失望。"我总是为欧内斯特感到遗憾，我们没能发现人工放射性，"亨德森多年后感叹道，"它就在我们手中。我要做的只是将盖革计数器打开，对准靶，然后就什么都有了。"杰克·利文古德在向博伊斯生动地谈到劳伦斯的遗憾时表示，他的导师以前从没有这样沮丧："我们就像是在互殴。"但正如劳伦斯所说，真正的罪魁祸首是实验室的文化。他将提高回旋加速器的性能作为首要任务，纵容了草率和疏忽的实验室工作作风。 126

说来也巧，约里奥夫妇对人工放射性的发现正好发生在劳伦斯捍卫他的氘核理论的关键时刻。这种双重尴尬对促进欧内斯特和他的实验室迈向更细致的研究有着相辅相成的作用。这事儿来得正是时候，因为对实验室只专注于工程方面的失望情绪正在再次抬头。以国家研究委员会研究员的身份从耶鲁调来伯克利的弗兰兹·库利（Franz Kurie）感到，辐射实验室的实验程序太过草率，不利于培养对回旋加速器进行认真研究的学术风气。在伯克利，他告诉以前一块儿从耶鲁过来的实验室同僚唐·库克西："这个地方正变得混乱……欧内斯特和马尔科姆［亨德森］太容易激动，对事情沉不下心来细细琢磨。他们的靶很脏，而且他们不愿意花工夫考虑这些问题。"

作为一个对劳伦斯的氘核理论持怀疑态度但却富有想象力的实验者，库利向库克西建议，他们应促使耶鲁也建一个回旋加速器装置来跟伯克利竞争——他们相信耶鲁的工作一定比对手更出色。"我彻底说服了（他们）采用回旋加速器作为完美的高能粒子源。"他写道。声称在纽黑文建一台回旋加速器将使耶鲁"在核物理领域"拥有"仅次于欧内斯特的"实验室。他带着上流社会特有的傲慢继续道：劳伦斯本人也将从耶鲁对他的机器的不言自明的认可中获益。他劝库克西道：此刻，鉴于伯克利的物理水平低下，"没有人真正相信他的回旋加速器能有用"。但最后，库克西却选择了反其道而行之。库克西从读研究生时起就是欧内斯特的朋友，他后来离开耶鲁加入了辐射实验室，在这里他将作为劳伦斯的得力助手而度过自己漫长的职业生涯。

尽管库利心存疑虑，但在辐射实验室，胡乱凑合的行事作风让位于严谨细致的科学态度的迹象已经出现。氘核正一步步迎来其辉煌的时刻。这是因为在轰击轻靶诱发人工放射性方面，二倍质量粒子被证明要比单个质子更有用。这一点已为实验室成员在劳伦斯的指挥下急忙复制约里奥夫妇的结果的实验所确认。

辐射实验室关于这一研究结果的第一份报告于2月27日寄达《物理评论》。这个日期非常关键——它要比劳伦斯的加州理工学院对手C. C. 劳里森的实验结果早两天。在3月15日出版的这期《物理评论》上，两篇通讯毗邻而登，但二者明显是用不同的方法来进行这一重要的科学研究的。劳伦斯的报告通篇就四个自然段。信件报道了氘核在14种轻元素靶上都激发出放射性，并大胆地推测说："在这些核反应中，许多元素都可能形成多种新的放射性同位素。"相比之下，劳里森和他的加州理工学院的同事们则清楚地用两个页面，详细记录了他们为确认法国约里奥夫妇的碳靶和硼靶的研究结果而采取的每一步骤。他们提供了精确的电离数据，阐明了他们关于被轰击的原子发射的正电子如何转变

成 γ 射线的理论，并仔细地避开了任何关于新现象的意义的猜测。区别是明显的。那些寻求分步指导来步入人造放射性这一新学科的科学家可以到劳里森这里来取经，而那些寻求新学科可能收获的预言的科学家则可咨询劳伦斯。

凭借其大胆，劳伦斯正确地猜测出产生新的放射性同位素的潜力。回旋加速器开始以惊人的规律性显现这些新的产物。"令我们惊讶的是，"劳伦斯向他的老朋友乔·博伊斯（Joe Boyce）报告说，"我们发现，我们用氘核轰击过的一切东西（大约有12种元素）都是放射性的。"回旋加速器正在获得作为核科学研究不可或缺的工具的国际声誉。放射性同位素将成为新物理学、化学和生物学的货币，劳伦斯的回旋加速器也将成为世界上最杰出的铸币机器。在几个月内，氘核理论的失败将被遗忘，全美国各地、欧洲和亚洲的大学将会为争取建造它们自己的机器而喧嚣。

欧洲实验室的另一项发现将有助于建造回旋加速器成为核物理研究的必备手段。3月份，恩里科·费米证实，对于比磷重的元素，中子是最有效的放射性诱发剂。这个发现大大提高了这位意大利物理学家作为罕见的同等擅长理论和实验的科学家的名声，因为这一发现不仅验证了他自己的假设，即无电荷的中子可以穿透排斥氘核和其他重的但带电的入射粒子的重核靶，而且还强调了回旋加速器作为质子、氘核和中子的丰富来源的功用。（回旋辐射加速器作为中子源是通过让氘核束打击铍等产生中子的元素来实现的。）

老传统卫士的天然辐射源，那些极少量的镭和镭铍团块，它们曾被用来做出放射性物理的重大发现——核衰变、中子和人造放射性等的发现，曾几何时风光无限。镭作为天然形式的实验用源，已经过了其全盛期，它无法产生探测重核所需的高能量粒子。但是回旋加速器可以做到这一点。它的春天已经来临。

在辐射实验室，每位研究人员可要求或被分配元素周期表中的一种元素作为实验靶，资历最高的员工获得最有希望的物质。来自芝加哥大学的化学研究员马丁·卡门在这阵热潮过后不久来到辐射实验室做博士后。因为资历最浅，

128

他只好在铊和铋这两种重元素中进行选择。但即使是用69厘米的回旋加速器产生的高能量粒子轰击，这些元素也不容易被活化。但在辐射实验室，没有人是孤立工作的。劳伦斯倡导的团队协作的研究风格正待结出硕果，合作已成为当今的秩序。卡门很快被编组到物理学家杰克逊·拉斯立特（Jackson Laslett）的麾下，以帮助进行钠同位素的化学分离，化学家格伦·西伯格则被吸收到一个从事铀工作的团队里。欧内斯特高兴地主持所有这些活动，一点没受到以前的实验结果的困扰，尽管氘核带来的教训深刻。他在给博伊斯的信中写道："我们正快乐地轰击原子。"在给杰西·比姆斯的信中他补充道："当我们轰击核时，我们发现有这么多东西出来，这令我们感到相当困惑。"

合作研究的新范式在风雨飘摇的辐射实验室稳步形成，这令那些出生于盛行孤独求索的学术界的来访者感到十分惊讶。这其中就包括一位来自芝加哥大学的名叫路易斯·阿尔瓦雷斯的研究生。阿尔瓦雷斯是一个瘦高个儿，面色红润，有一头锈色的头发。他母亲是爱尔兰人，在基因遗传上遮盖了他的来自西班牙北部的父系祖先遗传下来的基因特征。路易斯对辐射实验室的迷恋源自于劳伦斯在芝加哥大学做的一次演讲。1934年夏天，当他陪同他的父亲沃尔特——梅奥诊所的杰出生理学家——访问了伯克利后，这种印象得到了进一步加深。在他第一眼看到这座老旧的、白漆剥落的木制建筑时，路易斯的眼神是失望的。但他跨过门槛后发现，这里是"我见过的最令人激动的地方"，他至今还记得。几天里，阿尔瓦雷斯利用他作为杰出科学家的家族后代的背景考察了这个地方，充分感受到了这里独特的氛围。后来他这么说道，芝加哥大学的研究生，"在大庭广众之下能享受到很好的同志情谊……但如果你给一个朋友提一项改善实验的建议，那被认为是严重不礼貌的。相比之下，在辐射实验室，每个人都被鼓励对同事进行的实验提出建设性的批评意见"。在芝加哥，学生们会积攒少量的化学试剂，然后躲在屋里独自研究。但在辐射实验室，各个房间就没有门。"一切的中心是回旋加速器，每个人都在围绕它工作，并且它也平等地属于每个人（尽管对于欧内斯特也许是个例外）……每个人都可以自由地借用别人的设备，而更常见的是，每个人都可以提出联合实验的计划"。阿尔瓦雷斯认为，这种针对物理学的团队研究方法是"劳伦斯最伟大的发明"。因此他一获得学位，就决心成为其中的一分子。

他目睹了69厘米回旋加速器在实验中取得的氪核和中子的丰富产出。看到有时候恰在劳伦斯下令加紧轰击时，唐·库克西却提出要改进69厘米真空室。由于斯坦·利文斯顿离开去了康乃尔，唐·库克西正好赶上填补由他留下的工程方面的空缺。（在下一年里，库克西将得到永久性的重新安排。）他重新设计的腔室将回旋加速器产生的能量几乎提高了一倍，达到6百万伏特，使电流提高了4倍。

实验室在亚原子粒子的海洋中可谓畅行无阻。费米的助理弗兰科·拉塞蒂（Franco Rasetti）于1935年对辐射实验室进行了短暂访问。他对69厘米回旋加速器在中子产额方面的"巨大优势"感到非常惊讶，认为它远远超出了欧洲任何一间实验室。费米曾用1克装的镭做实验，产生的辐射量高达630毫居里[1]，即每秒产生约63万个中子。拉塞蒂计算出，回旋加速器的氪核束每秒钟能产生100亿个中子，相当于几磅的镭。当时，伯克利的宣传部门（由辐射实验室的保罗·埃伯索尔德[Paul Aebersold]协助）估计，建设成本不足10万美元的回旋加速器已经产生了"相当于5百万美元的镭的辐射"。这个等式当然还涉及一定量的富于想象的数学逻辑，但有一点是没有争议的，那就是回旋加速器正开始成为工业规模的放射性同位素的生产工具。

劳伦斯当然不会让回旋加速器失去筹资的潜力。其最初的一些放射性物质最适合做物理研究，但这只是个开始。有钱的研究基金会对用于医学研究和癌症治疗的同位素特别感兴趣。我们很容易理解，在生物医学上有用的同位素应具有这样的特性：它们至少应具有几个小时的半衰期；对人体无毒害，并且能大剂量地发射 γ 射线用以复制或优选地改善镭对癌性肿瘤的生理作用。大萧条带来的压力曾迫使许多慈善机构减少了对物理和化学等基础科学的资助，但大量的金钱仍然流向生物学和医学项目。

131

---

1 居里是公认的放射性计量单位，定义为1克镭同位素−226的活性（衰变数每秒）。毫居里是千分之一居里。

劳伦斯相应地调整了他的研究计划和筹资活动。他致函专一支持健康研究的乔赛亚·梅西（Josiah Macy Jr.）基金会的总裁路德维希·卡斯特（Ludwig Kast）："我们现在已走上生产高强度中子辐射的道路，并且正迈向生物学感兴趣的领域。"他巧妙地暗示人造放射性，特别是中子引发的放射性，是辐射实验室的一项发现："在我上一封信中，我报告了用高速氘核轰击许多常见物质来人为诱发放射性的发现……在过去两个星期内，我们发现中子射线产生了类似的效果。"这种刻意忽略费米在中子研究中的作用的结果是他获得了一笔额度2250美元的赠款，"用以将中子辐射产额提高到10倍以上"。但这只是宣传的前奏。另一笔5000美元的资助来自一贯予以支持的研究公司，用于大规模生产同位素。

不久之后，他找到了他梦寐以求的医学放射性同位素。这就是由氘核轰击普通岩盐产生的钠-24。放射性钠的半衰期长达15个半小时，按欧内斯特计算，其 γ 射线的能量约为500万电子伏特。这使得这种物质比镭更有效，因此对物理学和医学研究都非常有用。这是一个实实在在的结果，劳伦斯迅速向《物理评论》投去一篇简短的快报。接着是一篇冗长的报告，在其中他不失时机地详细描述了他的方法论，并说明了污染的可能性。他决心绝不重复先前氘核理论那样的惨败。"毫无疑问，放射性钠将在物理学和生物科学领域找到许多用途。"他在报告中说。这一次他并没有夸张。新的同位素的效力以及回旋加速器生产这种同位素的效率甚至连习惯于劳伦斯的质朴乐观的专家们也感到惊讶。当劳伦斯写信告知费米他的机器已经生产出强度1毫居里的放射性钠时，费米只是付之一笑。他认为一定是劳伦斯在敲击数字时敲错了一位小数点，意思是1微居里还差不多，小了1千倍。在他回信"巧妙地"纠正劳伦斯的说法后，劳伦斯回了一封信，并在其中封了足足1毫居里的钠-24。仅仅在几个月前，这样的附赠品宝贵得几乎无法衡量。现在它可以通过邮件发送，以让一个怀疑者闭嘴。

放射性钠在科研和商用上的明显价值使得劳伦斯与专利局之间有了新的对话，但这一次比上次申请回旋加速器专利的过程更加漫长，但却远不如上回那么重要。这一次是劳伦斯自己发起了专利狂热。在第一次生产出放射性钠的几天后，他向研究公司的专利律师亚瑟·怀特提到了这一成果，他提议立即为同位素及其生产方法专利申请。时间是最重要的，他告诉研究公司总部的霍华德·普瓦隆，申请必须在"10月15日随附的公告付印之前"提交，"从而保留在国外申请专利的可能性……放射性钠注定具有实用上的重要性"。

然而，美国专利局的审查员显然不合作。他们反驳说，用氘核轰击轻金属很早就已经被劳伦斯、利文斯顿、刘易斯和亨德森写成报告发表，因此已不再具有专利保护性质（虽然科学家一时间还没有发现人工放射性），另外，氘核诱发放射性已被约里奥夫妇、科克罗夫特和沃尔顿报告过（虽然欧洲人没有产生放射性钠），而放射性钠本身已被费米发现（虽然不同于劳伦斯的过程）。

奈特和劳伦斯花了数月时间试图反驳这一连串反对意见。同时，专利审查员也在考虑如何处理旧的单打独斗的科研方法与劳伦斯在辐射实验室所创立的新的通力协作的团队攻坚之间的根本性的紧张关系。后者很快将成为大科学的标准，而专利局的按旧传统模式培养出来的审查员很难协调好团队研究与他们所习惯的将发明归功于一个或至多两个发明家的判别标准之间的关系。奈特希望拆分这种合作关系，他向劳伦斯建议起草一份宣誓书，说明在1933年最初的氘核轰击实验中，"刘易斯、利文斯顿和亨德森等几位博士只是部分参加了几次实验"。也就是说，他们在发现放射性钠的过程中只起到部分作用。于是劳伦斯辩护说，"放射性钠的实验是由我单独调查的，"他还补充道，"我建议按这种方式来寻找人工放射性，并积极监督实验。"

更困难的局面正在到来。加州理工学院向普瓦隆暗示，劳伦斯所声称的率先发现诱导放射性，实际上第一个发现它的，或至少几乎是同时发现它的，是劳里森。碰巧，劳里森已向《科学》投了一篇文章，报告说，早在《物理评论》并列刊出加州理工学院和伯克利的这两篇通讯快报的一个星期前，他就已经完全靠自己的努力对约里奥夫妇的人工辐射性结果进行了验证。

普瓦隆担心伯克利宽泛的专利诉求可能会引起机构间理不清的争斗，他恳求劳伦斯缩小其专利申请范围以避免引起争议。"我知道，任何思维正常的科学家被卷入有关发明的优先权的争论会是一件多么讨厌的事情，"他写道，"特别是如果事涉利益［换句话说，涉及钱］的话。"他警告说，罗伯特·密立根在帕萨迪纳的牛气冲天的机构不可小觑。"加州理工差不多就是'强横的卡婷卡[1]'。

134 不论是出于知识产权考虑还是出于财务回报考虑，只要有适当和可能的机会，就会跳出来。"最后他希望："任何事关专利优先权的问题……最好不经激烈讨论就能解决。"

可以预料，劳伦斯被这样的潜台词——他的专利申请有可能侵犯到加州理工学院的优先权诉求——激怒了。"虽然对有优先权争议的专利申请提起诉讼肯定不是一件令人愉快的事情，但是我将毫不犹豫地'挺身而出'来解决这类问题，我觉得赌一把是值得的。"他告诉普瓦隆。他承认，劳里森发表的文章确实早他一周，但"我们在此之前已经在与我们的朋友的谈话中提到，实际上我们是第一个用氘核轰击产生放射性氮的"。不过，他不得不承认，他的这个说法的证据可能不过硬，因为这里优先权的时间界定可能不超过一天。"要证明在这个问题上我们确有真正的优先权，这显然不是件愉快的事情"。他承认。

事实上，欧内斯特正在对旷日持久的专利战失去兴趣。他很乐于"关注我们的工作的商业方面，如果能够找到一种体面而适当的方式来解决这个问题的话"。但这种前景似乎正在溜走。现在在他看来追求专利似乎"不值得"。他问普瓦隆，这真的有什么关系吗？由于研究公司已经为他申请了回旋加速器的专利，这可是用于制造放射性物质的唯一实用的设备，"因此要物质本身的专利是不必要的"。

他将是否需要继续推进申请放射性物质的专利权的事情留给普瓦隆去决定，后者不愿意放弃。奈特希望从劳伦斯这里再得到一份宣誓书以便完成申请程序，但欧内斯特担心，这种对自然物质提出所有权的不体面的过程会给辐射实验室抹黑，无论申请结果如何。"我越想这件事，我的热情就越低，"他对奈特

---

1 Katinka，1915 年年底在美国上演的同名三幕轻歌剧里的女主角。这出戏讲述的是发生在黑海海滨的雅尔塔的婚恋故事。Katinka 在母亲的威逼下不情愿地嫁给了俄国驻奥地利大使鲍里斯·斯特劳科夫，但她真心爱的是伊凡·迪米特里。婚礼后，在迪米特里的朋友的帮助下，新娘出逃到了土耳其……以后又是一连串的阴错阳差。——中译者注

说，"即使获得了专利，我认为这很可能只会招来更广泛的批评。"但在普瓦隆的坚持下，这个专利案件又拖了4年。最后在1939年4月以失败告终。当时专¹³⁵利局基于科克罗夫特和沃尔顿发表的文章先于刘易斯、劳伦斯、利文斯顿和亨德森发表的文章，终裁性地驳回了这项专利请求。

欧内斯特认识到，辐射实验室的声望之所以能在国际物理学界迅速崛起，部分是基于它对其他大学寻求在咨询、人力资源和放射性产品等方面的帮助的慷慨。就其本身而言，研究公司力推回旋加速器专利只针对商业和工业实体有用；学术机构都是免费获得其制造蓝图。没什么比回旋加速器共和国的海外扩张更能使劳伦斯高兴的了。（回旋加速器共和国这个词是费米的朋友和助手埃米利奥·塞格雷提出的。）但这场放射性盐的专利战如果不停止的话，则会有泯灭所有这些善意，减缓回旋加速器的传播的威胁。

回旋加速器的成本已经让学术机构领导和校长们感到为难。趋势表明，未来学术机构之间激烈、费用高昂的竞争将首先集中在高价的研究设备方面。仅仅几年后，麻省理工学院校长卡尔·康普顿——其本身就是一位掌握回旋加速器的物理学家——对于将"反常竞争要素"引入科学研究表示了心中的忧虑。他对耶鲁医学院的退休院长 M. C. 温特尼兹（M. C. Winternitz）谈道："这是一种新学术带来的日益痛苦的局面，我们这些大学校长们像其他人一样都得对此负责。"正如康普顿所见，大科学的需求，包括惊人的设备成本，已经使学术界产生了变化。劳伦斯——他的机器和研究风格催生了新的范式——希望尽其所能来避免由此带来的负面影响。

在此期间，回旋加速器共和国继续扩张其边界。在欧内斯特于1935年5月回东部作系列访问期间，这一点已变得非常明显。这次旅行达到了3个目的：作了一次巡回演讲；得到了更多的融资机会；让他在纽黑文的祖父母见到了¹³⁶他的第一个七个月大的孩子约翰·埃里克。

欧内斯特的巡回演讲，第一站是默尔·图夫做东的卡耐基学院。"看来是要'时来运转'了。"他向埃德温·麦克米兰报告说，后者是辐射实验室一位新来的研究生（后来麦克米兰娶了莫莉的妹妹爱尔莎，成了欧内斯特的连襟）。关键是他称之为"杂耍"的业务：为了演示放射性钠的功效，他喝了一杯加盐的水，然后拿着盖革计数器放在手臂上来证明放射性钠盐传递到身体的四肢有多快。更令他高兴的是过去那些持怀疑态度而又傲慢的东海岸同行开始接受回旋加速器了。"我发现东部人对我们的工作非常钦佩，这非常令人欣慰（确实令人惊奇）。"他在给麦克米兰的信中写道："结果几乎每个实验室都与我商谈如何开始发展回旋加速器的事情。即使是图夫也正在做这方面的计划！"

实验室声誉日隆所带来的直接收获就是来自各基金会的现金形式的资助。劳伦斯差不多走遍了曼哈顿的大街小巷，他不仅来到研究公司的办公室，还拜访了化学基金会和约西亚·梅西基金会。他正在为扩张专业领域探索新的财源。那些尚未在此方面拨款资助的慈善组织，如洛克菲勒基金会，则表示他们非常看好（回旋加速器）在未来的应用。"我已经有足够的资金来确保我们的必要支撑，但我还想得到更充分的支持，使我们能够全速前进，"欧内斯特告诉麦克米兰，"我正在积极进行筹款活动，事情看起来前景很好……我会坚持下去，直到我们筹得资金。"

他还得确保他的那些训练有素的回旋加速器专业人才工作有着落。伯克利能提供辐射实验室的教师职位非常有限。而且，不管怎么说，将这些专业人才派遣到世界各地才是回旋加速器福音能够传播的关键因素。实验室的另一位主任可能倾向于避开竞争对手大学的偷猎者；而劳伦斯则对他们持欢迎态度，或者至少不挡他们的路。"我在东部的交往中将不会妨碍你们所有人谋职，"他写道，"相反，我会得到尽可能多而且好的生源，这让我们能够根据个人所关心的各种可能性来筹划下一年的决定。"另一位实验室主管说道，这些话听起来像是信口开河，但记录显示，劳伦斯甚至对他最看重的人都是积极为其寻找机会。对于那些他真心认为辐射实验室离了就转不起来的人，他留人的办法就两手：一是为他们寻求基金资助；二是向伯克利物理系施压，为他们争取教员编制。但这后一种办法只是在极少数情况下才可能。麦克米兰的情况是一例，他在那个夏天得到了一个物理讲师的职位，从而让他推掉了竞争对手普林斯顿提供的教职。在依然盛行大萧条时期预算的年代，劳伦斯要为他的最有价值的助手争取到这样一个编制有多难，我们只消了解下面这个事实就知道了：麦克米兰的这个物理教师职位是辐射实验室在5年里获得的第一个永久性编制。下一个编制的取得还要再等三年，这回好运轮到了L. 阿尔瓦雷斯。

劳伦斯希望他的回旋加速器操作员能把他们的知识带到世界各地。"我们都应该熟悉他的技术。"杰克逊·拉斯莱特（Jackson Laslett）回忆道，他在辐射实验室获得的博士学位。他说："如果将来你走了，成为其他院校物理系的一员，那你现在可能不得不学会这样一些事情。"在辐射实验室，一个博士生需要掌握的知识还包括：金属铸造基础、水暖和电气工程等。

斯坦·利文斯顿，就是在1934年去了康奈尔（后来又去了麻省理工学院）的那个小伙子，是这批携带着回旋加速器基因离开辐射实验室的机器专家中的第一人。第二年，米尔顿·怀特和马尔科姆·亨德森去了普林斯顿。到1939年，有近20位物理学家，在劳伦斯的机器上接受训练后奔赴美国十几所大学去建造各自的回旋加速器。另一些人则去了国外，分别在剑桥、利物浦、曼彻斯特和巴黎等地扎根开花。在哥本哈根，玻尔物理研究所的工程师们由于过于相信其创始人一贯正确，因此在1935年，在没有借鉴辐射实验室的经验，或者说在不耐心仔细地核对伯克利的蓝图的情况下，贸然上马回旋加速器项目。1937年，他们不得不火速派人来伯克利要求紧急援助。劳伦斯派出了他最看重的助手之一拉斯利特。拉斯利特去了一看，指出他们的磁铁设计得不对，而且安装也有问题。这部分不得不拆了重建，而这意味着要拆除它周围的建筑物，并返回到制造商那里重新做。138

大多数计划建造回旋加速器的实验室都虚心征求辐射实验室的意见，以避免自己艰难的摸索。劳伦斯的管理体系——依靠源源不断的愿意来学习如何操作回旋加速器而不拿薪水的研究生和博士后——意味着辐射实验室从不冒险让学生都走光，甚至是有经验人员的外派也得斟酌着来。实验室的产出现在不仅包括科学论文和放射性同位素，还包括每年至少半打的博士后。"所有这些人（对回旋加速器）都知道得一清二楚。"库克西从东部回来后对一个朋友说道。

1935年年底，辐射实验室已面临着地位和名望上的一次巨大飞跃（图13）。

人们在不同层面和不同场合都提到欧内斯特·劳伦斯，这在一两年前是难以想象的。当年12月，约里奥夫妇因发现人工放射性而荣获诺贝尔化学奖。在颁奖典礼上，主持人在对获奖原因做简短回顾时，提及劳伦斯的放射性钠的制备并表示希望"这种方法同样可应用于医疗用的镭盐"。在瑞典已经有人对他另眼相看。对于辐射实验室来说，梦想拥有自己的诺贝尔奖还为时过早，但提到放射性钠及其潜在的应用价值暗示获奖将是早晚的事儿。

图13　第一代辐射实验室科学家和工作人员。1933年拍摄于69厘米回旋加速器前：（左前）杰克·利文古德、弗兰克·埃克斯纳、斯坦·利文斯顿、大卫·斯隆、劳伦斯、米尔顿·怀特、韦斯利·考茨、杰克逊·拉斯莱特和泰利西奥·卢奇。

第8章　约翰·劳伦斯的老鼠

1935年，约翰·亨戴尔·劳伦斯博士首次乘火车抵达伯克利。这一年他31
岁，比他哥哥欧内斯特小近4岁。但约翰看起来要比实际年龄大：他的发际线
后退，脸上已经有了乡村医生的那种严厉表情。约翰没有激动地流露出他的兄
长乐见的忠诚和奉献的言辞，他在打探自己不了解的东西时总是不善于表现出
乐观和热情的态度。他从没有因个人的魅力或谦和的态度而受到大家的欢呼；
作为一个相互激励的科学家团队的领导者，也从不曾受到崇拜。但在这个非常
有前途的新领域中，他已经成为一名成功的研究者。

欧内斯特和约翰年龄上相差较大，因而没有共同的高中或大学时光，但兄
弟俩的关系可谓亲密，差不多每两周至少通一次信。但有那么几次，约翰记得，
欧内斯特摆谱要大哥的派头。在约翰就读南达科他州大学的第一年里，他因为
醉心于篮球和女孩而放松了学业，结果受到了兄长的严厉批评。"你真的要开始
认真努力了，"欧内斯特告诉他，"因为如果你想进一所好的医学院，你就得切
切实实地安下心来。"约翰回忆道："我很快升到我们班的前几名。"他重新焕发
的勤奋为他赢得了进入哈佛医学院的机会。

用专业术语来形容，这兄弟俩的关系是一种共生关系。约翰给他的伙伴带
来了将核研究扩大到生物学和生理学的倡议，欧内斯特则为这种扩张提供了所
需的仪器设备。在1935年的那个下午，约翰带着一件奇特的行李——老鼠——
在奥克兰下了火车。他带着一笼几十只老鼠坐着三等车厢从波士顿一路向西来

到这里。这些老鼠将在伯克利接受中子的照射。

约翰·劳伦斯为何会对放射医学感兴趣，还要从他在哈佛与神经外科的先驱哈维·威廉姆斯·库欣（Harvey Williams Cushing）的合作研究说起。库欣是一个身材瘦小、穿戴整洁的人，声音极富磁性，并具有丰富细致的临床经验。20年前，他就已在一种现在称为库欣氏症的综合征方面取得了开创性的发现。这种病的特征是躯干和面部周围迅速发胖，他查明的病因是大脑的脑下垂体肿瘤。库欣对约翰一生的影响可能要超过他的兄长欧内斯特；在医学院的第四学年，库欣挑选了约翰来当他的临床助理。

"我的学位论文该做什么呢？"约翰问。

"我会处理的，"库欣回答道，"你不必完成第四学年的学业课程。"

库欣向约翰介绍了从事医学研究所需的系统学科知识，或许更重要的是向他透露了物理实验室产生的X射线可以被用来治疗肿瘤这个信息。约翰回忆说，库欣认为，这种技术的发展可能"与巴斯德和细菌学一样重要，如果不说是更重要的话"。在库欣的指导下，约翰在狗和老鼠身上研究了垂体综合征，并揣摩着如何用X射线照射人体。这项工作将他引向他兄长在伯克利的实验室和戴维·斯隆的X射线管——世界上最强大的X射线源。1935年夏天，约翰拿到梅西基金会资助的一小笔经费，乘坐三等车厢前往伯克利。就这样，他和他的老鼠出现在了辐射实验室。

两兄弟为各自的兴趣有了交集而感到欣慰。在当时的医学院校的培养方案里，有意设置了各科学学科之间的划分，尤其是基础科学与临床医学的应用科学之间的划分。约翰回忆说："医学院的学生被要求远离数学、物理学和化学，所修课程大部分是生物学方面的。"哈维·库欣是一位医学专家，他懂得放射物理学家的发现对于医生的价值，而且在这方面，正如在许多其他方面一样，他有着超出常人的先见之明。

欧内斯特和库欣一样深知跨学科研究的价值，但是他的观点没能在校园里得到广泛的认同。加州大学医学院（位于旧金山湾）的教职人员对欧内斯特的提议尤其不屑一顾。这从医学院院长努力设法平息各系之间的敌意即可见一斑：在一次院长招待欧内斯特的晚宴上，一位医学教授"站起来讲话，表明回旋加速器在医疗上根本没用，他们是在浪费时间"，雷蒙德·伯奇回忆道。但这种情形不只是限于医学院。令约翰感到惊讶的是，在伯克利，人们对所发现的同位素，以及通过装备有高效生产线的加速器制造出来的这种物质反应平平。"它们被提供给任何想要使用它们的人，"约翰说道，"但却没有那种我们在东部看到的兴奋。"辐射实验室更多的是将同位素运送到全国各地——芝加哥、波士顿和纽约，而不是用于校园内。显然，锻造科学家兄弟会的任务将落在这两兄弟身上。

约翰踏入辐射实验室的第一个印象是工作人员对辐射的那种极为随便的态度。他知道，欧内斯特自己是知道中子的威力的——危害性极大，因为他们在通信中经常聊到这种不带电的粒子具有穿透人体组织的能力。自1933年以来，欧内斯特一直在写关于中子束强度的文章。当时他曾忠告过普瓦隆："这种辐射的强度是如此之大，能量和穿透性是如此之高，以至于我们不得不担心它对我们身体所造成的生理影响。"从辐射实验室产生出来的中子甚至可以在吉尔曼大楼——吉尔伯特·刘易斯的化学系办公楼——被探测到。这幢楼与辐射实验室之间可是相隔着一条宽阔的街巷。起初，刘易斯大楼里的化学家们对他们的实验结果突然变质感到迷惑不解，但他们最终发现，问题出在中子的干扰上。刘易斯"开玩笑地告诉我，他要宣布辐射实验室是一种公害"，劳伦斯在给普瓦隆的信里写道，语气中不无乖张的骄傲。

约翰为实验室起草了一份安全工作规程，包括将回旋加速器的控制设备从机器旁的位置挪到单独的一个房间。他要求在机器周围设置一套充水的金属防护屏蔽腔，用以吸收具有破坏性能量的中子。然而约翰提出的回旋加速器不加屏蔽有危险的警告对实验室工作人员来说过于抽象，倒是他演示的第一只受到中子照射的老鼠的命运让他们警醒不小。这个小动物被关在一个只有一个透气孔的小铜制圆柱体笼内。整个笼子被放置在磁铁的两极之间，正对着铍靶，通电后，氘核就会打在铍靶上产生中子。经过低功率照射1分钟后，机器停止，打开笼子。一只死鼠展现在大家眼前，整个房间的人被吓得目瞪口呆。

但随后的调查却表明，小鼠是死于窒息而不是辐照，因为有人忘了打开供气阀。当然，这种事情不是几天就能搞定的，好在有足够长的时间来让人吸取教训：受到照射的老鼠已陷入濒死状态。"这之后没人再接近这种粒子束。"约翰回忆道。

欧内斯特起初将这个插曲看成是一种"有趣的"消遣。但后来他感到问题严重。他随后在普林斯顿告诉米尔顿·怀特："我们所有在回旋加速器上工作的人员都感到不安，并决定采取一些措施来提供免受中子辐照的防护……我们都吓坏了，决定是时候叫停了。"约翰提出的防护措施很快就得到了实施。

返回东部后，约翰仍继续操心这个给欧内斯特及其助手带来烦恼的中子通量问题。他建议他的兄长："辐射实验室应该对所有人员进行完备的血液检查——并经常重复这一检查。我觉得我们应当更加尊重他们，而不是拿他们去冒险。"

143 　欧内斯特需要的未必是中子的人体效应这种提醒，他可能更需要通过不断地刺激来采取适当的预防措施。兄弟俩在一篇投给《美国国家科学院论文集》的论文中报告了这种危险以及这些粒子在治疗上的潜力——这是他俩的第一次合作。论文于12月寄出，翌年2月发表。这篇文章描述了中子所具有的穿透像铅这样的重金属元素的优越性能：与铅核相比中子是如此之轻，以至于即使是对心碰撞，中子反弹回来其损失的能量也非常小，"不像台球与炮弹的碰撞"。因此，即使是遇到厚厚的一层致密物质，它也可以跳弹过去而不损失多少能量。但是，当与接近自身质量的核如氢核（即质子）相碰撞时，中子会将较多的能量传递给靶质子。这种特性使得中子更容易被含氢量高的物质如生物组织所吸收。欧内斯特从这种效应得出了一个大胆的结论，他对普瓦隆这样描述道：用斯隆管产生的X射线照射老鼠肿瘤得出的"初步结果"表明："这是迄今为止辐射实验室取得的最为重要的发展，因为它意味着我们有了一种治愈癌症的方法。"

欧内斯特和约翰计算出中子的生物学作用要比X射线强一百倍。他们提出，一个人允许的每日剂量应为1%伦琴，约为应用于X射线标准的十分之一。他们在给国家科学院的论文里写道："这应该是一个警告，因为许多实验室很快就将装备使用这种威力巨大的中子发生器，在装置附近的个人将在几分钟内受到高于这个剂量许多倍的射线的照射，除非有充分防护的屏蔽网提供保护。"

在辐射实验室，这些话在违反规定时显得特别中听。有一次，马丁·卡门和杰克·利文古德因为全神贯注于放射性钠的紧急命令而忽略了他们口袋里的计量检测计，在回旋加速器旁边的富中子环境中待了20分钟后，他们发现 ₁₄₄他们每个人已经吸收了几百倍的日允许剂量。这个经历"带来很严肃的黑色幽默：如果在未来几年里怀孕，生出的将是怪胎。"卡门回忆道。他们只好这样来安慰自己："好在我们对基础遗传学还知道一点，〔只要〕我们的孩子不互相通婚，就不会有太大的不良后果。"

欧内斯特现在每天忙得马不停蹄，不是与基金会洽谈合作，就是应邀在全国各地巡回演讲。1936年1月的第一个星期，他去哈佛大学做了一连6场的系列讲座。这一举动引发了欧内斯特与加州大学之间的长期伙伴关系中最严重的危机。

很明显，从劳伦斯在波士顿走下火车的那一刻开始，哈佛校长詹姆斯·科南特(James B. Conant)的心里就比听他的讲座还受用。在头一晚的晚宴上，他向劳伦斯打听如果要在哈佛复制一个辐射实验室成本是多少。接下来的问题就更显而易见了：劳伦斯愿不愿意承担这项任务？欧内斯特给宴会主人开列了一份清单，包括他的顶尖助手的教职待遇和他脑子里设想的建造下一代回旋加速器——一台用于生产医用同位素和治疗癌症的152厘米巨兽——所需的资金。

讨论很快有了回应：科南特开出了12 000美元年薪的全职教授兼新成立的工程和应用科学学院院长的职位报价。新回旋加速器的建设也是这份交易的一部分。

科南特一直在考虑如何将哈佛推向实验和理论物理学的前沿。当时在物理学领域，这所大学几乎可以说是死水一潭，就像当年劳伦斯第一次踏入的伯克利校园，尤其是与它的坎布里奇邻居麻省理工学院相比。科南特认为，如果能聘到劳伦斯前来，那将一举消除两所高校在实验物理学方面的差距。如果劳伦斯能帮忙将他的朋友罗伯特·奥本海默一起带过来，助力哈佛直接进入理论物理学前沿，那就更是锦上添花了。这么多年来，奥本海默一直回绝了哈佛的持续邀请。研究生院院长乔治·伯克霍夫（George Birkhoff）向欧内斯特保证，哈佛高度敬重奥本海默，认为他是"一个富于创造力的理论家"，并承诺哈佛愿意任命他为副教授，年薪6000美元。"因为他32岁，在这里这将让他在同龄人当中排名靠前。"伯克霍夫写道。显然他以为奥本海默还只是劳伦斯团队里的初级成员。

作为伯克利物理系主任，雷蒙德·伯奇深深地感到哈佛提供的待遇对加州大学的威胁。他担心，随着劳伦斯的离去，辐射实验室和物理系的员工的流失会像溃坝的水库一样不可收拾。如果劳伦斯和奥本海默辞职了，那么留下麦克米兰、阿尔瓦雷斯和其他有前途的年轻物理学家对伯克利来说意义就不大了。据他估计，他这个系将从全国第一下滑到第十二。不仅智力流失，而且资金也会流失。研究公司"都不会再在这里，"伯奇忧心忡忡道，"那还有谁会留下呢？"

但其实，奥本海默并不想回到哈佛。因为在他看来，对于学生，哈佛确实具有智力上的刺激性，但在社会上它却很孤立。他还认为，劳伦斯不会错误地选择哈佛。奥本海默判断，欧内斯特在那里不会有他在伯克利所能享有的自由。他认为他的这位朋友会发现院长一职实在是太过繁重。他了解哈佛的教师聘任制度的肤浅的诱惑，但他还是劝说伯奇道："我们有责任让欧内斯特自己决定。"

事实上，一开始劳伦斯还真被哈佛的优厚条件给冲得晕晕乎乎。伯奇知道，让劳伦斯动心的不光是哈佛开出的条件：欧内斯特被加州大学医学院对他弟弟的轻视态度弄得心情很不爽。约翰作为一名医生有很强的学术背景，但他只是辐射实验室的非正式员工，因为医学院拒绝授予他教授职位。伯奇回忆道，约翰和欧内斯特在辐射实验室的工作"纯属研究性的，医学院不是很看重……他们认为任何没有广泛临床经验的人都不是他们想要的。所以在那里约翰几乎没有机会……升职"。伯克利大学医学院对约翰的研究的忽视持续了很多年,直到1942年成立了单独的放射科学实验室这种情况才有了改观。唐纳实验室是威廉·唐纳(William H. Donner)捐款修建的。唐纳是一位退休的钢铁行业高管,他的儿子死于癌症,因此他是欧内斯特和约翰联名发表的第一篇关于放射性同位素的生物医学用途的文章的读者。1948年,约翰成为唐纳实验室主任。

鲍勃·斯普劳尔[1]和欧内斯特·劳伦斯可谓一对绝配搭档,就像莫莉·劳伦斯描述的那样:"大气、外向、爽朗的一对。"他们的关系部分是基于人格,部分基于信任。欧内斯特曾在资金、场地和机构支持等方面向斯普劳尔提出很多要求,并承诺回报多多。出于双方的共同利益,他向来是不折不扣地信守诺言。曾经有一次,那是在1930年,斯普劳尔不顾教务会的反对通过将劳伦斯提拔为正教授使其回绝了来自竞争对手——西北部一所大学——的邀请。考虑到这个事情的严重性,他邀请劳伦斯到他的办公室去讨论。

在这次会面的前几天,伯奇坐在一堆索引卡片前,绞尽脑汁构想出一个无论劳伦斯提什么要求都要将他留在伯克利的方案。"[与劳伦斯]吵架将是致命的,"他想提醒大学校长,"因为[劳伦斯的]决定都是建立在情绪上而不是理智的思考。"

然而,伯奇低估了罗伯特·斯普劳尔。后者可是少数几个能够用甜言蜜语将欧内斯特·劳伦斯玩得团团转的人之一。只有老练的政治家才能够把握好当家人、立法者、教授和慈善家各方之间的利益平衡,将加州大学建成为一流的学术机构。斯普劳尔的拍背示好的动作和声如洪钟的声音在校园里那可是所向 无敌。他最自豪的就是,从来没有失去过一个他想留下来的教员。而在这个群体中,劳伦斯则尤其突出。"该死的,他可是让我领教了。"斯普劳尔后来对一位在伯克利的资历几乎与他一样长的科学家说道。

1　就是罗伯特·斯普劳尔,鲍勃是其爱称。——中译者注

　　　　　　　　　　　　　　　　　　　　　　　大科学

他们多年的合作给了斯普劳尔很多机会来观察欧内斯特到底是个什么样的人，以便为其研究的展开配置适当的资源和行政激励政策，这些激励远远超出诸如工资待遇和机构声誉等俗事。欧内斯特的兴趣在于将科学事业做大，而未必是为了他自己。斯普劳尔认为，虽然哈佛开出的条件确实诱人，但到目前为止，其物理学领域的水平至少落后伯克利两年甚至更长时间——而弥补这个时间正好与劳伦斯决心始终保持处于研究进展的最前沿的愿望相反。因此他的任务很明确，就是让劳伦斯确信，伯克利会按以往的力度继续支持辐射实验室，并为他已经筹划好的扩张大开方便之门。

关于他们这次谈话的唯一记录来自劳伦斯。他在一封给霍华德·普瓦隆的信中谈到了他的感想。这封信记录了斯普劳尔在打思想和感情牌方面的令人赞叹的技巧：

很快，斯普劳尔校长明确表示，他在我去留的事情上非常着急……他立即向我保证，只要他是这所大学的校长或者除非我疯了，他会不遗余力地支持我和我们的工作。他说哈佛的提议不仅是一个巨大的荣誉，而且提供了很多机会，他很清楚我倾向于接受。但另一方面，他说，他觉得这不是不可能的：他在这里同样能够提供类似的条件，并问我到底有什么具体想法……我说，如果我能够随心所欲，我希望辐射实验室的核物理工作能够持续得到目前水平的支持，另外，我想建一所新的回旋加速器实验室，专用于医学研究和治疗。还要继续给予预算上的支持，以便保证部分员工能够安心从事医学研究工作。

斯普劳尔非常了解他的手下。他做出了乐观的响应并要求劳伦斯准备好初步预算。三天后欧内斯特提交了计划书，提出辐射实验室需要在现有的15500美元的预算基础上增加8100美元的薪水预算，用于聘任一位实验室主任助理（这是给唐·库克西的）、两名副研究员和一名助理研究员。

劳伦斯提醒斯普劳尔，辐射实验室的人员费用肯定要大幅度提升，因为实验室正在成为它自身成功的牺牲品。迄今为止，它在物理学界的独特地位使它吸引来众多自愿不计报酬或自己拿到奖助学金前来参与其研究的来访的物理学家。他列举了10位学者，他们是在大学没有支付任何费用的情形下对实验室做出贡献的。但这种不可持续的做法快要走到头了。劳伦斯指出："国内外的很多重要研究机构正在建立同样配备的实验室。"因此，迫使"所有那些对核物理和辐射穿透机制感兴趣的研究者来伯克利"将不再可能，辐射实验室很快就需要为这些科学家支付工资。劳伦斯没有向斯普劳尔指出，是他自己埋下这种竞争的种子，但显然要收获这一成果伯克利得掏钱。

但实际上，劳伦斯抛出这番话的用心包含两个其他要求。一个是将辐射实验室划为大学的一个独立单位，以确保"工作的连续性和稳定性"。这个容易做到。另一个是建造用于医学研究的"新的更大的回旋加速器"，包括人工合成的放射性同位素的大规模生产。它将有能力产生出比69厘米机器产出的能量高 149 10倍的中子，其强度可用于进行人类肿瘤的实际临床治疗。项目建设成本预计为25 000美元，外加每年高达22 000美元的员工工资（两名医学博士、两名物理学家和两名技师）和其他运行费用。劳伦斯承认，新的回旋加速器的成本"几乎很难为一般高校的预算所承受"，并承诺帮助筹集必要的资金。但言下之意也很明了：如果伯克利不能承诺上马医用回旋加速器，哈佛大学正张开翅膀等着呢。

劳伦斯提交的这个预算在他与斯普劳尔之间上演了一场攻防阻击战。斯普劳尔吃力地将投票支持这一预算的人选和能够给予财政支持的资助单位排了下队，而与此同时，劳伦斯则大声嚷嚷还要多久他才能赶上火车去坎布里奇继续与科南特的谈话。在劳伦斯递交预算的那个下午，斯普劳尔与他又进行了一次会谈。他手指着表列上的数字——25 000美元的新回旋加速器和40 000美元的每年综合运营费——说道："这是一项相当大的事业。"

是的，这个预算案可谓雄心勃勃，劳伦斯承认："这大概只有在哈佛可以做。"但他同意推迟他的东部旅行计划，给斯普劳尔一个机会，以便他将主要出资人——威廉·H.克罗克——逼入死角。克罗克是一位铁路老板的继承人和银行家，此前曾出资赞助医学院购置斯隆的X射线管。在此期间，斯普劳尔能够让董事会的各位大亨承诺向高校投放更多的资金。这些摄政王在刚听到劳伦斯对经费的大胆要求时也是大吃一惊。要知道当时股市的崩盘仍像一块大石头压在这些大学捐赠者的肩上。但他们相信斯普劳尔的判断：失去劳伦斯将会付出更昂贵的代价。于是他们对劳伦斯提出的包括辐射实验室年度运行和维护成本在内的预算投了赞成票。不仅如此，该实验室将作为大学里独立于物理系的一个部门，并由劳伦斯出任主任的动议也获得了认可。曾将物理系与辐射实验室之间的关系看成是"尾大不掉的狗"的伯奇没有表示反对。他所看重的是，无论是在物理系内还是系外，劳伦斯都是伯克利物理学的一面旗帜。

至于新机器，斯普劳尔在给劳伦斯的信中写道："我只能报告说，董事会对实现这一思路的可能性很感兴趣，并向我保证，会在确保建设新的回旋加速器及其每年的运营费用所需资金方面提供帮助。"他向劳伦斯保证，他会一直盯着钱袋，他有"充分理由希望我们在这个方向的追求会获得成功"。

斯普劳尔的卓越的直觉告诉他，哈佛提供的激励在劳伦斯面前正开始消退。对于一个已形成某种习惯性偏好的人来说，将既定工作做全国范围的转移，其难度会大到难以承受。斯普劳尔甚至可能已经了解到，欧内斯特还需要考虑另一个问题：莫莉反对去东部。

欧内斯特之所以有意接受哈佛提供的机会的一个因素是认为他妻子得知能回到她的家乡新英格兰一定非常激动。而事实上，她早已将自己的这份挚爱转移到了她已适应的加利福尼亚北部。因此当她发现欧内斯特对哈佛感兴趣时简直是痛心疾首。但她所受到的传统的家庭教育使她没有勇气去干预她丈夫做出的在哪儿居住和工作的决定："他想要什么，怎么做对他的事业有好处，这得由他来决定，"她后来解释道，"我甚至不想表达意见。"但她"在听说他要收拾行李搬回坎布里奇后只是害怕和发抖。我曾住在那里，但我不想住在那里，不想一大家子住一块儿"。在劳伦斯家的生活里，欧内斯特不管家务事是惯例，但随着做决定的时刻越来越临近，每当他提及去哈佛时，他开始感觉到莫莉声音里的那份冷淡。

现在不仅莫莉的情绪表现得那么明显，而且奥本海默反对他去哈佛大学的毫不留情的态度也让他不能不考虑。欧内斯特最终屈服了。甚至在伯克利的所有承诺正式敲定之前，他已写信给科南特表明了他的遗憾。"您提议中最吸引人的因素是对我的研究工作的持续支持，并让我感到在哈佛能够做一些在这里不可能做的事情，"他写道，"但现在这里的局面有了改观，大学管理部门很乐意将辐射实验室建成为永久性的大学活动基地……因此，从我们的研究计划的进一步发展的角度来看，显然我不应该在这个时候作出改变，因为这将涉及重建实验室带来的科研上的严重滞后。" 151

哈佛的这件事永久地改变了劳伦斯与加州大学的关系。实际上橄榄枝不止来自一处，提供机会的其他院校中还包括得克萨斯大学的诱人提议。但伯克利永远不会再面临失去欧内斯特·劳伦斯的风险了。在劳伦斯的后半生中，这两个名字将始终缠绕在一起，越来越多的粒子加速器和越来越多的成就正待出现。

抵御哈佛唤醒了加州大学董事会对员工工资问题的注意。在这件事情上，没有人能比约翰·弗朗西斯·尼兰（John Francis Neylan）更有感触。尼兰是旧金山市的一位律师，从事公共服务逾40年，职业生涯拐了一个从自由主义转向保守主义的弯：他从加州改革派州长海勒姆·约翰森（Hiram Johnson）的顾问做起，后来成为报业大亨威廉·兰道夫·赫斯特（William Randolph Hearst）的首席顾问，最后成为以坚决清除伯克利分校里的"赤色"分子而著称的火爆的反共分子。当哈佛挖人事件出来时，尼兰已在监管的位子上坐了近10年。这件事不但激发起他的好奇心，也将他带到了辐射实验室的门前。

"这里就像个卖二手货的杂货铺，窝在校园漂亮的一角。"多年后他回忆道。他走了进来，刚巧遇到了年轻得出奇的教授劳伦斯，"然后他给我介绍这是来自康奈尔的某某博士，这位是来自这个地方的某某博士，这位是来自那个地方的某某博士……我简直是大吃一惊。这里要挑出一个一周刮过两次胡子的都难。他们都还只是一群孩子。"欧内斯特不愧为诚实的东道主，他让杰克·尼兰在黑板前坐下，试图向他解释回旋加速器的原理。"当然，"尼兰回忆道，"一分 152 半钟后他就把我绕糊涂了，我晕晕乎乎如堕云里雾里。"

欧内斯特提出了一个宏伟的构想：伯克利校园里正在从事的科学将如何

改变人类的生活，不仅是通过物理学的进步，而且是通过健康和医学领域的进步。尼兰感到这里已形成一种凝聚力。几天后，他将校董里最具声望的摄政王，71岁的旧金山律师加勒特·麦克尼尼（Garrett McEnerney）请到了辐射实验室。尼兰站在一边，聚精会神地听劳伦斯向这位与各路资本大鳄和掌权者有着广泛人脉的资深绅士编织他的未来梦想。

"麦克尼尼和欧内斯特谈得相当投机，"尼兰回忆道，"当我们出来后，他说：'你估计得投多少钱？'我说：'我第一次来，他把我绕晕了。'"

在接下来的30年里，杰克·尼兰一直是欧内斯特事业的支持者，并在各个方面为其提供高端权威的指导和引路。"尼兰将欧内斯特看作一位保护对象，"莫莉回忆道，"他要照顾他［欧内斯特］，看着他得到照顾，得到他工作所需的一切……他要教他如何做最好的自己。"在此过程中，欧内斯特也染上了尼兰的政治色彩。多年后，当尼兰因要求实施反共的忠诚宣誓而引发了与伯克利全体教员的对立时，欧内斯特·劳伦斯——在校内的影响正处于巅峰——是少数拒绝发声反对的教授之一。尼兰打内心就鄙视罗伯特·奥本海默——"自负到连上帝都不放在眼里"。这种态度对造成劳伦斯与奥本海默之间在随后几十年里的痛苦隔阂有着重要影响。

1936年5月，瘦削的L.阿尔瓦雷斯以博士后身份回到辐射实验室从事全职工作。令他满意的是，以前在他访问时给他留下深刻印象的那种不拘礼节的氛围还在。劳伦斯和库克西都在外地，因此在实验室大门口迎接阿尔瓦雷斯的是一位研究生。他将阿尔瓦雷斯带到杰克·利文古德面前。"你什么时候能开始工作？"利文古德问道。阿尔瓦雷斯回答说："容我脱去外套。"

他觉察到设备的陈设与上次来访时相比有了变化。控制台已经按约翰·劳伦斯的指示重新摆放，虽然现在它夹在这个拥挤的房间里，在库克的工作台和绘图桌之间。回旋加速器房间里最大的家伙仍是硕大的轭形磁铁，但是红色蜡封的旧真空室已被改进了的新真空室所取代，这个新真空室现在以它的设计师的名字命名，叫"库克西罐"（图14）。

图14 库克西于1937年制作的94厘米真空"罐"使机器的加工精度达到了新的水平。

房间背后是实验室的另一个房间，这里将是阿尔瓦雷斯的研究室。刚一进去，他就被一股强烈的恶臭熏得要吐。这股恶臭是从约翰·劳伦斯的鼠笼里发出的。房间里，一名女研究生正在专心致志地观察光谱仪——一种测量电磁辐射的仪器，她显然没受到这股骚味的影响。当阿尔瓦雷斯问她怎么能忍受这股气味时，她高兴地向他表示说习惯就好了，并劝道开始时会对此有疑虑，但时间一长就会发现真的就是这样。更难忍受的是冷却大磁铁及其变压器的循环冷却油的强烈气味。一个变压器需要维修，因此利文古德指派阿尔瓦雷斯干这事儿。那天中午回到家，他将浸满热烘烘油渍的衣服拿给妻子格里看，她看了一眼就气得眼含泪水。"以后这几年恐怕都这样。"他回忆说。

当劳伦斯从东海岸筹款旅行回来，阿尔瓦雷斯已经相当适应这种气味和实验室的其他古怪现象了，包括射频干扰的影响——这种影响是如此强烈，以至于有人将灯泡的金属底座碰一下实验室里裸露的电线导管就能让它发光（工作人员经常在客厅里耍弄的把戏，给来访者留下了深刻印象）。老板用一则喜讯来迎接他的新员工：他已经为新的152厘米的回旋加速器筹集到70 000美元的资金，阿尔瓦雷斯的工作将是设计与其配套的磁铁。"我不知道所有的东西都是154　磁性的，"阿尔瓦雷斯回忆道，"对此欧内斯特用他那特有的口吻回答道：'别担心，你会去学的。'"

　　阿尔瓦雷斯很幸运，他恰在回旋加速器演变成一台符合欧内斯特一贯期望的充分可靠的机器的当口加入了辐射实验室。整个1935年，69厘米机器变得非常难伺候，运行经常停机，研究生和技术人员每次都要忙乎几个小时来排除其内部的障碍。那一年，一系列令人费解的故障一直困扰着实验室，当时劳伦斯则忙着处理来自美国各地的安装放射性同位素的订单。他对默尔·图夫感叹道："麻烦不断，都与提高功率输出有关。"但他生性乐观，他向图夫保证道："这不会持续很长时间。在得到令人满意的推进之前，谁还没点小麻烦。"他是正确的。不到三周后，引起停机的电气故障被确定和修复。

　　但其他问题仍然存在。在10月中旬，劳伦斯向普瓦隆保证，实验室会有一个稳定的放射性钠的供应。但目前"我们的设备只能断断续续地工作，好些时间我们得停机检修和改建拆除"。他用以平衡"太黑"评价的办法就是经典的保证"这一点不必再有怀疑，这些设备最终会产生数量巨大的放射性物质"。他以大胆的观察在信中总结道："设备现在基本上还处于工程发展阶段，就是说，我们现在还需对设备的主要工程特性加以改进，使之完全可靠、切实有效。"这些话不说是嘲弄，想必也只能引起普瓦隆的苦笑。劳伦斯就有这本事，他能在痛苦中展望未来，想到届时再回头看，回旋加速器的这点不协调仅仅是一种离奇有趣的记忆。普瓦隆想必明白，这一时刻可能不像劳伦斯声称的那样近在眼155　前，但一定不会太远。劳伦斯的这个预言是有夸张，但如果他不这样自洽地来应对，没有人会相信他。

　　事实上，1936年推出的一系列技术改进不仅产生了更高的能量和更大的电流，而且将可靠性提高到前所未有的程度。这一变化始于用库克西新设计的真空室替换下陈旧的老真空室。库克西的这个新真空室启用后，粒子的能量几乎翻倍，达到600万伏特，而且投入伊始其性能就近乎完美。新真空室将回旋加速器的声誉从一台视高效管理为天方夜谭的设备一跃转变成几乎在任何条件下都可以按预案操作的理想机器。

继库克西的真空室安装完成后，下一个攻坚任务就是将束流从真空室引出到大气中。目标是将束流从机器强大的磁场和电场的干扰——"回旋加速器的一个令人讨厌的特征"（伊利诺伊大学的两位访问学者这么来形容它）——中解脱出来。辐射实验室称这个过程为"过猪鼻子"，因为束流引出管的形状就像一个猪鼻子。这个设计包括施加一个电场在离子上，将离子在真空室中转过最后一圈时引向室壁，透过万分之一英寸厚的铂"窗"出射。由此产生的效果是惊人的：出射束与大气中的氮离子相互作用，形成25厘米长的明亮条纹。出射束不仅促成了更尖端的实验，也为劳伦斯的产品开发提供了新的"杂耍表演"，因为它总是能引起访客的一片惊讶声(图15)。

图15　1936年3月26日，由"鼻子"产生的第一束出射束。这个名称源自于真空室的离子出射口形同猪鼻子。到1937年11月再拍照片时，出射束已经被精确到可以让实验远离回旋加速器的干扰场，并可以为来访者展示令人兴奋的淡紫色光芒。

最重要的升级改造发生在1937年的夏季，劳伦斯终于实现了四年前定下的将磁极扩大到94厘米，以容纳库克西设计的更大的真空室的目标，并由此一步跨向最大能量1000万伏特的设计。旧真空室被运到了耶鲁，在那里它将成为新回旋加速器的核心。7月8日，库克西用他珍爱的新帕卡德（乳黄色轿车，他称其为"奶油班车"）将新"罐头盒"运抵实验室，并用滑轮将其吊装就位。三周后，现在的94厘米回旋加速器产生出强大的束流。

库克西的新真空室糅合了实验室掌握的一切经验，包括如何将回旋加速器建成一个坚固亮堂、带加工槽和玻璃绝缘子以及气冷和水冷等冷却装置的容器。按埃德温·麦克米兰的判断，这是显示出"专业水准、[具有] 漂亮的机加工表面和焊接件、连接完美、密封牢靠等特征"的第一个回旋加速器版本。这个装置还第一次将辐射实验室以外开发出来的各种先进技术囊括进来。正如劳伦斯曾告诉斯普劳尔的那样，分散于各地的回旋加速器社群注定将终结伯克利对廉价的学生劳动力的垄断，而现在是结束伯克利对回旋加速器技术垄断的时候了。到1937年年中，世界各地已有十几个回旋加速器装置在建或在运行；信息和创新的流动已经成为一条双向的街道。离子源、射频系统、磁控过滤等技术的进步，使得伯克利的回旋加速器从其分散于各地的后代那里吸收了不少新成果。辐射实验室已放下架子，虚心地将这些先进技术吸收到其机器上。新想法的引入特别有帮助，因为建造94厘米机器的目的之一就是要预先检验152厘米机器的一些设计细节，后者在规格上将是一个巨大的飞跃，容不得丝毫出错的可能性。

如果没有实验室新聘员工在管理上的改革，那么这些改进也不会像现在这么有效。这位新来的管理者叫比尔·布罗贝克（Bill Brobeck），一个长着一头褐红色头发的29岁年轻人（图16）。1937的夏天，他纯粹是出于好奇心走进了实验室。他在伯克利长大，拥有斯坦福大学和麻省理工学院的工程学学位。布罗贝克因觉得工作无聊辞去一家地方电力公司的工作，正在寻找一份可心的新的工作。这个工作最好不是那种"成天不是拉计算尺就是敲计算机键盘"的把人变成无人机的工作。他之所以能够追求这种品味，在于他有一个曾任旧金山市

同业公会律师现已故去的父亲。家里给他留下了足够的钱使他能够安逸地度过
大萧条时期。

图16　1938年，比尔·布罗贝克站在实验室废弃的中子屏蔽用水桶旁。

　　布罗贝克经常去伯克利校园的图书馆阅览最新的工程技术进展，因此他在专业方面从不落伍。有一天，他偶然看见弗兰兹·库利写的一篇描述回旋加速器的文章。令他惊讶的是，这台机器就位于校园里离他坐着的地方几步远的地

方。布罗贝克走了过去。在辐射实验室，他遇到了弯腰躬背正在忙乎152厘米机器初始方案的唐·库克西。布罗贝克要求加入一起工作；但被告知实验室没钱付给他，他说他愿意无偿工作。仅这一点就足以让欧内斯特·劳伦斯约见他。他回忆道，劳伦斯"非常高兴还有人对工程问题感兴趣，因为这里有很多工程方面的问题有待解决"。而从布罗贝克这方面说，他觉得自己与欧内斯特在实验室的民主化管理方面的想法很投合。"看门人和获诺贝尔奖的科学家一样重要，因为他有自己的工作要做。"他回忆道。虽然自己是在国内两所最优秀的学校接受的教育，但布罗贝克发现，在辐射实验室，没人理会他的这种知识分子的臭架子——尤其是作为一个对核物理一窍不通的工程师，他在辐射实验室必然要成为一朵奇葩。

甚至是像布罗贝克这样的不懂物理的人也知道："科学知识正源源不断产生。"在辐射实验室的一面墙上挂着由阿尔瓦雷斯设计的一张同位素图表。表上用铜钩挂着卡片，标示着每一种新的同位素及其性质，其中大多数同位素都是在刚建成的机器上发现的。但是布罗贝克对实验室各项工程的质量不能不投去鄙夷的目光。他判断，有太多重要的事情因为职责不清而陷于搞物理的与搞机械的之间的扯皮之中。实验室实际上只有一个工程技术人员——唐·库克西。他在技术上毫无疑问是熟练的，但他发现，要全由他一个人来吃透回旋加速器设计的所有技术标准，简直太难了。

凭着一颗工程师的灵魂，布罗贝克忍不住要对辐射实验室的操作之草率和维护标准之低劣感到悲哀，甚至包括这座建筑物本身。他认为，这座老木屋最大的好处就在于"你在任何地方揿上一枚钉子都没人会反对"。院子里的高压变压器也显露出它们的年头；布罗贝克形容这些设备为"马可尼看了都认得的设备"。至于实验室的操作规程，他"惊讶怎么会这么混乱，工作是那么的草率，有太多的地方需要改进"。机器都开始运行了，"可还拖着各种导线，封蜡还敞着口"。

布罗贝克感到，这里的问题如果放在任何一间背负生产压力的工厂都是难以忍受的："这里有一种强烈的倾向，就是通过修修补补和出事后发'广播'找人，不惜一切代价使机器保持运行即可。"他们不可能为综合维修留出时间。"他们一直都在做物理。如果他们得到了中子，他们便高兴。只要拿到了结果，哪怕之后停机半小时都无所谓。反正下一班会有人来修好它。"这种做法导致故障频发和长时间的运行中断，在此期间工作人员最终都是将上回大修以来一次次打上的补丁揭去，然后将机器恢复到正常工作状态。至于员工习以为常的有趣游戏——利用加速器室的力场造成的金属表面能量让照明灯泡发光，更是让布罗贝克惊恐万分，这极易造成火灾，特别是地板上经常到处都是流油。他从经验中体会到，这种对电气危险的漠不关心在任何专业场合都不会被容忍。

布罗贝克认为，在这种个人自由发挥的地方强调秩序是个人的责任，这种有序性要求在小科学传统中早已十分成熟，但在研究院规模的大科学研究中尚未发展成一种成熟的职业。他的背景让他看到回旋加速器不是一个实验装置，而是一台需要定期保养的机器。布罗贝克引入了这样一种基本的工业实践作为预防性养护措施。他为94厘米回旋加速器制订了日常检查表，内含每周24项 ₁₅₉ 任务，包括清洁水过滤器更换、泵油的液面检查、电气设备除尘和飞轮皮带检查等——程序非常相似于"那些在加油站所采用的程序"，他说，但绝不是可有可无。最重要的一点是，布罗贝克设定的标准对于新机器的建设和运行可谓来得非常及时。"克罗克的薄脆饼。"正像回旋加速器专家斯坦·范·沃利斯（Stan Van Voorhis）回忆中提到的那样，新加速器是个庞然大物，在显示其规模的第一张照片里，远处的回旋加速器专家们像是"目瞪口呆地坐着，是人看了都认为一定是相机在作假"。

1935年年底，为了解决操作上的问题，辐射实验室为工作人员引入了一种新的职业危害：乏味。1937年年初，库克西在给朋友的信中报告说："孩子们都在抱怨，因为回旋加速器已经变得非常乏味。"

这种抱怨是实验室长期存在的缺点——缺乏时间从事基础科学实验——的副产品。

其主要原因是批量生产放射性同位素所带来的越来越大的压力。正如一份早期年鉴报道的那样，到1937年年初，实验室定期生产材料的目标市场是"两打物理学家、半打生物学家和几位化学家"。爱德华·麦克米兰在提醒欧内斯特时就委婉地表达了辐射实验室的一种广泛的情绪："我们希望能够很快满足生物学家的囤积需求[原文如此]，他们正四处寻找放射性样品。也许还要为我们自己留一些供轰击之用。"1937年下半年劳伦斯告诉科克罗夫特，在核物理方面，实验室发现"在现阶段没有什么特别令人兴奋的东西值得报告"；但事实上麦克米兰和阿尔瓦雷斯以及其他科学家都相信，只要他们有时间去观察，就不缺乏令人兴奋的发现可报告。然而，欧内斯特认为，为所有的申请人提供所需的同位素是实验室发展的重要组成部分。他很少回绝这方面的请求，心安理得地接受那些得到供货的感恩回报。他对不断增长的需求的反应不是重新安排优先次序，以给工作人员和研究生一些喘息的余地，而是增加夜班班次以保持回旋加速器24小时运行。

　　尽管像磨坊一样单调地运转，但实验室的吸引力依然强劲。甚至连马丁·卡门——当时任实验室的短期研究员，一直被监督同位素生产的职责搞得疲劳过度——都认为，回到芝加哥大学弄个永久职位对他来说简直"太痛苦，不能考虑"。他希望能有办法"名正言顺地待在伯克利，在无限可能的未来里与劳伦斯一起工作"。他以为能有机会等到从事研究这等大好事，但不幸的是这样的机会一直没出现，而且有没有都还不确定。

　　外来访客对实验室明显缺乏科学上的远大目标这一点特别困惑。毛利斯·纳米亚斯（Maurice Nahmias）受约里奥夫妇的派遣前来伯克利为他们在巴黎的机器求教经验。他对实验室专注于鉴定新的放射性同位素这等轻松工作，而放着艰辛的尖端物理研究不做的做法很是不屑。他嘲笑他们献身于机器的行为是"一种痴迷于工具的狂热，或者说有一种迷恋科学组合玩具游戏的后婴儿综合征"。

　　阿尔瓦雷斯认同纳米亚斯的看法，也认为回旋加速器已被用来"首先作为放射性材料的生产厂，因为这样可以不花多大力气就能发现大量新的放射性同位素"。对于劳伦斯过于看重他所谓的"同位素"淘金，他抱有某种同情，因为他很清楚公共关系和实验室承担的"传教士"工作的重要性。但他对于外界批评他们没有将无数个小时用于硬科学这一点感到愤愤不平。对于日常沉闷的"发现泄漏、调整设备、维修示波器以及开发回旋加速器技术……花了几天来修理机器，这边刚收拾停当，那边的医生或生物学家就前来索要第一炮轰击的结果，我们也有抱怨。但我们是在我们之间抱怨，就是说，我们理解欧内斯特的信念的力量，我们只是太过忠诚，容不得外人看穿我们的内心矛盾"。这实际上是早期大规模资助的科学显露出的弊端的一种警示：资金支持力度越大，投资人就越想看到他们投的钱的看得见的结果。但这个愿望在根本上是与基础科学的递增速度和意外发现相抵触的。 ₁₆₁

阿尔瓦雷斯可能要比其他大多数人更强烈地感觉到这种局限性。他因卡门称赞他具有"巧妙的实验方法方面的诀窍"而受到同事们的羡慕，虽然他也许并不具有那种不加掩饰地利用它的雄心。卡门回忆道，有一次，阿尔瓦雷斯向劳伦斯展示了一张图表，反映实验室人员发表文章的数量呈下滑趋势，以便索取更多的基础实验的时间。但劳伦斯不为所动，他指出，阿尔瓦雷斯本人曾在科研非常艰难的时期写了大量研究论文。他认为，阿尔瓦雷斯自己的记录证明了实验室能够在关于加速器的研究工作和利用加速器的产出工作之间取得最佳平衡。

然而欧内斯特并没有忘记实验室里的紧张。"我们正在努力维持加速器使用和改进之间的合理平衡，"1937年1月，他写信给现已在普林斯顿的马尔科姆·亨德森说，"相应地我们将一半的时间用于物理，另一半时间用于机器改进。"也许不是所有的年轻同事们都认可他计算的平衡，但至少他是想打破单一的局面。用卡门的话说就是，除了少数例外，那些在实验室工作过的同事在回忆起他们在那里的时光时都称之为充满"成就感带来的积极性和热情"的"神奇年代"。那些发现自己与劳伦斯开创的团队研究不合拍的人干脆选择走人，但他们显然属于少数。

1937年期间，实验上出现了另一个约束：来自欧内斯特的兄弟约翰的同位素需求急剧上升。大家都心照不宣，这不仅是因为牵扯到家族血统的因素，更是因为欧内斯特打心眼里赞同约翰从事的基础科学实验。单是为满足约翰团队的生化需求就占去了"一份全职工作"，卡门说道，他的职责包括放射性磷的生

162 产，约翰需要它用于白血病和其他血液病的治疗试验。约翰的医学假说是基于对磷会自然富集于骨髓的观察。这表明，放射性磷可能是比放射性钠性能更优越的辐射治疗载体，因为后者作为盐分布于体内各处，因此其治疗效果被大大减弱。大约从1937年的圣诞节约翰将其第一剂放射性磷同位素喂入他在大学医学中心的病人体内开始，他对这种物质的需求就变得"贪得无厌"，卡门回忆说。这对辐射实验室是一种强加的负担，不仅是因为必要的轰击要持续好几个小时，还因为这种同位素必须经过精心清理来去除其他放射性污染源和杂质，以确保对患者的安全性（图17）。

图17　152厘米机器增强了实验室在生物医学研究中的实用价值，使得欧内斯特（前）和他的兄弟约翰有机会同时出现在机器的控制台前。

一年后，跟随约翰·劳伦斯一起工作的医生为回旋加速器设想了一个新用途：患者的直接照射。而在伯克利流传的本子是劳伦斯兄弟俩将中子辐射治疗直接用在了他们自己的母亲身上。正如雷蒙德·伯奇在1960年所说的那样，在欧内斯特和贡达都去世后，这个故事演变成贡达被确诊为癌症晚期，但被回旋加速器救了过来。伯奇说道："她是第一个接受这种治疗的人，中子完全治愈了癌症。"伯奇喜欢用故事来证明"这种仪器的医疗价值没有问题"，他一直通过走廊闲聊来兜售和扩散这些八卦。这种传闻之所以不胫而走，部分原因在于科学家治疗自己病入膏肓的母亲具有不可抗拒的戏剧冲突性。但他的版本被篡改和夸张了。事实是这样的：1937年11月，梅奥诊所诊断出贡达患有慢性腹部疼痛和肿胀，并确认属于恶性肿瘤。卡尔向两个儿子报告说，医生宣布这是不治之症，这位68岁的病人最多再活三个月。于是约翰带她到加州来接受X射线（用戴维·斯隆的大功率管）治疗。约翰非常相信医学中心首席放射科医师罗伯特·斯通（Robert Stone）采取的特别积极的治疗方案："我赞同斯通医生的办法，鼓励他尽可能加大剂量。"在这种冲击下，肿瘤缩小，经过长达十年的治疗，肿瘤消失了。"她痊愈了，这一点毫无疑问。"约翰回忆道。今天已不可能再现 163 当时到底发生了什么，因为贡达的肿瘤的确切性质并未记录在案，是否有其他因素促成她康复也无从查证。但她确实没有接受过中子治疗，显然不是第一个接受中子治疗的病人。她接受的X射线治疗在当时绝谈不上新颖，虽然照射强度可能非比寻常。

事实上，就活肿瘤的中子辐照而言，欧内斯特的热情要比约翰强烈得多。虽然这是弟弟首创的技术，但他的靶是从病鼠身上取下的组织，这样破坏肿瘤所需的辐照强度要比杀死活鼠的强度低得多。这个迹象表明，患者可以经受得住杀死肿瘤细胞的射线强度的轰击。但是约翰很快就冷处理了这一概念，部分可能是出于其实验条件是否可合理地复制用于人体内肿瘤的疑虑。另一方面，是考虑到他的兄长已在热情地推进这件事。

欧内斯特邀请斯通从旧金山带癌症患者前来治疗。每周用94厘米机器照射一天或两天。保罗·埃伯索尔德为此建了一个可移动的小木屋作为一个"医疗室"置于机器旁。（"病人几乎不知道他们处在这样一个怪物的旁边。"欧内斯特自豪地告诉一位癌症专家。）但新任务进一步干扰了辐射实验室已有的研究工作。卡门注意到，不断安装和拆卸这个木箱非常麻烦，同时他还要按每个环节的需要来操纵机器，"让机器射出丸状剂量的能量束"。

在整个1943年里，在斯通的指导下，伯克利的中子治疗实验在新的152厘米回旋加速器上继续进行(图18)。欧内斯特一如既往地给予热情支持，约翰则变得越来越不高兴。约翰回忆说："我看不出有什么了不起的事情发生。"相反，一些患者出现了持续多年的严重的皮肤反应。斯通最终自己否定了这种疗法是一种有用的治疗方法。1947年，在美国镭学会举办的年度詹韦讲座上，他报告说他最初的252例患者中，在这个实验后不到10年的时间里，只有18人还活着。即使考虑到所有患者均被认为是绝症的治疗，斯通认为这也是一个令人沮丧的结果，并建议丢弃该疗法。

164

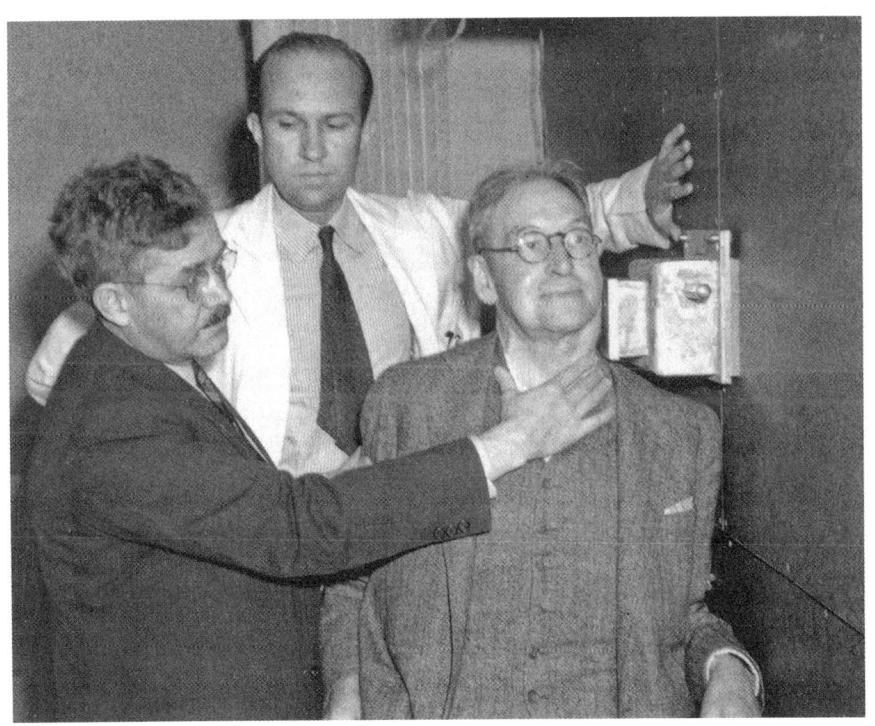

图18　1939年11月20日，加速器的出射束第一次直接照射患者。加州大学医学院的罗伯特·斯通(前左)将病人罗伯特·彭尼(Robert Penny)安置在152厘米回旋加速器的入口处。这是一间专为医疗而建造的房间，两人身后的是约翰·劳伦斯。

一晃20多年过去了。1970年，新的研究结果表明，在剂量仅为斯通所用剂量的几分之一的条件下，中子照射是最有效的疗法。到这一天，1938年由加速器人开创的中子疗法仍然是对付某些癌症（包括前列腺癌、唾液腺癌）的杀手铜的一个重要组成部分。劳伦斯和斯通可能是太冒进了，但他们行走在正确的轨道上。

第9章 桂冠

正像劳伦斯对阿尔瓦雷斯指出的，核物理中的优异成果现在正稳步地从辐射实验室涌现出来。其中一个原因是伯克利的回旋加速器的功率和效率大大提高了，其性能优于现存的每一台加速器。局外人可能会鄙视这个实验室专注于捕捉放射性同位素，但填补整个元素周期表的同位素名册同样是重要的工作。

到1939年年底，辐射实验室在发现核衰变方面一直领先于世界。1935年以前，在该领域占主导地位的实验室一直是卡文迪什实验室。该实验室专长于用 α 射线和质子引起的反应；伯克利只能在氘核研究上与之匹敌。但到了1937年年中，伯克利不仅给出了超过一半的氘核反应发现，而且在中子和质子反应方面也成绩卓著。到1939年12月，它已经轻松主导了所有由 α 射线、氘核和中子产生的发现，并在质子使用上保持独特优势。这是其竞争对手根本无法匹敌的非常广泛的实验领域：按照伯奇在1939年的计算，辐射实验室已经发现了全球回旋加速器所发现的全部同位素的一多半。大科学已明显展示出它的价值。随着世界各地的回旋加速器对已知同位素列表的贡献，传闻和预期也开始浮出水面：加速器的发明者可能会被列入诺贝尔奖的候选人名单。

在辐射实验室，科学的分量大于对新的放射性同位素的鉴定，这部分是由
于如麦克米兰和阿尔瓦雷斯这样的世界一流物理学家的加盟。阿尔瓦雷斯回到伯克利后不久，就决定将其研究重点放在实验室最有趣的实验项目上：寻找难以捉摸的所谓K俘获的衰变过程。这种衰变不同于 β 衰变，后者是中子通过发

射电子而转化为质子的过程。而在K俘获过程中，原子核吸收最内电子壳层（称为K壳层）上的两个电子中的一个，从而使核内的质子转化成一个中子。当这种情况发生时，会有一个轨道的电子从较高壳层跃迁下来，以填补K壳层的空缺。这种跃迁将伴随发出可识别的X射线。

尽管欧内斯特个人的兴趣在于寻找这些X射线，但辐射实验室在这方面并不比其他实验室做得更好。后来发现，问题出在每个人都在错误的地方瞎找。阿尔瓦雷斯确定，K俘获只能出现在具有多个质子的重原子（即高原子序数的原子）上，和具有长半衰期的同位素上。通过精巧的工程设计，他制作了一台实验装置来寻找原子序数23（钒）及其以上元素的反应。

阿尔瓦雷斯后来说，他是受到打破"贝特版圣经的无过错性"这一令人愉快的思想的启发。这里所说的"圣经"是指核物理中已知且获得公认的有关核合成的一系列文章。这些文章是康奈尔大学的汉斯·贝特在罗伯特·巴赫尔和斯坦·利文斯顿的协助下于1936年至1937年间发表的。贝特是这一领域里杰出的理论物理学家。在它的第一卷里，贝特断言，K俘获"实际上是无法观察到的"。而按照阿尔瓦雷斯自己的描述，他的争强好胜的鲜明个性使他决心通过在太岁头上动土——给自己尊敬的长辈挑刺——来赢得自己的声誉。但他不可能不知道，解决K俘获之谜本身就是一项重大的科学成就。阿尔瓦雷斯的实验，包括他在勒孔特地下室花了数小时来计数他手工制作的X射线探测器的计数，为辐射实验室严谨的物理研究设立了一个新的标准。依此标准，他终于找出了 167 镓（原子序数31）的这种神秘的X射线。

甚至捡拾回旋加速器丢弃在垃圾桶里的碎片都能推进科学。当旧的真空室在1936年被替换下来后，劳伦斯便将从废弃真空室内壁上卸下的钼条移交埃米利奥·塞格雷去分析。这些部件在氘核的轰击下度过了其工作寿命。塞格雷是恩里科·费米回到家乡意大利"贫困灾区"巴勒莫大学执教时的朋友和合作者。因此在塞格雷眼里，这些放射性弹片是无价之宝。在其巴勒莫大学的实验室里，塞格雷对这些来自伯克利的钼条进行了仔细分析，发现它简直是"一座放射性物质的富矿"。塞格雷不仅从中提取出磷、钴、锆等同位素，而且在1937

年年初得到了真正的大奖：43号元素。此前这一元素从未在自然界被找到过，一些科学家甚至怀疑它根本不存在，因而在很长时间里，元素周期表的42号（钼）和44号（钌）之间都留着一个令人遗憾的空档。"回旋加速器无疑是一只下金蛋的母鸡。"塞格雷写信给劳伦斯报喜。而欧内斯特原本更希望的是在他自己的实验室里发现第一例人造元素，即目前被称为锝的元素。但眼下的成就也不错，至少辐射实验室在其中发挥了重要作用。他继续为塞格雷提供金属废料，甚至答应塞格雷帮他照射他从意大利寄来的少量的氧化铀，以便他能够继续寻找核反应途径。"我想请你在其背面黏上封蜡，然后置于加速器附近，使它们可以接受中子的强烈照射，"塞格雷写道，并富有远见地加了一句，"在我看来U［铀］是很有前途的。"

1937年被称为回旋加速器年。劳伦斯沉浸在它带来的荣耀之中，并确信整个实验室都沐浴着温暖的阳光。"我们这里的所有人当然都乐见在全球范围掀起回旋加速器建设的高潮。"他自信地对他的一个主要用户，化学基金会的总干事威廉·巴法姆（William W. Buffum）说道。实验室现在每天都忙着接待来自世界各地的知名访客，他报告说，并接着补充道，"我们已有两个年轻人获邀明年出国"，分别去哥本哈根协助玻尔和去巴黎协助约里奥－居里建设他们的回旋加速器项目。那一年的晚些时候，劳伦斯获颁康斯托克奖。这个奖每五年一届，由美国国家科学院授予物理学领域的杰出贡献者。在通用电气的研究主管库利奇（W. D. Coolidge）所作的主题演讲中，他称赞欧内斯特具有"非凡的勇气和信念以及罕与匹敌的执着"。获奖者则在其获奖感言中提到他所珍视的跨学科合作的原则。他这样描述道："科学在本质上的统一性，意味着在知识的地平线的任何方向上的进步都拓展了所有科学的领域。"

在纽约州罗切斯特举行的颁奖仪式一周后，欧内斯特登上《时代》杂志成为封面人物。封面上他瞪着一双明亮的蓝眼睛，标题为："他创造并破坏。"在素以毫不掩饰的沙文主义著称的《时代》看来，这位年轻教授劳伦斯的生涯标志着美国科学正以国际学术界的北极星的面貌出现。它的这一判断因11天前卢瑟福勋爵的过世而得到强调："欧内斯特·卢瑟福曾是原子物理学领域老一代的先驱者之一，而欧内斯特·奥兰多·劳伦斯则是新一代的锋线人物之一。"该杂志宣告道，它标志着科学的火炬已传递到新一代的手中，已由旧世界让位于新世界——由小科学让位于大科学。

欧内斯特曾想借助于《时代》杂志来推销他们的工作，但只获得部分成功。艾德勒弗森、利文斯顿和斯隆的名字出现在这一期文章中，但欧内斯特给出的对研究公司和化学基金会的协助的致谢却被杂志社删去了，为的是给刊登卢瑟福逝世的讣告腾出空间。被删去的还有他提到的约翰·劳伦斯领导的生物医学团队的工作。因此，这篇文章给读者的印象好像是放射性同位素和中子的工作完全是他两兄弟的努力。曾密切参与相关研究的伯克利医学院的罗伯特·斯通对此"大发雷霆"，尤其令他心烦的是，伯克利为避免裙带关系的嫌疑已经搁置了最近对约翰应聘伯克利教职的任命。欧内斯特只好通过指责《时代》编辑的疏忽来宽慰斯通。

《时代》的封面故事——那个时代的名人的通用资格认证，大大提高了欧内斯特在公众中的名声。大众也非常乐于对这位聪明的年轻美国科学家主动提出意见和批评。麻省坎布里奇的一位叫艾伦·韦尔斯的给欧内斯特写信道："我知道这不关我的事，但你除了粉碎原子核还能对它做什么其他的事吗？上帝可能认为，以爱的展现的方式一次揭开地球的秘密一点点比较好，而不是像堕入地狱一般一下子砸开它。"欧内斯特将这类信件直接投入文件柜，他给这个文件柜贴了一个新的标签——"怪人"。

然而，就在《时代》故事封面登出几周后，这股崇拜的热潮便被一个更为沉重的批评声所阻遏。其源头不是别人，正是"贝特版圣经"的作者汉斯·贝特。他曾在康奈尔研究过16英寸的小回旋加速器的电场和磁场。这台机器是利文斯顿在1935年建造的，也是第一台非伯克利加速器。在12月15日出版的《物理评论》的一封通信中，贝特及其同事M. E.罗斯宣称，爱因斯坦的相对论给回旋加速器的能量设置了一个上限，这个上限大约为1100万伏特，这大致就是伯克利的94厘米加速器的额定能量。

贝特的理由是，由于粒子的质量随速度增加，因此它会达到这样一个临界点，在此它会变得非常之大，以至于它必然取下列二者之一：要么失去其磁场和电场的聚焦效应；要么其共振能力——即粒子到达狭缝间的时刻与电压达到峰值的时刻严格同步——必然被摧毁。回旋加速器的设计者可以做到的只能是要么牺牲共振，要么牺牲聚焦，但不可能同时失去两者。这意味着"当试图将离子加速到……比迄今所获得的更高的能量时会产生非常严重的困难"。

贝特的严酷结论——"看来建造比现有尺寸更大的回旋加速器是没用
170 的"——让辐射实验室出现了一种微妙的、潜在的揪心一刻。通用电气的库利奇在康斯托克奖颁奖典礼上致辞时已言之凿凿地展望了新的、更大的回旋加速器的巨大潜力，声称"以这种方式产生的粒子能量还看不见尽头"。劳伦斯正在为建造他的新的100百万伏特、152厘米回旋加速器四处筹钱。而按照贝特的计算，这个能量是临界值的10倍，根本没用。事实上，贝特宣称，34英寸的极面就已经"充分"达到相对论能量的极限。这表明伯克利的94厘米的机器就已经是过度了。

然而，劳伦斯却以惊人的自信——甚至屈尊——来回应贝特的攻击。"我很高兴贝特和罗斯在研究回旋加速器的理论，因为它不是一个简单的问题，有越多的人来琢磨它越好。"他在写给加州理工学院毕业的物理学家李·杜布里奇（Lee DuBridge，时任罗切斯特大学艺术与科学学院院长）的信中说道："然而我认为，贝特最好不要下过于一般的结论，那会让人不知所措，因为为达目的有的是办法[1]。"

劳伦斯手头已经备有几套方案。一方面，辐射实验室的罗伯特·R. 威尔森曾研究过94厘米回旋加速器的磁和电聚焦场的形状，发现将D形盘外缘收窄有助于聚焦粒子束。埃德温·麦克米兰利用威尔森的结果进行了计算，结果表明，粒子即使在没有明显共振的情形下也可以产生有用的束。事实上，回旋

---

1 原文 there are many ways of skinning a cat 是一个很生动的成语。现在多引申为"有的是办法（隐含不地道的办法）"。注释出来放在这里一是可以鉴赏原文之美，二是呼应下文的"feline pelts"（猫皮，引申为方案）。——中译者注

加速器曾在远比贝特给出的相对论效应更严重的散焦的情形下得到了完好的输出束。这种散焦主要是由于磁场线圈临时加垫片引起磁场的不规则变形所引起。双方在《物理评论》上打起了嘴仗，语言不乏火爆。贝特嘲笑麦克米兰；麦克米兰则通过公布他的计算来阐明真理，最后贝特主动收兵。他发表了一个原始论文的附录，承认真正的相对论极限可能是他最初的计算值的两倍。私下里他向麦克米兰解释道："我们认为存在相对论的上限值这一点非常重要，我们认为我们应该尽快将这一点传达给加速器专家，因而就没能精益求精给出准确数字。" ¹⁷¹

事实上，回旋加速器的能量存在相对论极限这是毫无疑问的，问题是它在哪里。斯坦·利文斯顿早在1931年就曾担心遇上了它。但他错了，随后七年的记录表明，这个上限值仍然远在地平线之外。在实际从事回旋加速器建造和运行的人——贝特显然不是个中之一——看来，机器运行的好坏有太多的不确定因素，对此经验远比甚至最仔细的理论计算管用。"虽然回旋加速器的原理很简单，"科克罗夫特在建造完卡文迪什36英寸加速器后写道，"但它能转起来才非常令人吃惊。"

对回旋加速器的尺寸和功率的限制主要来自物理以外的其他因素。真正的限制是"资金"，劳伦斯在规划152厘米机器时对马克·奥利芬特这么谈道。但现在，劳伦斯在突破这个限制方面已成为大拿。

劳伦斯在回应贝特的挑战时所显露出来的沉着说明辐射实验室对自身工作质量的信心增强了。有时这种自信还表现为一种新的承认错误的意愿。例如1937年4月，尼尔斯·玻尔在访问伯克利时对奥本海默的基于回旋加速器的结果的理论随意地予以否认，就是一个很好的例证。

事情起因于一个实验。劳伦斯曾就氘核轰击下铂的蜕变现象对密歇根大学的詹姆斯·科克（James Cork）进行过指导。他们预料将看到，在曲线共振处，这种蜕变产额会随着轰击氘核的能量的增大而上升。但相反，他们发现在几个点上产额突然跳出曲线。为此奥本海默适时地提出了一种"能合理解释这些结果的优美理论"。于是当玻尔来访时，这项工作就被作为能展示辐射实验室科学研究水平的杰作端了出来。

演讲在勒孔特大楼的会议厅举行。听众爆满水泄不通。劳伦斯介绍了实验数据，奥本海默跟着给出一个"极其精彩的理论结果的阐述"。成百上千的观众勉强听得见他那"诺－诺－诺"的喃喃自语。接着轮到玻尔发言。他的话在空旷的大厅里几乎听不见，但劳伦斯和奥本海默靠得近，听见他直接给予了否定。他认为伯克利的结果与他的原子核液滴模型不相容，因此，劳伦斯的数据是无效的，奥本海默的理论也无意义。

这是一个可怕的打击，尤其是眼下劳伦斯的名字开始与诺贝尔奖挂钩的当儿，因为玻尔的支持是必不可少的。几年前，欧内斯特在索尔维会议上那可是寸步不让，甚至认为玻尔的理论在回旋加速器取得的更高能量下有可能失效。但这一次他表现出了成熟的一面。他答应再看一看，并让实验人员协助他检查。他让麦克米兰和卡门设法找出工作中的任何漏洞。他们很快发现，问题还是出在老的报应——污染上。原来劳伦斯和科克竭尽全力来清除铂靶上的所有杂质，所有细节都一一记录在案。但结果却表明，他们的这种处理反而使实验室的灰尘落在了靶上，这就解释了不规则的结果。

问题找到了，下一步是重复实验。又是几个月困难的煎熬，包括将不同的放射性物质从受到轰击的铂、铱和金等金属箔上鉴别开来。这一切完成后，麦克米兰和卡门发现结果仍然异常，但却是一种非常不同的结果。原来他们发现的是核的异构现象的新的实例，在这种现象里，质量数不同的同位素会显示出明显不同的放射性特征。人们原本认为这种现象只会发生在有限的几种情况下，但他们表明，这种现象要比已知的情形广泛得多。事实上，他们在随后提交给《物理评论》的报告里假设了一种"异构核的奇异数"。随着时间的推移，这项工作得到进一步确认。由玻尔的怀疑促成的实验室的新发现不仅没有减弱反而最终增强了劳伦斯赢得诺贝尔奖的实力。

让劳伦斯感到骄傲的另一个点是回旋加速器作为一台可靠的实验室仪器的声誉日隆。尽管如此，科克罗夫特的判断是机器的工作原理应迅速标准化。1938年4月，库克西目睹了一个怀疑论者是如何转变为信徒的。当时他正回东部搞推销。在哈佛物理系教员肯尼斯·班布里奇（Kenneth Bainbridge）的陪同下，他在巴托尔研究所驻足些许时间。这个研究所在三个月前刚完成回旋加速器的建造。它的建造者亚里克斯·阿伦（Alex Allen）按动了几个开关，结果"立即"有束产生。库克西将这一消息报告给了劳伦斯。班布里奇从来没有见过回旋加速器工作，倒是听说了不少关于它的脾气大的传闻，这会儿不由得睁大了眼睛。"什么，这就能运行了？！"他叫道。

库克西带着这个福音走遍了东海岸。在新泽西的贝尔实验室，他向该实验室杰出的物理学家、科普作家卡尔·达罗（Karl Darrow）描述了机器的能力。达罗回应说："我现在意识到，这个国家可能需要一千台回旋加速器。"这个想法与劳伦斯向卡文迪什实验室出来的亚瑟·L.休斯（Arthur L. Hughes）提议的规模可谓不谋而合。后者是位于圣路易斯的华盛顿大学物理系主任。"每所大学中心都应该有一间加速器实验室"用于核物理学、生物学和临床医学的研究。

劳伦斯不禁要对那种认为回旋加速器还处在调试阶段的言论报之以嘲笑。在库克西东游期间，麻省理工学院的物理学教授罗伯里·伊文斯（Robley Evans）就曾暗示，他的大学将其回旋加速器项目——那时正在斯坦·利文斯顿的负责下建设——看作一种试用性的检验装置。他傲慢地写信给库克西，根本没拿这些回旋加速器的发明者当回事儿，声称："回旋加速器现在是否是一种标准设备、一种实验室工具，短时间内可以由你们专家说了算，但这应在合理的费用支出范围内，且不影响本地的发展工作……我指望从你那里接收到必要 ¹⁷⁴的人员、计划、建议，等等。"欧内斯特称麻省理工学院是在虚张声势。他告知伊文斯，说他欢迎聘用伯克利毕业的有经验的加速器人员前去从事这项工作，但同时警告道，想要找到合适的人，起码你得给个助理教授的职位。

伊文斯对回旋加速器能否成为一种简单易用的实验室装置的质疑并不算太离谱。利文斯顿自己在作了10天的东海岸回旋加速器之旅之后，气恼地写信给库克西道："这话别说出去呀，在这里我就没找到一台回旋加速器在运行！他们都在作变更，或在经受某种发展的阵痛。"库克西在利文斯顿的这句话旁潦草地写了一句："别到处乱放炮。"

为建设技术和资金所允许的最大的回旋加速器，欧内斯特·劳伦斯很憧憬威廉·克罗克捐巨资建造伯克利新的回旋加速器。"单就医疗目的而言，这样大的投入很难说是合理的。"他对亚瑟·休斯吐露道。他还对东京物理化学研究所的八崎为一(Tameichi Yasaki)解释道："克罗克之所以敢大笔投入，是因为我们可以挣到钱。"当时这个研究所正在以直接复制的方式（经劳伦斯许可）建设加速器，甚至连最初的设想都是来自伯克利。实际上，他的意思是让研究资金闲置没一点好处；单从医学研究的角度看，回旋加速器建造的费用可能是显得过大，但谁能知道超大功率投入会产生什么奇迹？

克罗克的这个装置（被戏谑为"克罗克大饼"）确实大（图19）。建在新校区的克罗克实验室在安装好磁铁后，库克西召集全体工作人员在装置前照了一张照片，以展示这个装置有多大——在3.4米高的结构内可以安排下27[1]个人站着或坐着（图20）。高耸的磁铁重达220吨，其直径152厘米的极面几乎是设在老的辐射实验室的前辈的两倍大。一位加速器工作人员开玩笑地说："它的中子
175　可以到达芝加哥。"另一位倒不是开玩笑，他担心束流这么强大会不会使靶"热得无法控制"。

图19　辐射实验室的第二个家。由伯克利的大东家威廉·克罗克于1938年筹资建造。在后方两层楼里，安置着新的152厘米原子粉碎机"克罗克大饼"。

1　原书错为37人。——中译者注

图20　辐射实验室的工作人员和同事坐在152厘米加速器的磁铁轭的底边上，此时克罗克实验室尚处于建设阶段。实验室的人员结构如下。前排（左起）：约翰·劳伦斯、罗伯特·塞尔博、弗兰兹·库利、雷蒙德·伯奇、欧内斯特·劳伦斯、唐·库克西、亚瑟·斯内尔、路易斯·阿尔瓦雷斯、菲利普·埃贝尔森。第二排：约翰·巴克斯、威尔弗雷德·曼恩、佩尔·埃伯索尔德、埃德温·麦克米兰、欧内斯特·莱曼、马丁·卡门、大卫·卡布菲尔、温菲尔德·索尔兹伯里。后排：亚历克斯·朗斯道夫、萨姆·西蒙斯、约瑟夫·汉密尔顿、大卫·斯隆、罗伯特·奥本海默、威廉·布罗贝克、罗伯特·科尔诺格、罗伯特·威尔森、尤金·维兹、杰克·利文古德。

　　欧内斯特现在正酝酿一个雄心勃勃的计划：成本超支。在哈佛提供的光环下，他向斯普劳尔提出了机器建造预算25 000美元和一年人工费22 000美元的概算。但实际上仅磁铁一项的成本就是30 000美元，而且随着研究计划的大规模扩张，员工的费用肯定一并膨胀。到1937年年底，该项目的预算已经增加到场地建设费用75 000美元（在威廉·克罗克于9月去世之前均由他提供），回旋加速器本身68 600美元（由化学基金会提供）。

　　即使这样还不够。欧内斯特将他的筹款力度作了进一步加大。幸运的是，回旋加速器正风靡一时，特别是生物医学基金会急于保持医用同位素的供应。又一个新的资金来源进入该领域：国家癌症研究所。这个研究所由国会批准于8月成立，授权的年度拨款额高达400 000美元。劳伦斯不失时机地向国家癌症咨询委员会（该研究所的上级主管部门）主任发出了"紧急"呼吁，希望它能为克罗克项目提供30 000美元，"以供临床和实验使用"。不到两周的时间，这一申请便得到审批通过。让劳伦斯心满意足的是，该委员会还投票决定，在未来两年里，每年斥资100 000美元用于"激励"全国各地的基于回旋加速器的癌症治疗研究。这个任务被委托给一个二人委员会：一个是芝加哥大学的亚瑟·霍利·康普顿——诺贝尔物理学奖得主，他正在两位前辐射实验室的专家的帮助下建造自己的回旋加速器；另一个就是欧内斯特·劳伦斯。康普顿是名义上的主席。（"这个委员会的成员除了你和我，真没必要再添加任何人。"他向劳伦斯说道。）欧内斯特制定了一个第一年资助名单的草案，名单几乎覆盖了除他自己之外的全国每一台回旋加速器，芝加哥大学、哥伦比亚大学、哈佛大学、密歇根大学和普林斯顿大学各分配10 000美元。

176　　然而人算不如天算。国家癌症咨询委员会否定了将其资金分散成小规模资助的决定，转而选择将资金集中在一些较大的项目上。同时，研究公司因赞助的缩减开始退出它认为属于非重点的那些项目。在这种压力下，哈佛和麻省理工学院——查尔斯河畔的这两个邻居——决定采取措施，合力而不再各自建造机器。劳伦斯的每个重点大学一台回旋加速器的设想，像达罗的一千台机器的愿景一样，正使学术机构变得越来越奇怪。他们的赞助人开始怀疑科学如此倚重对它的投入是否健康。

　　在寻求维持生计的加速器实验室中，伯克利仍然是最贪婪的，也是最成功的。但劳伦斯不得不一笔一笔地去争取。现在他第一次开口向他花了一年多时间来精心搞好关系的机构求助，这个机构就是洛克菲勒基金会。很快，洛克菲勒基金会取代了所有其他资金来源，成为欧内斯特·劳伦斯的最得力的赞助者。

　　欧内斯特·劳伦斯和沃伦·韦弗的第一次见面是在1933年。当时韦弗作为洛克菲勒基金会自然科学部的主管，制定了一项雄心勃勃的针对实验生物学的资助计划。虽然生物医学研究在当时尚未列入辐射实验室的计划，但两人都将这次会面看成是未来有机会合作的珍贵机遇。这部分是因为他们在鼓励跨学科研究方面有着共同兴趣。韦弗是一位数学家，曾在帕萨迪纳的一所小的斯卢普理工学院教过书，后来这个学院并入加州理工学院。他曾"特别关注""生物学和物理科学（生物化学、生物物理学、化学遗传学、分子生物学，等等）之间"关系的发展，正如他在后来写给洛克菲勒基金会受托人的报告中所述的那样。

1937年1月，带着克罗克大饼的草案，欧内斯特邀请韦弗访问伯克利。在一个凉风习习的下午，他陪同韦弗来到辐射实验室，向他展示了69厘米回旋177加速器，让他目睹了淡紫色的氘束打在空中所产生的奇观。奇怪的是，作为与物理学家打了近20年交道的人，韦弗在日记中竟错误地将氘束描述成了包含5百万电子伏"电子"的粒子束，而回旋加速器里根本存不了这种束。（氘束仅由氘核组成，氘核仅包含一个质子和一个中子。）

但韦弗并没有明白东道主的良苦用心。"生物学和医学将会最先对这种机器提出需求。"劳伦斯用他弟弟的生物医学研究的治疗效果来说服他：中子"对癌组织的杀灭效果要比X射线强5.5倍，而它们对正常组织的影响只有X射线的约4.3倍。"韦弗草草记下了这些。"这种差异……也许会证明是非常重要的。"他还记录下劳伦斯对最近访客的保证："一个非常杰出的生物学家曾宣布，'这项技术对生物学和医学而言很可能与显微镜的发明一样重要'。"

韦弗带着满脑子回旋加速器作为生物医学工具的潜力的眼花缭乱的想法离去。劳伦斯已经为他年底要提交的申请奠定了基础。当时，152厘米回旋加速器的经费已严重紧缺。国家癌症研究所的30 000美元拨款已被证明不足以满足因屏蔽和其他安全条款而提出的新要求。这些要求的提出是由于人们越来越意识到，研究人员对他们所用的强大的电力和核力太过自负而缺乏安全意识。在3月份，一个名叫卫斯理·科茨（Wesley Coates）的物理学家——欧内斯特以前的博士生——在哥伦比亚大学的X射线实验室触碰到一根高压电缆而受到5000伏的致命电击。这场悲剧警示人们，在实验室工作时必须要有屏蔽高压的防护措施。

更令人警觉的是劳伦斯兄弟在9月于芝加哥召开的第五届放射学国际大会上见证的一切。会议的主题是各种辐射治疗方法的效果，但是欧内斯特和约翰178的印象却截然不同。他们不能不去想当时他们遇到的那些人，"他们的手上在植皮的地方有明显的伤疤，"约翰回忆起几十年前的这件事，"你会和一些人握手，他只有两个手指或类似的伤残，但他可能是一个著名的放射科医生。"欧内斯特的反应很迟钝。他在给韦弗的信中称这次大会是"残疾人大会"。

韦弗在11月告诉洛克菲勒基金会主席雷蒙德·福斯迪克（Raymond B. Fosdick），辐射实验室正遭遇"意外的紧急情况"。实际上是三件事：首先，劳伦斯承认他必须花更多的时间"以使这个庞大的新机器确实是安全的"。其次，钢铁和其他原材料的价格一直在上涨。最后，往常资助辐射实验室的机构撂挑子了。韦弗曲意逢迎地告诉福斯迪克，他们大多数人"热烈希望洛克菲勒基金会能在这个关键时刻挺身而出"。

劳伦斯的要求是30 000美元。他在申请书中强调，新实验室将装备成不仅是回旋加速器基地，"也是一间生物实验室"；在另外一封信中，鲍勃·斯普劳尔试图通过强调加速器所具有的"惊人的可能性"来迎合福斯迪克的理想主义愿望。他写道："有一种精神应该培养。"他将整个项目描绘成"为人类的未来投资"。来自韦弗、劳伦斯和斯普劳尔三个渠道的信息让福斯迪克和基金会董事们确信：这项资助——将支持两年——应在1月底之前通过。

这还不够。劳伦斯打算从约翰·R.和玛丽·马克基金会和梅西基金会那里找补预算的剩余部分。他还从联邦政府工程项目管理委员会（WPA）那里拿到了一笔用于招聘失业工匠的资助——1937年和1938年每年10个岗位，虽然这笔钱遭到了其他捐助者的反对，因为WPA要求辐射实验室在发表的任何文章中都要注明它的贡献，而一些私人基金会的低调的董事不愿意让自己的名字出现在其赞助公司反对的联邦新政项目的合伙人名单上。最大的抱怨来自梅西基金会的路德维希·卡斯特(Ludwig Kast)，他警告霍华德·普瓦隆，如果WPA被最高法院以"违背宪法精神"而取缔，那么公开披露的梅西基金所资助的受让人居然接受WPA的支持，可能会给人"我们跟有共产主义倾向的机构有联系"的印象。在普瓦隆的建议下，劳伦斯在凡标注有梅西资助的医疗研究性的论文中均删除了WPA的标注。

1937年圣诞节的前两天，196吨钢材被送到位于奥克兰海滨的穆尔干坞公司，用于加工成克罗克大饼的巨大的磁体。在绕上25吨铜线后，这个庞然大物于3月底之前被运到回旋加速器尚未竣工的新家。这项工作是由一群迷人的基金会高管们孜孜不倦地追踪推进的。在4月的10天里，轮到洛克菲勒基金会的执行董事弗兰克·汉森(Frank B. Hanson)监理。现在，庞大的磁体已经就位在新建的克罗克大楼的三层高的配楼里。欧内斯特站在庞大磁体的阴影下，向汉森展示了要建的医疗室，"它将以这样一种方式建成，患者看不到机器，这里是无声的"，每个单元都留有足够的间距，用来安装辐射屏蔽，洛克菲勒的大部分钱就花在这上面。当然还有给约翰·劳伦斯的"这群老鼠"建的宿舍，汉森报告道。在检查完尚未竣工的克罗克大饼建筑群后，汉森被簇拥到街对面的辐射实验室去参观淡紫色氘束的例行示范，随后他带着适当的敬畏被礼送回府。

1939年1月，由比尔·布罗贝克负责的重达6吨的回旋加速器的真空室被吊装到磁体的两极之间。152厘米的机器无疑可称作回旋加速器设计的极品。"一切都是定制设计加工——没有现成的磁体，没有工业废弃物……'没有补丁'。"正如约里奥夫妇的使者毛利斯·纳米亚斯在嘲笑老标准时所说的那样。每个部件都进行过建模和测试，甚至对加州北部地震带来的冲击都进行过论证。当事 ¹⁸⁰ 情进展到工程阶段，劳伦斯变得不再自负，这台机器汇聚了全国加速器专家的最新设计思想，无论是变压器，还是动力传动、振荡器和离子源。

终于迎来了"出束"（或叫系统联调）的时刻。加速器仍需要重新检核这个不啻为魔法作品的可行性。4个月来，劳伦斯、阿尔瓦雷斯、麦克米兰、库克和布罗贝克等一直在摆弄垫片，检查输电电缆，给振荡器重新布线，并尝试了无数其他的调整和微调，就想让可探测的质子束能够顺利出束，但束流还是难以捉摸。实验室在最初手工打造机器所积累起来的自信促使劳伦斯同意哥伦比亚广播公司在4月15日系统启动时进行实况转播，但到4月4日，机器仍不能出束，于是实况转播只好被迫取消。

大自然在4月17日终于亮出了底牌，机器终于被探测到共振信号。整整一个月后，收集器采集到质子流。6月7日是另一个里程碑，一道1700万伏特的氖核束穿越空气达5英尺的距离。劳伦斯计算过，回旋加速器的辐射输出强度相当于一吨多的镭——比地球上已探明的镭储量还要多——的镭当量。他怀着胜利的喜悦给《物理评论》发了一篇描述克罗克大饼性能的快报，共同署名的还有阿尔瓦雷斯、布罗贝克、库克西、麦克米兰和其他三位物理学家。这是大科学的新范式，成功属于一个大家庭。但这篇报告带有浓重的劳伦斯色彩。"我们相信，"他写道，"从更大尺寸的加速器上还可以获得更高的能量。"152厘米机器——加速器技术的巨大飞跃——才刚开始工作，欧内斯特·劳伦斯就已经提前考虑到下一步了。

1938年在辐射实验室的期盼和希望的漩涡中走到了年终，152厘米机器正在形成威力。它在全国各地的兄弟姐妹也已经摆脱了利文斯顿在盛夏观察到的那种停滞不前的状态，全都进入运行期。玻尔从海外发来一封电报："研究所全体人员真诚表示感谢和赞赏"——因为哥本哈根的机器终于完成建设，并在辐射实验室的资深专家杰克逊·拉斯莱特的帮助下开始运行。从苏联时代的俄罗斯传来消息：那里也在建加速器——号称"劳伦斯装置"。装置建设在物理学家伊戈尔·库尔恰托夫（Igor Kurchatov，后来成为著名的苏联原子弹之父）的监督下进行。这台机器是在没有得到伯克利的建议或帮助的情形下完全自主研发的，但从政府那里得到的资金要比伯克利多得多：强调对医学研究的可能贡献。（1941年6月1日，俄罗斯的机器在列宁格勒开始真空室检测，但从未出束，因为德国人的入侵迫使物理学家在三周后撤离了这个城市。）

在这种胜利的气氛下，有关欧内斯特可能获得诺贝尔奖的传言又开始流传开来。竞争对手都是高端人物，包括费米和科克罗夫特与沃尔顿的团队，竞争力都远在劳伦斯之上。但在等待斯德哥尔摩公布获奖结果的那些日子里，新闻记者和新闻摄影师却聚集在辐射实验室周围，或干脆在劳伦斯位于山麓塔玛尔派斯（Tamalpais）路上的家附近安营扎寨。麦克风的电缆在客厅里拉得纵横交错，弄得怀着身孕的莫莉无所适从，不耐烦地等待着欧内斯特长途跋涉从校园赶回家。

午餐时间传来了一个词：费米。（科克罗夫特和沃尔顿将不得不等到1951年才使他们在1932年做的工作获得承认。）记者们赶紧收拾家伙撤离，莫莉松了一口气，她一想到自己挺着肚子被拍照，得鼓足勇气去瑞典皇家科学院出席颁奖典礼，就心生畏惧(图21)。劳伦斯通过塞格雷向费米道贺。塞格雷现在就住在辐射实验室。他注意到，尽管欧内斯特很亲切，但他"很失望"。

图21　1939年，莫莉、欧内斯特和两个孩子——玛格丽特和埃里克——坐在实验室的陶制凳子上。

在那一年的余下时间里，152厘米机器尽管度过了艰苦的工程施工阶段，却让它的操控者想发脾气。布罗贝克将操作人员编成轮班制，但辐射实验室越来越强的专业化还没能克服机器的脆弱性，一个小错就可能使它停机超过一个星期。大部分负担都落在马丁·卡门和其他负责同位素生产的人身上。"新机器还是一个摸不透的家伙，按目前的状况，不可能连续运行一个月。"卡门在11月下旬给罗切斯特大学的生理学家保罗·哈恩（Paul F. Hahn）的信中写道，后者正急切等待着一批放射性铁用于血液研究。卡门给哈恩提供了一些从94厘米机器上提取的"残余物"，包括铁刨花和最近用作探针的残片，"先救救急，挨过这阵子，我希望三个月后这个大家伙会给我们带来好运"。

卡门的化学技能已经稳步提升了他在辐射实验室的地位，使得他从原先害怕被辞退回到芝加哥大学变成担心身体因过度劳累而崩溃。他庆幸"自己的前景发生了重大改善"，其中包括婚姻——他的第二次婚姻——新娘像他一样，对音乐深度热爱。他还随处带着他从事科学劳动的证据，因为他曾受到加速器靶的严重照射。他回忆道："这让我始终处于放射性沾染的状态，使我在检测设备的现场成了一个'不受欢迎的人'。"在一次联调过程中，他和菲利普·埃贝尔森（Philip Abelson）对电离室的反常行为感到疑惑不解。后来埃贝尔森注意到，这种反常与卡门在房间里的晃悠有关。他让卡门脱去衣服。衣服一件件脱去，直到脱得只剩下最后一件：卡门的裤衩。他们将脱下来的这些衣物一件件地挂在不听使唤的电离室前来定位放射源的位置，最后找到了，是卡门的裤子的拉链处。这里显然富集了相当数量的放射性磷残留物，无疑，那是卡门工作时沾染上的。

152厘米机器终于在1939年春被驯服，开始按其设计师预期的那样表现出优异的性能。劳伦斯自豪地到处吹捧它的成就。他对伊利诺伊大学的吉拉尔德·克鲁格(Gerald Kruger)宣称道，新机器"惊人的平稳"。而此前他曾对克鲁格承认，69厘米机器的怪异行为"几乎令人抓狂"。他还对蒙特利尔的麦吉尔大学的物理学副教授斯图尔特·福斯特（J. Stuart Foster）吹嘘道，得到33百万伏的 α 粒子和中子输出和放射性同位素"那都不是事儿"。当时福斯特正计划在麦吉尔大学建造他们自己的回旋加速器。

现在又到了对于卡门的职业生涯特别重要，有关他在辐射实验室新的声誉里程碑的时刻。这件事肇始于哥伦比亚大学的化学家哈罗德·尤里的一番带刺的话。尤里一直对回旋加速器的用处持怀疑态度。他公开质疑放射性同位素是否真的在生物学研究中发挥重要作用，理由很简单，对于氢、碳、氮、氧这些生命的基石元素，就没有发现有长寿命的放射性同位素存在。在尤里写下这段话的那个年代，确实如此：在已知的放射性同位素里，碳-11的半衰期只有21分钟；氮-13只有10分钟；氧-15只有2分钟。氢的天然放射性同位素氚的半衰期倒是在12年以上，但那要到1939年年底才由辐射实验室的路易斯·阿尔瓦雷斯和罗伯特·科尔诺格（Robert Cornog）用152厘米回旋加速器制造出来，而他们发表这一重大研究结果已是1940年的事了。然而，所有这四种元素都有稳定的同位素，对于这一点，尤里在他自己的实验室里曾做过广泛的研究，他一直在刻苦钻研如何将它们批量生产出来。他还开始与伊士曼·柯达公司洽谈大规模工业化生产这些放射性物质的合同。

劳伦斯被尤里的怀疑深深激怒了。这不仅仅是因为他把尤里的话当成是对他个人的一种侮辱，而且是因为他明白，如果尤里的预言被证明是正确的，那么我们就无法在这些基本生物材料中发现放射性示踪剂，辐射实验室赖以筹款的重要支柱就将被削弱。所以在9月的一天，他紧急召唤卡门。年轻的化学家¹⁸⁴一口气跑上勒孔特大楼三楼来到劳伦斯的办公室，发现他正被尤里的话刺激得心神不宁。"我们能做些什么呢？"劳伦斯问。

卡门认为他可以给出一个答案，但做起来不容易。在与一个学生物的研究生萨姆·鲁宾（Sam Ruben）合作时，他曾探索过用带碳-11的二氧化碳来研究光合作用的奥秘，但这种同位素的半衰期太短，把他们带进了死胡同。要想成功，一个办法是改用碳-14，这种同位素预料也是放射性的。问题是虽然多年前就有人推测它的存在，但一直没有人发现它。麦克米兰倒是曾上演过一场最能体现辐射实验室决心寻找这种同位素的好戏。他在94厘米机器的中子束出射路径上安置了一瓶粒状硝酸铵，而且一照就是几个月。但当瓶子意外地从托盘上摔下来砸在地板上时，这种努力就结束了。甚至没人追问过碳-14的半衰期是长是短——它的不可捉摸性可能是因为它有一个过短的半衰期，在可以测出之前其放射性就结束了；抑或是半衰期过长，而样品量太少因此难以被发现。卡门告诉劳伦斯，他和鲁宾会很高兴继续这个搜索，但加速器的任务已排的满满当当，无法提供这种搜索所需的长时间轰击。

"我可能需要全时占用。"卡门说。

"这你放心。"劳伦斯立刻回答道。

劳伦斯授予他优先使用94厘米和152厘米回旋加速器，来对发现碳、氮或氧的长寿命放射性同位素（当然主要目标是碳–14）展开"系统而积极的行动"。卡门迅即跑下楼，径直奔向鲁宾的实验室——位于化学楼废弃的人称"鼠窝"的旧配楼里。两位研究者可谓绝配——鲁宾，少年拳击俱乐部教练、前重量级拳击冠军杰克·登普西（Jack Dempsey）一手调教出来的拳击手，曾是伯克利高中篮球队的明星，而他的这个伙伴却是矮胖还不爱运动。但在学术等级上，卡门却可以说是鲁宾的导师，后者是一个刚毕业的博士，还在寻求化学系的教职。

搜索碳–14是一件繁杂累人的工作。他们的碳制备样品是一种称为胶体石墨的涂料。他们将它涂抹在探针上，然后将探针插入加速器的真空室，让氘核束轰击几天。卡门过一段时间就要将探针抽出来和刮下受过辐照的石墨，并不去想他可能会吸收被轰击物所发出的放射性。刮下来的靶材料交给鲁宾去分析，他再将探针涂上胶体石墨塞回真空室。

对欧内斯特·劳伦斯来说，碳–14项目的推出恰逢又一轮诺贝尔奖的焦急期待。有传说认为，诺贝尔颁奖委员会在欧洲战争期间可能暂停评奖，因为这一年的9月1日德国已开始入侵波兰。但实际是，评奖委员会在1939年进行了最后一轮颁奖，下一次则要到1943年了。

11月9日，消息传来。首先是电报，然后是来自瑞典驻旧金山领事馆的电话。欧内斯特一直在网球场上紧张地期待着。球正打到一半，消息传到了他这里。

在辐射实验室，电报钉在黑板上，旁边潦草地写了几个字："EOL获诺贝尔奖。"旁边是一则庆祝会通知："精彩嘉年华"，定于11月17日在迪比亚斯（DiBiasi）酒店举行。这次聚会让每个人都很嗨——喧闹声中每个出席者都试图用色色的打油诗和歌曲来胜出一筹。埃伯索尔德的贡献是为"来自佐治亚理工学院的拉布林的残骸(Ramblin's Wreck)"定了调：

然后他将一些常见的铅爆炸成黄金

院长高兴地手舞足蹈："噢！

我确信这是件好事——

我再也不用去四处化缘了。"

端上来一个152厘米加速器形状的蛋糕，上面标有芝加哥大学加速器人亚瑟·斯内尔（Arthur Snell）的电报："亲爱的欧内斯特，祝贺你！"他写道，"你的职业充满希望。"（图22）

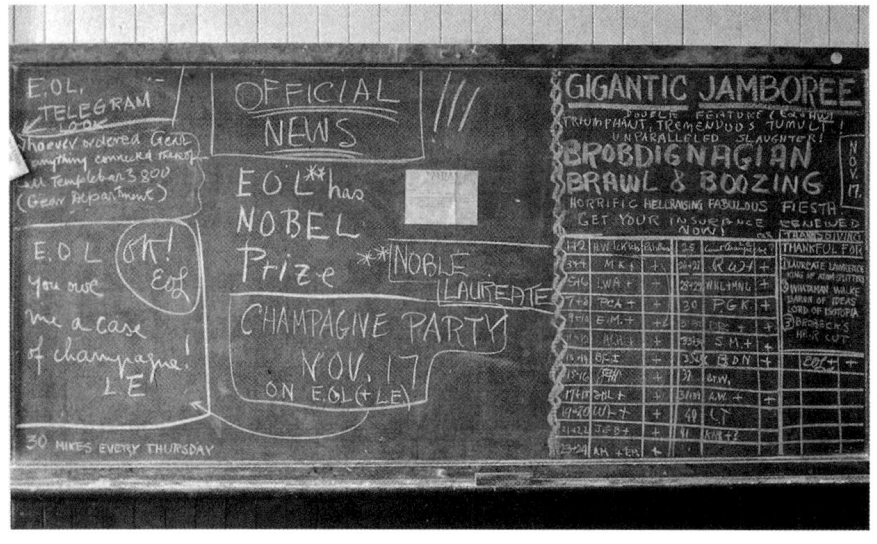

图22　1939年11月9日，辐射实验室的黑板上写着劳伦斯荣获诺贝尔奖的消息。同时还宣布了接下来的庆祝活动。这条信息的左下角写着的"L.E."是指洛伦佐·埃莫（Lorenzo Emo），一位意大利伯爵，他也是领薪员工之一。

劳伦斯是加州大学第一位诺贝尔奖的获得者——事实上，这也是美国公立大学的第一个诺贝尔奖。但这个奖还有更大的意义。通过表彰对于大规模研究必不可少的大型装置的发明，和相应的实验室模式的创建，诺贝尔评奖委员会促进了科学研究范式的更替。在颁奖典礼的致辞中，瑞典皇家科学院的西格班（K. M. G. Siegbahn）教授称赞回旋加速器是"无与伦比的、迄今为止人类建造的最复杂和尖端的设备"。这场评选幕后的争论主要集中在劳伦斯作为大科学先锋的突出作用。"嗯,劳伦斯做了什么呢?"玻尔在给卡文迪什实验室的乔治·佩吉特·汤姆逊(G. P. Thomson)的信中尖锐地指出,汤姆逊一直力挺科克罗夫特和沃尔顿。"发明了一台任何人都不熟悉其实验技术难点的仪器,并使它工作,除了煽动起一大批世界各地非常能干的实验物理学家跟风效仿他的方法之外,他什么都没做"。科克罗夫特和沃尔顿也曾造过大机器,是的,但玻尔说,他们的机器远不像劳伦斯的那么大,他们也没有通过它发明出一种新的实验研究范式。(乔治·佩吉特是J. J. 汤姆孙的儿子,1937年他因研究电子的性质而荣获诺贝尔物理学奖。)

下面这段话出自马克·奥利芬特之口,他是卡文迪什实验室少数几位支持劳伦斯与他的前同事竞选的校友之一,也是注意到诺贝尔奖评选委员会已将兴趣从纯理论转向辛苦的实验的那些人中的一个。"这是一个非常令人激动的发现,诺贝尔奖评选委员会……现在已经认识到技术在科学研究中的巨大重要性,"他在给劳伦斯的道贺信中写道,"目前学界已认识到,研究的技术方面同样非常重要,随着这些技术的应用所带来的进展,我希望它比那些努力予以解释的理论更重要。"作为一个勤奋的募捐者,他对劳伦斯有关计划中的、让克罗克大饼相形见绌的新机器充满信心。奥利芬特充分意识到这笔超过40 000美元的奖金支票的实际价值:"可以肯定的是,你现在以'加速器之父'的身份去募集资金不会有任何困难。"

诺贝尔奖的正式颁奖典礼于1940年2月29日在伯克利举行(图23)。卡门和鲁宾也正将他们的工作告一段落。同时,在他们周围,隆重的颁奖仪式的准备工作正按计划进行着。在2月第二周他们上演了一场用克罗克大饼连续轰击72小时的马拉松式运行。当装置在第三天深夜运行结束时,卡门独自一人在实验室。雷声和暴雨笼罩着天空,附近的阳台上一个法语班正演出一场喧闹的法国戏剧,留声机传出一阵阵渗人的尖叫声。在黎明到来之前,他从真空室中收回了最后一个探头,将石墨斑点刮下装入瓶中,然后封装好送到鲁宾的鼠笼里。在回家的路上,衣冠不整的卡门俯身疾走在倾盆大雨中,结果被伯克利警察拿下，列入当晚一起凶杀案的幸存的见证人之一。他在警局通过了盘问，被释放回家。到家后他瘫倒在床上，一觉睡了12个小时。醒来后，他看到鲁宾已经完成了化验——在一段距离之外，因为他带有放射性。他们的计数器滴滴答答地响着，这是存在高于背景水平的放射性使然，但这已足够了。2月27日，搜寻结束了。他们得到了碳-14，并且根据他们的计算，其半衰期至少有1000年。（事实上，碳-14的半衰期是大约5730年。）他们所分离的材料将是所有元素中最重要的生物同位素，是进行精确的生物追踪和年代测定等广泛研究的关键。

图23　由于欧洲的战争使前往瑞典参加诺贝尔奖颁奖典礼变得不可能，莫莉、欧内斯特、贡达、约翰和卡尔只好于次年2月在伯克利的一次活动中庆祝诺贝尔奖。

由于他们不能确定自己的工作是否属于首创，同时担心可能会被一些微不 188
足道的错误引入歧途，因此他们只写了一篇短文供发表，同时赶忙将它送到劳伦斯家取得他的认可。结果他们发现劳伦斯因慢性鼻窦炎正躺在床上休息，也是为两天后的诺贝尔奖颁奖仪式养精蓄锐。得知击败了敢轻蔑他的尤里，劳伦斯欣喜若狂，"他从床上跳起来，也不怕冷了，就在房间里跳舞，并高兴地祝贺我们。"卡门回忆说。但他们没有预料到的是劳伦斯对他们发表在3月份《物理评论》上的短文的反应。鲁宾被列为第一作者，排在卡门之前。

解释很简单：卡门的职业生涯已经很丰富了，而鲁宾要求当第一作者。这个要求曾让卡门大感意外，因为他是团队的高级成员，其工作具有更重要的价值。但鲁宾恳求道，他正在寻求化学系的职位，现在这事正在刀口上，这倒不是因为出于对伯克利校方的反犹太主义态度的考虑，但里程碑式论文的第一作者可以为他受青睐起到平衡作用。卡门出于同情心，也是缺乏预见性，就同意了。但当劳伦斯看到出版的文章并听了他们蹩脚的解释后，他转过身，背对着卡门，一言不发地大步走出了辐射实验室的配楼。碳-14的发现是卡门在辐射实验室的职业生涯的高水平的标志，但文章的发表也是他淡出劳伦斯的青睐的痛苦之旅的开始。更糟糕的是，他对好朋友的关怀使得他在这一重大发现中永远被称为"小伙伴"。

但那都是后话了。在伯克利的诺贝尔奖颁奖典礼上，卡门仍然沉浸在展现加速器壮观的能力的荣耀里。伯奇在惠勒大厅向观众发表了这一新闻，准确地将碳-14描述为"当然是迄今所产生的最重要的放射性物质"。在他的提议下，全场观众转向卡门并向他热烈鼓掌。

但这一天属于欧内斯特·劳伦斯。他充分利用这一机会提醒观众，加速
189 器是"具有现实意义"的发现之源，并指出下一个目标是"能量范围超过一亿伏……去探索远在现今发现之外的新领域"。

"要进入这一新领域，"他说，"需要建一个更大的加速器，其重量可能超过四千吨。"——要比克罗克大饼大20倍。"当然，这样一个大装置需要大量的资金，"劳伦斯说道，"也许我可以说，越过原子的下一道边界的困难已经不再是我们实验室的问题了。它们构成了一个非常重要的金融问题，我们已经交给斯普劳尔校长！"

如果说斯普劳尔听了这些话感到震惊的话，那么在现场他也只能压抑他的

反应，但他不可能不知道，劳伦斯的计划将再次突破大学的资源瓶颈。毫无疑问，这需要更多的资金来源。幸运的是，这位新的诺贝尔奖得主将发现它们已经准备到位。在塑造新的科学研究范式的进程中，公众声望并不高的劳伦斯，以一人之力做出了比20世纪几乎所有其他任何人都要多的贡献。

第 10 章　卢米斯先生

　　在20世纪30年代，这个传奇不翼而飞，物理学界口口相传着一个神奇的山顶实验室的故事：这个装备精良的实验室为一个神秘的百万富翁所拥有，他像影子一般悄悄地游走在顶级政商界。这个实验室位于纽约城北部一两小时车程外的一个僻静的乡村大厦里，不是任何人都可以随便进入的。认识某人是不够的。如果你只是一个不起眼的角色，那么几乎不可能得到邀请。但如果你是一个有成就的科学家或未来显然被看好的人物，那么不知什么时候邀请就会来到你面前。

　　这位百万富翁的名字叫阿尔弗雷德·李·卢米斯（Alfred Lee Loomis），他的地盘被称为中世纪城堡。这是一所位于纽约塔克西多（Tuxedo）公园[1]富豪居住区的庞大的都铎王朝式建筑，由一个富有的银行家投资兴建于19世纪，后来因家庭的悲剧性变故而遭遗弃。阿尔弗雷德·卢米斯于1926年拿出他在华尔街挣的一部分财富买下了这座废弃的老房子，然后在里面配备了最先进的科学设备，由此迈入他的第三个人生阶段，开始了新的职业生涯。他曾是一位成功的律师和投资银行家，现在他成了物理学家。以他对他的美国同胞的生活的影响来衡量，这将是他最重要的角色，尽管他自己一点儿都没意识到。

1　塔克西多公园是纽约著名的富人聚居区，这里的人们社交时常穿一种无尾的晚礼服，因此后来人们就将这种样式的礼服称为Tuxedo。——中译者注

阿尔弗雷德·卢米斯的"独特成就"，后来有人写道，就是"一位不让公众参与其中的公众人物"。然而在小圈子里，他是一位杰出而受人尊敬的人物。 192 古堡访客的名单里赫然列着阿尔伯特·爱因斯坦和沃纳·海森伯。尼尔斯·玻尔在战前曾对美国做了一次重要访问，在他继续前往华盛顿之前，曾在那里停留来看望卢米斯。有人说正当他在古堡就餐时，他收到了一封来自欧洲的电报。从中得知了关于铀核裂变这一惊天动地的消息。

欧内斯特·劳伦斯于1936年第一次来到古堡。由此开始了他和卢米斯之间的深厚友谊，同时也改变了两人彼此的生活。

卢米斯曾是个复古主义者。路易斯·阿尔瓦雷斯——有幸成为卢米斯和劳伦斯两人之间的联系人——称他为"最后一位伟大的业余科学家"。阿尔瓦雷斯是就"业余"这个词的传统意义来说的：是指那种从事研究不是为了追求名利而纯粹是为了追求知识和真理的人。这是19世纪科学研究的范式，这个环境成就了查尔斯·达尔文、亨利·卡文迪许勋爵（一位用他的名字来命名剑桥大学物理实验室的绅士学者）和著名的古埃及学研究学者卡纳冯（Carnarvon）勋爵。到了20世纪初，职业生涯转向实验室和大学课堂成为中产阶级的追求，这就是为什么卢米斯会将古堡变成一所保留着古代传统偏爱的私人科学研究领地的原因。然而，这是人们对阿尔弗雷德·卢米斯献身科学的错误印象。他的视野其实非常现代。

卢米斯于1887年11月4日出生于一个颇有名望的美国医生家庭。他们家并不完全属于美国上流社会，但可谓相当接近。这赋予阿尔弗雷德一种上层阶级的品位和风度。他的母亲出身于史汀生家族——一个在银行业和法律界有着举足轻重的影响力的大家族。阿尔弗雷德的一个表兄亨利·史汀生（Henry Stimson）也是一个响当当的人物，曾以公共服务而著称，担任过一届国务卿和两任国防部长。

阿尔弗雷德遵循着他的阶级所固守的传统教育路径：先是在安多弗的菲 193 利普斯学院读预科，随后进入耶鲁。作为一个年轻人，他在魔术和国际象棋上显露出惊人的天赋，他可以同时玩两种蒙住眼睛的游戏。然而，在后来的生活中，他对这些技巧的态度反映了他个性的奇特一面：掌握了它们之后，他便几乎完全抛弃了它们，再开始新的挑战。L.阿尔瓦雷斯观察到，在他与卢米斯35年的交往中，他从来没有看到他为成人观众表演一个魔术（虽然偶尔为儿童表演），甚至提都不提国际象棋。他注意到，"他的家中找不到一个棋盘或一副棋具"。好像他人生的每个阶段都需要完美地聚焦到某件事情上，从不被旧的消遣所羁绊。这种模式会反复出现，但有一个重要的例外。纵观他的一生，卢米斯始终沉迷于技术——"精巧装置的发明"，正像他说的那样。在他年轻的时候，有模型飞机和无线电控制的汽车；及至成年，他在炮兵技术、雷达，乃至最重要的"小玩意儿"——原子弹——的研发中扮演重要角色。

从耶鲁和哈佛法学院毕业后，卢米斯在他表兄开的华尔街史汀生法律事务所找到了一份工作。温思罗普和史汀生（Winthrop & Stimson）法律事务所是一家家族伙伴关系的公司，以其业务的全面和客户的正派而自豪。公司向来不接那些来寻求对不可原谅的行为做辩护的业务，而这种行为在金融领域的无原则的走廊交易中甚为普遍。如果说这意味着史汀生伙伴因此要比其他公司的律师挣得少，那是肯定的；但他们宁愿如此，也不愿总是带来良心上的不安。

卢米斯这一阶段的生活结束于第一次世界大战。当时他29岁，加入了文职军官营，在那里，他在耶鲁磨练出来的数学技能立即受到考验。在马里兰州的阿伯丁试验场，他帮助发明了一种新的测量炮弹发射速度的装置。这个装置用于精确测距，为此他获得了专利。卢米斯还获得过其他一些专利，其中包括一种赛马用的机械装置，但他最引以为傲的是所谓的阿伯丁计时器。后来这个装置成为陆军和海军的标准现场配备。这也是他入选《世界名人录》里提到的唯一一项发明。

在阿伯丁与科学家和工程师交往一段时间后，卢米斯回到家乡，又在史汀生公司的死板的法律业务方面谋了份差事。不久，他在他的连襟兰登·索恩（Landon Thorne）——一位华尔街神童——那里嗅到了一个机会，后者建议他们合伙开一家投资银行。他们成为一对完美互补的伙伴，性格内向的阿尔弗雷德负责证券项目的设计，索恩则在兜售证券交易方面驾轻就熟。"卢米斯一分钟就能想出90个点子，"他们的一位投资人观察道，"索恩则通晓如何挑选合适的人去干。"

在战后经济繁荣时期，这对合作伙伴驾驭了电力工业的增长所带来的财富和影响力。然而，到了20世纪30年代，美国普通民众看到，公用事业控股公司开始象征着公司的腐败和贪婪，并将此看成是大萧条的根本原因。卢米斯凭着他作为实干金融家的经验开始曲解他对富兰克林·罗斯福的新政的看法。罗斯福决心打破卢米斯组织起来的大公司——尤其是联邦和南部公司——的垄断，它将面临来自田纳西河流域当局（TVA）的新的竞争，这是新政最早的举措之一。"他认为〔TVA〕会破坏商业世界。"卢米斯的女婿波利回忆道。

到罗斯福新政实施时，卢米斯已经实现了成为百万富翁的目标——5000万美元，这是后来亨利·卢斯(Henry Luce)的《财富》杂志给出的数据——并妥善管理使其免受1929年经济崩溃的影响。像其他金融家一样，他对华盛顿和整个国家在大萧条后对华尔街和银行业的敌视态度感到深深的沮丧，所以在新政的第一年，卢米斯辞去了他的大部分董事会席位，卖掉了他持有的几乎所有公司的股票。

"他甚至没向后看一眼，"他的传记作者描述道，"卢米斯决然地永远离开了华尔街。"

他人生历程的下一个戏剧性变化其实早在多年前就已经奠定了基础。使事情突然加快的催化剂是他与罗伯特·伍德(Robert W. Wood)的友谊。伍德是卢米斯在阿伯丁遇到的一位霍普金斯大学的物理学家。第一次世界大战后，当伍德答应自愿给卢米斯做物理学方面的导师时，卢米斯以一个不寻常的报价回应道："他建议说，如果我同意我们一起做这样一项研究，它所需要的资金可能比约翰斯霍普金斯大学的物理系能提供的预算大得多，他愿意提供支持。"

那是在1924年。伍德采纳了卢米斯的在超声波领域谋求发展的建议。这项工作涉及人类听不见的声波频率。超声学对于物理学、化学和生物学，从水下物体的探测到去除病变组织，都极具应用前景，但这项研究需要非常昂贵的设备。卢米斯没有犹豫，他陪同伍德来到位于纽约斯克内克塔迪(Schenectady)

的通用电气公司的研究总部，订购了一套功率巨大的发电机，并将其运到卢米斯在塔克西多公园的居所，安装在车库里。

两年里，新兴的实验室所占面积已经膨胀到原有房间容不下的地步。于是，卢米斯买下了这座破旧的古堡。它的彩色玻璃窗早已被破坏，大客厅里挂满了蜘蛛网，已成为老鼠窝(而且据当地传言，常有鬼魅出没)。但卢米斯将它变成了一座科学殿堂。

像其他的有钱人收集艺术品一样，卢米斯则喜好延揽科学家。"怪事"不断地在这座山巅的老房子里出现，当地人后来这样告诉《财富》杂志："留着长发身着肥裤的陌生的外地人一来就住上几个星期或几个月。他们在那里进行各种疯狂的实验——用一种没人能听到的声音来煮鸡蛋，杀死青蛙，使乌龟的心脏在盘子里跳动，等等。"

然而，实验室绝不是业余爱好者猎奇的地方。在1926年和1928年，卢米斯和伍德两次远赴欧洲去参观那里的大实验室。他们见到了欧内斯特·卢瑟福本人——"谈话很粗鲁"，卢米斯回忆道。在他们交谈过程中，卢瑟福突然大声说道："你们这些该死的美国百万富翁！你们为什么不能给我提供一百万伏特的电压，那样我将分裂原子。"卢米斯狠狠地答道："嗯，我们不知道如何产生能对你有用的一百万伏特电压。我们只能使火花跳跃。"

塔克西多公园成了世界各国著名科学家访问美国时必去的地方。这个地方汇聚着一流的科学家(在夏季的几个月里，他们是一家子过来)。卢米斯的客人乘坐私家车来到这里，被安置在豪华的套间里，但他们来这儿都是为了做严肃的工作。在1927年以后的10年中，有66篇发表在科学期刊上的论文是以在此研究的基础上完成的。在这里的定期聚会还吸引了来自国际研究前沿的最高层次精英。1928年1月，为纪念德国诺贝尔奖获得者詹姆斯·弗兰克的到来，在这座古堡的图书馆里举办了一次庆祝会议。弗兰克向沐浴在修复了的彩色玻璃窗的五色光芒里的听众作了专题报告(这是他第一次在美国作演讲)。罗伯特·伍德、来自普林斯顿的卡尔·康普顿和W. F. G. 斯旺也作了主题演讲。所有人都处在大萧条中，《物理评论》编辑部给投寄稿件的研究者寄出发票时附了一个说明：如果他们或他们的大学不能报销发票，可以将它转到美国物理学会的一位"匿名朋友"那里去报账。这位匿名的朋友就是阿尔弗雷德·卢米斯。

欧内斯特·劳伦斯首次访问塔克西多公园的情况尚不清楚。不过，卢米斯回忆道，欧内斯特曾在1936年来这里度过一个长长的周末。对于这位举世闻名的回旋加速器发明家来说，这份邀请可能不是那么显眼。"每一位著名的科学家都把来这里看成是例行公事。"他回忆道。

他记得他和劳伦斯立即"一拍即合"。他们的个性和背景差别之大，就像欧内斯特与罗伯特·奥本海默之间那么大，而且在其他方面也是如此，他们之间形成很好的互补性：一个是来自州立大学的乡村小伙子，另一个是来自安多弗和耶鲁的美国佬后代；一个是性格外向的筹款人，另一个是身居后台的金融家；一个是成就斐然的职业科学家，另一个是奉献热心的业余爱好者。但两人之间还有一些说不清道不明的因素使他们注定要成为一生的朋友。持续数月的分离似乎只不过是"一瞬间的事情，就好比我上楼换件衣服，然后再下楼那么一会儿工夫。我们会一起奔向我们共同的目标。"卢米斯回忆说。他们的友谊"具有'完美婚姻'的所有特征"，L.阿尔瓦雷斯断言道：欧内斯特的"热情洋溢的天性加上他的科学洞察力和他的魅力……吸引着阿尔弗雷德，反过来，阿尔弗雷德又将欧内斯特引领到一个他从未见过的世界，并发现那里同样迷人。"

在劳伦斯有过一次纽约之行后，随着融资需求的扩大，这种访问变得越来越常态化。他每次来总是住在卢米斯的曼哈顿酒店。在晚宴上，在塔克西多公园的聚会上，阿尔弗雷德和他的性格外向的恋人曼内特（在1945年成为他的第二任妻子）会把他介绍给自己的社交圈朋友。这些朋友后来会惊讶地发现，这个大块头、随和的家伙，这个眨着蓝眼睛、整晚上热情洋溢地陪着他们说话的小伙子，居然是一位常人无法理解的科学领域的卓越大师。没有人能把眼前这位可爱的年轻人与他们想象中的年老古板、留着灰白胡须的实验室科学家联系在一起。"他是个英俊的大小伙子，"曼内特回忆道，"充满爱心、充满乐趣，而且很容易成为朋友。"

卢米斯对欧内斯特的帮助远远超越了社交礼节。1936年，他为欧内斯特建了一项私人基金，专用于辐射实验室的计划外需求，包括旅游和设备。几年来，大学行政部门对该基金的规模一直懵懂不知。卢米斯开出的捐赠支票背书都是"欧内斯特·O.劳伦斯，个人用途"，因此这笔钱要花在何处完全由劳伦斯自行决定。"他甚至可能在卢米斯先生那里都没有账户。"雷蒙德·伯奇回想道。

尽管劳伦斯有着诚实正直的个人声誉，但由教员掌控的这个不经审计的私募基金最终使大学的会计师不能忍受。他们很快就要求卢米斯通过常规渠道来做出他的贡献。1940年11月，卢米斯通过斯普劳尔校长办公室向大学捐赠了30 000美元的股票。卢米斯告诉斯普劳尔，该大学"只要认为合适"，可以无偿使用这项基金。但同时他也表达了这样一种强烈愿望，就是这笔钱要花在"与欧内斯特·劳伦斯教授目前所从事的各项科学事业有关的进一步的科学研究上……因此我希望，您能允许劳伦斯教授广泛解释这些资金的用途"。最终，伯克利的审计师还是将这项基金全数纳入信托基金的正式管理制度，要求它存入计息的银行账户并指定为高校资产。然而即使这样，他们请劳伦斯放心，这笔资金可以"不受大学的一般限制，由你自由支配"。在实际上，这笔由卢米斯定期注资的基金一直完全由欧内斯特支配，直到他行将去世。其所有开支的记录证据表明，每一笔经费都用在了适当补充辐射实验室的工作上。

奇怪的是，直到1939年，阿尔弗雷德·卢米斯才第一次访问劳伦斯的伯克利主场——辐射实验室——但他几乎成了辐射实验室的永久成员。第一次访问就持续了6个月。在此期间，卢米斯一直住在典雅的克莱蒙特酒店。这所酒店坐落在离校园不远的一片青翠的山坡上。每天，他坐着豪华的七座轿车来到辐射实验室。车子就停在这座木结构建筑旁边，由其司机值守，而卢米斯则忙他自己的。这是显示富豪卢米斯来到伯克利的唯一标志。在辐射实验室，他整日坐在实验室二楼的一个凳子上，沉浸在有关回旋加速器工程和原子核物理学的细节里。他会找年轻的员工"了解我们并向我们求教"，阿尔瓦雷斯回忆道。在将近四分之一个世纪里，他一直是卢米斯的助手。"我以前从来没有跟像阿尔弗雷德这般年纪的长者严肃地讨论物理学。"但从这一经历中，阿尔瓦雷斯吸取了终生受用的经验："一个逐渐老去的科学家只有与最年轻的一代保持联系才能保持活跃。"

• • •

在卢米斯第一次访问辐射实验室后不久，劳伦斯便将他列入项目组成员，199以便实现他新的抱负：建造一台一直想要实现的最大的回旋加速器，其磁体要比克罗克的大20倍，其造价是以前的10倍。在辐射实验室的走廊里，这个新设想被称为"他－人"，用这个昵称倒不是心血来潮一时狂妄。劳伦斯一直想造一台152厘米的机器，尽管有像贝特这样的反对者的警告。这台机器——现在已变成放射性同位素的生产源，并在克罗克实验室用中子轰击肿瘤——在当时可是世界最精美的回旋加速器设计，好在有布罗贝克的细致监督。但由于存在贝特所预言的不确定性，使得对其可靠性的质疑一度几乎成了老生常谈；克罗克实验室每天似乎更像一个工厂，那么为什么不把过去预言的极限再往前推一推？

驱动劳伦斯的野心的另一个因素是世界各地建造回旋加速器的速度。它们正追赶着伯克利。到1939年年底，仅在美国就有13台35英寸及以上的机器要上马或已在运行。两台152厘米的巨人已在建设中，一台是卡内基的机器，正在默尔·图夫的主持下建设；另一台建在英国的伯明翰大学，由马克·奥利芬特主管。欧内斯特在计划和用人方面的慷慨大度已让他实现了让加速器成为任何一所有自尊的大学物理系的不可或缺的核心设备的宏愿，但太子党也已开始让国王感到宝座不稳。

正如科学上经常发生的那样，新的发现只会激发起更强烈研究欲望，这反过来又促成对更大、更昂贵的加速器的需求。劳伦斯募资有道，一路领先。1938年4月，查德威克写信给他说："我希望你的新设备真的很大。"当时这个梦想才刚刚成形。"我认为，我们应当认真尝试，以实现6000万或7000万伏特……有了这种能量的粒子，我们就能开始了解原子核的真实机制。"这并非想象的延伸，因为查德威克观察到，对宇宙射线——它能够提供更高的能量，但200

很难控制——的研究已经暗示着存在新粒子和新的能量形式，这种能量盘桓在依然神秘的核内。"我认为宇宙射线中的现象为我们指明了方向。"他写道。

但劳伦斯考虑的却是1亿甚至2亿伏特的事情，而不是查德威克的6000万或7000万水平。他并不满足于现有的挑战，尽管他预见的障碍主要是地域和资金方面的，而不是技术方面的。他知道，校园里根本容不下具有重达2000吨磁铁的机器，而且大量高能粒子的涌现对于人口稠密地区无疑是不安全的。他把目光投向了草莓峡谷（Strawberry Canyon）——校园东面的一处位于山间的田园谷地。最初，他框出的工程预算是50万美元；但到了那年年底，建设预算加上10年的运行预算，看起来怎么都得200万美元。那年秋天，他向洛克菲勒基金会的沃伦·韦弗承认："在某些人看来，在152厘米机器投入运行之前就展望更大的加速器是很平常的事。"但认识他的人没人会对他的超前的思维感到惊讶。大科学的精髓就在于不断地突破现有的研究范围和研究手段。然而欧内斯特似乎不知不觉地在接近他自己的相对论极限。战争的阴霾已笼罩欧洲，但仍处在美国的地平线下；国际形势的不确定性使得谈论基础科学昂贵的项目显得过于超前，如果不说是鲁莽和不现实的话。

但是1939年年底的两件大事将这个问题拉到现实。首先是得克萨斯大学诚聘劳伦斯为大学副校长，年薪14 000美元，并允诺可以提供足够的资金保证他研制他能想象得到的最大的加速器。其次是获得诺贝尔物理学奖。第一件事迫使加州大学不得不认真考虑劳伦斯的需求。而获得诺贝尔奖这件事则不仅意味着科学界已认可了这样一个过程——大科学必将越来越庞大，而且使劳伦斯变成了每一项科研基金争相投怀送抱的宠儿。他的眼光变得越来越深远，而且不能被轻易否定。

1940年1月7日，当沃伦·韦弗抵达伯克利访问劳伦斯和斯普劳尔时，为"他–人"回旋加速器募集资金的活动拉开了序幕。为让项目方案听起来让人感到乐观，欧内斯特已经花了几周的时间。这个方案"非常有魄力"，他在圣诞节后给卢米斯的信中写道："我简直等不及这些计划实现的那一天。"他现在设想的是一个有4500吨重的磁铁的回旋加速器，它的磁极直径467厘米，这个尺寸甚至连辐射实验室的老手听了都吓得大气不敢出。"如果将它看成是件艺术品,"物理学家罗伯特·科诺格（Robert Cornog）告诉朋友,"这将是世界上第八、第九、第十和第十一大奇迹。"为了将得克萨斯提供的条件怼回去,斯普劳尔有条件地批准了辐射实验室兼并草莓峡谷的方案。在此之后,欧内斯特恳请学校的顾问建筑师亚瑟·小布朗(Arthur Brown Jr.)拿出一个初步的建筑设计方案。这是重要的一步,因为布朗先生是湾区最杰出的建筑师,旧金山的市政大厅、标志性建筑科伊特塔,以及众多的伯克利校园建筑都是他的杰作。

这项新提议使韦弗感到为难,之前他一直在为尺寸不到一半的机器申请拨款。仅仅一个月前,劳伦斯给了他一个250 000美元的建设费用加10年75万美元的运行成本的初步估计。谨慎的韦弗考虑到欧内斯特日后雄心膨胀的因素,私下里重新计算了这笔预算,他将建设费用扩至100万美元,另加50万美元的10年运行费。如果洛克菲勒基金会、大学和私人捐款的所有贡献加起来,这个目标是勉强可以达到的；至少,他后来说道:"不完全是希望渺茫。"但正像他后来告诉斯普劳尔的那样,这个新的计划很可能最终需要265万美元的建设和运营费用,"远远超出了我曾经（与洛克菲勒基金会总裁雷蒙德·福斯迪克）讨论过的数字"。就是取最小值,也意味着基金会一家就要拿出150万美元。

韦弗与斯普劳尔和劳伦斯共进了午餐和晚餐,但他一言不发,试图不做出 ₂₀₂他无法应承的承诺。他痛苦地得知,斯普劳尔最近已被任命为基金会的董事,尽管这一任命尚未公布。韦弗谨慎地告诉斯普劳尔,基金会的绝对上限是可以拿出100万美元,但那只是一个猜测。斯普劳尔说,他愿意向董事会提出,学校每年出资85 000美元,连续10年。这是这所大学为一个项目而做出的前所未有的承诺。但这笔钱是指各系研究经费的总和。他明确表示,其余的将不得不由洛克菲勒基金会和私募基金来解决。

劳伦斯带着无限乐观的心态来看待这次聚会。他不在意这些不着调的说明,他的目的只是要检测一下对他的看法能否得到响亮的回应。"韦弗博士来了又走了,他的到访从哪方面说都非常成功。"他在给卢米斯的信中写道。从韦弗到达的那一刻起,他就清楚地意识到韦弗对这个项目非常热衷；而且,随着他不断来访，他变得更加热情了……韦弗和斯普劳尔一致认为，该项目具有急迫的重要性，必须立即实施。听到他们说同意这个项目上马，这对我不啻一段甜蜜的音乐，下面的事情就只是找路子了。

韦弗回到纽约后，总算摆脱了欧内斯特那热情洋溢的感召力，他写信给斯普劳尔和劳伦斯提出了他的疑虑。他承认："似乎这里（换言之，在基金会）的每个人都同意，从科学的角度看，这个项目无疑具有重大的可行性和潜在的重要性。"接着是一瓢冷水："如果经济状况和世界局势更有利些，洛克菲勒基金会有很大可能……把它看作一个倾全力支持的机会。"

"但这一切——如果说'万事俱备，只欠东风'的话——就看经济和世界局势是否会变得更好。"

让基金会一下子拿出150万美元是不可能的。由于经济的长期低迷并受困于无数绝望的申请者，基金会前不久才刚拒绝了医学院的一笔同样额度的要求（韦弗不签字），这意味着医学院面临捐助崩溃的境地。董事会担心给予一个项目同样数额的资助会招致外界的不满。"冷漠的和不准确的批评可以像毁一台仪器一样毁了一个人。"但将整个项目推迟几个月，甚至一年岂不是更有意义？他建议道。"好在劳伦斯教授还很年轻，又有从152厘米回旋加速器上积累起来的丰富经验，那种被别人抢先的危险可以忽略不计。"韦弗告诉斯普劳尔。而且还可以利用这段时间对"所有可能性做更充分的检查"。

劳伦斯担心的正是韦弗的这一点。1月26日周五，韦弗的这封信到了伯克利。下周一一早，欧内斯特就给韦弗去了长途电话，他想从感情上呼吁洛克菲勒基金会毫不延迟地资助回旋加速器项目。"我可能有这样一种恐慌，"他告诉韦弗，"我主要怕国际大形势恶化。"如果欧洲局势恶化，美国的慈善支出必将停止；即使战争的乌云被驱散，数百万美元也将转移到欧洲用以经济重建。"这就是我匆忙赶过来的原因……这件事对我来说意义重大，几乎是生死存亡的问题。"

他提出将回旋加速器缩小到381厘米，这样可以将成本降低到75万美元。建筑结构上他会让布朗去掉各种装饰性设计，"使实验室大楼看上去更像一座

工厂。"他会将捐助金额削减到50万美元并尝试从其他来源来平衡。

让韦弗恼怒的是，这些想法全都不是关键。他警告劳伦斯，福斯迪克正削减所有的基金支出：捐款正处在这样一种可怕的境地，明年能收到的全部捐款²⁰⁴还不到150万美元——全部拿来给劳伦斯都还不够。此外，韦弗认为，如果我们耐心地等一段时间，一切都会好转，这样建一个小一点的装置就没有任何意义。他提醒他的这位不耐烦的申请者，他梦想的全尺寸回旋加速器会有重要的支持者给予支持。他的支持会带来意想不到的额外好处，如果他愿意等一等的话。韦弗透露，就在几周前，达夫·亨嫩·莫里斯（Dave Hennen Morris）——一个富有的前驻比利时大使和研究公司的董事会成员——在一个公益晚会上留住了福斯迪克。莫里斯可是劳伦斯的拥趸，他曾不止一次地号召他那些尊贵的朋友向辐射实验室捐款。一个典型的例证是，在诺贝尔奖公布后没几天，他便设法让埃兹尔·福特（Edsel Ford）——亨利的儿子，福特汽车公司现任董事长——为新加速器建设捐款65万美元。他将加速器描述成一种"划时代"的装置，"从事这项事业的人的名字将与牛顿和爱因斯坦一并载入历史"。福特婉言谢绝了这项提议。但莫里斯遇到福斯迪克时向后者建议道，应扩大劳伦斯在其他捐资者中的知名度。"在回旋加速器这件事上，你我是一根绳上的蚂蚱。"他说。

韦弗向劳伦斯保证，他"非常愿意为这件事流血出力"，但只是"要多花点时间"。劳伦斯问道："那此时我来有用吗？"一想到不知疲倦的劳伦斯将要缠着福斯迪克本人死缠烂打，韦弗断然回应道："我看没必要。"

但欧内斯特有一张最后的王牌：阿尔弗雷德·卢米斯。卢米斯虽然不是洛克菲勒基金会的受托人，但他与董事会的几个成员关系亲密。正在加速器项目的资助命悬一线之际，他承诺要让这些好友拉票。他的主要攻取目标是卡尔·康普顿——麻省理工学院院长，亚瑟·康普顿的弟弟，最近刚被任命为受托人。（对他的任命，像对斯普劳尔一样，尚未公布。）卢米斯知道，康普顿作为²⁰⁵一个物理学家，其背景会使他的意见在董事会显得特别有分量。卢米斯邀请康普顿到他在南卡罗来纳的私人住所希尔顿黑德岛住了一个星期。目的不是改变康普顿的想法，因为他对劳伦斯的项目肯定持支持的态度，目的是要鼓励他用

大科学

特别有说服力的言辞来表达自己的观点。在卢米斯惯用的金钱笼络下，康普顿很快给韦弗写了一份书面推荐意见，将该项目描述为："目前在整个自然科学界最有趣的、最具重要潜力的、最有前途的项目……就我目前所知，这个项目是所有各种科研项目中排位第一的项目。"他最后以宣言的口吻总结道："没有人能够质疑将加利福尼亚大学和欧内斯特·劳伦斯选择为该项目的受托机构和科学家。"

在卢米斯的敦促下，韦弗也请了几位知名的物理学家来"陈述意见"，考虑是否应该为467厘米加速器做直接融资。回复的邮件都极力怂恿，给受托人印象深刻的名字有尼尔斯·玻尔、马克·奥利芬特和弗里德里克·约里奥·居里。

这足以说服韦弗放弃拖延的设想。在4月3日召开的董事会会议上，他提交了劳伦斯的申请。但时间有点仓促。在2月中旬，他还在向劳伦斯索取对付最有可能反对上新加速器的弹药。第一个问题是该机器是否能强大到足以产生介子。这些粒子被认为是强作用力的载体，它将带正电荷的质子束缚在原子核内，它能抵消电磁斥力，否则静电力就会把它们分开。但是到目前为止，它们只在宇宙射线中被探测到；要想在实验室证明它们的存在，可能只有通过回旋加速器才行，因此建造加速器是必要的。另一方面，一台机器如果没有必要的能源，那么无疑就是对金钱的巨大浪费。"这方面是否有人来解决？"韦弗问，"现在能说必须建一台新装置……来产生介子吗？"

韦弗提醒道，有些人可能会质疑建新回旋加速器的必要性，因为宇宙射线携带的能量就相当于那些预期能从新加速器得到的粒子能量。"一些宇宙射线爱好者很可能会强调，大自然已经给我们提供了极高能量的粒子"，他注意到。那么在再建造一台昂贵的机器来产生同样能量的粒子之前，为什么我们不能用10年左右的时间去好好研究大自然馈赠的这一礼物呢？这一质疑明显带有亚瑟·康普顿无法辩驳的印记，他是世界著名的宇宙射线专家。作为洛克菲勒基金会在宇宙射线研究领域的权威，康普顿并不羞于提醒韦弗，这种研究可能具有发现介子和其他基本粒子的可能性；更重要的是，他强调，与需要数百万美元的回旋加速器才能产生粒子束不同，宇宙射线是来自大自然的礼物，是免费的。

韦弗将最棘手的问题留到了最后。这个令人难以回答的问题是：在过去10年里，辐射实验室是如何忽略了核物理中许多里程碑式的发现的？"我认为在过去几年中，核科学领域突出的发现就包括1932年安德森对正电子的发现；1932年查德威克……对中子的发现；1934年居里和约里奥对感生放射性现象的发现；宇宙射线研究对介子的认定，以及1939年哈恩和其他人对核裂变现象的发现……我刚才提到的这5项研究都很杰出，并且他们没有一个是用回旋加速器来做出这些发现的，这怎么解释？"

不出所料，劳伦斯回答问题时显得怒气冲冲。关于介子的问题他这样答复韦弗：他、奥本海默和费米都同意，介子的能量大概为80百万伏特，甚至一台150英寸的机器——能够产生100百万伏特的粒子——就足以产生难以捉摸的粒子。

至于在建加速器之前重点资助宇宙射线研究是否最有利，劳伦斯答道，物²⁰⁷理学的目标不只是对"自然现象"的发现，而是要用它们做什么。这个目标单纯依靠大自然的恩赐不可能达到："时间将证明，在宇宙射线中发现的介子没有多大价值，除非我们有成熟的手段……控制它们，并掌握其流动性质……而这意味着将更多地涉及这样一个问题：发现一种新的治愈疾病的辐射或一种新的物质，是否比发现一颗超新星更有价值。"

最后，他把火力转向韦弗的令人厌烦、多有遗漏的里程碑名单上。劳伦斯断言，伯克利的加速器人受到攻击的原因很简单，是他们一直专注于加速器的发展，实际上，作为面向未来的一项服务。

这些发现中的每一项都还是"空中楼阁"，加速器实验室在几个月内就肯定能发现它们。当我们建立起加速器束流后，我们不可能再让人工放射性的发现逃脱，例如，在约里奥宣布他的发现后最多一个多月，我们便再现了这些人工放射性。回旋加速器的发展始于这些发现的几年前，当时的信念是在实验室里实现可控原子出射物的可获得性，由此导致重要的科学进步。如果加速器的发展提早(譬如说)一年，我重复一遍，我们有充分的理由相信，这些发现都可以在回旋加速器上实现。

为了对他的工作做精心辩护，劳伦斯纠集起最好的论据。但他回避了一些发现的真相，特别是人工放射性和核裂变：加速器人原本能够率先做出这些发现，只要他们为此努力。这不是机器的不足之处，而是辐射实验室的疏忽和目标定得过于狭隘，这阻碍了实验室赢得此项荣誉。韦弗已经指出，回旋加速器实验室的真正缺陷在于它的科学判断力，而不在于其技术专长。欧内斯特·劳伦斯可以克服这个缺陷，他还在学习如何在工程技术和自然科学研究两方面取得平衡。

与此同时，卢米斯在继续争取捐款。在3月的最后一周，他发起了一项重大举措，出资组织基金会特设的科学咨询委员会游览辐射实验室。成员有康普顿兄弟(卡尔和亚瑟)、哈佛校长詹姆斯·科南特、华盛顿的卡耐基机构总裁万内瓦尔·布什(Vannevar Bush)等。

布什是这个组织中最重要的人物，原因不只是他对洛克菲勒基金会受托人的影响力。布什身材高大，是一位年届五十的结实的新英格兰人。布什的祖父是北方远洋船队的船长，父亲是一所独立教会的牧师。布什的成长经历让他养成了一种既严守独立意识又尊重礼节和传统价值观的个性。作为一名电气工程师，他在20世纪20年代曾发明了一种被称为微分分析器的机器：一种模拟计算机，其数字式后代日后将主宰信息时代。随后，他成为麻省理工学院的副院长(在卡尔·康普顿的领导下)，这之后他又接管卡内基总裁一职。这个职位使他处于政府政策和学术研究的十字路口。他一直在思考美国科学家将在酝酿中的世界大战中担当的角色。一年来，布什一直定期与科南特、卡尔·康普顿以及其他领导科学的管理者会晤，他们对整个国家在这场早已漫出欧洲边界的大战危机面前表现得漫不经心感到焦虑，他们思考着做怎样的技术准备才能应付这场危机。

"我们都认为，"他后来写道，"这场战争注定是一场激烈的斗争，美国迟早肯定会以这种或那种方式参战，这会是一场技术性很强的斗争，我们决不能按现在这种局面来准备。”他决心从技术层面推动国家建立战时体制。现在，在与劳伦斯第一次见面后，他发现自己同意卢米斯的意见——伯克利物理学家应该 209
成为这种努力的一部分。

在卢米斯和劳伦斯的引导下，一干众人沿着辐射实验室的走廊来到了库克西在二楼的办公室。众人坐在黑板前，看着库克西简单说明了回旋加速器的工作原理，然后他们让库克西给拍个照片，他们笑着友善地彼此挨在一起，好像在共同欣赏一个内涵段子。这张快照注定要成为历史性印记，因为在一年多以后，这些人将再次聚在一起——作为美国制造原子弹工程的领导者(图24)。

图24　美国科学界精英的标志性照片：1940年3月的最后一周，五位杰出的科学家和管理人员与劳伦斯一起讨论洛克菲勒基金会拟资助的467厘米回旋加速器的资助申请。不到两年，他们又会聚在一起，但那次是作为原子弹计划的领导者。左起：劳伦斯、亚瑟·康普顿、万内瓦尔·布什、詹姆斯·科南特、卡尔·康普顿和阿尔弗雷德·卢米斯。

伯克利之行起到了关键作用。它让这些人彼此作为专业同事而熟识而不再是凭个人经验来衡量对方。这之后卢米斯又加了一把火——请他们去了曼德雷的德尔蒙特山庄度周末，这个地方离伯克利仅几个小时车程。他的目的是让他们能在近距离对他所保护的欧内斯特·劳伦斯的非凡能量有进一步了解，他肯定他们回去就能成功说服基金会董事们批准对加速器的放款。"如果没有欧内斯特对他们的影响，你就无法让他们在漫长的周末里聚在一起。"他后来这么回顾道。到周末结束，"没有人持反对意见"。在离开西海岸之前，咨询委员会向基金会发了一封一致同意上马467厘米加速器的电报。韦弗和卢米斯又在说服福斯迪克方面做了最后的努力：回旋加速器必将与基金会的另一项重大科学投资项目——建在加州南部帕洛玛山上的508厘米海耳天文望远镜计划——成为洛克菲勒基金会的两大亮点，这将进一步巩固该基金会作为国际上大科学最杰出的支持者的地位。

4月3日早晨，劳伦斯在辐射实验室拿起电话，听到了另一头韦弗的声音："我们的受托人投了115万美元。"加上斯普劳尔设法从伯克利匀过来的25万美元的运行费，劳伦斯所要求的一切基本上解决了(图25)。

图25 为467厘米加速器的拨款谋划？洛克菲勒基金会的沃伦·韦弗（左）于1940年与阿尔弗雷德·卢米斯和欧内斯特·劳伦斯在华盛顿的一个酒店房间里会面。卢米斯的影响力帮助韦弗和劳伦斯获得了115万美元资助，尽管这台加速器的规模抽干了洛克菲勒基金会的资金。

"这个初始预算够充足，"欧内斯特在长途电话中惊叹道，"很难告诉你我此时的感受。"

他很少对普瓦隆沉默寡言，他宣称自己已"飘飘欲仙"。这笔钱是一个里程碑，迄今还没有哪个单个研究实验室收到这么大一笔捐款，甚至都没有人有勇气提出这一要求。但它不只是一笔钱，这是科学界和商业界的领军人物尊重科学的公开表示，是洛克菲勒基金会董事会19位行业和学术界杰出代表一致表决的结果。在基金会、大学和工业界之间伙伴关系的推动下，大科学时代现在正式到来。对这一切的发生，没有一张反对票。"大的和小的，他们全都支持这个计划和你。"戴夫·莫里斯在次日给劳伦斯的信中写道："如此罕见的一致性让人充分体验到情感上的满足：你值得拥有。"

在接下来等待董事会批准的几周里，卢米斯继续投身于为467厘米回旋加速器服务。他把劳伦斯带回纽约，他利用他个人的商业关系弄来了大机器所需的成吨的铜和铁。战前准备已经使得这些原材料成为紧俏物资。但卢米斯怎会束手无策，他力促这些关系户确保以优惠价格提供劳伦斯所需的一切。正如欧内斯特对阿尔瓦雷斯说的："在与古根海姆待了一段时间后，在此期间我们对以优惠的价格提供铜进行了谈判，阿尔弗雷德说：'好了，现在我们去要铁。我认为找艾德·斯戴迪纽斯（Ed Stettinius）最合适。'"一个电话打到美国钢铁公司董事长那里："你好，艾德，我是阿尔弗雷德。我这儿有个人想找你，我想你肯定乐于见个面。我们什么时候能过来？"

但有些事是卢米斯无法控制的。洛克菲勒基金的资助要求回旋加速器最迟于1944年6月30日完成建设并投入运行。但出于可以理解的原因，这个最后期限将无法满足。

第三部分：炸弹

第 11 章 "欧内斯特，你准备好了吗？"

"这是 9 月的一个凉爽的晚上。"1941 年 9 月 25 日在芝加哥，亚瑟·霍利·康 213
普顿安详地开始了他与欧内斯特·劳伦斯和哈佛大学校长詹姆斯·科南特的
会面。"当科南特和劳伦斯来到我们家时，我妻子热情地上前打招呼，并给我们
每人倒了一杯咖啡，我们围坐在壁炉前。然后她匆忙地上楼，好让我们三个自
由地交谈。"

康普顿的客人来到这个城市是来接受芝加哥大学的荣誉博士学位的。但这
只是提供了一个机会，更为重要的是见面。这在很大程度上是因为科南特是罗
斯福政府的重要的科学顾问，而康普顿则是负责评估原子能的军事用途的蓝带
委员会的头儿。劳伦斯要求紧急会晤，是因为他带来了这一领域的一个非比寻
常的突破性新闻。他们的谈话只持续了一个多小时。但当会面结束后，美国
的战时计划，以及三人的生活，都已踏上了新的历程——这个国家正准备建造
原子弹。

由于核裂变的发现，这次会面的根源早在两年前就已经种下了。这一消息
于 1939 年 1 月披露出来，各地的物理学家很快飞到一起，来了解有关铀核吸收
杂散中子发生裂变后所释放的巨大能量的用途。最吸引人的是链式反应的可能 214
性：如果裂变放出的中子打到邻近的核上并使它们分裂，它们就会放出更多的
中子，产生更多的裂变。如果每个破碎的原子核都能放出足够多的中子，并使
之带有适当的能量，那么这个过程就会自行持续下去，直到没有更多的铀核继

续发生分裂为止。

这个过程中是会产生爆炸还是仅仅放出热？这成了相当抽象的辩论焦点，因为对如何控制这种能量还一无所知。作为挑战欧内斯特·卢瑟福于1933年提出的将原子能蔑视为"月光"的断言的适合人选，欧内斯特·劳伦斯接到这一消息的本能反应就是把核裂变作为辩护的有力证据。"可能有效利用核能的日子毕竟不是那么遥远。"他写信给他的回旋加速器建设者亚历山大·阿伦。

在这群让想象力飞翔的人当中，有一位就是罗伯特·奥本海默。当路易斯·阿尔瓦雷斯在研讨会上突然爆出奥托·哈恩和弗里兹·斯特拉斯曼首次发现核裂变的新闻时，奥本海默立刻答道："那是不可能的。"但仅仅过了几个小时，他撤回了他的快速判断。一周之内，他的一个学生回忆起，他在勒孔特大楼办公室的黑板上画满了"炸弹的草图——非常糟糕的、令人生厌的图"。

奥本海默广泛传播了他的猜想："U的衰变到底有多少种不同的方式？"他在给一位物理学家的信中写道："随便猜，人们可能会猜测，或者只存在某些方式？最重要的是，裂变过程中或激发态下到底能放出多少个中子？……这里肯定有玄机。"在给另一位物理学家的信中，他以一种威逼的兴奋感扩展了这一主题："我认为这真的不是不可能，一块10厘米见方的氘化铀……很可能就会把自己吹到地狱里去。"

有一个人认真看待这种世界末日的图景，他就是莱奥·西拉德（Leo Szilard）。这个精力充沛、足智多谋的匈牙利物理学家曾试图赶在劳伦斯的实用加速器发明出来前申请回旋加速器原型机的专利。西拉德一想到铀的爆炸潜能若被阿道夫·希特勒掌握就倍感折磨。"你知道那意味着什么吗？"他告诉另一位匈牙利移民爱德华·特勒（Edward Teller）："希特勒的成功将取决于它。"西拉德敦促他的同事赶紧验证这种核反应的爆炸力，最好是赶在德国人开展这项研究之前悄悄地做，并将他们的研究结果自觉地保密。但他提示这种保密很大程度上是聋子的耳朵，这部分是因为大家对那些值得隐瞒的东西普遍持怀疑态度。在西拉德的朋友恩里克·费米看来，爆炸反应的可能性是那么遥远，西拉德的担忧似乎是妄想在作祟，而不是物理。

然而，西拉德从时常偏执的痛苦经验中学到的教训是谨慎从事。1933年，当希特勒刚掌权时，他还是柏林凯泽威廉物理学院的初级讲师。他在房间里备了两个手提箱。当德国国会大厦被烧毁，并成为希特勒镇压持不同政见者的借口时，西拉德对他的德国朋友未能把握形势的发展感到失望："他们都认为文明的德国人不会站在野蛮愚昧的一边。"火灾发生后的第二天，他乘坐几乎空荡荡的火车逃到维也纳。一天之后，他得知，所有开往奥地利的列车上挤满了所谓难民，他们在边境被赶下来盘问。"这恰好说明，"西拉德写道，"如果你想在这个世界上获得成功，你不一定要比其他人聪明，你只需要比大多数人早一天行动。"

西拉德认定，美国的科学家应该有这"一天"的优势。但带给他痛苦的挫折感的是他的警告遭遇到对方的自满情绪，特别是同为难民的费米，他原本应该对危险的临近更为敏感才是。"我们都想保守，但费米认为既然保守就应该淡化发生这种链式反应的可能性，而我认为所谓保守就是假设它会发生，并采取一切必要的预防措施来制止它。"

辐射实验室和其他地方的物理学家一整年都在细细查找铀裂变的秘密，以图回答奥本海默的问题以及其他更基本的问题。是什么触发了这种反应？为什么在自然状态下观察不到铀的这种裂变？事实上，铀矿床遍及世界各地，从不会自行裂解，这就暗示着必然存在着特殊的条件。 216

玻尔提出了关键性见解。天然铀的裂变反应截面——核在一定条件下发生裂变的概率——对与之碰撞的中子的能量高度敏感。玻尔认识到，这种解释对不同的铀同位素均适用。最丰富的同位素铀-238，对裂变反应要比驱赶一头顽固的驴更困难，它只对快的或高能中子有反应。而天然铀中铀-235似乎吸收任何速度的中子都能很快发生裂变反应。但天然的铀-235仅占1/139，或大约0.7%。

玻尔的洞察力促使物理学家提出这样一个问题：裂变性的浓缩铀-235是否能产生维持链式反应所需的丰富的中子？如果答案是肯定的，那么我们怎么才能将铀-235从铀-238中分离出来，或增加前者在样本中的浓度？由于同位素的化学性质相同，因此必须采用非化学手段才能实现这一目的。从核裂变中产生的中子称为次级中子。这种中子"成为全球探索的对象"，L.阿尔瓦雷斯回忆道。

奇怪的是，在世界各地，只有辐射实验室的劳伦斯认为，首次发现次级中子的荣耀可能来自加速器，因此必须毫不拖延地加速建成152厘米回旋加速器，这也是满足医用同位素需求增加的需要。发现裂变中子的任务交给了阿尔瓦雷斯，当时他还是一位正在求职的初级研究人员。他没有看出这项任务所带来的名声，于是他设计了一个他称之为"速战速决"的实验。这项实验安排包括一个放置在加速器大厅外的楼道里的中子探测器。他花了5分钟来轰击氧化铀，但未能在他的探测器中发现中子，于是他放弃了。直到后来他才意识到，如果他把他的计数器稍微靠近加速器一点，轰击铀的时间再长一点，轰击1小时而不是5分钟，他就会发现，原来这一天全世界都在寻找次级中子。

约里奥团队在3月里完成了这一任务。他们估计从铀-235得到的次级中子产量约为每次铀裂变放出3.5个中子。在哥伦比亚大学不同的实验室工作的西拉德和费米，认为这个值应该接近2.0——这在当时的条件下已是一个大数。"现在反应的概率在50%以上。"西拉德写信给一个朋友。不过，他对这一发现并不感到喜悦，他后来回忆道："那天晚上，我心里几乎毫不怀疑，世界正走向悲伤。"

西拉德确信，这种炸弹是可能的。由于希特勒的目标是征服世界，那就更有可能。7月初，他说服阿尔伯特·爱因斯坦在一封呈递给美国总统提示这种威胁的信上署名。[1]这封信已成为原子时代最重要的文件之一。阿尔伯特·爱因斯坦给富兰克林·罗斯福总统的这封信，签署日期是1939年8月2日。它由西拉德和爱因斯坦共同起草，由2页8个自然段组成。这篇文稿将局势的紧迫

---

[1] 这封给罗斯福总统的信是这样形成的：最初爱因斯坦用德文写了一个草稿。8月2日，西拉德根据爱因斯坦的草稿内容改写成一长一短两封英文信交给爱因斯坦，让爱因斯坦挑选一封署名，然后再托人转呈罗斯福总统。爱因斯坦选择了那封较短的信署上了自己的名字。这就是下文提到的2页8个自然段的信。这封信的中文版见《爱因斯坦文集》第三卷(商务印书馆，2009年第2版)，210—211页。——中译者注

性埋藏在不形于色且讲条件的行文之下，其重要性很大程度上源于爱因斯坦在文末的签名。"我从E.费米和L.西拉德的手稿里，了解了他们最近的一些工作，这让我感到在不久的将来，铀元素可能会变成一种新的、重要的能源。"信中写道："目前已经出现的形势的某些方面似乎应引起我们警觉，如有必要，政府方面应迅速采取行动。"

信中提到了"威力巨大的新型炸弹"的可能性。在信的结尾，又提到了德国科学家可能已经开始着手研制的不祥预告。

这封信被交到了亚历山大·萨克斯（Alexander Sachs）的手中。萨克斯是一位出生于俄国、有科学背景的经济学家，更重要的是，他作为罗斯福总统的顾问有权进入白宫内部活动圈。10月11日，在纳粹入侵波兰几个星期后，萨克斯终于得以进入椭圆形办公室。萨克斯先是用诙谐的历史故事做个开场白，总统则示意秘书为每人倒上一杯拿破仑牌的白兰地，一切停当后，萨克斯向罗斯福读了他事先准备好的他自己对爱因斯坦的信件内容做了精编而写就的文稿，目的是希望减少原信中深奥的科学概念和拗口的语言，让总统能够迅速把握原信要点。

他用他的话做了表述。"亚历克斯，"罗斯福说，"你的目的是要看到纳粹分子没把我们炸飞掉。"

"正是如此。"萨克斯回答道。

罗斯福招呼他的军事助手埃德温·M."爸"沃森将军进来，将萨克斯带来的文件交给他，强有力地嘱咐道："这需要行动。"

其至连烦躁不安的西拉德都不能不对接下来的行动步调感到高兴。在那天萨克斯离开白宫前，沃森就已经决定组建一个委员会来调查核裂变的军事用途，并拟好了委员会人选名单。政府没有科学机构来承担这项任务，所以沃森在飞机上拟定了一个。这个委员会将由莱曼·布里格斯（Lyman J. Briggs）领导。布里格斯是一位政府部门的职业科学家，当时主管国家标准局（这个部门的职责就是充当政府的物理实验室）。成员为沃森的两名工作人员：基斯·亚当森

（Keith Adamson）中校和吉尔伯特·胡佛（Gilbert C. Hoover）少校。10月21日，布里格斯主持了所谓的铀委员会第一次会议，出席的还有西拉德、特勒和尤金·维格纳（Eugene Wigner，另一位匈牙利裔移民物理学家），他们作为技术顾问。政府工作的闪电般迅疾可见一斑。

但当讨论到科学家们认为他们的研究需要多少钱的时候，政府官员与科学家之间的断层线立刻显现。当时特勒说，费米可能需要好几万美元用来建一个初步的反应堆以便测试链式反应的条件。亚当森的反应很是不屑。他冷笑道：在陆军阿伯丁试验场，"我们用10英尺的绳子将一只山羊拴在一根木桩上，我们承诺，谁能用死亡射线杀死山羊，得大奖。可至今没人来领奖"。他朗声告诉这些科学家，赢得战争靠的是人和士气，而不是花哨的武器。他继续自顾自地说下去直到被维格纳打断。维格纳一头稀疏的红头发，其鲜明的个性后面隐藏着敏锐的头脑。"听到这些真的很有趣"，他礼貌地说道。如果这是正确的，他建议，也许军队的军备预算应该大幅度削减。亚当森吃了一惊，厉声说道："那好吧，你会得到你想要的钱。"委员会投票决定给费米6000美元的启动资金。

然而，在那之后，铀委员会的工作停顿下来。西拉德和维格纳在会议结束离开时相信，研究的紧迫性会得到政府最高层的理解，但现在却面临着行政手续过程的自然拖沓。维格纳回忆说，这种体验就像是"在糖浆里游泳"。西拉德感到很困惑："我原以为，一旦我们证明了在铀裂变过程中有中子发射，那么让人们感兴趣就不难，但我错了。"

西拉德和维格纳并不是仅有的感到沮丧的两位物理学家。欧内斯特·劳伦斯同样如此。

劳伦斯对战争的感受有其自身独特的体验。在纳粹入侵波兰的前一个月，他弟弟约翰就已去了英国，并计划于9月初从一个处于战争中的国家回国，跨越大西洋现在已是无比凶险。卡尔和贡达焦急地从南达科他州发电报给欧内斯特询问约翰的行程；欧内斯特回了一封安抚性的电报，告知约翰将乘坐英国邮轮"阿西尼亚"号从利物浦回来。根据约束战争行为的海牙公约，一艘手无寸铁的客船应免受攻击。

这边欧内斯特刚发完电报，那边就传来了令人恐怖的消息："阿西尼亚"号被德国潜艇的鱼雷击沉。这是这场战争中英国商船第一次受到攻击。在接下来 220 的两个晚上，全家人只收到一些关于这场灾难的零星的、相互矛盾的报告：一些报道说，所有人都遇难了；另一些报道则说，有数百名乘客被救起。欧内斯特默默地远离实验室的朋友和同事，每天花几个小时守在收音机前，他被那种完全无能为力的感觉笼罩着，只有在农场的父母打来的电话才能唤起他些许的乐观。最后，约翰的无比神奇的越洋电报到了，告诉家人他在英国驱逐舰上很"安全和健康"。他的故事简直就是一部杰出的英雄主义传奇：他一直在正在沉没的"雅典"（Athenia）号上帮助运送受伤的乘客和船员，他是最后一个登上救生艇的乘客。

这一经历立即改变了身处实验室的欧内斯特对政治的态度。甚至遥远的欧洲局势也不再被认为是与伯克利的工作无关了。来辐射实验室参观的物理学家现在发现，他们被欧内斯特吸引到讨论最新研究的军事用途问题上来，而不是152厘米的进展和回旋加速器团队的成就。亚瑟·康普顿来到伯克利，原本是要向国家癌症咨询委员会写一份有关30 000美元拨款资助的核医学研究进展报告，但来了之后便将注意力转向劳伦斯所描述的内容，即卢米斯称之为"关于战争局势的讨论"。他补充道："康普顿像我们所有人一样，很着急，我们的科学家应在备战方面尽到我们能做的一切努力，我们还讨论了方式和手段。"他们讨论的话题是如何将新加速器用于战争目的，他告诉卢米斯："我们当然不会忽略去发现能量范围在一亿伏特以上的可能的军事价值。"

随着劳伦斯对核研究的军事应用变得越来越感兴趣，他对铀委员会领导下的研究缺乏进展感到越来越沮丧。布里格斯对西拉德所关心的让高层广泛知晓铀炸弹的可怕性铭记于心，但他却以一种独特的作用相反的方式来实施。他设 221 立了一种"条块分割"的体制，研究核裂变的物理学家不得知晓其他方面研究的进展，即使那些方面可能与他自己的这方面相关。信息流通的瓶颈让相关的科学家们倍感失落：默尔·图夫在核科学领域既受过严格训练，又有实验设备，并且愿意推进该领域研究，但他抱怨道："很难获得有关铀裂变的任何数据。"包括基本的核反应截面的信息。即使是哈罗德·尤里，他可是布里格斯委员会的成员，也依然没法获知其他科学家的工作情况，以帮助他加快对铀同位素的分离过程。

对布里格斯的这种做法横加指责也有失公允，他的办公室并不是唯一发展核秘密的地方。1940年6月，辐射实验室的艾迪·麦克米兰和菲利普·阿贝尔森在《物理评论》上发表了一篇关于对93号元素——铀的放射性产物——的发现的说明。（该元素随后被命名为镎。）文章发表后，劳伦斯受到了詹姆斯·查德威克的斥责，他通过英国驻华盛顿使馆的特使表达了这一不满，因为发表这方面的研究成果将有助于纳粹政权。《物理评论》很快开辟了这样一个系统，它接受有关核反应方面的文章，但秘而不宣，留待战争结束后再发表。

但是，抑制研究成果的发表与限制科学家之间的互通有无的交流（这是科学进步中必不可少的）还是有区别的。欧洲的科学家能够比美国人更多地分享他们自己的信息，尽管是通过个人之间的接触而不是在期刊上发表文章。因此他们做出了惊人的发现。这些发现反过来凸显了他们的美国同行所面临的制约因素。

这方面的一位先行者是奥托·弗里施（Otto Frisch）——莉泽·迈特纳（Lise Meitner）的外甥。迈特纳是一位天赋极高的奥地利物理学家，正是她与奥托·哈恩的合作导致了对裂变的发现。随后她在（政治）流亡瑞典期间提出了有关的理论基础。（科学史研究认为，将她排除在因此项发现而授予的诺贝尔奖之外对她是不公平的，1944年该奖仅授予哈恩一个人。）弗里施当时在他姨妈的实验室做助手。按照1936年开始实施的纳粹种族清洗法律——犹太人不得从事高级学术研究——他被汉堡大学除名。马克·奥利芬特得知他的情况后力邀他前来伯明翰大学。"赶紧过来，"奥利芬特告诉他，"我们发现你在这有事做。"

作为一个德国人，弗里施不能参加奥利芬特的主要研究项目——雷达的秘密研制。但他很快就弄清楚了铀-235的爆炸特性，并且意识到，仅需要大约1

磅的分离出来的铀同位素就能制造出一颗炸弹。"当时我认为,"他后来回忆道,"我感到毕竟1磅不算太多。"

弗里施和他的同事,同为暂栖在伯明翰的难民的鲁道夫·皮尔斯(Rudolf Peierls),计算了通过热扩散方法产出1磅的铀-235需要准备多少原材料。(热扩散法是一种利用铀-235与铀-238之间的不同重量与温差的关系来分离同位素的方法。较重的同位素会趋向冷端,而较轻的U-235则趋向热端。)他们的结果是需要价值100万英镑的矿物原料。这个数据被交到牛津大学化学系研究员亨利·托马斯·蒂泽德(Henry Thomas Tizard)手上。蒂泽德是战时英国国家科研机构的头儿。他组织了一个由G. P. 汤姆孙(传奇人物J. J. 汤姆孙的儿子)领导的理论研究委员会来开展这项研究。它标志着英国有组织的原子弹研究的开始。

这个委员会的成员有奥利芬特、查德威克和科克罗夫特等。这个名为MAUD的委员会于1940年4月召开了第一次会议。〔虽然这个名字乍一看像是首字母缩写,但实际上它源自迈特纳发给科克罗夫特的一封电报。这封电报的内容是要他发出一条来自玻尔的讯息"Maud Ray Kent(莫德-雷-肯特)"。科克罗夫特将其理解为"镭已取得",意思是纳粹正在获得用于裂变实验的放射性物质。事实上,这条电讯的字面意思是指莫德·雷,玻尔的孩子们的前管家,她住在英国的肯特郡。〕

表面上看,英国的这个莫德委员会如同美国布里格斯所组织的铀委员会一样,但莫德的成员都是卓有成就的核科学家。他们对弗里施和皮尔斯得出的结论——铀-235的临界质量可能仅1磅,链式反应能够很快形成爆炸力——"非常震惊",奥利芬特后来报告说。莫德委员会只用了15个月便做出决定:炸弹具有实效,并确定了必要的实施步骤。而当它完成这一切时,美国已经在这方面探索了两年,但没有得出任何结论。

布里格斯委员会对美国裂变研究的束缚在1940年6月——莫德委员会成立后两个月——才显示出略有松绑的迹象。当时万内瓦尔·布什带着一份在一页纸上潦草地写有着重强调的5个大写字母"OK-FDR"(同意,罗斯福)的文件

223

大科学

出席了白宫的一个会议。这份文件有4个自然段，概括了布什要求成立国防研究委员会，并在他的领导下协调所有技术研究与军事应用的建议。罗斯福总统与会10分钟。在这之后，布什回忆道："所有车轮开始转向。"

布什后来写道，华盛顿的很多人都将国防研究委员会的成立看成是"一个终点，是科学家和工程师的小公司的坟墓，它在既定渠道外操作，掌握着发展新武器计划的统辖权和资金"。对此他给出了一句简单回答："事实上，要的就是这样……这是大项目能够快速推进并有足够大规模的唯一办法。"

对布什作为国家科技最高决策者的任命很快使欧内斯特·劳伦斯有机会进入政府的最高决策机构。但布什在核武器发展上的第一个动作并不特别令人鼓舞：他将莱曼·布里格斯提出的对费米的原子反应堆研究额外拨款14万美元的请求大幅削减到4万美元；他的理由是没有证据表明这种反应堆有实际用处或是能导向武器。对于费米，这当然很令人失望。对于西拉德，这不过是太熟悉的一次挫折。布里格斯委员后来似乎愿意推进反应堆研究，但现在是一切由国防研究委员会说了算。

劳伦斯不久就将它拨回到正确方向。布什曾要求欧内斯特担任委员会的临时辩护人的角色，在遇到问题时充当"救火队长"。这凸显了布什对劳伦斯广博的科学知识和他娴熟的管理技巧的尊重。然而在劳伦斯看来，这个角色既不充分又要占用大量时间，于是他婉言谢绝了。事实证明他做对了，因为这让他可以有空参加国防研究委员很快将落实的一个新项目。

这个项目是伯明翰奥利芬特一直在进行的秘密研究的产物。它涉及一种称为磁控管的发明，一种高功率微波源。英国曾派科克罗夫特来美国请求工程技术方面的支持，以帮助将磁控管安装到可维护的雷达设备上。阿尔弗雷德·卢米斯应邀参加了这个会谈。他招待英国代表团在古堡住了一周，之后他力促布什将雷达研究置于国防研究委员会优先考虑的位置。由此产生了一个以卢米斯为主席、劳伦斯为成员的微波委员会。国防研究委员会随后又决定在麻省理工学院设立应急计划。劳伦斯同意为此招收新的实验室工作人员。

他的第一个电话打给了加州理工学院毕业的物理学家李·杜布里奇（Lee

DuBridge)。杜布里奇第一次见到劳伦斯是在1934年的一次放射性钠的"杂耍"演示活动上。这些年他一直在罗切斯特大学从事加速器建设工作，这使得两位物理学家变得更亲近。在10月上旬电话联系上杜布里奇后，劳伦斯简捷地告诉他，需要他来领导一个重要的国防项目。他说："具体的我不能告诉你，但我向你保证这个项目非常重要。"布什对杜布里奇当即同意这一点留下了深刻印象，它表明劳伦斯在科学界具有一呼百应的威望。"如果劳伦斯对这个项目感兴趣，"杜布里奇后来解释说，"那肯定就是我想做的。"他当晚就登上了前往纽约的火车。

劳伦斯的作用远不止这些。他和杜布里奇一起拟定了项目参加人员的名单。项目的邮编仍采用"辐射实验室"的邮编，以便迷惑敌人以为它只是伯克利的劳伦斯实验室的一个分支机构。他们先从他们了解的物理学家开始筛选，杜布里奇回忆道："我们刚好有一个加速器朋友圈。"劳伦斯毫不吝啬地贡献出自己的员工：第一批被他派去麻省理工学院的科学家就有埃德温·麦克米兰（他曾深入参与了对93号元素的搜索）和L.阿尔瓦雷斯。两人出于对劳伦斯的忠诚和对国家的责任——这也是劳伦斯传递给他们的，他曾强调，他们的工作对备战至为关键——接受了召唤。

"这基本上就是一道命令，虽然他没有这样说。"麦克米兰回忆道，"他告诉阿尔瓦雷斯和我……这个伟大的项目即将开始，我们必须参与进去，希特勒必须被制止。"麦克米兰不禁想起他孤独地研究铀后元素（就是那些比铀更重的元素，例如93号元素）的经历，但他认为："难道我们能说'可我们还有其他事情要做'吗？那不是非常糟糕吗？"欧内斯特试图宽慰这种不速之请带来的冲击，他告诉麦克米兰，赴任还要等几个月呢，但麦克米兰不相信他的这话。"我有强烈的感觉，我要离开很长一段时间。事后证明我是对的。"劳伦斯和卢米斯在MIT辐射实验室聚集起来的许多科学家最终都走进了制造炸弹团队。

通过从无到有地组织MIT辐射实验室，劳伦斯证明了自己的价值，他认为自己能够敦促国防研究委员会官员催促布里格斯铀委员会懒散的步伐。他必须学会用强硬手段去对付迫在眉睫的危险。

他的开局十分顺利。因为这年5月，詹姆斯·科南特访问了伯克利，并在大宪章日——该校成立的周年纪念日——庆典上发表了主题演讲。现在已经到了需要"敦促布里格斯委员会"的时刻，劳伦斯对科南特说道："如果德国科学家在我们之前成功地制造出核弹，我们还研究什么可能性？"他指责布里格斯对国防研究委员会认定铀研究的战争潜力所持的怀疑态度。3月17日，在与卢米斯和亚瑟·康普顿在MIT的进一步会谈中，劳伦斯告诉他们，他已准备将94厘米回旋加速器改造成用于生产铀－235。一旦152厘米加速器完成建设，467厘米加速器计划落实，94厘米加速器就没用了，正好可以用作质谱仪，用电磁方法来分离铀同位素。

第二天，康普顿将劳伦斯的话转述给布什，并复述了欧内斯特对布里格斯的负面评价，认为后者"缓慢、保守、教条，并且习惯于以和平时期政府部门的节奏运作"。劳伦斯认为，与英国相比，布里格斯的管理将使美国的科学研究受到阻碍，而与德国相比，则更加危险，尽管美国自诩"世界上核物理学家人数最多、素质最优秀"。考虑到这是让劳伦斯本人向布什传递形势紧迫性的最好机会，康普顿和科南特决定派他去纽约，亲自向这位国防研究委员会主席陈述意见。

但这是一个错误，科南特应该意识到。作为布什的副手在国防研究委员会工作近一年的时间，他知道他的老板可能会"怀恨在心，当人们走出通道后"。果不其然，布什将劳伦斯的来访看成是试图僭越自己的命令特权。在劳伦斯刚一进门，他便将劳伦斯痛斥得目瞪口呆。"我直截了当地告诉他，我正在处理这事，我们已经建立了一个机制来处理它，他要么作为国防研究委员会的一员遵守这一制度，通过内部协调机制来处理他的'不满'，要么就完全出去。"布什对他的朋友，贝尔实验室的头儿弗兰克·朱厄特(Frank Jewett)这样说道。他还告诉劳伦斯，他打算支持布里格斯，"除非有某些决定性的强有力证据"表明有必要加速铀研究，但他还没有看到。

欧内斯特表示了适当的道歉（"他表示接受。"布什告诉朱厄特），但实际上，布什正在制造不利条件。最后，科学的发展变成听命于国防研究委员会的项目指导，而原子核科学则在劳伦斯一边。事实上，布什私下里承认，大多数原子物理学"都不在我考虑范围之内"。

让欧内斯特·劳伦斯待在圈内的还有其他一些原因。他不仅是国内最有成就的核物理学家，而且是出类拔萃的研究项目的组织者。在麻省理工学院辐射实验室的建设上就显示出了他的这一优势。正因此，布什很快就安排他去圣地亚哥负责一个潜艇水下通信技术的研究和开发。劳伦斯将这个项目交给了麦克米兰，他让麦克米兰去雷达计划就是要锻炼他。

"你在辐射组［他的意思是雷达小组］的工作非常出色。"7月，布什写信给劳伦斯表示感谢，但随后又专横地加了一句："我觉得问心无愧，你现在可以把你的主要精力放在水下的事上。这里非常需要你的关注。"就像要抹顺毛安抚一下对方，他用令人欣慰的话结束了这封信："我一直在考虑铀的问题。"

几周后，布什兑现了承诺。他将劳伦斯安排进一个由康普顿领导的专门委员会，负责评估布里格斯委员会的工作。在一个星期内，他们征询了布里格斯小组的所有成员，结果发现后者的自满比他们预期的更加令人震惊。

"两个事实明摆在那儿，"康普顿后来写道，"首先，铀裂变总有一天会对整个世界非常重要；其次是布里格斯委员会中没有一个成员真正相信铀裂变会在战争中变得至关重要……一年半以来，委员会一直在考虑这些可能性……但没有人足够敏锐地感觉到它对战争的可能贡献要远远大于其他研究领域。"也许对这后一个结论不该这么惊讶：毕竟，劳伦斯本人也仍在完全专注于他的其他工作——大学山坡上的467厘米回旋加速器的建设。 ₂₂₈

5月17日，康普顿向布什提交了一份关于布里格斯委员会的意见一致的报告。这份报告讨论了裂变铀的三种可能的军事用途：将放射性物质投放到敌方领土；为潜艇和远洋船提供强大的电力，以及研制基于U-235的炸弹。这些选项中最平凡的是放射性物质的喷洒，但这要起作用将至少需要一年时间来实现完全的第一次链式反应。如果费米的计划得到充分的政府支持，这可能也要18个月才能实施。鉴于分离铀-235的挑战尚未解决，炸弹似乎更是三到五年后的事了。

康普顿后来将这些结论称为"总体上是有希望的",但在布什看来,他们的结论意味着在战争期间可以安全地搁置铀研究。他认为,底线是"没有明确的路径来为这些非常重要的结果进行辩护"。为了检核自己的这一判断,他又成立了另一个技术小组,它由朱厄特领导,负责评估康普顿的报告。到这个小组召开正式会议时,又一项有分量的技术依据出来了——劳伦斯揭开了另一个惊喜:伯克利辐射实验室的格伦·西伯格发现并提纯了少量新的放射性元素——93号元素的衰变产物,而93号元素本身则是中子轰击铀-238的产物。它的化学性质明显不同于铀,因此理论上说,可以通过化学方法予以分离。这个94号元素的裂变性能似乎是铀的5倍。当时,这种94号元素还没有命名,但按照既定的命名规律,它会被称为钚。

劳伦斯在写给朱厄特委员会的备忘录中试图传递出他对西伯格这一发现的兴奋心情。他宣称"有关探索链式反应的一个极为重要的新的可能性已经敞开"。基于94号元素的发电厂可能仅需要大约100磅这种材料,而不是铀反应堆的几百吨。最引人注目的是,在94号元素的链式反应中,"能量是以爆炸性的速度释放出来的,这可以描述为'超级炸弹'"。

如果劳伦斯用他那惯用的热情以个人名义向委员会报告这一消息,他是有可能让其成员确信这一新发现的重要性的。但他被困在伯克利帮助莫莉照顾他们的女儿玛格丽特,她得了急性阑尾炎,正在动手术切除。而且康普顿也缺席了这次会议,他去南美度夏季学术假了。这样,94号元素的重要性只是在朱厄特委员会成员的头脑中过了一遍,该委员会赞同增加对链式反应研究的资助,但对核弹的前景仍不看好。随着第二份模棱两可的报告交到布什手上,布什正考虑终止裂变研究作为战争计划的一部分。

正在此时,欧内斯特一劳永逸地把它给救了。

莫德委员会的最终报告发表于1941年7月15日。它得出了一个完全不同于布里格斯的思考和布什的技术研究所给出的结论。报告不是将研究和发展所固有的不确定性看成是不值得发展的障碍(美国的心态),而是英国和美国的科学家能够克服的挑战。它估计，"有效的铀弹"可以用25磅的铀-235制成。如果工厂每天通过分离同位素生产1千克（2.2磅），那么一个月几乎能够产出3枚核弹，成本相当于大约2000万美元。委员会简短评述了美国的担心——炸弹来得太迟以至于影响不了战争进程。相反，它得出的结论是，第一批炸弹可在1943年年底生产出来，因此"可能导致战争的决定性结果"。委员会成员敦促将此项工作列为"最高优先级"，并与美国展开密切合作。

莫德的主席 G. P. 汤姆孙将报告及其技术附件发给布里格斯并请他转呈布什，他期待受到邀请与美国展开合作。但一个月过去了，他什么回复也没收到。随后，当他得知奥利芬特正横越大西洋去美国参加一个关于雷达的会议时，汤姆逊要他对美国人对这份文件的反应做出"谨慎的询问"。飞机降落在华盛顿之后，奥利芬特立即给布里格斯打电话，但只是令人沮丧地得知，"这口齿不清、不起眼的家伙已经把报告锁进了他的保险柜"，甚至没让他自己的委员会成员看上一眼。奥利芬特还见到了布什和科南特，但他们都告诉他没听说过什么英国人的结论。

对美国人在对核待裂变的军事潜力方面表现出的冷漠态度同样感到厌倦的还有西拉德。他已对美国人不抱希望。奥利芬特决定将事情交给一个人。他认为这个人会愿意听取莫德委员会的调查结果，而且他会站出来敲打这些美国的保守派。这个人就是欧内斯特·劳伦斯。他给劳伦斯拍去电报，请求紧急会面。"如果方便的话，我甚至可以从华盛顿飞来伯克利见面。"他写道。劳伦斯愉快地发出了邀请。他与奥利芬特的友谊可追溯到1933年关于氘核的惨痛事件。

在伯克利，劳伦斯开车载着奥利芬特上了山，来到峡谷里，带他参观了为467厘米加速器准备的实验室建设基地(图26)。高耸的磁铁立在一片开阔地上，就像英国索尔兹伯里平原上的巨石阵里的巨石。回到办公室，劳伦斯要求奥本海默也来参加他们的讨论。奥利芬特向他俩概述了莫德委员会的报告，他终于可以轻松地向听众说明裂变引起爆炸的潜力和目前急需要做的事情。几天后，他写信给劳伦斯表达了他的信心："在你这里，铀的问题将得到正确全面的考

230

虑，而我真心希望你能在这件事上做点什么。"他的信心不是空穴来风。劳伦斯已经打电话给亚瑟·康普顿，提议在芝加哥召开一次会议。战前时期的最重要事件的舞台已经搭好。

图26　1941年9月22日，原子时代的一次关键性会面。澳大利亚物理学家马克·奥利芬特（左）与劳伦斯站在巨大的467厘米回旋加速器的磁体的阴影下。这个大磁体正等待被安家于伯克利大学校园外山坡上的一座建筑里。奥利芬特告诉劳伦斯，英国科学家认为原子弹是可行的。三天后，在芝加哥，欧内斯特将这一信息传递给了詹姆斯·科南特和亚瑟·康普顿，并亲自致力于原子弹计划。

在那个"冷飕飕的9月的夜晚"，康普顿、科南特和劳伦斯围坐在康普顿家231　客厅的壁炉边。劳伦斯再次复述了他从奥利芬特那里了解到的情况。他对科南特说，他要强调94号元素的重要意义。他描述了它如何从U-238的链式反应中产生，如何通过化学方法来分离，并提到，辐射实验室在用物理方法将铀-235从铀-238中分离出来方面已取得了新的进展。他反复提到奥利芬特的担心：纳粹正指望用他们自己的原子弹来决定战争。"如果他们先获成功的话，"康普顿回忆起劳伦斯的警告，"他们就将掌控世界。"

劳伦斯说话有力，甚至热情洋溢。由于心中堆满了各种实际的细节，科南特终于开始重新考虑这个问题。在来芝加哥之前，他心中仍是充满了布什圈子内普遍持有的对原子武器的怀疑。

他曾建议布什在整个战争期间将铀项目搁置起来。但这个建议是基于他的这样一种印象：这种炸弹纯粹是一种推测。现在他变得站在劳伦斯一边。"你给我制定了一个明确的、高效的武器计划，"他说，"如果要制造这种武器，我们必须先做起来。我们不可能负担不起。但我在这里告诉你，除非我们做好了我们所要得到的一切准备，否则一切都无从谈起。"

他看着劳伦斯的眼睛。"欧内斯特，"他说，"你说你相信这些裂变炸弹的重要性。你准备投入几年时间来制造它们？"

科南特直截了当地告诉他，你就回答"是"或是不回答。康普顿看到劳伦斯僵在那里，惊讶地半张着嘴。欧内斯特只犹豫了片刻，然后回答道："吉姆，如果你告诉我这是我的工作，我接了。"

真相就在这一刻见分晓，对劳伦斯和炸弹项目都一样。布什和科南特曾对核武器持怀疑态度，这部分是因为杰出的物理学家在谈到献身于这项工作时言行都表现得非常不情愿。科南特后来宣称，他一心想拿这个问题在劳伦斯身上做个检验——看他敢不敢应承。"劳伦斯在谈到有必要动员所有科学人才参与铀计划这一点时说得头头是道，"他写道，"我不得不用激将法来减少他的花言 232 巧语。"

欧内斯特迎接了这一挑战。芝加哥会谈是原子弹项目的分水岭。在此之前，科南特对研制炸弹持强烈的否定态度。现在他完全站到了另一边。会谈后不久，他向布什报告了会谈的细节。（他称这次会谈"并非所愿"，好像他是被这个事情打了个措手不及。）10月9日，会谈两周后的一天，布什回到白宫，随身带着一份莫德报告连同一页纸的科南特谈话要点。回来后他信心满满地向大家传达了莫德报告的结论，然后说道：罗斯福同意立即启动旨在制造核弹的综合研究计划。只有铀分离工厂的实际建设因为没有来自白宫的命令而被搁置。

总统任命了一个"最高决策小组"来对该计划作出重大决定。他们，也只有他们，了解这个项目的所有细节：罗斯福本人、副总统亨利·华莱士（Henry Wallace）、美国战争部长亨利·史汀生、陆军总参谋长乔治·马歇尔（George C. Marshall）、布什和科南特。炸弹的研制上了快车道。

对布什来说，知识和决策权威之间的隔绝有一个特殊的好处：它剪去了劳伦斯的翅膀。"过去的许多困难都是源于这样一个事实，欧内斯特·劳伦斯对决策有特别强烈的想法，并总是泛泛地谈到它们。"布什在写给弗兰克·朱厄特的信中这样写道。他要劳伦斯和康普顿知道，今后他们的职责专注于科学技术方面。关于是否制造炸弹的争论已经结束，现在他们可以放手一搏了——但在军事保密方面，对他们执行的标准甚至比布里格斯更加严格，劳伦斯曾对这一点抱怨不断。但他很快就改变了态度。

康普顿得到布什和科南特的许可，从事审查和协调美国的裂变研究。科学界的专家都期望"用他们所拥有的一切投身于这一探索，"他回忆道，"劳伦斯自己在战争年代的承诺为此树立了样板。"10月21日，在斯克内克塔迪（Schenectady）的通用电气研究所，康普顿安排劳伦斯和他的其他几位技术委员会成员一起开个会。劳伦斯答应与会，但告知康普顿，作为既成事实，他将向技术圆桌会议介绍一位新的参与者——罗伯特·奥本海默。他简单地告诉康普顿："奥本海默有重要的新想法。"

然而，欧内斯特邀请奥本海默参与讨论的决定可谓一步险棋。尽管他不断警告奥本海默，让他放弃他的"左倾的"政治观点，但奥本海默发现自己很难停止参与解放事业的活动。仅仅几周前，他就因下面这件事激怒了欧内斯特：他在家里举办了一次美国科学工作者协会（AASW）伯克利分会的会议。这个协会是一个左翼联盟，其英国分会有共产党人协会。更糟糕的是，他还引诱马丁·卡门和辐射实验室的另一位科学家阿尔·马尔沙克（Al Marshak）与会。他们来到奥本海默家后发现，已经有15名来自伯克利各实验室的员工坐在地板上，聆听两位劳工组织者概述他们的目标。最后，奥本海默询问在座的意见。当轮到卡门时，他回忆说："我不好意思地问一句，我和阿尔来这儿是否得到了劳伦斯的许可？"

这个问题让奥本海默停止了脚步，因为他知道，欧内斯特对任何带有政治意味的东西都抱有根深蒂固的怀疑，这已成了辐射实验室的惯例之一。去年8月，劳伦斯曾断然拒绝了哈罗德·尤里的邀请，拒绝参加"世界民主联盟"——一个基本无害的反极权组织——的集会。集会邀请了美国的诺贝尔奖得主加盟，以壮大声势。尤里这样描述道："这是一场从观念的角度出发的运动。""我相信它所起的作用与我们从物理学方面给予国防支持一样重要。"劳伦斯回答说："民主联盟的想法可能有很大的实用价值，但……我不想利用我作为科学家的地位来推动这种政治运动。" 234

奥本海默偏爱行动的性格使他愚蠢地忽视了劳伦斯的态度。第二天，奥本海默心绪不定地在实验室门口堵住卡门向他透露，他刚刚向欧内斯特报告了工会开会的事，欧内斯特"勃然大怒"。但让欧内斯特更生气的是，奥本海默居然拒绝透露有哪些辐射实验室的成员出席了。他说："他们得自己来告诉你。"

卡门去向劳伦斯承认，解释说他从一开始就反对AASW的想法。但他的异议似乎并没有得到谅解。"他让我'出去'！"卡门回忆说，"于是我急切肯定地说我从未'加入'。"

眼下，劳伦斯认为，奥本海默作为天才理论家的优势要远比他作为半吊子政治活动家的缺点重要得多。于是他压下了他的疑虑，担保奥本海默的科学判断对康普顿有用，并一路护送他来到斯克内克塔迪会议。奥本海默发表了一个令人印象深刻的有关原子弹物理的详细解释。按照他的粗略估计，100千克的铀−235——即220磅——足以做成一颗实用的炸弹。[事后这被证明高估了：投掷在广岛的炸弹核心由80%的浓缩铀−235组成，重约140磅（约63.5千克）。]

奥本海默在斯克内克塔迪高级研讨会上的露面给人留下了深刻的印象。这个印象不是因为他受到劳伦斯的责骂，而是他摆脱政治纠葛的智慧。这是他实际运用他的理论的一个机会，对此他已经寻觅多年。他要以自己的理论作为武器去打击法西斯主义，他确实是在认真对待。他急于表明自己的参与不会带来任何麻烦。11月12日，他写信给欧内斯特向他保证："关于AASW的问题不会再有任何困难……我很怀疑是否有人想在这个时候建立一个组织，它可以想方设法为难、分裂或干扰我们手头的工作。我还没有对有关的每个人谈起我们的工作，但所有我告诉了的那些人都赞同我们的工作；所以你可以忘掉这件事了。"

康普顿在呈交布什的关于斯克内克塔迪会议的报告中，坚决主张先建一个"具有超级破坏力的裂变炸弹"以检验其可行性，同时用不超过1亿美元的费用建立工业规模的同位素分离装置。布什第一次采纳了这样一个明确认可的想法：及时研发出原子弹来影响战争的进程。11月27日，他向罗斯福递交了这份报告，同时附上了一封信，述说他正在组建工程团队，并加快所有其他必要的研究工作。谁都明白，他必须这么做，除非直接来自白宫的命令让他停下来。但白宫给布什的直接回应直到两个月后才下来。1942年1月19日，康普顿的报告回到他手上，上面附了一张罗斯福手写的便条："V.B. OK——回件——我想你最好按你自己的稳妥考虑照此进行。"

那时，美国科学界已经动员起来了。早在12月，布什已经召集了一个小组来行使炸弹项目的文官监督职能。成员包括：科南特、布里格斯、康普顿、尤里和劳伦斯。康普顿被任命为这个被称为S-1的新委员会的主席。(布什起先想把这个位子给劳伦斯，但后来又放弃了，原因是他太健谈。"事情……必须在最严格保密的情况下处理。"他对弗兰克·朱厄特谈道："这就是我在考虑欧内斯特·劳伦斯的名字时犹豫不决的原因。")按照康普顿后来描述的，S-1的任务是在6个月内决定"是否可以制造出原子弹"。如果答案是肯定的，国家将提供几乎无限的资源来促成其事。

在委员会的第一次会议上，他们对最重要的职责范围做了划分。劳伦斯继续他的磁分离技术研究，他已经在94厘米回旋加速器上开展了这一试验；尤里负责开发基于气体扩散的分离过程（其原理是利用气态铀同位素的不同的重量）；康普顿召集一个团队开始实际炸弹的设计工作。他们同意两周后再见面。

这一天是1941年12月6日，星期六。

康普顿回到他住的华盛顿酒店，大致框了一下未来6个月的预算，要30万美元。劳伦斯开车到机场，坐飞机回伯克利的家。在起飞前他获悉，在94厘米回旋加速器上，已经从天然铀里分离出第一撮微量的铀-235。

第二天，在康普顿乘火车从华盛顿去纽约找费米的旅途上，一位在特拉华州威尔明顿上来的旅客转述了第一条粗略的电台报道——珍珠港遭到偷袭。科南特已经回到坎布里奇的家，正与妻子准备每周一次的下午4点招待学生的茶点。劳伦斯已经落地，正在赶往伯克利的家。

格伦·西伯格——94号元素的发现者——正在教师俱乐部自己的房间里休息，收听足球比赛。突然，播音员播出了一则新闻公报。西伯格和他的团队一直做着高度绝密的项目，他们被禁止发表任何关于他们工作的言论。现在他立刻明白，夏威夷传来的这则消息将彻底影响到他和他同事的生活："以前，我们一直朝着我们的目标慢跑。现在我们要与死神赛跑。"

第 12 章　赛道

　　12月18日，离珍珠港事件不到两周的时间，S-1委员会的成员再次在华盛顿开会。从12月6日休会后，他们各自经历了非常不同的心路历程，因此这次是带着不同的精神状态聚集在一起。他们明白，他们的未来现在笼罩在项目的阴云之下，他们都承诺要坚持到最后和平的到来。

　　科南特主持，劳伦斯、布里格斯、康普顿、尤里，和新泽西标准石油研究中心主任伊格·默弗里（Eger Murphree）出席（图27）。他们的任务是从五个选项中选出一个原子弹裂变燃料生产的最有效的方法，但没有一个是明显优于其他的方法。最快捷但风险也最大的选项是利用94号元素，劳伦斯实验室发现的所谓超裂变物质。但生产94号元素所需的大规模铀链式反应在费米那里尚未实现。其他四种可能的方法都能从天然矿石中分离出可裂变的铀-235，但全都依赖于同位素235和238之间的重量差异，而且全都处于实验阶段，可能具工业规模生产的潜力。它们是：（1）气体扩散法，具体是让六氟化铀（一种被化学家称为"妖术"的高度腐蚀性气体）通过多孔筛；（2）热扩散，利用温差使同位素

分离；（3）电磁分离，根据不同重量的离子穿过磁场时走不同的路径来分离；（4）利用高速离心机。

图27　重组后的S-1委员会终于开始实施原子弹计划，其成员于1942年9月在加利福尼亚州独特的"波希米亚森林"酒店会面，劳伦斯作为东道主。左起：哈罗德·尤里、劳伦斯、詹姆斯·科南特、莱曼·布里格斯、伊格·默弗里、亚瑟·康普顿。

劳伦斯透露，就在珍珠港遭袭击的前一天，辐射实验室已经分离出微量的铀-235，这让在座的吃惊不小。因受到铀委员会工作进展缓慢的挫折的刺激，他亲自下令将他最好的手下从152厘米和467厘米回旋加速器的建设岗位上调过来，安排他们在94厘米装置上从事铀同位素的电磁分离工作（通过碰撞衰变然后利用质谱仪分离）。为了实现这种衰变，辐射实验室已经悄悄地划拨经费并从研究公司资助的经费里拿出5000美元，对机器的真空室进行了改造，用仓促设计的新真空室替换了旧的，使之能够适用于固体氯化铀的离子源；安装了新的电极，用于电离铀蒸气并加速带电粒子通过减压罐；收集极用于沉积被电离的同位素，形成离散的团块，这些带电粒子因重量不同因而有不同的飞行路径。装置改造于11月24日完成。一个星期后，第一束离子准确地打在收集极上被收集，两束离子沿直径约两英尺的半圆形轨道飞行，最后完成飞行时它们在收集极上分开大约3厘米。到12月6日，摄谱仪上已经积累了第一批可测量的铀-235的量（如果肉眼说还看不清的话），虽然纯度还远远达不到要求，但其

大科学

浓度已是自然状态下的三倍。

劳伦斯从会议回来，带回来与S-1委员会签下的第一份合同：拨款40万美元，用于支持他的电磁分离法以及"回旋加速器上对某些特别感兴趣的元素的实验"。这里特指94号元素。在S-1会后的第二天，康普顿被授权负责监督有关铀-235和钚的理论研究。这使他不仅要监管哥伦比亚的费米的反应堆研究（该委员会下拨的为期6个月的34万美元的使用），而且要管辖劳伦斯辐射实验室的光谱分离和钚项目的研究进展。

239 　　鉴于两位科学家都为自己考虑，这种管理内在地就是一种不稳定的安排。果然，1月末，他们之间就爆发了冲突。当时劳伦斯带着一份建议书来到芝加哥。这份建议书建议将所有的钚和同位素的工作，包括伯克利的原子堆，进行集中管理。这就不只是纯粹的专权了。康普顿和劳伦斯都对费米在哥伦比亚的反应堆项目游离于这种管理之外感到不舒服。他们不仅担心纽约市可能会遭到来自欧洲的攻击，而且大学的资源已经因尤里的气体扩散研究而有所稀释。然而，康普顿的首选是将原子堆项目转移到芝加哥大学，这不仅是因为该机构急于接手这个项目，而且也因为康普顿作为那里的物理学教授，他在校园里他的办公室就可以监督项目进展。劳伦斯反驳说，与辐射实验室相比，芝加哥在大型核研究方面的经验显得单薄，而且辐射实验室还有各种支持设施可资利用。并且他觉得他在监督电磁分离、钚的生产和（他未触及的）链式反应堆等大型项目管理方面有足够多的管理经验。

康普顿突然感到劳伦斯正在用纯粹的实践和地理优势取代自己的权力。康普顿被委托全权管理制造炸弹所需的核燃料生产的全部责任。这个职责不能被代表——他已经起草了一份项目计划，开始设置截止期限来决定链式反应是否可行（1942年7月1日），并将炸弹研制的最后期限定在1945年1月。他决心坚定地击退劳伦斯的僭越，但在那一刻，他正处于患重感冒的悲惨境地。决定性的对峙发生在他家楼上的病床上。被弄得不知所措的L.阿尔瓦雷斯目睹了这一幕，康普顿带他来芝加哥原本是要他协助组织炸弹项目。阿尔瓦雷斯对两人都很忠诚，这让他不知如何是好。他在芝加哥康普顿手下获得了博士学位，然后又成为劳伦斯辐射实验室一位值得信赖的工作人员。现在他被困在了咄咄逼人的劳伦斯与卧床不起的康普顿之间激烈的辩论中。劳伦斯越进逼，康普顿就 240 越难招架。"在我做亚瑟的学生的那些几年里，"阿尔瓦雷斯回忆道，"我从来没有见过他为一件事情这么拼命过。"最后，康普顿只好借助于下令来解决争论：原子堆必须搬来芝加哥。

"你在这里永远不会得到链式反应，"劳伦斯反击道，"芝加哥大学的整个节奏太慢了。"

"我们将在年底前把它做出来。"康普顿回答说。

"我跟你赌一千美元你做不到。"

"那就赌。"康普顿说道。在那一刻，他和劳伦斯才意识到，阿尔瓦雷斯——他们的学生和保镖——在他们最糟糕的这一刻正看着他们。劳伦斯忽然感到不好意思，说："我把赌注减到五美分的雪茄。"

"同意。"

康普顿显然赢了这场赌局，虽然他从来没有收到雪茄。

但是，在辐射实验室的能力方面，劳伦斯是对的。实验室几乎是按战时体制运行了两年。在1939年9月以前，欧内斯特一直认为回旋加速器不可能用于任何战争需要，为此他曾向福斯特(J. Stuart Foster，他一直希望在多伦多大学建一台用于军事的机器) 说道："……让我提出回旋加速器在战争期间能有什么具体用处很困难。"但纳粹入侵波兰，尤其是他家里因约翰在"阿西尼亚"号上的遭遇而带来的恐慌后，他消除了疑虑，变魔术般地将机器改造得能够用于战争需要。他意识到，研究基金的额度和流动正处于未曾有过的低潮，政府立志要慷慨支持医疗基础，这也是他要建152厘米加速器的目的。他开始广泛积极地与政府签订各种额度的合同，按25美元每机器小时的标准生产放射性同位素。到1940年夏天，政府流入辐射实验室的资金已成洪流之势。

这一趋势最显著的表现是，作为政府的顾问，实验室的科学家从政府那里领的薪酬水平提高了。马丁·卡门的职责是在152厘米机器上监督同位素的生 241 产，政府给予他的高压责任补偿是每年5000美元的津贴，对一个以前靠着微薄的补助生活的科学家来说，这简直"难以置信"。他赶紧利用这笔横财将漂亮的18世纪的塔西尼维中提琴买下来，以免钱被抢走。他怕这钱来得神秘，走得也突然。

实验室对开销的传统节俭方式也不见了。有一天，卡门被叫到唐·库克西的办公室。库克西向来对经费的使用大惊小怪，但这次指示他，准备一下用于化学分析的设备的详细规格——别担心成本。卡门听信了他的话。在翻阅一堆化学供货目录后，他选择了昂贵但在可供货名录内的"带有镀金密封和接地接头的波德比尼亚克（Podbielniak）分数分馏装置"，他订购这个设备主要是想知道它是什么样子的。其价格：每台1000美元。

卡门向库克西递交了订单，局促不安地站在那里。谁都知道，库克西在审查订单时会为了1美元啰啰嗦嗦给你讲一大套道理。但这次不同，"马丁，我想你不了解情况，"他最后说，"你不认为我们应该订购3台这种设备吗？"

随着战争计划步伐的加快，很快就不可能知道辐射实验室的工作何时结束，炸弹计划从哪开始。在科学家中，对这种变化表现得淡定的是格伦·西博格。他的研究将被证明是战争中最重要的。

西博格从来没有失去对成为他职业生涯的物质的尊重。"钚是如此不寻常，接近它简直令人难以置信，"四分之一世纪后他这样写道，"在某些情况下，它几乎可以像玻璃一样坚硬易碎；而在其他条件下，它又如铅一样柔软可塑。在空气中加热时，它会迅速燃烧并粉碎；而在室温下它会缓慢地崩解……它是所有化学元素中独一无二的。它毒性很强，即使是少量的。"

西博格的早年生活如同欧内斯特·劳伦斯一样，是一段典型的美国移民和同化的故事，只是他的成长要比劳伦斯的教育世家的经历更加孤独并受到文化上的制约。他出生于1912年，父亲西奥多·西博格是第一代瑞典裔美国人，母亲叫塞尔玛，也是瑞典出生。他们一家住在密歇根州上半岛的一个叫伊什珀明的社区里，那里的街道肮脏，到处是深红色的铁矿石。这个镇子因地下铁矿的开采而繁荣。

在西博格10岁时，父母带着一家抓住仅有的机会逃离了伊什珀明，他们搬迁到洛杉矶南部的一个小社区。格伦的生活变得更困难了，因为他父亲再也没有找到稳定的工作。但是，格伦能够利用加州一流的大学制度，那里的学费对居民是免费的。1933 年年底，他从加州大学洛杉矶分校获得化学学士学位。几年前这个分校已经从洛杉矶市中心搬迁到了城市西边宛如田园的新校区，而他自己则来到了伯克利，在导师吉尔伯特·刘易斯的指导下攻读他的化学研究生学位。他很快就被吸引到 69 厘米回旋加速器上来。这台加速器当时就在刘易斯的主楼——吉尔曼大楼——隔壁的摇摇欲坠的老辐射实验室里。

西博格所掌握的化学技能正好是辐射实验室所需要的。对于物理学家来说，放射性同位素的分离和提纯简直就是一种妖术，但它恰好在一个研究生化学家的能力范围之内。不久，西博格就成了辐射实验室在编的放射化学专家，同时他还担任刘易斯的个人研究助理。幸运之神让他在这所大学的两个最知名的系里各留了一个位置，共同推动着地球上最激动人心的研究。

伯克利的这两位科学界的杰出人物之间的反差引人注目。吉尔伯特·刘易斯仍然植根于小科学，每天一边愉快地吸着辛辣的黑雪茄，一边在工作台上用手工吹制玻璃器皿做实验。而劳伦斯，则尽显其大科学风范，已很少亲自做实验，而更多的是从事跨学科的人员管理。辐射实验室开始以工业规模运作，研 243究生们轮班工作以保持回旋加速器日夜运行。西博格感到，欧内斯特的天才在于他能将各个领域——不只是物理——志同道合的科学家吸引到他的轨道上来，并且向他们灌输自己建设和完善这一伟大发明的理念。没有劳伦斯，就不会有辐射实验室——更谈不上将物理学家、化学家、生物学家、医生和工程师等具有不同知识和技能的人群组合成一个具有新的范式的科学团队。

像他的同事一样，西博格从没有忘记他第一次听说裂变的那一刻：他是在劳伦斯的星期一杂志俱乐部里首次听闻这一概念的。那天他整晚上在伯克利的大街上徜徉，惊叹于这一发现，咒骂自己居然没有识别出所遇到的现象，尽管他在从被轰击的铀上分离出同位素方面已经有若干小时的亲身体验。他想象着如果这个发现归属于他那将是多么大的荣誉，他渴望加入劳伦斯已下令展开的对核裂变的全面攻击。

他的机会来自爱德华·麦克米兰。作为实验室的高级科学家之一，麦克米兰身处欧内斯特这场战役——通过轰击铀并记录下反应来增强对裂变的发现——的中心。当时，特别能激起他兴趣的是2.3日"活性"（这个词是指有关同位素的半衰期）。奇怪的是，具有这种活性的物质在轰击后依然依偎在铀靶附近，而不像其他的裂变产物，通常被核碎片的能量驱离一定的距离。这表明该活性不是由裂变引起的，而是由其他一些反应——最可能的是由铀核吸收中子——引起的。如果被吸收的中子在核内衰变成质子，那么具有这种2.3日活性的必然是93号元素，但谁也没见过这种元素。这或许将是迄今发现的第一个比铀重的元素——第一个超铀元素。

物理学的法则断定，一个半衰期为2.3日的元素必然是高度不稳定的。反
244 过来，它很可能迅速衰减成这一行里的下一个元素——94号元素，而它可能也特别容易裂变。麦克米兰的初步观察表明，94号元素将是非常长寿的，这既是一个缺点，但从战备上看，又是一个优点。同位素的半衰期越长，其放射性就越弱，因此探测起来就越困难。但一个长寿命易裂变的同位素，尤其是一个可以从其铀的母体通过化学分离来得到的元素，可能特别适合做炸弹。

在教师俱乐部他的单身公寓里，麦克米兰喋喋不休地谈论着他的这项工作。住在楼下大厅的西博格被迷住了。在几乎每一个相遇的时刻——"不论是在实验室，在吃饭的时候，在走廊里，甚至在洗完澡"——他们都在谈"有关93号元素和搜索94号元素"的事情，西博格回忆道。麦克米兰通过搜寻93号元素衰变产物里的 α 粒子出射正在接近这种难以捉摸的新的超铀元素。有一天他洋洋得意地告诉西博格，他已经发现一种 α 发射源，并排了它是91号、92号或93号元素的同位素的可能。它看起来就像94号元素。

但不久之后，麦克米兰消失了。

直到6个星期后，他的行踪才被发现，但只知道：他在麻省理工学院从事绝密的"战争计划"。11月末，西博格给他写了封信，建议在麦克米兰中断的对94号元素的搜索上展开合作。本着辐射实验室传统的合作精神，麦克米兰回信

说，他可能在相当长的一段时间里不能回到伯克利了（这表明他根本不相信欧内斯特承诺的他在东海岸不会逗留太长时间），并说如果在此期间西博格愿意接手这个项目，他会感到高兴。西博格当时正跟着新任命的化学指导老师约瑟夫·肯尼迪（Joseph Kennedy）做课题。肯尼迪是一个身材颀长、态度和蔼的人（显然与他的北得克萨斯州的家族渊源有关）。西博格向欧内斯特讲了他的计划。

劳伦斯通过双棱镜观察了对94号元素的搜寻结果。这种裂变同位素可以 ₂₄₅通过化学方法使其与其母体分离，这一发现有可能平息那些怀疑论者对仍然停滞不前的铀计划的质疑。因此，一如既往地，他渴望能够通过这一发现来展示回旋加速器的独特性能。如果94号元素被发现了，那么它也只能通过对铀的激烈、反复的轰击来实现，而这唯有152厘米回旋加速器的能量能够达到。有了劳伦斯的支持，西博格的项目被安排为克罗克大饼上最优先得到时间保证的项目。

到1942年1月20日，西博格有足够的信心写信告诉麦克米兰，轰击确凿无疑地产生了94号元素的未知同位素。"94号元素的事情看起来不错，"他写道，并附上一句警示："除了瓦尔和肯尼迪，没有人知道这些最重要的结果……委员会（即布里格斯铀委员会）希望我们将结果保密。"但他还是用一封签署日期为1941年1月28日的给《物理评论》的信将团队的这一发现透露出去。他后来说："我们想站在屋顶上宣告我们的发现，但是战争改变了一切。"按照莱曼·布里格斯的保密原则，他们的信件将被保留到1946年4月才能面世。届时，西博格将会发现，94号元素的存在已经以"最具戏剧性的可能形式"公之于世界：在日本长崎的上空爆炸。

西博格的下一步是检验新元素的裂变反应截面——换句话说，就是确定它是否能维持链式反应并制成炸弹。这个新的研究阶段需要进行大规模的铀照射，以便产生足够多的94号元素来进行必要的实验。西博格现在与意大利难民物理学家埃米利奥·塞格雷（Emilio Segrè）一起工作，计算结果表明，在152厘米回旋加速器上，对1.2千克的铀（大约超过2.5磅）轰击一个星期，大约能产出一微克（百万分之一克）93号元素。进一步计算让西博格暂停下来：被辐照的铀具有相当高的放射性。辐射实验室对克罗克大饼产生的放射性同位素非常厌烦，他们定期派人通过美国邮政局的邮件来送递；但这个样品必须十分小心地对待，处理人员必须戴上手套和护目镜，用大于手臂长度的工具远距离操作。

3月初的一天，西博格和塞格雷带着轰击过的铀的热样品（装在挂在长杆一端的铅桶内）走出克罗克实验室。他们裹着铅衣，穿过吉尔曼大楼的大厅，横着走上两段楼梯来到一个空出来的实验室。他们要在这里通过不断重复繁琐的程序——加热、蒸发、溶解、沉淀、离心——经过三天才能分离出93号元素。他们将最终沉淀物倒入一个直径比1角硬币还小的铂制器皿中，将液体煮沸，然后将熬稠的浆液涂抹在一层硝化纤维素胶泥上。盘子被粘在一块上面贴着"样品A"的纸板上，然后让它单独待在这里衰变成94号元素。这又花了三个星期。最后，按照西博格的推测，他们得到了四百万分之一克的94号元素。

接下来到了他称之为揭示真理的时刻：他们把样品带到94厘米回旋加速器，把它放在中子束下照射，等待探测器探测出显示裂变的迹象。探测器立刻明白无误地传出了期待中的声音。后来的测试告诉他们，94号元素的同位素239——核内有94个质子和145个中子的核素——的裂变性能为铀-235的近两倍（后来的实验将这一结果完善为1.24，仍明显大于铀同位素），其半衰期为30 000年左右（正确值为24 100年）。这个时长肯定足以提供炸弹核心所需的稳定性。西博格计算过，通过将普通的铀衰变成可用化学方法提取的裂变产物，可以成百倍地提高炸弹所需的原材料。这是1941年5月。在这一年年底，在麦克米兰将他的93号元素命名为镎（以纪念太阳系的第八颗行星）以后，西博格跟着将94号元素命名为第九颗行星，它在1930年就已经发现。现在称它为钚。

• • •

珍珠港事件的几周后，亚瑟·康普顿将西博格召唤到芝加哥谈心。

问题归结为：西博格是否能够设计一个化学方法在铀轰击后将94号元素从放射性裂变产物的混合物中分离出来？康普顿明确指出，这项工作必须以极快的速度进行，而且这个过程必须是可扩展到工业水平的。西博格毫不犹豫地回答"是"。后来他或许会多次骂自己为什么这么鲁莽，"年轻人过于匆忙地表达信心，不太愿意承认有可能失败，他们太无知，还认识不到项目的最终规模，甚至以他的经验还判断不了大规模生产的复杂性"。如果他知道他的前辈是怎样带着狐疑的眼神看待他的这种任性的回答，他可能会更不是滋味。布什和科南特都建议康普顿加紧钚的生产。他正在打一个获胜可能性很小的赌，因为分离钚的过程甚至在实验室都还有待于证实。

康普顿固执地站在那里。"西博格告诉我，从现在起6个月内，就能得到钚，他保证它可以用作炸弹原料"。

科南特轻蔑地哼了一声。"格伦·西博格是一个非常有能力的年轻化学家，"他说，"但他未必有那么好。"

但他就是这么棒。一旦他定下了生产方法，西博格仅用4个月就完成了任务。

接着S-1与辐射实验室签了份40万美元的合同。实验室迅速壮大。早在1941年年初，员工就已扩大到近一百人。那种在欧内斯特·劳伦斯慈父般的目光下整个团队拧成一股绳的紧密感正在悄悄流逝。在那年辐射实验室举办的、有几十人参加的圣诞晚会后，卡门在给麦克米兰的一封信中感叹道："这不是一个舒适的团伙。"为了给新来的员工提供办公场所，在斯普劳尔的许可下，欧内斯特已经将勒孔特大楼的每个空房间利用起来，并完全接管了大学新的教学楼，然后正式指定为"新的教学楼"。（后来它被命名为杜兰特大楼，以纪念伯克利的第一任校长。）卡门眼里的陌生人很多是先前离开的老兵，因为欧内斯特正在召唤他的加速器人从全国各地——康奈尔、普林斯顿、圣路易斯的华盛顿大学，从西屋和通用电气——回归，帮助他完善铀-235的电磁分离任务。

当需要某些专业人才时，欧内斯特甚至会从附近的街道招募，就像好莱坞星探将街边卖冷饮的女孩打造成明星。为了管理467厘米回旋加速器的建设，他招来了艾迪·斯特朗（Ed Strong）——伯克利的一位哲学教授——来当主任。其缘由是欧内斯特曾用自己的诺贝尔奖奖金作为一种非正式的投资方式帮助过他家在加州的房地产生意。一天晚饭后，斯特朗向劳伦斯描述了他家盖房子时他在管理木工、管道工和电工等方面的经验，劳伦斯听后直接载着他开车上山去了辐射实验室的工地。新回旋加速器的 4500 吨磁铁——世界上最大的磁铁——仍在露天放着，其他设备也都没拆包，还在巨大的板条箱里躺着。劳伦斯解释道："我需要这样一个人，他一方面可以和机械师一起工作，能懂他们的行话，另一方面还得能和物理学家和工程师们打交道。"就这样，在几年的战争期间，斯特朗将全副精力都投入到监造这个世界上最大的科学建筑群的工作上。然而，战争结束后，他拒绝了欧内斯特让他继续担任实验室主任的提议，他要回到教室去教他的黑格尔和马克思的哲学。

劳伦斯曾一再在全新的世界里留下他新的足印，一种自 69 厘米回旋加速器建设以来他不喜欢的经验。那些第一次与他一起工作的人会立刻充满了他的信心，更不用说他的紧迫感了。即使是像万内瓦尔·布什这样的一生都在与有成就的科学家打交道的人，在 1942 年 2 月访问实验室时，都会深切感受到这个实验室所带来的"刺激"和"清新"的氛围。

249　　实验室在扩大与政府间关系时的主要弱点是日益增长的安全负担。布里格斯的禁止发表任何与裂变有关的文章的守则很快就扩大到全面禁止在实验室范围以外对课题做任何讨论。科学家们对这些越来越严厉的禁令的最初反应是异想天开地对待它们。西博格小组开始时用"铜"来称呼 94 号元素。这样用了几个月，直到他们需要用真的铜配件来更新器材为止。这以后，他们将这种稀有金属称为"真铜"。科学家们被禁止直呼铀或钚的名字。（"我所知道的是，铀是一个脏词，我不应该用它。"莫莉·劳伦斯回忆道。）最后，他们用代码（这些元素的原子序数的末位数字）来指称这些元素。例如 92 代表铀，94 代表钚。对于同位素也有类似的叫法，例如铀 -235 称为"25"，钚 239 称为"49"。这种代码的使用一直延续到战争结束。

1940 年，辐射实验室因发表原子研究方面的文章而受到科克罗夫特的斥责，为此欧内斯特很快就适应了军事保密要求。这些保密守则包括莱斯利·格罗夫斯（Leslie Groves）将军——新任命的原子弹计划的主管——颁布的法令"条块划分"体制。这道法令意在限制科学家的知情权可能超出了他所需要履行的特定任务的范畴。但这并不意味着政府安全官员总是觉得劳伦斯好合作，特别是当他们怀疑某个辐射实验室的成员而这个人又是他认为不可或缺的人的时候。"我们跟欧内斯特·劳伦斯在人事问题上的冲突比跟其他四个人的麻烦加起来还要多。"战争结束多年后，格罗夫斯的安全主管约翰·兰斯代尔（John Lansdale）中校提起这事还在抱怨。他具体所指的是1943年8月发生在辐射实验室21岁的年轻物理学家罗西·洛马尼茨（Rossi Lomanitz）身上的一件尴尬事。劳伦斯和奥本海默都将他视为实验室宝贝。劳伦斯计划让洛马尼茨负责伯克利的电磁分离工作，但安全部门的人员不同意。他们认为洛马尼茨有危险的左派倾向，他们密谋通过让他入伍的权宜之计将他从敏感的核研究项目组调离。劳伦斯要求就洛马尼茨的去留与兰斯代尔面对面地交流。那不是一次暖心的邂逅。兰斯代尔回忆说："对于让洛马尼茨离开他这件事，欧内斯特·劳伦斯大喊大叫，声音比在场的我们所有人都大。"但最终，军队出手解决了这个问题——带走了这个人。

安全官员在劳伦斯的生活中无处不在。这种压力使得他很快转变了对炸弹项目中安全压力的处理方法。"他以后几年里被支离得破碎的权力，"马丁·卡门观察道，"硬化了他对人们的态度，增加了对他们的动机的怀疑。"

卡门是劳伦斯对安全问题日渐顽固的态度的最突出的受害者，因为这搭上了他在辐射实验室的工作和几乎整个职业生涯。尽管卡门的工作十分重要——他发现了碳–14，一项了不起的科学成就；他对放射性同位素生产的坚持不懈的管理为实验室赢得了作为一个可靠的研究材料供应商的声誉——但他从未成为劳伦斯核心圈的一分子。他是一个化学家，不是一个物理学家，他的学术气质更接近奥本海默而不是劳伦斯。他是一个天才的音乐家，他与旧金山地区他所称的"令人兴奋的左翼知识分子群体和一些享乐主义人士"打得火热。另外，他是犹太人。虽然劳伦斯不是反犹主义者，但他对种族差异可能过于敏感，这或许是他是在一个单一种族的农村社区长大的缘故。劳伦斯在向他的朋友亚历克斯·艾伦（Alex Allen，1937年他在巴托尔研究所负责招人）推荐卡门时写道："他是个犹太人，因此在某些方面这在人们看来当然会对他不利，但就他而言情况不是这样，因为他没有一点那些非雅利安人所具有的特征。他真是个很不错的家伙。"（艾伦是否聘用了卡门尚不清楚，但不管怎样，卡门都待在伯克利。）

1943年年初，卡门的社会交往让他处于军队安全部门的监视之下。他意识到他家的电话被窃听了，他的住所受到安全部门的人严密监视，他们会在一辆停在门口的汽车上一坐几个小时，车都不熄火。尽管受到监控，但卡门依然我行我素，满不在乎地继续他的社会活动。一天晚上，他被发现和当地的苏联副领事格里高利·海费茨（Gregory Kheifetz）一起吃饭。他还曾在小提琴家艾萨克·斯特恩家的聚会上与海费茨见面。这顿晚餐是海费茨答谢卡门，感谢他安排一名患白血病的苏联外交官在约翰·劳伦斯的实验室接受放射治疗，但安全人员则将这件事看得严重得多。晚饭后不久，库克西把卡门叫到他的办公室。他的脸色苍白，一言不发，拿出一页打印的文件交到卡门手上，让他立即离开实验室，永远不要再回来。

几乎每一个学术实验室都是在政府合同下为国家工作，卡门到处都找不到研究性工作。最后，他在里士满附近的凯撒造船厂找了一份技术检验员的工作，一直熬到战争结束。多年来，这位化学家一直对劳伦斯怀有怨恨之忿，认为是他故意躲开让库克西来做恶人，木已成舟时劳伦斯甚至都不在辐射实验室。"欧内斯特认为我跟俄国人透露了些东西，"卡门向奥本海默诉苦，"他怎么会有这种荒诞的故事倒是超出我的理解之外，他可能这么想。"笼罩在卡门职业生涯上的乌云直到和平来临才驱散，当时他应亚瑟·康普顿的邀请出任圣路易斯华盛顿大学的回旋加速器建设的监督，这时康普顿已被任命为该大学校长。后来才知道，康普顿当时曾叫劳伦斯询问一下卡门是怎么回事，结果劳伦斯给的回复是积极的建议并保证"卡门对美国的忠诚没有任何疑问"。

安全限制也成为劳伦斯个人的一个负担，这不仅仅是因为他们对他不断扩大的责任加设了新的行政制约，而且他们还通过暂缓执行等措施收窄了他费力争取来的选项。面临类似压力的还有亚瑟·康普顿。康普顿平时习惯与妻子自由讨论他的研究，结果招致她被要求通过安全审查。西博格新婚的新娘是欧内斯特·劳伦斯的秘书海伦·格里格斯(Helen Griggs)。她在战前就已经被审查过，因此她能打字录入辐射实验室科学家的技术报告，甚至都不需要走这一步。

然而，欧内斯特从来没有在家里谈论起他的工作。现在时局比以前更敏感了，他更不想这么做。而由此造成的孤独只会使他变得更疲劳和紧张。他几乎总是在路上，他深深地厌恶坐飞机旅行，只是为了从一个会议到另一个会议；在他们的婚姻生活中，欧内斯特和莫莉第一次分两地过了感恩节和圣诞节。他最近一次向她吐露心事是在他递给她自己的行程单的时候，当时如果她问他为什么要去那个地方，他会打断她："这不关你的事。""所以我已经不习惯问问题了。"她回忆说。

正如劳伦斯所预期的，随着经验的积累，在质谱仪上工作的员工的技巧显著提高，由此大大扩展了设备的能力；到1月中旬，9小时运行已能够产生18微克的纯度为25%的浓缩铀-235。样品重量约为一粒沙子的千分之一，但它所含的可裂变同位素的浓度却是天然铀的34倍。一个月后，实验室已经积累了225微克的纯度为30%的铀-235。它们被分为三个样本，其中两个被送到炸弹项目的芝加哥实验室（对外称为冶金实验室）康普顿那里，另一个被送呈马克·奥利芬特，他是英国政府在剑桥大学的铀项目的主管。

劳伦斯继续朝前赶。尽管他的工作人员已经掌握了第一代分离器，但他又开始筹划新的装置。这个装置的形状有点像字母C，以适应轨道呈半圆形的离子束。新真空室要比原来的小，所以它的内部真空将更容易维持。新装置还配备了比原来的强10倍的新离子源，并配备了一种新型同位素收集器。这种收集器的形状像一个盒子，它将每一种同位素分装于各自的收集室。收集室通水冷却，以防止在高能离子的轰击下熔化。为感谢加州大学对实验室的宽容大度，这个实验室现在几乎完全为政府工作，劳伦斯将这种新装置命名为"calutron（卡留管）"。[1]

253

---

1 这是劳伦斯自创的新词，由 cal（California 前三个字母）+ u（University 的首字母）+ tron（粒子加速装置）构成。今专指分离同位素用的电磁分离装置。——中译者注

在安装94厘米磁极的那些日子里，这个新装置的性能超出了劳伦斯的预期。他打电话给布什告诉他这个消息。他热情的声音传到长途电话那头依然是那么洪亮，布什赶紧给罗斯福草拟了一个便条，宣称"到1943年夏季［15个月后］，可以得到完全可用的物质量"。这个时间比康普顿给出的截止期整整早了6个月。

但劳伦斯什么也没完成。到目前为止，卡留管的产量极少，而且可靠性很差，但他已经计划用另一个功率大10倍的离子源来取代现有的10毫安离子源。而这本身只是更大事项的一块垫脚石。在发现卡留管能在94厘米的磁铁下工作后，他准备为战争牺牲掉他的王冠上的宝石：为"他－人"回旋加速器定制的巨大的4500吨磁铁。它现在正孤零零地立在校园后面的山坡上。

按照467厘米回旋加速器的原建设计划，要求磁铁的建造在11月完成，但随着战争的到来，截止期已过。现在欧内斯特推出一项应急措施，要把它变成一个巨大的质谱仪，这个大质谱仪包含几台卡留管，每台都配备各自的离子源和收集器(图28)。他的目标是要证明电磁分离法可以在工业规模上生产浓缩铀。

图28 劳伦斯把这台未完成的467厘米加速器改装成质谱仪，用于分离铀同位素来为研制核弹服务。左起：罗伯特·奥本海默，刚被任命为洛斯阿拉莫斯曼哈顿工程核弹设计实验室的负责人；未来的诺贝尔奖得主格伦·西博格，当时正负责为炸弹项目开发钚燃料；劳伦斯，正在检查机器的控制台。橡树岭的这台机器将为广岛核弹所需的铀芯实施同位素分离技术。

欧内斯特估计，改造计划将耗资约60 000美元，主要用于三班倒的人力报酬。万内瓦尔·布什对此犹豫不决，抱怨政府花在设备上的钱太多了，以后这些设备都成了加州大学的财产。劳伦斯只好转向他的最新和最富有的私人赞助机构——洛克菲勒基金会——求助。他请求在华盛顿与沃伦·韦弗紧急会面，254并拒绝提前透露要讨论的事项。但如果韦弗希望得到充分讨论，他将安排政府向韦弗说明事情原委。韦弗表示异议。"不要告诉我任何秘密，"他说，他能猜出会面的原因，"除了钱你还能从我这里得到什么？"

劳伦斯对韦弗的恳求与他为MIT辐射实验室招募场地如出一辙：他需要基金会的帮助来解决一件极为重要，但他又不能透露项目内容的事情；他的名声、他的记录促使他必须这么做。韦弗将这个盲目的要求转告了雷蒙德·福斯迪克，谎称这是一项补助金申请，"用于加快巨型回旋加速器建设，并购买某些相关设备"。基金会理事问起，不是刚给伯克利一大笔钱，那可是基金会历史上最大一笔赠款，怎么又需要更多的钱呢？结果他们被告知，"这笔资金要得急，但抱歉不能具体说明"，福斯迪克还记得当时的情形。"因此，给不给这60 000美元已经成为是否忠诚的问题"。

直到炸弹投了之后，劳伦斯才告诉福斯迪克事情的原委。后者回忆说："在原子弹的研制过程中，洛克菲勒基金可是发挥了重要作用。"一干众理事这才发现，他们无意中资助了一项大规模杀伤性武器。这事儿实在不值得骄傲。"在基金会的整个历史上，从没有资助过以破坏为目的的项目，"福斯迪克闷闷不乐地说道，"何况还是这样一种致命武器。"

加快进度的工作于5月底完成，在草莓峡谷附近，一幢最初设计用于容纳世界上最大的回旋加速器的巨大的圆形建筑现在成为一个完全不同的项目的总部。与其校园里的前辈建筑相比，新大楼宽敞得超乎想象，但是大楼内永不停息的活动反倒使它显得局促。机器车间和重型电气设备阵列被设置在地下，沿弯曲的内壁摆放，对面是两层楼高的磁铁拱顶。二楼是办公室和会议室。在25515英尺宽的磁极面之间，是一道6英尺宽的间隙，这个宽度足以容纳至少两个背靠背的C型真空室。C型真空室的两臂伸到外面，使得坐在凹空间里的操作人员可以将离子源、电极、加热器和收集器等设备移走、倾斜、推入或拉出来。这个凹空间装有真空密封窗，通过它们可以监测束流。

卡留管一天24小时运行，以至于当磁铁通电后，其强大的磁场成天笼罩着整个建筑。"我们都知道不能戴手表，不要带钥匙。"一位来自康奈尔的年轻新兵比尔·帕金斯（Bill Parkins）回忆道。但磁铁作用在他鞋钉上的拖曳力依然带来跋涉于泥沼的沉重感觉。工人使用的工具都是用非磁性铍-铜合金锻造而成的。尽管如此，偶尔仍会有铁钉掉到磁场里，这时铁钉就会像子弹一样射到磁极面上，就像用金属弹丸砸向标靶。大型有色金属器具，如盛装液氮的轮式金属罐（俗称杜瓦瓶），必须固定在适当位置。在磁体壳旁边有一张沙发，上夜班的技术人员在长时间工作后能在上面打个盹。伯克利山坡上夜间的寒冷会被这嗡嗡作响的庞然大物产生的热量驱散。

在科南特和布什的不断催促下，欧内斯特和他的工作人员加紧安装，一口气从春天干到夏天。5月23日，科南特将所有干将——劳伦斯、布里格斯、康普顿、莫夫里和尤里——召到华盛顿，希望能确定一两种分离方法，其他的作罢。几天前，他对布什下了最后通牒，他将昭告麾下有竞争力的专家干部：他们必须决定是否"有足够数量的新武器成为战争的决定性因素"。如果是，速度就是关键，资金将倾举国之力；如果不是——即使一两打原子弹也决定不了战争胜利，"不具有现实决定性，而仅起到补充作用"——那么就不必着急，不必仓促投钱，很可能连战时炸弹计划都根本没必要存在。

在某种程度上，科南特是在虚张声势，目的是要提升华盛顿和科学界对可能的德国炸弹计划的关注。现在是无论成功与否，结盟似乎势在必行。这种关注的提升部分是由于有新闻报道，纳粹已征用了挪威重水工厂，这只能理解为敌人正在建造重水慢化型原子堆——用重水慢化中子曾是费米在决定用石墨慢化中子之前的诸多选项之一。反过来这又意味着纳粹已经发现了钚，他们试图像盟军一样用反应堆来增殖。那年春天的早些时候，尤金·维格纳为康普顿描绘了一幅可怕的场景：如果纳粹知道94号元素，他们只需两个月就可以在重水堆中生产出6千克的炸药。到1942年年底将足以制成6枚炸弹，比康普顿给出的盟军炸弹研制时间表早两年。后来人们才得知，纳粹的炸弹计划从未正式开始实施，但显然这一点在当时还不为人知。

尽管迫切，科南特注定要对他关于分离过程所做的决定感到失望。铀浓缩的四种选择——电磁分离法、热分离法、气态扩散法和离心方法——没有一种明显胜过其他，所以哪一种方法都不能排除。费米也还没有实现链式反应，所以钚的可用性仍然是个问号。然而，所有选项均全速进行将意味着国家需拿出高得离谱的数十亿美元。

不过，有一种方法显示出明确的承诺，这就是劳伦斯的方法。他习惯于虚张声势，他报告说，大磁铁里的第一台卡留管将在三周后开始分离铀同位素。他承诺，到9月将每天生产4克铀−235。他认为，技术上可以达到每天生产100克的规模。假设卡留管可以将铀−235的浓度提高到80%（尽管这个指标远远超出该装置的能力），那么就有可能在一年内生产出足以装备一颗30千克炸弹的核燃料。

科南特知道劳伦斯很有信心，而且绝非画饼充饥。他曾想将国家的生死存亡就押宝在卡留管上。但这无异于让劳伦斯虚张声势：在当前的发展水平下，欧内斯特承认，能快产浓缩铀的卡留管只能产非常少的量，是否能够承担起整个核弹计划的所有要求仍有疑问。科南特尽管对他的科学家们没有能力让某种分离过程一马当先感到不开心，但他还是大笔一挥，为四个方法斥资8亿7千万美元。

整个夏天，辐射实验室一直在继续改进卡留管的设计。最重要的进展包括操纵磁场使离子束更细。这个问题其实就是早期回旋加速器建造过程中的磁场缺陷校正，结果被证明有异曲同工之效：采用金属垫片使磁场"成形"，就像相机里的光学透镜调焦使进入相机的光线都聚焦到一点，由此产生清晰的图像。8月13日，在伯克利召开的S−1会议上，欧内斯特就辐射实验室的进展作了大胆陈述。卡留管在设计上剩下的问题都只是工程性质的，他说，他用这只猫已经剥了10张皮。电磁分离法现在已经超越其他方法成为领头羊。对于大规模生产铀−235，气体扩散法和离心法似乎在理论上是可行的，但均未解决具体技术问题，仍步履蹒跚，尚未生产出任何铀−235。尤里主持的扩散法主要依赖于六氟化铀气体——可憎的"妖术"，这种方法的问题也正来源于此：这种气体会严重腐蚀尤里尝试的每一种可渗性滤网。离心法由弗吉尼亚大学的杰西·比姆斯——劳伦斯的老朋友——主持，也尚未形成预期的富集率；它将是第一个被抛弃的直接方法。原子反应堆的进展给人乐观的理由，但费米仍在构建原型堆，而且更不幸的是还要按照康普顿的命令迁往芝加哥。

　　未解决的关键问题是电磁分离法是否能产生不止一种铀弹的核燃料。这一点劳伦斯仍不确定。他又一次劝告科南特，保持多种选择而不要"一匹马拉远道，因为我觉得很有可能其他方法最终被证明更合适"。同时，他设计出一种大规模运用卡留管的工厂化生产模式：将一系列真空罐在巨型电磁铁的两极之间排成一个大椭圆阵列。每个椭圆阵列可以排96个真空罐，每个罐对应两台背靠背的卡留管，设计使得铀束离子从离子源到收集器走过一个4英尺半径的180度弧（半个圆周）。在辐射实验室，这种安排已众所周知，其卵圆形轨道被称为赛道（图29）。尽管劳伦斯最初自己也有疑虑，但这种工艺配置确实生产出了摧毁广岛的炸弹燃料。

图29　橡树岭实验室用于大规模地将可裂变的铀 −235 与天然铀分离开来的技术手段"阿尔法赛道"。尽管它所分离的铀 −235 还不足以制造一枚以上的核弹。

第 13 章　橡树岭

1942年6月，万内瓦尔·布什批准买下距田纳西州诺克斯维尔40千米远的 ₂₅₉一块21 000多公顷的土地。这是一片狭长平坦的山谷，两边都是树木繁茂的山脊，足以作为制造核弹级铀燃料的秘密基地，而且接近田纳西河谷管理局属下的发电厂，能够获得巨大的电力供应。

基地需要大规模重新建设，分区划片，并将现有的牛车道改造成四车道公路。设备采购和开发工作交给了美国陆军的工程兵去做，但部队有点举棋不定，决定等S-1委员会搞定了铀浓缩技术后再说。如果没必要建这个基地，那么设备采购和土地开发就更没必要了。

1942年8月末，布什警告陆军参谋总长乔治·马歇尔和陆军部长亨利·史汀生说，你们的延误有可能扼杀这个炸弹计划，这个计划赢得了"一群人，而且我认为是世界上最伟大的一群科学家"的一致认可。他的严厉批评促使项目迅速启动。陆军工程兵司令布里恩·萨默维尔（Brehon Somervell）将军将这个当时仍神秘地称为DSM（替代材料开发）的项目交给了兵团下属的曼哈顿工程师区管辖（总部设在百老汇270号），并由他最信赖、高效的下属莱斯利·格罗夫 ₂₆₀斯(Leslie R. Groves)上校掌管。曼哈顿计划由此诞生。

格罗夫斯是一位军队牧师的儿子，毕业于西点军校，体重136千克，且从不羞于谈论减肥。前些年，他曾担任过五角大楼的建设总指挥，当时可没少受到劳工问题、材料短缺、成本超支和悲惨的工作条件等困扰。但他还是在8个月内就将这幢世界上最大的办公大楼完成了。格罗夫斯后来开玩笑说，当这项复杂且有争议的工作完成后，"我希望能上战场，这样好歹可以得到一小会儿安宁"。

布什知道从军队来了一位新队友，但当格罗夫斯——他已经因接管炸弹项目而提升为准将——于9月17日出现在他的办公室时他才知道来的是谁。布什因为被这项任命蒙在鼓里而怒火中烧，他不理会格罗夫斯对项目状态的粗鲁盘问，而是给史汀生的助手哈维·邦迪（Harvey Bundy）草成一封快信。"匆匆见到格罗夫斯将军后，我怀疑他是否有足够的机智从事这样的工作，"他写道，"我怕我们正陷入困境。"

但他很快改变了主意。炸弹计划的两件最紧迫的任务是收购田纳西地块和划分工作的最高优先级，两件事都已经耽搁了4个月之久。格罗夫斯在接管后48小时内就搞定了它们。

三个星期后，格罗夫斯来到伯克利。他来到辐射实验室。他对电磁分离法一直持怀疑态度，他的技术顾问让他确信，气体扩散法具有优越性。这些顾问们都来自熟悉该技术的石油行业。但他们没料到会遇上可怖的"妖术"，更没想到会遇上欧内斯特·劳伦斯这种越遇上事情越来劲儿的个性。

劳伦斯陪着格罗夫斯参观了辐射实验室，向他展示了卡留管的运行并解释了其优点。他的解释很有说服力，给将军留下了深刻印象。他将劳伦斯与他已考察的其他项目主管做了对比，感觉到劳伦斯能力最强。劳伦斯作为大科学总管的经验使他有一种把握如何从原型机扩大到实际生产过程的本能。面对一项如此紧迫的计划——大工厂得设计和建造，而生产工艺流程还无法提前测试——这是当下最为关键的问题。与劳伦斯相处几天后，格罗夫斯认识到，他的路径只有一条，那就是采用能力已经得到展示的能产生可观数量的铀-235的方法。11月5日，他让劳伦斯根据现有的电磁分离装置的设计起草一份构建庞大的电磁分离厂的技术规范。这个规范将不再更动，就是最终版本，以便让商品制造商按照规范开始进行真空罐安装。工厂代号Y-12，将设立在田纳西河流域新的联邦用地的东南端，占地334公顷。在其8千米外，将建一个住宅社区来安置员工。它就是后来举世闻名的橡树岭。

在格罗夫斯访问伯克利期间还发生了另一个重要事件：他第一次遇到 J. 罗伯特·奥本海默。

自从 6 月份亚瑟·康普顿设置监听来监督炸弹设计的理论工作以来，奥本海默一直在他在伯克利的办公室外与一小群他信任的同事一起工作。在劳伦斯向格罗夫斯简单介绍了奥本海默的工作后，格罗夫斯在其副官肯尼斯·尼克尔斯（Kenneth D. Nichols）上校的引导下走进了这个房间，当时只有罗伯特·塞尔博（Robert Serber）在。"格罗夫斯走了进来，脱下了外套，递给尼克尔斯，说：'拿着这个，找个干洗店把它洗干净。'"塞尔博回忆道："对待上校就像使唤一个跑腿的男孩。这就是格罗夫斯的行事风格。"

奥本海默可能风闻了这段戏剧性的军事权威展示，但他不为所动。在接下来的几个小时里，他与格罗夫斯就炸弹设计者所面临的挑战进行了学术讨论。正如格罗夫斯后来回忆的，他的顾问们建议他在 3 个月或更短的时间内，组成一个人数相对较少（甚至只需 20 位科学家）但皆有能力的小组来负责炸弹的"设计和制造"。他的本能告诉他，这是一种"危险乐观"的观点。但奥本海默让他看到了这种做法的可行性。奥本海默警告说，许多理论问题和技术问题仍有待于解决，因此，如果这种武器要能够及时影响战争的话，设计工作应立即启动。 262

格罗夫斯要求奥本海默在一周后来芝加哥作进一步讨论。在那里他们登上前往纽约的"20 世纪有限公司"的客运列车，与尼克尔斯挤在一个非常小的包厢里，讨论如何组织一个炸弹设计实验室。"建立组织，建设所需的设施……和处理这些预料到的问题，如招募科学家，并让他们待在偏远地区的实验室。"尼克尔斯回忆道。

格罗夫斯最初曾考虑任命劳伦斯为炸弹实验室的头儿，但后来决定还是让他负责监督关键的电磁分离工作。对于其他可能的候选人，康普顿无法离开芝加哥，哈罗德·尤里是化学家，不适合管理物理实验室。到奥本海默在布法罗要下车返回西部时，格罗夫斯认识到：他就是最好的选择。

但他确实有一些顾虑。奥本海默没有行政经验，也没有得过诺贝尔奖。要说格罗夫斯因为后一点就认为奥本海默不具备作为项目负责人应具有的科学声誉，那说明他显然没有意识到这位科学家在物理学界的崇高威望。另一个担忧是奥本海默的左派背景。由于奥本海默习惯于涉足政治，曼哈顿项目的安全部门——这时尚未完全在格罗夫斯的控制之下——明确拒绝了他参与战争工作。为了克服这个障碍，格罗夫斯寻求劳伦斯的帮助。劳伦斯写了一封热情的个人推荐信给格罗夫斯。这封信打消了后者所有的怀疑："作为教学上的同事和亲密的朋友，我认识J. 罗伯特·奥本海默教授已经有14年了，"欧内斯特写道，"我很高兴地推荐他。作为一个具有极高的智力素质和极高的品格和人格的人，他的正直是毫无疑问的。"

劳伦斯进一步向格罗夫斯保证，如果奥本海默在完成任务时失败了，他将亲自接管。格罗夫斯有了这一例外条款垫底，便命令曼哈顿项目的安全工作人员为奥本海默发放必要的安全许可证，"不管你掌握了有关奥本海默先生的什么信息"，并任命他为沙漠实验室的头儿。这个实验室就是后来国际知名的洛斯·阿拉莫斯实验室。

1942年4月19日是个星期日。格伦·西博格抵达芝加哥接受了康普顿给他的任务。这个大风天还是他30岁的生日。他明白面临的挑战，因为他和他的同事们还没有制造出数量可以用显微镜检测到的94号元素。他无不嘲讽地这样说道："这份工作是在用看不见的天平来称量看不见的材料。"科学家们只能通过辨别其微弱的放射性痕迹来判断是否存在钚；这不是通过观察而是提供演绎来展示科学。

康普顿将西博格小组命名为C-1，并将芝加哥大学的赫伯特·A.琼斯实验室的四楼给它使用，这里老化的长椅、水槽和通风柜无不让西博格想起他本科生期间在实验室做实验的情形。现在他是负责人，但他的第一个任务是定下他的团队人员名单。他从欧内斯特·劳伦斯的招聘手册上取过一页纸，罗列了他认识的最好的化学家，这些人或者是他同学，或者曾是他同事。他对他们是否愿意将这个项目作为未来的职业心里没底。唉，他毕竟不能自由地描述这项任务。"不幸的是，我不能告诉你这份工作的性质，但……你尽可以公平的立场猜测。"他在给一个大学期间的朋友的信中写道，他知道他对现在的石油公司的工作并不满意。"这是我工作期间遇到过的最有趣的问题。"

这份工作不好做。西博格有劳伦斯的活力和热情，但他没有后者的名声。在说服人方面他并不总是很成功，他神秘的召唤无法使人丢下一切跑来芝加哥，过一种归期不定的生活。不过，在5个月内，他已经召集到25名员工；一年内招到50人，员工最多时达到100人。

他们的主要任务是用中子轰击铀靶以获得足够多的钚用于研究。产生中子束的方法有两种可供选择：一种是用回旋加速器；另一种是用链式反应原子堆。但首先是要产生微量的钚。西博格计算过，如果按每周铀轰击产出1微克钚的生产速度，需要2万年的回旋加速器运行时长才能获得1千克的94号元素。链式反应堆效率要高一些，但遗憾的是这仍只是理论上的预期，因为费米最新的原型堆表明，平均每次裂变产出的中子不到1个——显然是失败的。即使假设链式反应可以启动和维持，要完成任务仍需提取钚，其产出率仅为百万分之二百五十，或每吨铀提取半磅。而这些原材料均具有很强的放射性，必须用密实的混凝土墙将其封装起来。

幸运的是，西博格不需要提炼出1千克的钚，那时只需要几微克。而且在圣路易斯的华盛顿大学，康普顿建的回旋加速器尚未搬去芝加哥大学，正好能用。西博格小组征用了这台回旋加速器，一天24小时开足马力轰击铀。在接下来的18个月里，这台不知疲倦的机器将产生两千分之一克的钚，一粒盐那么一丁点的量。西博格每天监测装置的运行，仅破例了一回：快速回到伯克利迎娶海伦·格里格斯——他的新娘。随后他在内华达州的一个名叫皮奥奇的尘土飞扬的小镇上，租了车站酒店的二楼匆忙举办了婚礼。然后，这对夫妻继续坐火车前往芝加哥。他们到达后不久，从圣路易斯用卡车运来的第一批铀也到了：300磅的铀封装在外包铅砖的胶合板材质的板条箱里。有些箱子破损了，溢出的热铀流淌在车厢板上。西博格赶紧让助手戴上橡胶手套清理溢出物。他们好

238   大科学

265　不容易将货物拖上楼弄进实验室，在这里要让它冷却一个星期，然后才开始进行还原、氧化、沉淀和萃取的繁琐的流程。

　　8月20日的早晨，工作出现突破。西博格手下的一位微化学家用氢氟酸来还原由轰击产物制成的溶液，发现有极少量的粉红色物质沉淀出来：这是纯的钚-239。西博格在他的日记中写道："这确实是第一次用肉眼看到了钚——一种人造元素。我确信当时我的感觉就和一个新做父亲的人一样。"自从他和约瑟夫·肯尼迪在他们的微观样本上确认了94号元素的阿尔法印记以来，已经过去了20个月。费米的链式反应堆仍处在艰难的酝酿阶段，他们所知道的是，经过几个月，甚至几年后能看到的唯有钚。

　　整日整夜，冶金实验室的同事们涌进琼斯实验室的405房间，都来通过显微镜观察粉红色斑点。几周后，格罗夫斯将军被带上楼亲自查看钚样品。他把眼睛对着显微镜，研究人员已经将样品精心放置在玻璃盘上。

　　"我怎么什么也看不见，"他咆哮道，"当你能给我看几磅东西时，我会感兴趣的！"

　　格罗夫斯冻结卡留管设计的命令只是在最一般的意义上而言，当时也只是针对安装在橡树岭实验室的第一代装置。这是不可避免的，因为这种分离过程太超前，在辐射实验室没有继续试验的情形下，根本不可能设计出确切的规格型号，甚至在Y-12建设开始后依然如此。卡留管收集的铀-235的质量和纯度变化很大，取决于各单元的工作气压压强、磁场强度和形状、加速电极的电压以及无数其他因素，人们对所有这些因素是如何相互联系的并不完全了解。

266　劳伦斯最初计算过，2000套卡留管-源-集热器阵列（2000个真空罐，或大约20条赛道）每天能产出100克铀-235。到1月份，卡留管已升级至每一台可以与多个离子源和收集器配套运行。这将使产量增加一倍，换言之，日产100克仅需1000个真空罐。格罗夫斯对劳伦斯充满信心，坚信效率能得到进一步提高，因此将Y-12的规模降低到500个真空罐，即5条赛道。如果产量上不去，工厂有足够的空间安装更多的真空罐。格罗夫斯制定了一个惩罚性的建设速度，要求第一条赛道于1943年7月1日运行，所有5条赛道到年底全部投产。这些最后期限没有给理论研究留下任何余地。辐射实验室回到了边干边试的日子，任何能产生更强或更清晰的粒子束的配置均直接纳入标准，即使实验者还没弄明白其起作用的机制。

每一件设备都必须加工到最苛刻的尺寸，设计按最耐用的要求来做。垫圈必须能够经受得住极端的温度变化，在长时间运行下保持气密性不变。真空泵一直是辐射实验室人员最头痛的设备，即使在机械运行状况最好的情况下。为使开窗更换元器件和清洗后罐内真空能够快速恢复，泵口和连接管道的尺寸均被加大，以便封口后能迅速进入工作状态。收集器经过多轮设计改进已可以做到让铀–235和铀–238分开沉积。

对于辐射实验室来说，最熟悉的设计单元是磁铁。毕竟，他们曾为建造467厘米回旋加速器竖立了最大的磁铁。但这并不意味着Y–12磁铁的设计不具挑战性，因为所有的赛道磁体加起来将比原来的大100倍。

这导致格罗夫斯首次出现重大采购危机。按照原初的磁铁设计，要求电磁 267 铁线圈和传输大电流给赛道的总传输线用大量的铜材料。但整个国家的铜的供应都被用于战争的其他方面的需要，尽管格罗夫斯牛气冲天也无法左右这个冷酷的事实。作为替代品，设计人员看中了银。但除了美国财政部作为货币储备（储备地点位于西点军校的金库内）外，这种金属也处于短缺状态。格罗夫斯要求提取这笔宝藏，并设法得到了它。据了解，这批银子大约有14 700吨，价值超过3亿美元，要求在战争结束后每盎司都得归还。挪用这笔支撑美元价值的银锭是绝对保密的，从其铣削加工到电缆成型和运输均由军警看守，直到成品抵达橡树岭。格罗夫斯信守诺言：战后所有贵金属全部归还国库，只是最后一笔直到1968年才交付。

在格罗夫斯将军那里，劳伦斯遇到了——可能是他成年以来第一次——比他更具驱动力的人。现在，欧内斯特发现自己经常处在一种被决策围困难以摆脱的不习惯的境地。格罗夫斯经常会炫耀性地找他商议事情，有时甚至做戏般来访伯克利，最后才知道，那些看似共同商议的问题实际上他早已单方面决定。例如，对于该请哪个承包商来负责 Y-12 的运行的争论，在劳伦斯还在琢磨候选名单时，格罗夫斯早已拍板交给了柯达下属的子公司——田纳西伊士曼公司。设备制造商的指定也同样如此，形式上看似有待于劳伦斯的批准，实际上早都以这种神秘的方式决定过了。很多时候，等到劳伦斯发现决策已经作出，合同已经签订时，格罗夫斯已经带着承包商——西屋、通用电气，或阿利斯查尔默斯制造公司等——的代表踏上了前来伯克利的旅途，辐射实验室要做的就是全面介绍工艺和设备要求，然后他们将在一两个月内在田纳西完成制造和安装。

然而，格罗夫斯充分认识到劳伦斯在程序中的关键作用。没有欧内斯特的能量、笃定的自信和在发明分离过程中对科学家和工程师下达的一系列令人折服的命令，就不会有 Y-12。格罗夫斯把劳伦斯的个人安全级别设置得与奥本海默和其他几位曼哈顿计划不可或缺的项目人员相同，并发信告知他对他的人身安全采取了"某些特殊防范措施"。其中包括：除非得到格罗夫斯的明确同意，否则绝对禁止乘坐"任何飞机飞行"。劳伦斯乘坐汽车出行时与前车的距离不得超过几英里，或不允许在"没有适当保护的情形下在任何一条荒僻的路上"或天黑后旅行。他去哪儿都由全副武装的司机开车，费用由政府开支。

曼哈顿计划的令人惊叹的规模可谓空前绝后——不管是在花费上、人力上，还是在物理尺度上——最明显的见证就是 Y-12。电磁分离工厂是山谷中最大、最复杂的设施。格罗夫斯计算过，到战争结束时，它的建设费用、工程和电力消耗将超过 5 亿美元，使其成为曼哈顿工程中最昂贵的部分。在为期两周的施工期间，火车运来了 128 车皮的电气设备；混凝土砌块装满了 63 车皮；原木 9 万立方米——装了 1585 辆卡车。

当劳伦斯于 1943 年 5 月到访 Y-12 时，当时距项目破土动工尚不到 3 个月，山谷变迁的景象让他着迷。在检查完运来的西屋公司、通用电气和田纳西伊士曼公司的形形色色的建厂设备之后，他已经做好了大干一场的准备。但"克林顿工程师的作品"——田纳西基地的正式名称——看起来独树一帜：四座巨大的两层楼房正处在不同的施工阶段，大车道变成了铺上沥青的街道，谷底铁路

纵横交错，高压线在山脊上蜿蜒延伸，连接到一个庞大笨重的变压器上。"当你
看到这里的规模后，"他在给辐射实验室工作人员的报告中写道，"你将变得清
醒，它让你认识到，无论我们怎么想，我们都得把事情做到底……仅从这个项
目的规模你就可以看出，这地方就是来一千人也不会显得多。"伟大的成就总是
启发劳伦斯去做得更大，橡树岭也不例外。"我们得设法雇用看到的每一个人，
将他们调动起来，因为如果这些赛道如期投入运行后，这将是一项非常壮观的
工作。我们必须这样做。"

格罗夫斯急于推进Y-12，让它从实验阶段迅速过渡到产业化运行，尽管辐
射实验室曾警告说，那些不懂电磁分离的科学家们仍在对他们不懂的事情指手
画脚。其他专家也表达了类似的担忧。当田纳西州伊士曼公司的经理焦虑不安
地表示，他的公司可能没有建设像铀-235工厂这样的科研能力时，格罗夫斯立
即打断道，他有"这么多的博士，他无法一个个地去问"。他需要伊士曼的是有
工业管理经验的专家。

劳伦斯又在伯克利招募了100名员工到橡树岭专门负责调试卡留管。他的
招聘策略在麻省理工学院辐射实验室的招聘中已臻完善，"想去田纳西吗？"
他会问候选人。任何有条件同意的人都被告知："可以答应，你后天就出发。"

伯克利来的科学家到达后才发现，Y-12基地还是一片到处是泥浆的工地，
混乱不堪，士气低落。推土机刚推出的街道还印着一道道齿痕，两边是一排排
预制件搭建的房屋，整个橡树岭看上去就像一部"未完成的电影基地"，西博格
回忆道。一切东西都粘着厚厚的田纳西黏土。那些勇敢地来到橡树岭食堂就餐
的人们无一例外地遭受到肠道疾病的侵袭，他们称这种病叫"克林顿热"。军事
化管理对身体条件的磨练远远超过辐射实验室的任何强制性要求，即使是加入
了原子弹计划后也没这么艰苦。Y-12的条块划分使科学家们从巨大楼层的一
端到另一端必须反复不停地出示通行证。

很多事情似乎只有当欧内斯特亲自抓时才能平稳进行。但令人沮丧的是如
今他的注意力多在别处。不过，对于像物流组织、基本建设告一段落以及设备
的设计等大事，他还是会出现在Y-12现场的，如果他不在，事情将堆得没法进

行下去。在这里，像在伯克利一样，他每天早上8点召集一次政策会议。他走进房间，坐到最舒服的椅子上，然后轻松地询问："有什么新闻？"他会本能地注意到每一个问题的细节，一边听一边制订出一个解决方案或一条路径，然后迅速进入下一个项目。劳伦斯对卡留管的机械性能的把握有一种发自内心的感觉，这种感觉与他一直表现出的对回旋加速器的神秘的亲和性能很好地匹配。"他骨子里就知道怎么回事。"来自康奈尔的新人比尔·帕金斯惊叹道。

伯克利来的人遭受到的另一个不适应就是严重的文化冲击。主要是看不惯从田纳西乡间招募来做卡留管操作工的年轻妇女。她们大都图爽快，打着赤脚在地板上走来走去，彼此间旁若无人地用一口听不懂的乡音大声交谈。一想到Y-12的成功将取决于这群"乡巴佬文盲"（卡门给她们贴的标签），伯克利的博士们脑袋就大了。"质谱仪是实验室里最娇贵和最不稳定的仪器，稍不注意就不出活儿，只能由训练有素的技术人员来操作。如果她们接受了必要的训练就能站在操作台前按按钮，那岂不是鸭子赶赶都能上架"？

这些女性也无法不受到文化冲击的影响。她们被训练来执行一种单纯的机械工作——面对着高高的满是数字仪表盘的控制台，坐在转椅上"看仪表，调指针"。她们报告说就像在一夜之间冒出的巨大的工厂工作，但这个厂子是"既看不见进料口也看不见出货口，"帕金斯报告说，"没有进出，但每个人都很忙碌。"当妇女们询问她们是在做什么工作时，她们被告知"从事的是广播发射信号，用于干扰敌人的通讯"，或者就像指导老师在培训时告诉她们的："我只能告诉你，如果我们的敌人抢先了，那就等着上帝怜悯我们吧。"

然而，田纳西女性具有一种超越伯克利科学家的重要品质：耐心。一旦Y-12进入运行状态，她们平静的心态让她们成为高超的操作员。事实上，尼克尔斯上校因为科学家瞧不起他的员工而被激怒，很快就告知劳伦斯，这些女性可以在生产上超过科学家，他准备开展一场比赛来证明这一点。劳伦斯接受了挑战，结果输了。其原因，尼克尔斯认为，是这些女性在训练时就被教导要以不争论或解释的态度去执行给她们的指令，所以她们能够毫不分心地走在前面；而科学家，哪怕是遇到最微小的指针波动，都会去探究其原因，因为他们真正知道每个数字的意义，他们不断地做出琐碎的和不必要的调整。而尼克尔斯知道，工厂一旦进入生产阶段，需要的是准确无误的操作，而不是不停地调整。

劳伦斯将Y-12看作他的私人领地（尽管这里有11 000名田纳西伊士曼的员工使之运转）。在他频繁访问工厂期间，他会不时驻足与工人或工程师亲切交谈，有时也在此与缺乏耐心的公司伙伴如格罗夫斯等人交流。有一次他陪着一个高个子、弯腰驼背、长脸上挂着阴郁表情的人一路溜达了很长时间。劳伦斯以少有的尊敬语气向人介绍说，这是"尼古拉斯·贝克（Nicholas Baker）博士"。这个名字是尼尔斯·玻尔的代号，他的忧郁反映了他对因自己的发现而带来的可怕的武器的疑虑。劳伦斯当然没有表现出这样的疑虑，这只能加深"贝克博 272士"的沮丧。

劳伦斯的简报中出现的许多问题均源自Y-12在核心技术尚未完善之前就开工建设这一决定。如果是在伯克利，对卡留管的设计做出变更本不算什么事，但在橡树岭，任何改变都可能引起费用上的巨大投入和时间上的输不起的耽搁。新的设计仍在源源不断地流出伯克利：项目执行到最后，制成原型机并通过测试的有71种不同类型的离子源和115种接收器和收集器的设计方案，其结果均送呈格罗夫斯。一些设计变更属于下一代的重大技术进步，源于劳伦斯自身的不懈追求。有些革新没必要大惊小怪，例如卡留管的离子源和收集器阵列的倍增问题，甚至在二阵列安装前，他就已经在琢磨了四阵列的事儿了，然后是八阵列，十六阵列——每次升级都需要对束流的相干性和功率消耗做新的研究。

到1943年年初，伯克利的令人鼓舞的设计实验，加上橡树岭建设的快速进展和欧内斯特的极富感染力的热情宣传，使得电磁分离法已成为生产铀核材料的最佳筹码。尤里在橡树岭的气体扩散厂（代号K-25）进展落后于时间表：到1943的春天，没有人想出能抵御"妖术"可憎的腐蚀性质的膜材料，也没人能说出还要多久能给出答案。尤里为此多次与哥伦比亚的同事约翰·邓宁（John Dunning）吵架，后者是这方面的专家。更严重的是，他和格罗夫斯发生了冲突。"在哪集中尤里博士的能量的问题仍然没有解决。"在充满紧张的K-25会议之后，尼克尔斯上校在笔记上写道。

相比之下，Y-12计划一直保持着平稳发展，甚至已经在谷底建厂。辐射实验室传出的最新的两级分离过程设计理念要求采用新型卡留管以进一步提高原有赛道的产出。最初的设计被命名为α赛道；新的、占地较小的赛道命名为β赛道，它有排列成矩形的36个真空室，每个带两个离子源。

格罗夫斯在3月份签署了新系统，伯克利开展了新一轮的疯狂实验。β赛道的流程用料较少而且输出强度更大，且并不缺乏灵活性。在α赛道上，总有些材料被溅到内壁，它们大部分可以通过洗涤和刮擦下来再用。而在β赛道上，作为原料，哪怕一丁点浓缩铀都显得那么贵重，不能让它们遗留在离子源电极上，或真空罐的内壁上。

到了春末，在5条α赛道旁建起了两条β赛道，以及一系列屋外的化学处理设施。劳伦斯预测，每条α赛道一个月能产生300克浓缩铀。到9月，第一条赛道已准备就绪，即将开始生产。

但这种大踏步向前推进了两步就止住了。在奥本海默的领导下建立不久的洛斯阿拉莫斯实验室估算，制造一颗炸弹所需的铀-235的量翻了3倍，增加到40千克。科南特在华盛顿听到这个消息感到很绝望，他想象不出橡树岭能有什么办法来获得这么多的炸弹材料。但劳伦斯在这个令人泄气的新数据背后看到了机会。他认为Y-12是满足新要求的最可靠的选择，他对工厂进行了扩建，新增了一条β赛道，并对现有的α赛道做了新的更高效设计革新。8月17日，改进后的α赛道在橡树岭第一次测试就大获成功，格罗夫斯批准将α赛道从5条扩展到9条。

在11月初，第一条赛道正准备投产时灾难发生了。1943年11月13日，供电出了问题。尼克尔斯清楚地记得那一天，因为那天正好是他36岁生日。突然的断电使得赛道当时就趴在了那儿。巨型磁铁因短路产生的电动力生生将14吨重的真空罐挪了位置，这反过来又将上层的管道、泵和电缆等设备拉离了原位置。甚至连放在里面的真空室都出现了真空泄漏，这些微小的裂缝必须一个个地查出来，然后逐个重新密封。

工程师们事后查明，磁铁之所以短路是因为冷却油被铁锈、金属屑和沉积物彻底污染失去绝缘性能。唯一的办法是将所有的磁铁返回生产厂家艾利斯查尔默斯（Allis Chalmers）公司进行清洗和彻底翻新。来回至少要耽误一个月的时间。

这个事故让劳伦斯感到了沉重的压力，外表开朗的性格再也掩盖不了职责的重压和长期旅途劳累带来的身体崩溃。更糟糕的是，就在追查事故原因的当儿，格罗夫斯将军怒气冲冲地赶到了现场。格罗夫斯当面指责劳伦斯耽误了功夫，尤其是在辐射实验室在回旋加速器上就经历过类似的事故，因此对磁铁的绝缘问题应该有所防范。他对着劳伦斯就是一通"刻薄的批评"（按尼克尔斯肯定低估的话来说），最后劳伦斯崩溃了。他到芝加哥去参加在冶金实验室召开的S-1会议，因受背部痉挛的折磨，他不得不坐在轮椅上被推进会场。紧接着，他被送到芝加哥大学医院做体检，并将L.阿尔瓦雷斯从冶金实验室召了过来。

阿尔瓦雷斯被劳伦斯的外表惊呆了。"我这一生都没见过一个完全被打垮的人是那种样子，"他回忆说，"他确实太累了，他非常沮丧，他只是情绪非常低落。"劳伦斯担心的是Y-12的失败会让军队对整个原子弹计划失去信心，那可是数十亿美元的投资——事实上，是整个战争的努力——将失去平衡。让他倍感痛苦的是他的无力感，也许这次事故是他职业生涯中第一次让他面临无法自我修复的工程危机。磁铁的修理依赖于制造商的工程师，需要拆开磁铁，冲洗油路，然后再将它们正确地组合在一起。阿尔瓦雷斯回忆说："除了坐在那里，他什么也做不了。"欧内斯特患有慢性鼻窦炎，他的背部疼痛，而为他制作的矫形支架做得非常糟糕，反而加剧而不是减轻了他的疼痛。阿尔瓦雷斯"一连几天握着他的手"带他散步。通过说服劝导，欧内斯特摇摇晃晃地回到了伯克利的家，等待修理的完成。

危机被证明是暂时的。制造商对磁铁做了必要的修复。到1944年1月中旬，α-II阵列也成功投入运行，这让欧内斯特心头的忧郁得以驱散。新的卡留管曾有的缺陷——电气故障、绝缘子破损、真空漏气以及需要较长时间停机来拆卸和重新组装等一连串掣肘因素——在工程师和操作人员的一毫米一毫米地细心检查下被一个一个克服，这种喜怒无常的机器终于被驯服了。截至2月，α-II赛道已经产出了200克浓度12%的铀-235材料。尽管其体积仍大得令人失望，浓缩度远远低于核弹头的需要，但它要比其他方法产生的品位高多了。其中一些被运去洛斯阿拉莫斯进行试验，其余的作为β赛道的原料储存起来。

劳伦斯现在已恢复了精神，对Y-12作进一步扩展感到信心十足。他在给科南特的一封信里强调了他目前的情况，提醒他Y-12独自就能够承担起炸弹项目的可行性验证。"现在的主要事实是，原先的不确定因素已经不复存在。"他写道："电磁分离厂正成功运行，Y（指洛斯阿拉莫斯）的实验进展毫无疑问将产生具有巨大爆炸力的产物。这只是时间问题。"

1944年年中，格罗夫斯通过大幅度削减对气体扩散分离项目的资助表示了对K-25产出的失望。扩散作为一种"级联"步骤——每一级扩散都使铀-235的浓度较前级递增——是有效的。格罗夫斯命令将K-25降格为Y-12的β型卡留管原料的补充源。在新的安排下，劳伦斯被授权扩大他的α-II工厂，它将为这个扩散过程提供补充，以便最终生产出武器级浓缩铀。

整个过程还有最后一个要素。劳伦斯以前的研究生菲利普·阿贝尔森（Philip Abelson）几乎是单枪匹马地在费城海军造船厂默默地工作，他采取了一种完美的方法，就是利用热扩散来浓缩铀。1944年4月，在对橡树岭能否提供核弹头的一片怀疑声中，格罗夫斯得知了阿贝尔森的这一工作，于是派出一支侦察队前往费城。他们发现阿贝尔森是在一片由100根高大的圆柱组成的"森林"中干活，含有高浓度铀-235的六氟化铀正在用这些塔收集。三周后，格罗夫斯下令在橡树岭建设一座有2100个圆柱的热扩散工厂。

到1945年1月，工作可谓三头并进。α装置每天产出超过250克纯度为10%的浓缩铀-235。β装置将这些产物与K-25的产出混合起来，最后热柱每天可产出204克纯度为80%的浓缩铀-235。这已是炸弹级燃料。正是以这样的速度，到1945年7月1日，终于生产出可以装备一枚核弹的核燃料。这些核燃料主要由欧内斯特·劳伦斯的宝贵的回旋加速器一点点收集产出，它们装填入称为"小男孩"的装置，并于1945年8月6日在广岛上空投下。

在铀工厂建设和提炼期间，格伦·西博格也正全速完善自己的钚的提取工艺。一个重要的突破发生在芝加哥的斯塔格运动场西看台下的壁球场——恩利科·费米在这里建了一座原子反应堆。1942年12月2日，他实现了链式反应。亚瑟·康普顿现场观看费米的手下将一根控制棒从巨大的石墨堆（里面装着铀燃料）中取出，耳边立刻传来了世界上第一座受控原子反应堆的放射性输出计数器的滴答声。康普顿十分高兴，也许部分是因为他与劳伦斯在1月份设下的赌局——到年底链式反应就将成功——他打赢了，他立刻给在坎布里奇的科南特打去了电话。"吉姆，"他说道，"你会有兴趣知道意大利航海家刚刚登陆新世界。"

"是吗？"科南特回答说，"当地人友好吗？"

"每个人都安全着陆并且很高兴。"

西博格在校园对面的办公室里得知了这一消息。他在日记中记录下了他那一刻的心情。他的精神因这一消息得到些许宽慰，这项工作是那年月所有原子科学家压倒一切的头号关注目标。"当然，我们无法知道这是否是人类第一次实现链式反应，"他写道，"德国人也许已经走在我们前面。"

6月1日，也就是费米成功的6个月后，西博格会见了杜邦公司的高管。在格罗夫斯的用计下，杜邦公司答应在橡树岭建设一座分离钚的试验装置。他们这次见面的目的是要最终确定装置的设计方案。11月初，这座链式反应堆开始运行，并在6周内产出了以毫克计的钚，而且很快产物就以克计。这些产物被运回芝加哥供西博格团队作进一步研究。但他们不久就放弃了先前的那种微化学工艺，改用肉眼能看见的量来研究——但这需要新的安全措施，以防止吸入或摄入这种"毒性极强的"产物。同时，杜邦也开始了下一个阶段的建设工作：

在华盛顿州中部哥伦比亚河的一个拐弯处，汉福德小镇的附近，建一座大规模生产的工厂。

像劳伦斯看到橡树岭的变化一样，西博格对汉福德工厂的巨大规模由衷地赞叹。自从他和埃米利奥·塞格雷用木制长杆挑着一小罐溶有微量钚的乙醚溶液穿过伯克利校园那一刻到现在，4年过去了。从那时起，他所有的工作都处于这座工厂一系列生产程序的顶端：每两百天里照射200吨的铀，以便产出半磅钚(图30)。在16千米远的另一座工厂里，裂变的钚将从辐照过的铀中提取出，然后被送去洛斯阿拉莫斯。利用这些材料，洛斯阿拉莫斯的炸弹制造者们将做成一颗称为"胖子"的钚弹，并在广岛爆炸后的第三天在长崎的上空扔下。

278

图30　格伦·西博格与物理学家埃米利奥·塞格雷合作，在辐射实验室分离出"剧毒"的94号元素，并将其命名为钚。1966年，两位发现者准备向史密森学会(Smithsonian Institution)移交存放有这种难以捉摸的元素的第一个样品的雪茄盒。这个盒子是老烟鬼吉尔伯特·刘易斯捐赠的。

第 14 章　通向三位一体之路

　战争的进程走在炸弹工作的前头，这使盟军科学家越来越担忧纳粹的炸弹项目进程。美国已在欧洲参战，凭借其巨大的资源，盟军将在1943年年中取得胜利几乎已毫无悬念，尽管早前在北非和巴尔干遭遇战术上的挫折。1944年6月6日，诺曼底登陆预示着盟军向柏林的最后推进，之所以中断主要由于德军在冬季开展的6周的反攻，即盟军军事史学家所称的阿登反攻战役，或大众口中的突出部战役。

　　对于从事原子弹项目的物理学家来说，德国在1945年5月7日的投降，使得与他们发明的核弹有关的道德和伦理问题复杂化了。在盟军的战争努力仍然主要集中在对付纳粹政权时，这些问题似乎比较简单。阿道夫·希特勒可能利用原子的破坏力来击败盟国，这一可怕的想法促使许多著名的科学家，包括来自纳粹德国的众多难民，自愿参与到曼哈顿计划中来。在1942年到1943年间，战争进程的不确定性促使人们将制造和使用原子弹的疑虑埋藏在心中。鉴于德国炸弹所带来的生存威胁，很少有人对盟国首先使用它们感到疑虑。

　　日本完全是另一回事儿，至少对科学家来说是这样。日本的技术能力似乎远不如德国，日本政权对世界的威胁更加有限。虽然只有曼哈顿工程的少数科学家——主要是那些在洛斯阿拉莫斯从事与装置本身的工作有关的科学家，以及如欧内斯特·劳伦斯这样的持有高级安全许可的人士——充分了解炸弹的研究进展，但在遥远的实验室工作的大部分专家感到，他们的工作正临近结束。这加剧了物理学界和曼哈顿计划中的文职领导人员的这样一种情绪：关于核弹的部署和战后的技术管理的讨论应该加紧提上议事日程。

利奥·西拉德深感难以在迫切需要研制炸弹与其使用后的人道主义关切之间取得平衡。1939年，正是这位匈牙利难民物理学家敦促爱因斯坦提醒罗斯福总统注意核裂变的军事潜力，从而让原子武器的概念进入联邦政府的视野。西拉德在他催生的这项计划的认识上曾有过一段曲折过程。在4年的令人沮丧的岁月里，他力促政府官员让项目上了快车道。然而到了1945年5月，他敦促同样一批官员，为了避免战后的核军备竞赛，应"不对日本使用核弹，保持其秘密，让俄国人认为我们这方面的研究没有成功"。德国投降后，他不止一次地提出建议：对日本使用原子弹会使美国的道义和人道主义立场受到致命的损害，会破坏任何建立可行的国际控制机制的努力。然而，时机变得越来越晚。计划中在新墨西哥州阿拉莫戈多沙漠上进行的钚弹试验——即著名的"三位一体"[1]试验——正在迫近；在战争中部署炸弹可能只有几个星期了。

关于核武器控制和对日本使用炸弹的讨论自1943年以来一直就没有消停过。芝加哥大学康普顿领导的冶金实验室，成为战后规划的争论中心，也是反对扔炸弹一派的大本营。在这里格伦·西博格曾成功分离出钚。冶金实验室在这场辩论中表现突出有几个原因。一是它在炸弹方面的直接工作到1944年年初已基本完成，因为一旦西博格和他的同事们在芝加哥完善了分离过程，利用原子反应堆进行钚的大规模生产就被迁至汉福德。因此，冶金实验室的科学家们有时间和闲暇去思考核武器及其控制的更深远的影响。当时，有着良好声誉的德国物理学家詹姆斯·弗兰克（James Franck）就在这个实验室工作，他对原子能的社会和政治意义作了大量深入的思考，而这些条件在曼哈顿项目的其他重要的研究中心那里是不具备的：洛斯阿拉莫斯仍在忙于"三位一体"的测试

---

1 所谓"三位一体"是指原子弹的结构。原子弹是一种内爆炸弹，有三层结构：最外面的是铀金属壳，用于反射中子和冲击波（通常这一层不算）；里面第1层是高爆炸药层，用于产生冲击波；第2层是低密度物质构成的反射层，用于汇聚各种速度的向心冲击波协同作用到中心燃料芯上；中心是钚芯。向心汇聚的爆轰波将处于次临界状态核燃料快速压缩，使其密度迅速增大，达到超临界状态，引发链式反应，产生核爆炸。——中译者注

（一直要忙到搞清楚爆炸的效果），伯克利只听从一个男人——欧内斯特·劳伦斯——的指挥，而他对"政治"干扰的敌意可谓人所共知——虽然他自己很快就被卷入这种讨论，但他非常不愿意在他的实验室里听到这类传闻。

在芝加哥，讨论的主旨变得尖锐化的一个信号是：政府正考虑关闭冶金实验室。1944年7月，格罗夫斯将军告诉亚瑟·康普顿，在9月1日前设法将人员裁减掉75%。这个前景让员工们非常沮丧。这段时间以来他们一直在忙于发展原子的破坏性潜力，但他们希望自己的团队能够转变为一个从事原子能发电和其他和平利用的研究机构。正如弗兰克后来所说的，令他们感到不安的是，政府对原子能的兴趣可能自始至终都是其作为武器的有效性。令人担心的是，如果炸弹失败了，政府对该领域所有其他工作的支持也将停止，这样，研究原子能对社会的好处将变得毫无意义。另一方面，如果炸弹成功了，那么对原子能的基础研究的需求就会增加，但它可能集中在制造更多更好的武器上。但无论核技术的未来是基于战争还是和平，将一个由有经验的研究者组成的有效团队 282 解散，让他们得不到政府财政的支持，都将是政府的一种鲁莽的做法。

康普顿设法将这些问题摆在了格罗夫斯将军及其文职同行万尼瓦尔·布什和詹姆斯·科南特的面前。他提出了一些冶金实验室能够在1945年之后长期执行的项目，其中包括在研究和发展上为汉福德和洛斯阿拉莫斯提供支持，研究开发新的核技术，如先进的核反应堆，以及核辐射在工业、医学研究和军事上的应用。康普顿还设法悄悄地将芝加哥大学建成战后的核研究中心，其手段之一就是试图将费米从哥伦比亚大学拉过来，并许以教授席位和位于芝加哥西部的阿贡国家实验室（曼哈顿项目之一）主任一职。他的这一企图只是成功引发了哥伦比亚人向布什提出愤怒抗议，后者只好禁止了这一动议。

这个插曲提醒了布什和科南特：如果他们不开始规划曼哈顿项目下的战后研究计划，其成员就将自己开始动手了。他们还了解到，除了要安抚参与项目的科学家，还有其他的原因要求考虑战后政策。其中之一就是原子武器的秘密必然会以这样或那样的方式泄露出去，不管是通过部署炸弹本身，还是通过基础研究的自然进行，或是因从事该项目的庞大的科学家队伍的无意吐露。他们估计苏联人要发展自己的核弹，少则三四年（奥本海默、布什和科南特的观点），多则20年（格罗夫斯的观点，他通过他主管的棱镜项目深知这种研究的复杂性）。在战争中，苏联是不可或缺的盟友，但美国和英国的领导人不信任斯大林，担心苏联领导人渴望统治欧洲会让战后的和平变得不可预期。布什和科南特曾反复掂量过，是否需要将炸弹的秘密泄露给苏联人，以便在这种武器的威力公开展示之前就将他们拉入国际军备控制体系，这样也许能避免军备竞赛，解除对整个世界的威胁。

几个月前，这种国际控制的想法以非常偶然的方式告知了罗斯福和英国首相温斯顿·丘吉尔。1944年8月，最高法院大法官菲利克斯·弗兰克福特（Felix Frankfurter）——罗斯福总统的老朋友——把尼尔斯·玻尔带到了白宫。玻尔随身带着一份建议书，内容是以立即披露炸弹的秘密作为先决条件来建立国际军备管控体系。1944年9月，在罗斯福和丘吉尔出席的魁北克峰会上，这份建议书摆上了桌面。但他们决定将核弹作为英美之间的专享技术，甚至在战后依然如此，实际上就是要建立一个以两国常任理事的世界和平机制，而将俄国人排除在外。

布什和科南特从战争部长史汀生那里得知这个决定后，在9月30日回应了一份备忘录。指出关于原子弹的新闻很可能在1945年8月公布于世，其方式既可能通过非军事演示的形式，也可能通过战争部署的形式。发展中的这款武器，其威力为万吨级TNT当量，具有极大地改变战争性质和和平命运的潜力。但是与热核"超级"炸弹的潜力相比，这只能算是中等水平。曼哈顿工程的科学家已经在理论上对这种超级炸弹进行了研究，其威力可能是裂变炸弹的一千倍以上。他们警告说，美国和英国不可能垄断核技术数年之久。布什和科南特也都知道，只要原子弹是一个秘密，那么已有的有关战后外交政策的会谈——特别是1944年举行的作为建立联合国的基础的敦巴顿橡树园会议——都只是徒有其表。正如詹姆斯·弗兰克在1945年年初所写的："科学家们心里知道，所有这些计划都是过时的，因为未来的战争将会是一种完全不同于现在的战争，要比目前的战斗残酷一千倍。"

布什和科南特的努力没有在政策制订上产生什么影响。白宫正在为三巨头——罗斯福、丘吉尔和斯大林——于1945年2月初在雅尔塔的会议做紧张的准备。斯大林越来越显露出强烈的迹象，要在战后的欧洲——尤其是东欧——的事务上展现苏联的影响力。与此同时，军事计划正全速推进。格罗夫斯已开始训练在日本上空空投炸弹的准备；1944年12月30日，他获得罗斯福总统的批准，向与此有关的陆军、空军和海军军官告知这一使命的重要细节。在这般疯狂的氛围下，布什和科南特的关于国际军备控制的不成熟的思想几乎没有得到任何回应。

然而，在雅尔塔会议后，形势似乎又出现转机。白宫认为这次峰会很成功并为之欢欣鼓舞。更重要的是，炸弹计划正迈向具体的结论，该计划就要在沙漠中进行决定性的测试。史汀生对当时的情形回忆道："我们非常有可能在盛夏就成功爆炸第一颗原子弹……当初的满心希望就要变成现实。"布什和科南特告诫史汀生，在向世界揭示原子弹的威力之前，必须采取严肃的预先准备步骤：起草公开声明和立法解决核武器国际控制问题的法案，以及战后国内管理技术方案。随着第一个原子火球的诞生，世界将从前核时代进入核时代；如果届时国内技术管理或国际军备控制方面出现真空，那么其结果很可能会"走向失控"。

在3月15日的一个会议上，史汀生将这些警告转告给了罗斯福。他表面上的目的是要了却罗斯福的战争动员主管詹姆斯·伯恩斯（James F. Byrnes）对炸弹计划的中伤。伯恩斯以前曾是参议员和最高法院大法官，这位优雅的、来自南卡罗来纳州的新主管对该计划几乎一无所知，但却能向罗斯福吹道听途说来的耳边风：曼哈顿项目花费惊人，成本现已增长到20亿美元。但就像史汀生向他解释的那样："万内瓦尔·布什和吉姆·科南特已经卖了个柠檬给总统，我们怎么也得检查一下。"史汀生回忆说，在一份递交罗斯福总统的备忘录中，伯恩斯曾极力主张，一个由著名科学家组成的外围小组看了这个计划，认为这是一个"相当令人不安和紧张的计划书，而且相当愚蠢"。在白宫，史汀生驳斥了伯恩斯的这种担忧，指出该计划背后有包括欧内斯特·劳伦斯和其他三位诺贝尔奖获得者组成的科学团队支撑，"而且几乎是每一位物理学家都参与进来"。然后他阐述了未来控制的遗留问题，认为有必要事先准备好一份声明，一旦核爆炸成功，就在第一时间向全世界发布这份声明。罗斯福同意这些问题应该提前准备好，但没有采取行动。这次会面是史汀生最后一次面见罗斯福总统。不到四周后的 4 月 12 日，罗斯福总统死于一场严重的脑溢血，时年 63 岁。

4 月 25 日，史汀生再次来到白宫，他的任务是向新总统解释核能的巨大的破坏作用，"此前他对我们的工作的了解仅限于以参议员身份诚恳地接受我们不向他透露这件事的秘密的保证。"现在，史汀生无比宽慰地看到，哈里·杜鲁门总统慨然承担起他的新的责任，"其态度与作为参议员时答应不再向我们打探此事时别无二致。"汇报时史汀生并没有减少强调有关核武器的国际的和政治上的重要性。他在会议上这样陈述道，如果不确立强有力的、分享核弹知识的原则，并将其置于控制之下，那么"与其技术发展相比，目前世界的道德进步状态最终将被这种武器所控制。换句话说，现代文明可能被彻底摧毁……另一方面，如果这种武器的正确使用的问题能够得到解决……那么世界的和平和我们的文明就能够得以保存"。史汀生眼下的目的是要获得杜鲁门的授权成立一个委员会来专门讨论这些战后问题。结果他当场便得到了总统的许可。

到 5 月 1 日，临时委员会成立。之所以称为"临时"，是因为大家预计，一旦战争结束，国会将会任命一个永久性的委员会，它将以史汀生为主席，以伯恩斯、布什、科南特、卡尔·康普顿为成员。不久，史汀生任命了一个科学小组来为委员会提供建议。这个小组由欧内斯特·劳伦斯、罗伯特·奥本海默、亚瑟·康普顿和恩里科·费米组成，他们都是大科学的领袖。该小组开会审议哪些属于最重要的创新。

科学小组的作用从来没有准确地阐明过。科南特曾有过这样的看法，认为它可以作为临时委员会与研制炸弹的科学家之间沟通的管道，使那些因其工作的影响而变得内心不安的科学家的意见能够上达。但其他成员是否赞同这个作用很令人怀疑，康普顿是唯一一个对实验室实施监督的人，在他的实验室里，科学家们可以公开表达其不同观点。

从形式上说，科学小组有机会就任何问题向临时委员会提出意见。这在一开始似乎是一个权限广阔的职能。然而，两个委员会很快就被吸引到科南特所说的"意见被记录下来的最重要的事情上，这就是对日本人使用炸弹的问题"。

5月31日，临时委员会在五角大楼首次与科学小组开会，格罗夫斯和陆军参谋长乔治·马歇尔出席了会议。攻陷德国已经过去了三周，人们把注意力集中在了日本。按照康普顿对这次讨论的回忆："日本是一个强权国家，它还在拼命抵抗，不愿意承认战败……最大的危险是，狂热的军事集团仍在控制着日本，投降是不可能的。"关于日本抵抗的疯狂程度以及盟军进攻本岛时所要付出的代价的历史争论一直持续到今天也未停止，但在1945年，决策者们毫不怀疑，可能的损失程度——100万条生命的代价绝非夸大——令人可怕。5月31日的讨论就是在这样一种背景下展开的。

从冶金实验室的弗兰克记录的备忘录来看，康普顿陈述的主要是普通科学家所关注的核弹的社会和政治影响。文件警告说，能一次性杀死数千人的这一武器的使用意味着美国将陷于"道德孤立"。弗兰克写道："如果美国希望通过国际条约来禁止原子武器的使用，那么他们率先使用核武器将会使国家置于违反它所倡导的禁止核武器的弱势地位。"

相反，弗兰克建议"在某个荒岛上向全世界示范核武器的威力"。这种以非军事的演示来进行威慑的想法并不是人们第一次听到，事实上它已流传了好些年。早在1944年9月，布什和科南特就曾向史汀生提出过类似的建议："当第一枚炸弹已被证明取得成功后"，就在省去制造和军事细节的基础上将技术"完全公开"，他们认为："这种显示可以在敌人的领土上实施，或在我们自己国家实施，随后通知日本，除非立即投降，否则这些材料就将被用来对付日本本土。"

但是5月31日的会议是第一次将这种演示的想法呈现在美国政府的决策机构面前。即便如此，对呈现的方式还是做了精心策划，它不是作为官方议程的一部分，而是放在委员会讨论的其他几项正式议程之后进行。这些正式议程包括讨论美国在原子武器方面领先于世界其他地区的程度（这里，"世界其他地区"是指苏联）。康普顿估计美国在原子弹项目上的领先程度不超过6年。至于开发和生产下一代武器热核炸弹，奥本海默估计，美国大概需要3年时间——对任何关注能够威胁文明的武器的扩散问题的人来说，这不是一个令人欣慰的时间表。伯恩斯仍将原子弹看作与苏联人讨价还价的一种抽象的装置，他记得奥本海默的这个惊人的数字让他"彻底吓坏了"。

当讨论到美国的科技发展计划的未来时，劳伦斯抓住机会强调了战后大科学的立足点，那就是必须通过政府支持"来维持蓬勃发展的工厂扩张和库存计划"。亚瑟和卡尔·康普顿也持这种观点，他们有各自的大型学术机构需要培育。劳伦斯对一直进行的对核计划的军事监督的前景并不感到担心，奥本海默曾为此画了一条线。奥本海默认为这些限制措施只会扼杀基础研究。他说，基础科学研究与洛斯阿拉莫斯和曼哈顿工程其他实验室所开展的工作之间存在根本性区别，后者只是在"摘取早期发现的果实"。他断定，要使美国的科学发展能够持续繁荣昌盛，我们需要"一个更悠闲、更正常的科研环境"。他的这个观点得到了布什的赞同。

午餐时间到了。在上午的会议上，康普顿回忆道："看来使用炸弹已成定局，只是在如何使用的战略和战术细节上有不同的意见。"但在上午，劳伦斯曾暗示赞许采用非军事威慑的可能性。因此在午餐时，伯恩斯请他解释一下后来是怎么转变的。"这个讨论有点长，"劳伦斯回忆道，"也许有10分钟。"

根据劳伦斯和康普顿的回忆，普遍的反应是消极的。"原子弹是一个复杂的装置，仍处于发展阶段，"康普顿接着谈道，"我们承担不起哪怕是仅有一次的失败……虽然示范不会毁灭人的生命，这一点颇具吸引力，但没有人能够让人确信，这么做能够停止战争。"奥本海默则对整个讨论都感到不满意，因为他认为炸弹部署这个问题不在科学家的专业范围之内。"我们不认为科学家特别有资格回答如何使用这些炸弹的问题。"几年后他回忆说："我们不了解日本的军事形势。我们不知道入侵是否真的不可避免……我们确实说过，我们不认为在沙漠上像点爆竹一样引爆一颗炸弹就能令人印象深刻。"但正如他在回顾这次讨论时所谈道的，正是在真正引爆这个大爆竹之前，曾有过一次展示，结果证明它确实令人印象深刻。

奥本海默的观点给劳伦斯留下了鲜明的印象。"奥本海默感到，而且格罗夫斯和其他人也是这种观点，显示威慑的唯一办法就是对现成的建筑物实施真正的攻击。"劳伦斯在8月份给朋友卡尔·达罗（Karl Darrow）的信中这样谈道。按照一般的解释，这样就将目标范围缩小到了工人住房周围有大型军工厂的城市。

劳伦斯告诉达罗，其他反对仅展现威慑的理由是"被核弹炸死的人数与死于战火的人数不会有量级上的差别"。这在某种程度上代表了一种定量的判断，这种判断没错；但在定性上，它可以被看作一种绝望下的合理化定论。奥本海默对该委员会给出的估计是，这可能会搭上2万条生命，后来又做出修正：上述估计只是爆炸本身造成的杀伤，不包括随后死于辐射的人数。实际上，广岛的伤亡人数在6万至8万，长崎的伤亡人数在4万至5万。这些数字确实甚至略低于对东京大轰炸造成的死亡人数的估计范围。携带燃烧弹的飞机所实施的低空飞行袭击在2月份就已经开始，在3月9—10日的夜间达到高潮。然而，这种比较忽略了这样一个事实：几乎每个参与曼哈顿工程和做出轰炸决定的人都认为，采用核弹是一次变革，注定会引入一种新的战争形式和新的国家间关系。这也正是在第一时间设立临时委员会的理由所在。史汀生在他自己写的现已残缺的笔记中承认，在5月31日的会议上他说道："我们不认为这只是一种新武器……从其效果——对人类生活的日常事务的影响——上说，其震慑力要远远大得多。它也许破坏或完善了国际文明……它要么是科学怪物，要么是实现世界和平的手段。"如果仅仅是计算伤亡人数，那么做出放弃炸弹的决定会简单得多。史汀生后来写道，在5月31日的会议上，他和马歇尔都认为，原子能"不能简单地从军事武器方面考虑，还必须从人与这个世界的新的关系上来考虑"。但他仍然对这种观点与冷酷的可接受的伤亡计算之间的不相容性保持沉默。

5月31日的会议打破惯例，临时委员会与其科学小组之间进行了交叉讨

290

论。康普顿回忆说，午饭后，科学小组被要求准备一份报告，"阐明我们是否能够设计出一款演示性装置，它能够在不使用炸弹对付活靶子的条件下使战争结束。"

因此，科学家们有理由认为，是否要放弃炸弹的最后决定将有待于他们的进一步投入。但是，即使没有他们，事情也一样在向前推进。五角大楼会议后的一天，临时委员会接受了杜鲁门总统的三点建议：（1）炸弹应当"尽快"被用来对付日本；（2）应当采用"双靶"，如"最易遭破坏的房屋和其他建筑物"周围的军事设施或弹药厂；（3）应该不做事先警告。投票结果是一致通过，虽然有一位成员——海军副部长拉尔夫·巴德——不同意第三条建议，但他辞去了职务，并向史汀生提出，应给日本接收两天或三天警告的机会。他的观点一直捅到白宫，但显然还是没有得到理会。

科学小组的四位成员一直在努力完成临时委员会交给的最终任务。6月15日，他们在洛斯阿拉莫斯召开了一次碰头会。这是一场痛苦而伤感的聚会。"我们想到那些被派去敌方的战斗人员，这些行动不论对于美国人还是日本人，都需要付出非常高昂的生命代价。"康普顿说道："我们决心要找到一种能展示原子弹的威力而不至于失去生命的有效方法，它会给日本的军阀们留下深刻印象。如果这么做能有用就好了。"

"我们小组最后一个放弃希望的"，康普顿后来写道，"是欧内斯特·劳伦斯。"欧内斯特的同事们注意到，他在整个周末都"显得苦恼"；康普顿暗示，他因与日本物理学家在建造回旋加速器的合作中结下友谊而过于摇摆不定。这是不明智的，但这么说也未必准确。两位日本科学家，相根良吉（Ryokichi Sagane）和矢崎为一（Tameichi Yasaki），曾在辐射实验室工作一年多的时间。回去后他们在东京的物理和化学研究所建造了第一台美国境外的回旋加速器。这台机器完全是对劳伦斯机器的复制，而且复制得是如此盲目，以至于将伯克利加速器专家已经发现的错误和整改措施都一并复制了过去。

令他们沮丧的是，小组成员设想不出有什么办法可以替代轰炸日本。奥本海默代表小组于6月16日给华盛顿写的一份一页纸的备忘录记下了他们的结论。

这份备忘录建议，英国、苏联、法国和中国都应被提前告知这一工作的进展和部署炸弹的可能性，并就"如何使这种发展有助于改善国际关系的合作"的建议征求盟国意见。关于是采用实际部署还是采用警告性示范的问题，"我们提不出任何能结束这场战争的技术性演示；我们看不出有什么可接受的、具有直接军事用途的替代方案"。没有文献记录欧内斯特·劳伦斯是在什么情况下同意这个结论的，从他的笔记也无从发现这一点。奥本海默的备忘录承认："对于这些武器的首次使用，我们科学界的同事的意见是不一致的。"但他指的很可能是整个科学界的思想范围，而不仅仅是四位委员会成员之间。不管怎么说，劳 292 伦斯在6月16日的声明上签署上了他的名字，并在此后从未公开承认他对结果的任何疑虑。

当时，可谓木已成舟。在科学小组最后一次会议的前一周，在保罗·蒂贝茨（Paul Tibbets）——一位来自伊利诺伊的29岁的陆军中校——指挥下的第509混成机队已经带着它的波音B-29超级空中堡垒重型轰炸机进驻提尼安岛。这个岛位于北马里亚纳群岛，距日本大约1200千米。在洛斯阿拉莫斯，剩下的最重要的任务是对钚弹的测试。这种内爆设计——在由高爆炸药构成的外壳层爆炸后的球对称的冲击波的作用下，中空的钚球面会被压缩成超临界质量球——非常新颖，以至于没有人能够绝对肯定它奏效。相比之下，携带裂变铀的炸弹不需要测试。这些铀均产自劳伦斯在橡树岭的赛道，其设计被认为是一个太过平常的工程业绩。但橡树岭的浓缩铀-235产量很低，只够装填一颗炸弹的药量。这颗炸弹就是飞向广岛的蒂贝茨的飞机"埃诺拉·盖伊（Enola Gay）"（以纪念他的母亲）上所携带的那颗。但是，汉福德的反应堆能够产生足够多的钚用于进行可行性试验，并提供日后几无限量的钚弹所需。

三位一体的测试是在非常严格的监督下进行的。曼哈顿项目的几乎每一位高级官员——格罗夫斯将军以下的每一位负责人——都来到了阿拉莫戈多试验场。在洛斯阿拉莫斯，几乎无法忍受的紧张造就了一种狂热。"人在这里很难行为正常。"埃德温·麦克米兰的妻子（莫莉·劳伦斯的妹妹）艾尔西·麦克米兰回忆说："这里很难思考。很难不去宣泄被压抑的情绪。很难不放纵生命的所有自然活动。"

洛斯阿拉莫斯的气象专家逐日提供天气报告，来寻找一段晴朗的天气，以便在该地以南400千米的阿拉莫戈多安排测试。最后，他们选定了7月中旬的几天。7月5日，劳伦斯收到奥本海默从洛斯阿拉莫斯发来的确认电报："15号以后任何一天都将适于我们去钓鱼。因为我们不能确定天气状况，因此可能会耽搁几天。由于我们没有足够的睡袋，因此我们请求你不要带任何朋友过来。让我们知道你会到阿尔伯克基的什么地方。"

7月13日，格罗夫斯、布什和科南特一行三人抵达伯克利。那天晚上，欧内斯特在奥克兰的维多利亚酒店设便宴招待他们。客人们在那里享用了手抓排骨，喝了点餐厅特供的鸡尾酒，然后继续赶往将军安排的飞往阿尔伯克基的飞机。到了阿尔伯克基之后，格罗夫斯将军对于将那么多著名的物理学家集中安排在一个大旅馆感到愤怒，因为万一有外人认出他们中的一个，那都是违反安全条例的事情，于是他命令将他们分散到小镇周边的其他酒店。15日晚上11点，一辆政府轿车载着劳伦斯颠簸了三个小时开到了孔帕尼亚山（Compania Hill）——炸弹测试现场30千米外的观察点。深夜两点，在到达目的后，他遇到了麦克米兰、罗伯特·塞尔博、爱德华·特勒、新封为勋爵的詹姆斯·查德威克爵士和加州理工学院的一位名叫理查德·费曼（Richard Feynman）的年轻物理学家，这个年轻人能用他的无线电技能驯服邮局不听话的短波通信。一切就绪，立即开始了地面控制与B-29观测飞机之间的通信交流。借助于聚光灯的照明，劳伦斯可以看到远处百英尺高的试验塔，细长的钚"弹"正被吊在那里。

测试从凌晨4点被推迟到5点半，以便等大雷雨过去。每个观察者都有自己的舒缓紧张情绪的方式。劳伦斯选择对测试结果押注，赌的是爆炸力能否波及离发射塔不足16千米的主观察点。赌注从爆炸当量最大相当于4万吨TNT递减到零。特勒在脸上涂抹了防晒霜。其他人摆弄着他们的护目镜——麦克米兰随身带来的是电焊工用的防护面罩，他能找到的最黑暗的遮光罩。

在营地，观察人员被要求俯卧在挖好的壕沟中，以防护爆炸带来的伤害，
他们的脚冲着塔楼。孔帕尼亚山的防护措施并不严格。随着收音机传来倒计时的嘟嘟声，劳伦斯无法保持平静。正像他向格罗夫斯报告的那样：

我认为观看火焰的最佳位置是坐在车里透过车窗观看，这样窗玻璃可以滤掉紫外线。但在最后一刻，我决定下车(我确实很兴奋)！我双脚刚一落地，便被笼罩在一道温暖明亮的黄白光中——周围一瞬间便从黑暗变成阳光灿烂的白昼，我记得我一时之间被这场景惊呆了。我想了一下才反应过来："真就是这样嗨！"然后我透过黑太阳镜，看到一个巨大的火球从地面上迅速升起——刚一开始它像太阳一样明亮，随着它的升腾和翻转，天空的亮度逐渐变暗。在地面上方3千米或4.5千米的空域是橙色，我判断其直径大约有1.5千米。在更高的天际，它变成了紫色，这紫色的余晖似乎持续了很长时间……这种紫色光是由气体巨大的放射性所致。(这种光大部分是由空气中的氮气所致。在实验室中，我们偶尔会在回旋加速器上产生微量的这种紫光。)……这是一个非常壮观的场面……

闪光发出后两分钟多一点，冲击波击中了我们。先是一个尖锐的爆裂声，接着大约一分钟之后，四周群山响起响亮的回声……像在几码远放了一个大爆竹——或者像大约一百码距离外的37毫米口径的火炮发出怒吼。

塞尔博站在劳伦斯的旁边，他曾训练在爆炸的瞬间用肉眼直接观察火球。结果核爆的闪光使他失明长达好几秒钟。在此期间，他的眼睛只能感觉到色彩 上的细微变化，脸上感受到爆炸的热度。像劳伦斯一样，麦克米兰透过他的电焊工防护面罩辨认出同样的紫色光芒，他同样也将它归因于大气的气体电离。所有的观察者都见证了一次灾难性事件（图31、图32）。"观察者的直接反应是敬畏而非兴奋。"麦克米兰说道。

奥本海默对自己的反应的回忆已经被重复多次。他声称当时梵文《薄伽梵歌》的一句诗跳进他的脑海："'现在我成了死神，世界的毁灭者。'我想我们都

是这么认为的，差别只是以这种或那种方式。"我们有理由相信，回忆是一种事后对事实的阐述；在场的那些人回忆起当时的情形总给人一种更能让人感到欣慰和欣喜的感觉。

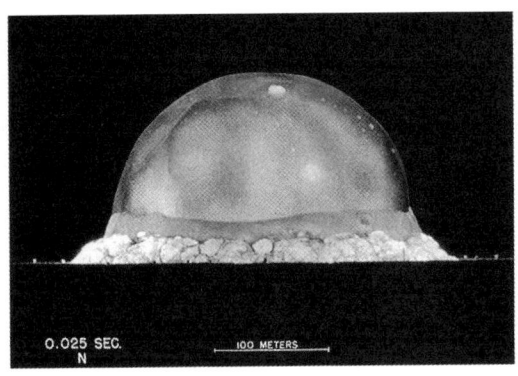

图 31　劳伦斯和其他人在距离测试地点 30 千米外的观察哨目睹了爆炸后 0.25 秒时刻的三位一体火球。

图 32　奥本海默和曼哈顿工程负责人莱斯利·格罗夫斯将军在检查爆炸后的试验现场。

不管怎样，欧内斯特·劳伦斯通常不会给出奥本海默式的反思，而是在文章中努力克制自己的情绪。他搜罗了他在别人身上看到的反应。"核爆炸的那种几乎是灾难性的巨大规模，在每个人随后的行为上都产生了一种严肃性。"他写道："有克制的掌声，但在对这一事件做出评论时，更多的是一种几近庄重的窃窃私语。"（孟山都公司的）查尔斯·托马斯（Charles Thomas）博士对我说，这是人类历史上最大的一个事件，等等。

就我们关心的问题而言，虽然我们知道其作用原理是牢固的，爆炸肯定可以产生，但我们还是分享了这样一种感觉：这一天我们跨过了人类进步的又一个重要的里程碑。

测试的结果被迅速传达给史汀生，他正陪同杜鲁门出席在柏林郊外召开的 ²⁹⁶三大巨头齐聚的波茨坦会议。乔治·哈里森——一位杰出的银行家和临时委员会成员——这样写道："今天早上开始运作。诊断尚未完成，但结果似乎令人满意，并超过预期……格罗夫斯博士很高兴。"

这次成功的测试给美国如何向盟国透露这件事情带来了极大的宽裕度。虽然科学小组曾提出要通知英国、法国、中国和苏联，但实际上真正的问题归结为如何告知苏联。在与史汀生商量后，杜鲁门决定等到波茨坦会议的最后一天再吐露，然后给斯大林一个简单直接的报告。正如杜鲁门后来在回忆这一插曲时说的，他缓步转到会议桌的俄方一侧，留下自己的翻译，走到斯大林跟前："我随意地向斯大林提到，我们有一种破坏力非比寻常的新武器。这位苏联首脑没有表现出特别的兴趣。他说听到这个消息他很高兴，希望我们能'好好利用它对付日本人。'"

杜鲁门可能认为他已经机灵地透露给斯大林足够的信息，以防止苏联人抱怨被蒙在鼓里，没有被告知足够有用的信息。当然，斯大林冷漠的反应既可能是对杜鲁门装作若无其事的一种回敬，但也可能反映出这样一个事实：他已经通过他在欧美地区的间谍网知道了有关阿拉莫戈多的一切。在奥本海默看来，杜鲁门拒绝在控制核武器的问题上与苏联建立真正的伙伴关系是一个悲剧，失去了机会。他后来评论道："带着漫不经心的态度很难走远。"

在三位一体测试后，轰炸日本的计划的推进不再与科学小组协商进行。但研制炸弹的科学家的骚动仍在持续，并且一如既往地以芝加哥的冶金实验室为中心。西拉德散发了一份请愿书，从道义上反对部署任何核炸弹。（他后来修改了这篇文章，认为在事先给予"适当的警告和在已知的条件下投降的机会"后再使用炸弹是可以宽恕的。）请愿书得到了冶金实验室60多位科学家的签名，随后由康普顿呈递华盛顿。但这并不是冶金实验室众人签名的唯一一份请愿书，297 反对使用原子弹的人可不是铁板一块。另一份请愿书里有这么一段话："那些冒着生命危险为国家设计这种武器的人……难道就不是战斗人员？……如果我们能挽救哪怕一部分美国人的生命，那么现在就让我们使用这种武器！"

轰炸广岛的精确时间只有炸弹小组的少数物理学家才知道。其中有阿尔瓦雷斯和塞尔博，两人在提尼安岛的这两个月里一直住同一个帐篷，为指派给他们的测量带炸弹的降落伞下落参数做准备。8月5日凌晨2时45分，阿尔瓦雷斯爬进"伟大的艺人（Great Artiste）"——伴飞蒂贝茨的"埃诺拉·盖伊"的另一架B-29轰炸机。差不多6个半小时后，他们来到广岛上空。埃诺拉·盖伊卸下它的有效载荷——命名为"小男孩"的铀炸弹。阿尔瓦雷斯看着他的三个量器在炸弹后面落下去，当他的飞机以两倍的重力加速度转向以赶在冲击波之前离开时，他开始检查接收器，以确保仪表在进行数据采集。在炸弹落下45秒后，他感受到了爆炸。

"突然，一道明亮的闪光照亮了机舱，爆炸产生的光从我们面前的云层反射回来……几分钟后，两道强烈的冲击波作用到飞机上。"随后，"伟大的艺人"折返广岛上空。"我徒劳地寻找着那个作为我们标靶的城市。"阿尔瓦雷斯回忆说："我的朋友和老师欧内斯特·劳伦斯花费了极大的精力和数百万美元来建造机器，用于分离小男孩原子弹所需的铀-235。我以为投弹手错过了这座城市几英里……我在想我们回去该怎么向他解释这个失败。"但实际上炸弹准确地击中了目标。广岛已不可能看见，因为它已被摧毁。

两天后，阿尔瓦雷斯又要准备第二次行动：在长崎上空投掷钚炸弹——"胖子"。在提尼安岛军官俱乐部与塞尔博和菲利普·莫里森（Phil Morrison，一位来自伯克利的理论物理学家）一起休假时，他想起了相根良吉和他在辐射实验室逗留的那两年的情形。也许这种个人之间的联系可用于加快战争的结束——三位美国科学家采取了一个小小的个人步骤，他们认为它有可能抵消他们在相根良吉及其同胞头上投下炸弹所带来的作用。他们赶紧起草了一条消息 ²⁹⁸ 放入信封，并将信封紧贴在将要投入大气气旋的三只量规里：

> 我们以个人名义发出这条消息，敦促你运用你作为一个有信誉的核物理学家的影响力，去说服日本总参谋部，你的人民将要遭受的可怕后果，如果你还继续活在这场战争中的话……三周之内，我们已经在美国的沙漠基地引爆了一枚炸弹，在广岛爆炸了一枚，今天早上将发射第三枚。

> 我们恳求你向你的领导人确认这些事实，并尽你最大的努力来阻止生命的毁灭和浪费，如果继续的话，你们所有的城市都将被毁灭。作为科学家，我们谴责使用这种完美发现所带来的手段，但我们可以向你保证，除非日本立即投降，否则这场原子弹暴雨会成倍增加。

他们这样署了名："发自你以前在美国逗留期间的三位科学同事。"

这封信后来在长崎的废墟中被找到，但直到日本投降后才送到相根良吉手上。几个月后，威尔森·康普顿——亚瑟和卡尔·康普顿的兄弟——在日本旅行时，收到一份相根良吉发来的拷贝。他把它传给了阿尔瓦雷斯。阿尔瓦雷斯在上面签上了自己的名字，并于1949年将它作为令人伤心的纪念品寄回给相根良吉(图33)。

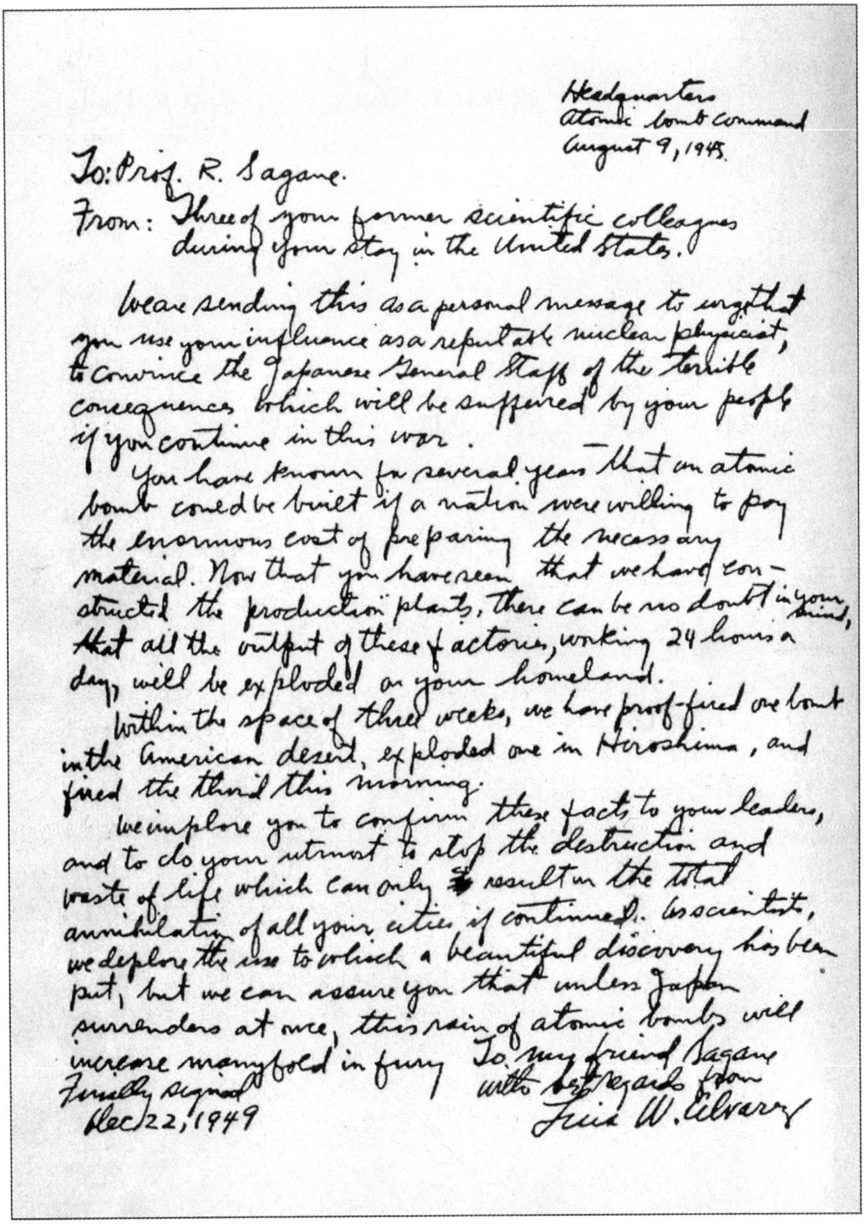

Headquarters
Atomic bomb Command
August 9, 1945.

To: Prof. R. Sagane.

From: Three of your former scientific colleagues during your stay in the United States.

We are sending this as a personal message to urge that you use your influence as a reputable nuclear physicist, to convince the Japanese General Staff of the terrible consequences which will be suffered by your people if you continue in this war.

You have known for several years that an atomic bomb could be built if a nation were willing to pay the enormous cost of preparing the necessary material. Now that you have seen that we have constructed the production plants, there can be no doubt in your mind, that all the output of these factories, working 24 hours a day, will be exploded on your homeland.

Within the space of three weeks, we have proof-fired one bomb in the American desert, exploded one in Hiroshima, and fired the third this morning.

We implore you to confirm these facts to your leaders, and to do your utmost to stop the destruction and waste of life which can only result in the total annihilation of all your cities if continued. As scientists, we deplore the use to which a beautiful discovery has been put, but we can assure you that unless Japan surrenders at once, this rain of atomic bombs will increase manyfold in fury. To my friend Sagane with best regards from

Finally signed
Dec 22, 1949

Luis W. Alvarez

图33 路易斯·阿尔瓦雷斯代表自己、罗伯特·塞尔博和辐射实验室的菲利普·莫里森给他们的前同事、日本物理学家相根良吉写的一封亲笔信。信中警告说，如果日本不"立即"投降，将继续进行核毁灭。这封信于1945年8月9日随钚弹一起投到长崎。但直到战后它才到达相根手中。几年后，相根又将它归还给阿尔瓦雷斯。阿尔瓦雷斯在上面签名，并作为辛酸的纪念品再次交付给相根。

在长崎被炸的5天后，杜鲁门宣告日本投降。这一消息在公众中激起了巨大的兴奋和欢快。同时公众也开始了对"秘密武器"的迷恋。但核爆事件却引起了从事曼哈顿项目的科学家的强烈反省。劳伦斯对他最亲密的朋友和同事所表现出的这种疑虑深表同情，但他也对决定作出后再作事后嚷嚷的做法不以为然。因为他看到，这个决定结束了这场战争，甚至可以认为它终结了所有战争。"我相信全世界都将意识到，战争在人类事务中不再是可能的。"他在给刘易斯·埃克利（Lewis Akeley）的信中写道。埃克利作为南达科他州的教授，很多年以前曾引导他走上职业物理生涯的道路。

欧内斯特挡开了形形色色想要将他拉入关于炸弹争论的企图。8月9日，在轰炸长崎后的某个不经意的瞬间，他向卡尔·达罗吐露了心迹：他曾向临时委员会提出过一种非军事性质的示范。达罗一直希望能阻遏公众的这样一种强烈反应，认为这项致命的新技术创造是科学家集体共谋的结果。他想抓住这个机会向世人证明，即使是科学界高层也并非观点一致。他在给劳伦斯的信中写道："我希望你能向公众公开这样一个事实，你提出这个请求……主要是因为公众舆论有可能损害到科学。……有些人走得太远，甚至把科学家们发现的后果归咎于科学家。我猜想，在不久的将来，人们会说，'那些参与曼哈顿计划的邪恶的物理学家故意制造了这么一枚炸弹，他们知道它将在不作任何警告的情况下被用来杀死成千上万无辜的人……物理学家滚远点！'他们用沉默来表示不赞同采用核弹的借口是不会被接受的。"

劳伦斯没有理会这些。他在简要回顾了临时委员会提出的反对示范的反驳意见后，对达罗劝告道："我倾向于认为他们做出了正确的决定。缩短战争所挽救的生命无疑要比核弹下牺牲的生命多得多。此外，不言而喻……世界必将认识到永远不会再有另一场战争。至于物理学家和科学家的批评意见，我认为这是我们必须背负的十字架。我认为从长远来看，世界上每个具有良好意识的人都会意识到，在这件事情上，如同所有科学追求一样，世界会因此变得更美好。"

劳伦斯对奥本海默的观点同样表示不以为然。1947年，在麻省理工学院举办的亚瑟·D. 利特尔纪念讲座上，奥本海默表示，他个人一直深受炸弹的折磨。"从某种粗率的意义上说，没有任何粗话、任何幽默、任何夸张可以完全熄灭（我心中的这种痛苦）。"他宣称："物理学家们早就知道其中的罪恶，这是一种他们不能失去的知识。"

奥本海默的观点实际上比其文字表述的字面意义更加难以琢磨；他一直呼吁科学家们在核裂变的威力被释放之前要反思，而这种反思是科学家普遍缺乏的，或者说是他们认为没有必要的。但劳伦斯断然反驳了奥本海默代表各地科学家做出的貌似有理的有罪设定。"我是一个物理学家，"他厉声说，"我不知道什么样的物理学会让我认识到罪恶。"

然而，长期结成的友谊、同事间的情谊，以及在炸弹项目上共同度过的艰辛岁月，很难让劳伦斯完全无视奥本海默的忧虑。在轰炸长崎后的那个周末，欧内斯特到访洛斯阿拉莫斯。他发现奥本海默正处在自我怀疑的煎熬中，并全力起草另一份致临时委员会的公开信。这份公开信讨论的是"原子能领域未来的工作范围和程序。"奥本海默试图在委员会面前表明他对未来的原子武器的"深刻"思考，其中包括他所称的"氢弹"。奥本海默报告说，科学委员会给出的结论是：不可能存在"对原子武器的有效的军事对策"；美国不能确保维持原子武器的"技术霸权"，而且"这种霸权，即使实现的话，也（不）能够保护我们免受最可怕的破坏"。能够做到这一点的不是诉诸科学和技术专长，而只有通过消灭战争本身。在这一点上劳伦斯和奥本海默是一致的。他们之间的分歧是，劳伦斯认为通过轰炸日本就能够实现这一目标；而奥本海默则担心，8 月份的轰炸使得这一目标的实现变得比以往更遥远。

劳伦斯基本上赞同奥本海默的公开信草案，但要求改变一下叙述方式。奥本海默原本是这样写的："我们非常怀疑，在今后几年中，即使我们在原子武器领域的技术地位得到深厚的加强，这是否真的就能够对结束战争作出重要贡献。"而劳伦斯提出的替代论述是："不用说，只要我们的国家需要强大的军队，我们就必须增加库存并继续强化原子武器的发展，由此我们有可能保持多年的霸权。然而我们确信……其他大国可以在几年内生产这些武器……因此，我们认为必须采取坚决的步骤来推进国际安排，使这些发展变得不可能，如果不是不可能的话。"

在奥本海默看来，这些话听起来就像是一种让政府掏钱资助劳伦斯实验室的市场营销吆喝，他劝欧内斯特收回去。作为给史汀生的最后文本，科学委员会的备忘录认为，发展更有效的核武器"是国家政策的一个最自然的要素"，但它强调：国家安全只能"基于使未来战争变得不可能。为此向您提出我们一致的和紧急的建议……应当采取一切步骤，一切必要的国际安排，来达成这一目标"。

然而，当奥本海默带着信抵达华盛顿时，却没见到史汀生。在经过一个夏天的超负荷工作后，这位77岁老人到阿迪朗达克山度假地去恢复体力去了。于是值班人员将奥本海默带到乔治·哈里森那儿，由他向杜鲁门的国务卿吉姆·伯恩斯（Jim Byrnes）转达奥本海默的想法。伯恩斯听取后让哈里森给奥本海默一个生硬的回答："随着时间的推移，他提出的国际协议是不切合实际的……他和他那帮人应当全力推进他们的工作。"——也就是说，全力研制下一代超级武器，其威力预计将数千倍于投向日本的炸弹。

回到洛斯阿拉莫斯，奥本海默在给劳伦斯的信中记录了他郁闷的心情。他写道，在华盛顿，"这次时机不对，澄清得太早了"。他曾试图阐明，国家利益不在于简单地继续研制原子弹的工作，他甚至建议通过国际公约来禁止原子武器，"就像上一次大战后禁止使用毒气一样"。（这里指的是1925年签署的禁止有毒气体的日内瓦公约。）但没有人听。"我从会谈中得到一个相当清晰的印象：事情在波茨坦变得非常糟糕，苏联人对于合作或控制军备没什么兴趣，会谈根本没有进展。"他告诉欧内斯特："我不知道该怎样去努力。"（事实上，也无从努力。）奥本海默报告了在华盛顿得到的两个"令人沮丧的"事态发展：一是按伯恩斯的命令继续核弹研究；另一个是"圣旨"，或者说杜鲁门的法令："……没有他的个人许可，禁止披露关于原子弹的信息。"在奥本海默看来，通过国际协议来控制原子武器的机会正在悄悄溜走，也许永远不会再有。更令人不安的是，科学家似乎已经丧失了控制自己职业命运的能力。他承认感到"深切的悲

302

痛，对我们应该遵循的道路感到深深的困惑"。

奥本海默写给欧内斯特的信中的最后一段是有关他重返伯克利的事情。过去几周里，在共同的情绪和体力耗尽的气氛中所进行的关于未来的炸弹计划的讨论，已经造成这两个朋友之间深深的裂痕，虽然这绝不是他们之间唯一的裂痕。奥本海默怀疑自己还能否适应校园生活——"伯克利的任何富有成果的未来都将取决于……对不同观点的相互尊重。"

他是在暗示，伯克利的物理学没有他罗伯特·奥本海默将会无法持续。唯一的一个变化是，劳伦斯知道他将面向战争，放弃和平之路。未来充满挑战，但也充满机遇——大把的机会。科学界没有人能比他劳伦斯更善于利用这些机会。

第15章 接踵而来的战后繁荣

美国物理学家带着两种相互矛盾的感觉从战争中崛起。在轰炸广岛和长崎 303
的余波中，他们被誉为英雄，甚至被描绘成身着"超人的外衣"（《生活》杂志的
话）。他们关于科学、社会，甚至政治问题的言谈受到热切追捧和广泛发表。

但许多人对他们工作的结果感到负担沉重。"过去，科学家对于人类运用他
们的无私发现所造成的后果可以不负直接责任，"冶金实验室的物理学家詹姆
斯·弗兰克写道，他当时以辩论核研究的社会后果的精神领袖出现。"但现在我
们不能采取同样的态度，因为我们在核能发展中所取得的成功比过去所有的发
明都更充满无穷的危险。"

当时，美国公众及其政治领袖对这些问题漠不关心。杜鲁门总统认为自己
在做出投下炸弹时表现得勇敢果断，他不能容忍对此作回顾性的道德说教。这
使他第一次与奥本海默会面就感到不快。1945年10月25日，奥本海默被邀请
到椭圆形办公室讨论有关控制原子能研究的国内立法。奥本海默一开始便站在
与杜鲁门对立的立场上说："总统先生，我觉得我已经双手沾满鲜血。"杜鲁门
针锋相对，他递给奥本海默一块手帕，说道："那你不妨就在这里擦干净？"杜
鲁门向他的副国务卿迪安·艾奇逊（Dean Acheson）讲述了这一情节，他给奥本 304
海默贴上了"爱发牢骚的"科学家的标签，并抱怨他怎么能"来我的办公室……
搓着两手告诉我，因为发现了原子能而手上有血"。他告诉艾奇逊："我再也不
想看到这个狗娘养的了。"

欧内斯特·劳伦斯没有被奥本海默形而上学的思辨所搅扰，他热切接受了公众对他在结束战争中的作用的赞誉。这些荣誉包括获颁总统功勋奖章，这在当时可是政府授予平民的最高荣誉。1946年年初，在伯克利举行的颁奖典礼上，由格罗夫斯将军和鲍勃·斯普劳尔亲自为他颁奖。由伊士曼柯达、通用电气和美国氰胺公司投标的咨询合同雪片似的飞来，邀请参加政府委员会的，邀请去演讲的，去国会作证的各种邀请信也纷至沓来。雷金特·杰克·尼兰（Regent Jack Neylan）看到他的属下对这些邀请似乎来者不拒，认为这样会损害欧内斯特的健康，便出面介入这些受邀事务"来保护他免受掠夺"，他后来这么说道。欧内斯特有点羞愧地告诉求助者，在接受他们的邀请之前，他得和尼兰一起检查一下，他称后者为他的"倾听者"。

图34　两位支持者的会面：1946年3月，在伯克利大学校长罗伯特·斯普劳尔（右）的见证下，格罗夫斯将军向劳伦斯颁发了功勋勋章。这是美国政府为表彰为国家服务的有功人员所授予的最高文职荣誉。参加核弹计划的布什、科南特、费米、卢米斯和奥本海默等都获得了这一荣誉奖章。

劳伦斯曾预料，像其他科研机构一样，随着战后国防研究经费的枯竭，辐射实验室将遭遇到大规模资金短缺的困境。曼哈顿项目的需求已经让伯克利校园外山上的综合体大大膨胀，30幢大楼里充满了1200名专业员工。但早在1944年年中，劳伦斯就已向斯普劳尔忠告，这个机构很快就会萎缩成一个中等规模的物理系，其预算将削减99%，减至一年85 000美元。

但他是在核爆之前做的这个预测，当时确实是严峻时期，α赛道的失败让他躺在了芝加哥一家医院里的病床上。现在劳伦斯对扩张和资金的期望就像打了激素般地膨胀起来。他绘制了一幅实验室在多方资助下全面扩大的蓝图。305 出资方既包括大学，也包括格罗夫斯将军的曼哈顿工程管区和洛克菲勒基金会，而对于这些经费如何分配没作太多的考虑。"我们这个优质股在当时是如此之高，谁出钱没什么区别，"比尔·布罗贝克回忆道，"钱总会出自某个地方。"开始的时候，大部分来自格罗夫斯，他承诺支持劳伦斯实验室的经费水平超过300万美元/年。

驱使新项目上马的动力源自于劳伦斯的天才物理学家团队从战时任务回归到日常研究。在战争期间，他们停止了发表有关新发现的文章，但他们并没有停止思考，没有停止吸收从炸弹物理学所得到的知识。麦克米兰和阿尔瓦雷斯从洛斯阿拉莫斯回来后便急于尝试他们在处理顽疾——高能量下的相对论性壁垒——时想到的新方法。贝特对这个壁垒的设想没有错，只是当时问题尚未暴露；但如果回旋加速器的能量超过30兆电子伏特，那么这个问题现在就必须面对了。

麦克米兰给他设想的概念起了个名字，叫"相稳定性"。这个概念是基于他在洛斯阿拉莫斯"一天晚上躺在床上"所得到的灵感：如果加速器中的粒子不是以束流方式来加速，而是以脉冲的方式来加速，即让加速电压按频率振荡来保持与被加速粒子(在它们趋近光速时)同相，那么粒子就可以被加速到更高的能量。这个过程产生的电流较小，即粒子数较少，但粒子获得的能量更高。这一洞察产生出一种被称为同步加速器的新型加速器概念，它是对劳伦斯的回旋加速器原理的一个突破，其重要性足可与劳伦斯的加速器原理相媲美。"如果当时我有真实的历史感，"麦克米兰回忆道，"当我早上醒来时我就会在笔记本上写下：'昨晚我做出了一项大发明。'"相反，他给《物理评论》写了一篇快报，而按照战时保密规则，《物理评论》得压稿到能允许出版为止（1945年9月）。直到那时，麦克米兰才得知，他没有成为第一个提出相稳定性概念的物理学家，这一荣誉被归功于莫斯科列别捷夫物理研究所的弗拉基米尔·韦科斯勒（Vladimir Veksler）。他在1944年发表了两篇有关这一课题的文章。而麦克米兰在写文章时还没有看到它们。韦科斯勒在给《物理评论》的信中抗议道，麦克米兰的文章没有注出"关于我的研究的……参考文献"。他说的在理，就像麦克米兰在公开道歉中承认的那样。同步加速器原理由此被归功于麦克米兰和韦科斯勒，他们几乎是同时但又各自独立地发现了它。

与此同时，阿尔瓦雷斯在琢磨支配电子加速的一种类似的物理限定条件。他的想法转向线性加速。劳伦斯早年就曾与戴维·斯隆一起在伯克利发展这一技术，直到1931年回旋加速器被证明更为优越为止。然而，在物理学中，那已经是古老的历史了。阿尔瓦雷斯在1945年得出的结论是，在能够获得的更高的能量下，在某些方面直线加速器可能比回旋加速器更有效。他的灵感来自先进的振荡器，这项用于雷达的技术已被麻省理工学院辐射实验室发明出来。但这种称为SCR-268的器件在战争结束前就被认为在军事上过时了。结果，三千台设备被闲置在军用仓库里积灰。在阿尔瓦雷斯的请求下，劳伦斯向格罗夫斯将军征用了这些器件。很快，750台多余的振荡器被运往伯克利。阿尔瓦雷斯提出要用它们来加速电子，即将电子加速到足以产生人工介子——当时仅能够在宇宙射线中检测到的亚原子粒子——的速度。

劳伦斯察觉到战争行将结束，并且意识到和平时期为大科学提供的机会要多得多。连麦克米兰和阿尔瓦雷斯都雄心勃勃要造三台巨型新机器：能将电子加速到3亿伏，最终达10亿伏的同步加速器；将质子加速到1.4亿伏特的直线加速器（在认识到麦克米兰的具有相稳定性的同步加速器能较好地加速电子后，阿尔瓦雷斯已经重新配置了他的加速质子的机器）和467厘米回旋加速器（战后重新设计以利用相稳定性并最终被命名为同步回旋加速器）。

这还不是全部。急于从芝加哥回到伯克利的格伦·西博格提议在山上建一间"热实验室"，以继续他在超铀元素方面的工作。他认为这些元素非常丰富，正等待被发现。为此，他需要能处理强放射性的设备，乃至一座核反应堆——一种已非劳伦斯能把控的核技术。为了迫使伯克利能够满足他的要求，西博格效法劳伦斯：他要让校方知道，如果他愿意留在芝加哥，亚瑟·康普顿将付给他10 000美元的年薪并有权雇用十几位科学家。劳伦斯从斯普劳尔那里打探到必要的工资和人事许可事宜，便亲自向他保证一定设法弄到钱来建西博格热实验室和反应堆。

最后但并非最不重要的是在生物医学领域的研究，对此欧内斯特没有放弃。他的计划中包括约翰·劳伦斯继续在放射性示踪剂和治疗用同位素方面的工作，以及约翰的裂变生物学效应的研究，和人体对钚和其他超铀元素的代谢等方面的研究（与医学院的约瑟夫·汉密尔顿[Joseph Hamilton]合作实施）。1945年，校董事会最终通过在物理系建立医学物理专业，这消除了医学院对这项研究的敌意。成立之初，该专业有4名教师编制，其中包括约翰，他被任命为医学物理学助理教授，经费主要从物理系预算中出。

1946年及其以后，辐射实验室的预算攀升到每年超过200万美元——这还不包括建设新机器的资金。建设同步加速器和热实验室，加上467厘米机器的升级改造，至少要花费605 000美元。至于阿尔瓦雷斯的直线加速器，劳伦斯甚至没有提上预算——这个装置太新奇，以至于无法给出一个粗略的施工预算。没人能比欧内斯特更清楚，他的扩张计划将超过大学、洛克菲勒基金会和研究公司，以及他惯常的财政支持者的资源能力。他也知道，他的筹款不仅要面对来自传统大学的对手的激烈竞争，而且还要面对来自芝加哥、橡树岭和洛斯阿拉莫斯等新的曼哈顿工程实验室的竞争者，大家都希望建立自己的和平时期的永久研究中心。

在竞争中保持领先要求劳伦斯对筹款能力做全面衡量。在日本投降几周后的9月19日，他坐在雷蒙德·福斯迪克位于纽约的办公室里，向他描绘了神奇的467厘米回旋加速器的概貌。他的目标是要获得一笔新的拨款，以便完成被战争中止的建设。他解释道，自从第一笔资金到位后好些年过去了，回旋加速器的原设计在新技术的冲击下已显得落伍。洛克菲勒基金会最初拟定的115万美元还剩下40万美元，但这笔钱已不足以完成这项工作。

在说这番话时，欧内斯特犯了严重的失言。这里有个误解：基金会原本信心满满地认为，自身对于曼哈顿项目是个不知情的角色——它不知道自己对467厘米加速器的60 000美元拨款被用于铀分离——但劳伦斯却向福斯迪克明确指出："如果没有辐射工厂，就没有原子弹。"结果第二天，福斯迪克就向韦弗复述了这一点。劳伦斯没意识到这话在福斯迪克听起来是多么的不得体。福斯迪克一直在反思基金会的投资变成了制造无与伦比的杀人和破坏工具这件事。福斯迪克认为他的基金会受骗了，与魔鬼做了交易。该组织资助467厘米加速器是以"人类对知识的渴望"的名义进行的，正像他在1940年的基金会年度报告中所写的那样。但5年后，在1945年度报告中，他心情沉重地宣称，这个曾经无上光荣的追求已"将我们的文明推到深渊的边缘……对真理的追求最终给我们带来了这样一种工具，借助于它我们已成为我们自己的制度和种族光明的希望的破坏者"。福斯迪克面对科学的这种困境没有好的答案。"从长远来看，科学研究中可能就不存在从善中剔除恶的方法……因此，我们这个时代的强有力的要求不是遏制科学而是停止战争……科学必须帮助我们找到答案，但主要的决定权在我们自己"。 309

然而，尽管劳伦斯的话让福斯迪克为基金会感到内疚，但这些话同时也打开了一道救赎之门。欧内斯特通过概述回旋加速器在推进基础科学及和平目标上的巨大潜力来说服福斯迪克：机器同样可以作为一种有益的、制衡广岛事件再次发生的科学手段。正像他后来向韦弗描述的那样，福斯迪克再次被劳伦斯"令人兴奋的"的乐观态度所折服，会面结束后离开时他显得忧心忡忡：辐射实验室可能最终不需要基金会的资金支持。劳伦斯提到过这样一种可能性：他可能会向军队寻求完成回旋加速器所需的资金，即使是政府资助也意味着对机器的投入主要是出于军事研究的目的。

将一个基金会已拥有巨大股权的项目出让给军方，一想到这一点，就让满脑子专利意识的福斯迪克气不打一处来。"这个回旋加速器是我们的宝贝，它是我们的王冠上的一颗宝石——如果我们不用它去制造炸弹炸毁世界的话。"他告诉韦弗："如果劳伦斯需要更多的钱，而且政府无法满足他完全独立支配的条件来给予资助的话，我想我们应该出手相助。"劳伦斯非常善于让赞助商彼此竞相攀比着提供资助，这不是第一次，也不会是最后一次。

劳伦斯比曼哈顿工程实验室的其他几位主任更懂得，在未来几年里，格罗夫斯将军很可能仍是战后物理学研究的一个重要资助人，因为在华盛顿，对于将核研究从军事目的转向民用目标的争论异常激烈，远没有达成统一的认识。他刻意讨好格罗夫斯，甚至在1945年促成伯克利授予格罗夫斯荣誉博士学位。格罗夫斯则报以透露高层的基调：在1946年授予劳伦斯总统奖章的颁奖典礼上(图34)，格罗夫斯宣称："我们在他身上押了一个亿，我们赢了。"他对劳伦斯的行政领导和科研管理能力充满信心，从他们第一次见面他就确信了这一点，并且经过铀电磁分离过程的成功而得到强化。在1944年到1945年期间，芝加哥冶金实验室和曼哈顿项目的其他部门对格罗夫斯管理方式的公开批评已经表面化，但是在辐射实验室，你听不到任何这类声音。这得感谢劳伦斯"在控制对实验室部分成员的意见表达方面所作出的强有力的和成功的努力。"实验室的一名工作人员这样回忆道。这并不是偶然的——在原子弹爆炸的第二天，格罗夫斯在传给五角大楼的现场报告中，就只选了劳伦斯对三位一体测试结果的个人描述。

欧内斯特决心保持与格罗夫斯的良好关系还表现在他对如下事件的温和回应，这一事件可是激怒了物理学界，激起了公愤。事情是这样的：11月占领日本后，军队对日本的5台回旋加速器进行肆意破坏。占领军捣毁了这些机器，并将它们倾倒到太半洋，其中就包括建在东京的劳伦斯152厘米回旋加速器的一比一复制品。更令人屈辱的是，东京实验室的主任仁科芳雄(Yoshio Nishina)在得到占领军官员的许可重启他的回旋加速器生物学和医学研究后，11月24日，军方的工程师不期而至，用大锤和凿子将他宝贵的加速器砸成了一堆废铁。占领军官员还替他们的所作所为辩解，认为这是盟军摧毁日本战争机器的努力的必要组成部分。但这种对回旋加速器的科学价值极不敏感的粗鲁示范——它对战争进程起不到任何作用——大大破坏了五角大楼号称自己是核科学可靠的管家的正面形象。

这一事件将劳伦斯置于非常微妙的位置，因为他当时正等着格罗夫斯审批对辐射实验室的一大笔战后预算项目。劳伦斯在战前是仁科的热心支持者，仁科曾派他的助手相根良吉和矢崎为一到辐射实验室接受训练。因此劳伦斯理应对军方的这种行为做出强烈反应。但相反，他躲在了后台，将谴责和抗议活动留给卡尔·康普顿去实施。康普顿作为占领军的科学顾问，公开表示对回旋加速器的破坏是一种"愚蠢的行为"。在得知军队用他的名义来证明其行动的合法性时，康普顿变得更加愤怒。仁科曾到美军司令部要求解释，结果被告知，康普顿曾专门下达过这种破坏命令。而事实恰恰相反：康普顿起草的是允许东京的机器重新启动生物医学研究的命令。

当时格罗夫斯正因这事儿承受着巨大的政治攻击的压力，劳伦斯安慰他道："现在不是提出恢复回旋加速器研究动议的适合时机，这事儿很可能得缓一缓。"在给万内瓦尔·布什的信中，他更关心的是仁科的需求："我非常希望能为纠正这个错误而做些事情……正确的做法是至少重新装备仁科的实验室。"但他没有公开这样说。

劳伦斯花心思在格罗夫斯身上所做的基础性工作结出了成果：这位将军将军队的剩余物资免费提供给了劳伦斯，包括阿尔瓦雷斯需要的雷达振荡器和麦克米兰的同步加速器所需的电容器，价值203 000美元。12月，格罗夫斯又从"曼哈顿工程师地区资金"项目上拨给辐射实验室17万美元，以资助完成467厘米回旋加速器的建设；按照与加州大学签署的军方战时合同，同步加速器工程启动，并拨款220万美元用以山坡上实验室的建设和运行费用。阿尔瓦雷斯在回顾那个年代的辐射实验室时高兴地大声叫道："那时我们的钱真的叫多。"

劳伦斯由此驾驭着美国科学研究模式的转变，其深刻程度丝毫不亚于纯粹由科学发现所激发的转变：和平时期政府赞助的推进。1936年，联邦政府在研究和发展上的投入为3300万美元，占所有资源投入——包括产业界、学术界和慈善基金会等——总额2亿1800万美元的15%。而从1941年到1945年，政府投入份额上升到每年5亿美元，占每年总投入的83%。战争的结束并未使这种支出趋势线变平：到1947年，联邦研究预算上升到了6亿2500万美元，仍然占到全国科学研发总投资总额的一半以上。

政府在研究方面——特别是在核物理学领域——的巨大作用，使许多科学家感到不安。1946年，菲利普·莫里森写道："加州大学伯克利分校在物理学上每花1美元，军方就将花上7美元。"那年在伯克利召开的美国物理学会的年会上，有一半的论文所进行的工作是由军方的曼哈顿工程师地区资金支持的，或是由其咄咄逼人的新的竞争对手——海军研究办公室——资助的。大约有30所大学是在海军的合同下进行核物理研究。在某些情况下，海军的资助占到大学的研究预算的90%。

劳伦斯没有他同事的那种疑虑。原因之一是他与格罗夫斯的关系融洽，这帮助他避开了辐射实验室在花政府的钱时的任何限制。由于其他一些原因，辐射实验室在曼哈顿地区实验室中占据特殊的地位。这是唯一一所可以夸耀具有战前历史的实验室，当然也是唯一一所按战前既定管理方式管理的实验室。因此，每当格罗夫斯计划缩减曼哈顿项目的实验室规模时，他都会单独留下辐射实验室。"我觉得，只要欧内斯特·劳伦斯活着，伯克利的实验室就将继续维持下去，只要它接受政府适当的财政支持的话。"他后来写道。

劳伦斯寻找政府资金的事儿发生在华盛顿正为寻求立法将原子能利用置于民用控制之下的激烈争论的背景下。事情的缘起是肯塔基的众议员安德鲁·梅（Andrew J. May）和科罗拉多的参议员埃德温·约翰逊（Edwin C. Johnson）向国会提交的一份法案，随后，一份总统意见也递交到国会山。这份由国务院律师赫伯特·马尔克斯（Herbert Marks）起草（最初意见来自奥本海默）的杜鲁门总统的意见书承认："在国际关系上，像在国内事务上一样，原子能的释放构成了一种在旧观念看来太过革命的新的力量。"杜鲁门政府致力于寻求"对这一发现的控制作出令人满意的安排，以便使它能够成为一种维护世界和平的强有力的影响因素，而不是毁灭性的工具"。

一开始，科学界倾向于支持梅-约翰逊法案，特别是因为它是由奥本海默的声明而来，并得到了劳伦斯和费米的署名支持，就是说，临时委员会科学小组的四名成员中有三名支持这一法案。

但当科学家们阅读了文本之后，对梅-约法案的支持便烟消云散了。与杜鲁门的意见书不同，这份法案是由战争部的一帮律师起草的。这项法案将对原子能研究的控制权让渡给了军方。按照该法案，对违反包括信息泄露（而这种判断本身就很敏感）在内的安全条例的处罚带有明显的军国主义印记，对于"任性"的披露，最高罚款额高达30万美元，并处以长达30年的监禁。

数周之内，来自各方的批评声逐渐走高。在一次采访中，哈罗德·尤里将这一处罚的衡量称为"有史以来国会起草的第一份极权主义法案"。他补充道："你可以称它是纳粹法案，反正你怎么想都不为过。"科学家的厌恶很快就落到了捍卫该法案的杰出学者身上。芝加哥物理学家赫伯特·安德森（Herbert Anderson）写信给洛斯阿拉莫斯科学家协会的主席威廉·希金博特姆（William A. Higinbotham）："我必须承认，我对我们的领军人物奥本海默、劳伦斯、康普顿和费米的信心……动摇了。我相信，这些值得尊敬的人们受骗上当了——他们永远不会有机会看到这部法案。"

安德森对康普顿有失公允。康普顿从一开始就明智地推迟签署奥本海默的声明，直到他可以阅读该法案。而他在阅读了该法案后就拒绝予以支持。但安德森对另外三人的看法没有跑偏：这不止是奥本海默在起草意见书之前没读过法案的文本，而且劳伦斯和费米也都是盲目地签上自己的名字。三人很快就撤回了他们的支持。由于科学家的反对和公众对军方的控制能力持怀疑态度（这种怀疑因为军方对日本加速器装置的破坏所造成的公众负面影响而强化），梅-约法案遇到了立法障碍。

在错误地签署了梅-约法案然后不得不出面撤回支持之后，劳伦斯淡出了有关国内控制的争论。而且他最亲密的私人顾问也劝阻他少在华盛顿扮演积极的角色。他的弟弟约翰则一直对欧内斯特的过敏性支气管炎和鼻窦炎、背痛，以及表现出的疲惫和紧张等其他症状感到担心。这些症状在战争结束后一段时期变得更糟，紧接着，欧内斯特又罹患上病毒性肺炎。杰克·尼兰担心，服务于华盛顿的需要会让这位伯克利的明星教授不得不在首都没有赢家的政治场面上抛头露脸。尼兰的担心很快得到验证：陆军部长罗伯特·帕特森（Robert Patterson）邀请欧内斯特到华盛顿给他的继任者就梅－约法案发表意见。尽管欧内斯特似乎对这一请求感到荣幸，但尼兰表示强烈反对。"他在这个问题上真是孩子气，"尼兰回忆道，"他过来对我说：'这是什么意思？'我说他们在找一个替罪羊，而你被选上了。他说：'你认为他们会那样做吗？'我说你根本不了解政客。"阿尔弗雷德·卢米斯的担心与尼兰的一样，他让旧金山律所的律师罗恩·盖瑟（H. Rowan Gaither）过来协助尼兰给欧内斯特在邀请咨询委员会和公司董事会等事务上把关，盖瑟在战争初期曾协助管理过麻省理工学院的雷达实验室。

劳伦斯退出政治争论也反映了他长期坚持的信念：科学与政治搞不到一块儿。在战争期间，当国家安全需要他参与到最高的政府规划委员会中时，他一直愿意放弃这种信念。但是，在和平时期，辐射实验室已转回到民间研究机构的角色，它需要追求自身利益。劳伦斯的直觉告诉他，在这种情况下，参与到势不可当的政治斗争中是不明智的，因为他会突然发现自己处在一种不可预知的孤立境地。

然而，要求他参与到公众辩论中来的呼声不断传到辐射实验室。1946年2月，美国科学家联合会——一个由20多位来自大学和政府实验室的科学家组成的联盟——在康涅狄格州参议员布莱恩·麦克马洪（Brien McMahon）的引导下，来寻求他对一项新的原子能法案的支持。麦克马洪法案排除了军队对原子能的控制，除非该技术直接适用于武器、推进器和其他军事需求。民事监督权归属于总统任命的由五人组成的原子能委员会。梅－约法案中令人厌烦的安全规定和处罚被撤销，最高罚款额降低到20 000美元，监禁时间最长为5年。

没有书面记录表明劳伦斯对该提议作出了答复，尽管大约在同一时间，他在写给韦弗的一封信中记载了他对联合会——以及一般意义上的科学激进主义——的个人意见。"我自己的感觉是，在许多方面，我们许多原子科学家的政治活动都是不幸的，"他写道，"这真是一个极大的遗憾，他们在政治问题上浪费了那么多的时间和精力，他们原本可以致力于科学研究。"

杜鲁门于8月1日将麦克马洪法案签署为法律。他对新的原子能委员会的五名人选的任命在年底前得到了参议院的批准。这五人是：戴维·利林塔尔（David Lilienthal），田纳西流域管理局前主席，被任命为新原子能委员会主席；成员为罗伯特·巴彻（Robert Bacher），洛斯阿拉莫斯物理学家；共和党金融家刘易斯·斯特劳斯（Lewis Strauss）；商人萨姆纳·派克（Sumner T. Pike）；来自爱荷华的得梅因（Des Moines），即报纸编辑威廉·韦马克（William Waymack）。该委员会得到五角大楼的核能设施中最重要的部分，曼哈顿地区的原子实验室网络，在战后，格罗夫斯一直将其保持完好。

这是一项艰巨的任务，因为他们都遭遇到人才流失的问题。那些主要的科学家有的回到战前的工作单位，有的因其新发现的卓越工作而接受了新单位的聘请。而留下来的人员则因为在移交给民用控制的战后处理政策上缺乏明确的界定而普遍产生了挫败感。劳伦斯知道他可以在自己力所能及的范围内帮助稳定这个残局。当然，辐射实验室一直是他个人的领地，不会遭受那些纯粹是为了炸弹项目而成立起来的实验室所面临的困境。他还敦促加州大学续签与政府的合同，继续管理洛斯阿拉莫斯实验室。这使得他与他的顾问杰克·尼兰之间产生了少有的冲突，尼兰曾想强行通过董事会表决来终止这份合同。但欧内斯特作为促成这份合同的发起人，最终还是说服了尼兰：终止这份合同无异于对政府"终止了一份责任"——这可能会切断一条非常重要的政府资助管道，而大科学的持续扩张就依赖于这种管道。尼兰有条件地同意了延长这份合同，条件是劳伦斯承诺不在洛斯阿拉莫斯实验室的直接管理上花时间，但他可以"自由地跑过去"过问它的研究项目进展。劳伦斯的直觉是正确的，因为这份继续管理洛斯阿拉莫斯实验室的合同使得伯克利处于政府资助核研究的中心地位，以至于其他争取政府资助的高校开始抱怨，称其为"加州大学原子信托公司"，这个标签是由哥伦比亚大学的伊萨多·艾萨克·拉比（"I. I."Rabi）贴上的，拉比是诺贝尔奖获得者，也是麻省理工学院辐射实验室和曼哈顿项目的资深专家。

乘着原子能向民用控制过渡的漫长时期所形成的真空，劳伦斯和他的实验室得到了蓬勃发展。麦克米兰的同步加速器和阿尔瓦雷斯的直线加速器得以同时建设。西博格受聘伯克利担任全职教授，有权聘请4名助理和副教授，并可以带12名带薪的研究生学者。他的热实验室的经费来源于原洛克菲勒基金会资助467厘米回旋加速器所剩下来的40万美元。现在这台467厘米回旋加速器——正式名称叫同步回旋加速器——已经完成建设（图35），其中用了曼哈顿 317
地区的17万美元的赠款，其余经费来自加州大学拨付的13万2千美元。

图35　战争结束后，467厘米加速器终于得以安装并成功运行。这台加速器大到足以容纳1946年快速发展的辐射实验室的所有工作人员。当时它已利用埃德温·麦克米兰（右11）发现的"稳相"技术被改进成一台同步加速器。劳伦斯双手紧握，坐在照片中央附近的台面上，左手边是无所不在的库克西。

467厘米加速器坐落在一个巨大的圆形的红色圆顶建筑内。就像在校园的山顶上架设的一个封闭的旋转木马，更像是辐射实验室的展品。1946年11月1日凌晨，机器第一次产生出2亿伏特的氘子。劳伦斯和实验室人员静悄悄地庆祝了这一成功——他们在深夜里生产出世界上最强大的粒子束。原定于11月18日星期一正式对外公布该机器，结果被提前到在为期三天的会议上公布。这个会议由阿尔弗雷德·卢米斯主持，在蒙特雷的德尔蒙特旅馆举行。出席会议的有布什、科南特、康普顿夫妇和劳伦斯——1940年，劳伦斯初次召开这样的碰头会，这次是第二次。会后客人们驱车前往伯克利，在那里他们会见了原子能委员会的新成员（图36）。

图36　在战后的繁荣时期，劳伦斯的伯克利和利弗莫尔帝国的领导人。他们让这所大学变得更充实，并使辐射实验室成为美国乃至全世界最杰出的高能物理研究中心。从左起：格伦·西博格、埃德温·麦克米兰、劳伦斯、唐纳德·库克西、爱德华·特勒、赫伯特·约克、路易斯·阿尔瓦雷斯。

欧内斯特做东在特雷德维克（Trader Vic）酒店为他们饯行。这家酒店的特色是其惯常的个性化菜单——"一种'手抓'熏排骨和咖啡加白兰地"，戴维·利林塔尔在他的个人日志中这样记录道。这位原子能委员会主席将这位物理学家描述为："核领域里一位相当能干的人物——应当说，在一般研究领域亦如此……一个非常年轻的人物——高大、红脸、充满活力和热情。看起来根本不像一个大科学家的形象——一点不像。你在与他交谈后会有一种要做事的冲动感，这种印象也确实与事实相符。"在整个参观过程中，欧内斯特不辞辛劳，不计时限，目的只有一个：通过反复灌输让委员们认识到原子能和平利用的潜力，例如发电，这是辐射实验室有望发挥核心作用的重要领域。其潜台词是政府应当投资建造更多的核反应堆，这其中当然也包括在伯克利。"他把这一点咬得很肯定。"利林塔尔这样记录道。

虽然感觉到被劳伦斯富有磁性的话所吸引，但利林塔尔绝不会懵里懵懂地就上了套。他是一个久经沙场的官场斗士，他为联邦服务的职业生涯始于被任命为罗斯福新政时期的田纳西河谷管理局的主管。当时他不得不与有钱有势 的公用事业巨头作斗争，后者很想将新成立的田纳西河谷管理局扼杀在摇篮里。利林塔尔击退了他们，尽管他们有温德尔·维尔基（Wendell Willkie）的英明领导（维尔基日后成为向富兰克林·罗斯福挑战的共和党人，并且是阿尔弗雷德·卢米斯的商业保护人）。由此，利林塔尔领导下的田纳西河谷管理局成为新政时期最有效的政府机构之一。

令利林塔尔惊讶的是劳伦斯的客户的数量之多和行当之驳杂。其中有一位是罗伯特·麦考密克（Robert R. McCormick）上校，一位性情古怪的《芝加哥论坛报》的右翼办报人，他认为他与劳伦斯的友谊是基于他在发展炸弹上的作用。这种炸弹毁灭了广岛和长崎，并将战争从"非理性"转变成"疯狂"。劳伦斯向利林塔尔承认，他们之间的关系非常密切，他访问芝加哥时总是住在麦考密克的豪宅。他想方设法让"新东家"利林塔尔与麦考密克之间搞好关系，尽管《芝加哥论坛报》在新政时期对罗斯福总统进行过最激烈的批评。他安排麦考密克访问阿贡和汉福德的实验室，甚至在一次旅行中试图说服利林塔尔加入到这个出版商的行程中来。考虑到有可能引起不愉快，利林塔尔明智地推辞了。

在1947年1月的第一周，原子能委员会组建其最重要的技术咨询机构——"总咨询委员会"（GAC）。该委员会由奥本海默任主席，成员有科南特、费米、西博格、拉比、杜布里奇、前洛斯阿拉莫斯物理学家西里尔·史密斯

（Cyril Smith），以及实业家哈特利·罗（Hartley W. Rowe）和胡德·沃辛顿（Hood Worthington）。表面上，这似乎是劳伦斯的又一个胜利，因为其中5人都是他的朋友和以前的同事。但当GAC在1947年年初召开会议，讨论核研究经费的分配（在已有的炸弹实验室和新的大学实验室之间的分配）时，奥本海默下令，委员会应当"不对加州大学的工作作判断，因为它有特殊的历史"。布罗贝克在讲起这段故事时用当代的俏皮话说得更简洁。原子能委员会章程规定，在与某位原子实验室主任的意见不一致的情况下，委员会可以剔除该主任。"有人问：'对伯克利的辐射实验室怎么办？'回答是：'哦，那样的话，这个主任剔除委员会。'"

在回旋加速器运转几个月后，辐射实验室做进一步游说的机会来了。这次是原子能委员会、总咨询委员会和政府各实验室主任在伯克利召开联席会议。欧内斯特再次扮演东道主，安排四天的吃喝——研究原子能委员会历史的史学家的记载为"供有很多红肉的丰盛晚餐"。地点在名为"波希米亚森林"的酒店，位于加州北部湾区的一处乡间隐蔽场所。他让杰克·尼兰陪同，确保实现加州大学对劳伦斯和洛斯阿拉莫斯实验室的承诺——毫无疑问，就是创造机会让权力巨大的利林塔尔与极具说服力和影响力的尼兰之间建立起良好的个人关系。

从伯克利的立场来看，这次会议开得很成功。主要是它为委员们提供了一个难得的跳出华盛顿的机会。华府的空气中都弥漫着针对赤色分子的安全检查，以及永无休止的有关原子能研究是应该更偏重于武器还是更偏重于和平应用的政策争论。在送走客人后，唐·库克西告诉阿尔弗雷德·卢米斯："委员会成员……和几位主任向我夸大了他们在相互理解对方的问题方面所取得的神奇进展。我相信，这四天可能会被看成对国家有着不可估量的价值。"两个月后，委员会为新加速器建设拨款1500万美元，其中大部分落到了伯克利。

然而，辐射实验室与原子能委员会相互一致的立场并非无懈可击。一方面，劳伦斯和奥本海默之间的关系已出现严重裂痕。战争结束后，欧内斯特一直力促奥本海默回到伯克利，但他们在战争期间的经历已经极度扩大了二人之间差异。特别是奥本海默已经脱胎换骨；他不再是超然的、热衷于自己想法的

知识分子，不再是那个去了洛斯阿拉莫斯，急于想证明自己不只是世界顶尖的
理论物理学家的风头正劲的学者。欧内斯特发现，已经很难与奥本海默相处，
在战争的坩埚里他已练就一种目空一切的自信心。"他把我看成一个很有潜力
的物理学家，一个阅读广泛的人。"奥本海默在多年后反思道，"但在一定意义
上不世故、没有阅历，也不很敏感的人。在彼此的友谊上一旦建立起这样一种
感觉是很难改变的。当情况发生变化时，就会带来一点小麻烦。"

在战争期间，奥本海默就洛斯阿拉莫斯实验室的管理与伯克利行政当局进
行了一场几乎持续不断的争斗。他感到很受伤，因为劳伦斯很不理解，为什么
这场争斗就败坏了他对大学的感情。原子弹爆炸的几个星期后，他在给欧内斯
特的信中写道："在你看来这也许很奇怪和不正确，就是在[洛斯阿拉莫斯]的
问题上我们之间缺乏同情，加州大学……可能让我考虑不要回来了。"他将欧内
斯特的缺乏同情心归因于后者已在伯克利校园确立为大人物的角色："如果你
还记得，比起你我一直都是有多失败，你就不会显得那么……难以理解。"但劳
伦斯的无动于衷让一切看起来风平浪静。当奥本海默打电话告诉他，自己终将
重新回归伯克利时，劳伦斯答道："好，我可以将你的翅膀剪去一点点。"多年
以后，奥本海默仍然记得，那是"一个可怕的时刻"。

奥本海默在伯克利的任职没有多久。1946年11月，原子能委员会委员斯
特劳斯，也是新泽西普林斯顿高等研究院的受托人，在访问辐射实验室时，把
他拉到一边，向他转达了该研究院希望他加盟的意向。这所高等研究院是一所
由私人资助的独立研究中心，向以阿尔伯特·爱因斯坦的家而著称。但总的来
说，它的学术声誉只算是一般般，因此受托人认为奥本海默来了可以填补这一
真空。但让斯特劳斯感到恼怒的是，奥本海默对这事儿犹豫不决，而且一拖几
个月没有回音。但最后，他还是做出决定：搬去东海岸。他想的是，这会让他
参与华盛顿发生的重要的政策辩论变得更容易。他在普林斯顿创建了世界顶级
的学术研究。他的任命是4月份宣布的。

辐射实验室在获取政府资助上面临的另一个挑战是来自纽约长岛东端的

一所正在兴建的新的大学实验室——布鲁克海文国家实验室。这个实验室被认为是东部可以抗衡伯克利的一个强大的区域性机构。它成立于1946年，当时格罗夫斯将军曾发去了祝福。科学精神方面秉承哥伦比亚大学的I. I. 拉比的传统。拉比将资助新实验室的相关大学联合在一起，号称"高校联盟"，成员包括来自东部的九大研究机构[1]。这些机构面对战后的高能物理学领域，很难单独去争抢数百万美元级的研究经费。拉比理当成为强大的守护布鲁克海文利益的守护神，就像劳伦斯是伯克利的守护神一样，因为他是总咨询委员会的成员，如果奥本海默和西博格想将资助向辐射实验室倾斜，他完全有能力予以制止。

如果说高校联盟犯了一个错误，那么这个错误就是在获得实验室农村用地之前，傻等着曼哈顿地区行政部门向原子能委员会移交。这块地原为退役的美国陆军基地，称为欧普顿营（Camp Upton）。这一耽搁给了劳伦斯一个机会：可以毫无竞争地利用格罗夫斯的慷慨。等到布鲁克海文实验室成立，劳伦斯的三台新加速器的基础已经奠定。但布鲁克海文团队——其中包括斯坦·利文斯顿——在拉比的热情指导下迅速迎头赶上。到一干人离开"波希米亚森林"酒店时，他们已经为提交建设他们自己的大加速器的建议书做好了准备。

辐射实验室的入口是一台由布罗贝克设计的机器，标称为高能质子同步稳相加速器。高能是指其产生的粒子束的能量为10亿伏特——实际上，可达到100亿电子伏特。布罗贝克的设计采用了麦克米兰的相稳定性原理，他的想法是将同步加速器的可变磁场与同步回旋加速器的可变频技术结合起来，做成一台混合型加速器，利用二者的原理将能量提升到一个新水平。

最初，这种竞争是友好的。劳伦斯本着可结伴的精神，在德尔蒙特卢米斯款待客人时，愉快地向拉比展示了布罗贝克的设计。他似乎很高兴能再次有机会扩大回旋加速器大家庭。反正不管怎样，布罗贝克解释道："他们在布鲁克海文需要一些东西。"但一旦涉及投资，麻烦就来了：原子能委员会的加速器

322

1　这九所高校分别是：哥伦比亚大学、康奈尔大学、哈佛大学、耶鲁大学、普林斯顿大学、麻省理工学院、约翰·霍普金斯大学、宾夕法尼亚大学和罗切斯特大学。

预算只有1500万美元，不足以支持上马两台高能质子加速器——事实上，就是建一台，这点钱也不够。两个实验室不得不面临一场零和游戏：只能有一个赢家，除非两者都做出明显让步。在麦克米兰的建议下，劳伦斯将他的目标缩减为60亿伏特机器，预算在1000万美元左右。然而即使如此，这个计划也太过于庞大，以至于原子能委员会不得不考虑欧内斯特是否想得太远了，而且在全国两边建立两个类似的机器是否有任何意义。在总咨询委员会，费米成为劳伦斯方案的主要批评者。他认为建造10亿伏特等级的加速器太过超前，何况此前辐射实验室已经有3台新的机器在运行。他认为"核准一项似乎考虑不周的计划"会损害科学。而与此同时，拉比则敦促他的团队在劳伦斯提议的水平上考虑计划。作为拉比钦点的加速器建造者，斯坦·利文斯顿已经拟定了一个7亿5000万伏的同步回旋加速器方案。但对比高能质子加速器来衡量，其能量范围显得微不足道。"拿出点更具挑战的东西，"拉比激励利文斯顿道，"要做大事。"

1948年2月，两个实验室的计划几乎同时堆上原子能委员会的案头：伯克利的指标是28亿伏特，布鲁克海文的是25亿伏特。（后者为了区别于质子稳相加速器Bevatron，取名为宇宙线级加速器Cosmotron。）辐射实验室承受着沉重的竞争压力：在得知布鲁克海文即将提交的提案后，劳伦斯只给布罗贝克及其设计人员不到两周的时间来完成他们的设计。他们的任务难度因为劳伦斯作为加速器建造者所具有的无懈可击的声誉而得到某些缓和。"我们提交的主要是成本估算，"布罗贝克回忆道，"因为你不必说服这些人告知劳伦斯可以建造这样一个加速器……这是一项非常简短的建议，它没有经过太多的科学论证。"费用估计为450万美元。

当总咨询委员会权衡这两个提案时，士气和实验室的政治因素——而不是科学价值——开始起作用。拉比指出伯克利已有3台正运行的加速器，因此建议给予布鲁克海文一个机会。但这个想法被奥本海默给怼了回去，他认为："伯克利团队的挫折会导致整个国家宝贵的科研健康体制受到某种损失。"但总咨询委员会的总体情绪在朝着对布鲁克海文有利的方向漂移。

就在此时，劳伦斯从帽子里掏出了兔子。有大半年的时间，辐射实验室一直试图在恢复运行的467厘米回旋加速器上产生介子——当时最惹眼也最难以捉摸的亚原子粒子。1934年，日本物理学家汤川秀树（Hideki Yukawa）预言存在这样一种粒子，他推测这些粒子携带一种将原子核结合在一起的力，它能够抵消质子之间因均带正电荷而具有的静电斥力。（寻找介子一直是欧内斯特说服沃伦·韦弗让洛克菲勒基金会资助上马467厘米加速器的初衷。）介子此前只有在宇宙射线中才能发现，这使得宇宙线成为高能物理学家的自然采石场。467厘米同步加速器是能够将 α 粒子加速到产生介子所需能量的少数机器之一。然而在1947年，劳伦斯试图通过照相底片来显示捕捉到人为产生的介子是徒劳的。

恰恰就在2月份，一个有天赋的名叫塞萨雷·拉特斯（Cesare M. G. Lattes）的年轻巴西实验物理学家来到伯克利。几天后，他补救了实验的不足之处（正是这一点阻挠了劳伦斯发现所产生的介子），并在月底前捕获到第一道人工介子的径迹。在特雷德·维克酒店陪人吃饭的劳伦斯被叫到电话机前得知了这一消息。他冲出餐厅，留下狼狈的客人自己用餐，急忙回实验室亲自查看证据。

对欧内斯特来说，这一发现不仅仅是应用物理学的一个胜利，它还是警醒总咨询委员会的一件杀手锏：辐射实验室才是世界上最卓越的高能实验室。当委员会于4月重新召开会议时，已经不再有任何否决质子稳相加速器上马的问题。委员们决定同时资助两台不同尺寸的机器，每台机器都进行优化，以生产不同的粒子。唯一的问题是，哪个实验室将建造哪一种机器。最后，伯克利得到批准，质子加速器产生60亿伏特的质子，以满足劳伦斯偏好建造尽可能大的机器的愿望。布鲁克海文的机器指标为25亿伏特，但它得到了总咨询委员会的明确承诺，它在未来可以回过头来建造更大的机器。劳伦斯的声誉以及他对这个新靠山的灵活应对终于使自己渡过了难关。

第16章　宣誓与忠诚

"第二次世界大战结束后，E. O. 劳伦斯个人从未退役。"辐射实验室的物理 325
学家沃尔夫冈·帕诺夫斯基在多年后这样回忆道。

这个德国出生的科学家是正确的。当辐射实验室迅速回归到基础核研究
后，欧内斯特·劳伦斯仍然维持着他个人对军事项目的兴趣。即使在1948年
后，橡树岭实验室已经完全转向用气体扩散法来浓缩铀，而且原子能委员会也
已取消了对卡留管的发展资金拨付之后，他仍继续有关卡留管的研究，决心提
高其效率。他向海曼·里科弗（Hyman Rickover）上将请教有关核动力潜艇的
发展，建议这项服务性研究可能需要设法投入"现金"——初步预研的费用不
是吝啬的250万美元，而是1个亿美元。（"要想让人信，项目预算就要做得大。"
欧内斯特以真正的大科学气派建议道："如果做得大，它就会吸引优秀的人。"）
他幻想着放射性战争的场面，打算将他与他弟弟约翰一直追求的用于康复治疗
的放射性同位素研究转变成一种凶险的战术武器研究。"放射性战争"，一如其
名，是"一门非常接近于劳伦斯教授内心追求的学问"，阿尔瓦雷斯回忆说。但
科技界和军方的主流人物将放射性战争概念看作无效的、不切实际的，也是不
道德的。

欧内斯特似乎一直试图维护一种有助于利用大科学来赢得战争的气氛。随 326
着在最初令人不安的和平岁月里，关于炸弹的社会和政治影响的争论愈演愈
烈，他倾向于支持研究更多的核武器的立场变得越来越顽固，而对它的反思却

越来越少。他认为，国家安全是至高无上的。维护这种安全意味着追求一切可以达此目的的最先进的核技术。这就意味着需要研究超级武器：热核炸弹（或叫氢弹）。

劳伦斯的关切源自外部力量——特别是共产主义——对国家安全的威胁。这种关注最早可追溯到他所卷入的战时研究，当时因为安全问题辐射实验室无法聘用罗西·罗曼尼兹（Rossi Lomanitz）和马丁·卡门。但战争结束后，他对前途的看法变得更具政治色彩，这主要是因为他与如杰克·尼兰这样的富人保守派走得很近。后者认为共产党人都很狡猾，他们决心要颠覆西方文明，可谓极尽丑化之能事。欧内斯特很快就陷入日益加剧的猜疑气氛中，他指责将反共主义带入伯克利校园。

辐射实验室的共产党人的秘密活动始于1947年。当时热衷于曝光的州参议员杰克·坦尼（Jack Tenney）——加州立法院的非美活动委员会主席——上演了一场调查，他断言伯克利的安全很松懈。像当时许多打探赤色分子的故事一样，坦尼的听证会简直就像是一场吉尔伯特和沙利文的喜歌剧。明星证人是该委员会的首席研究员，他告诉议员们，他打着手电筒一路漫步到辐射实验室的山坡上。他爬过铁丝网，四处游荡，没遇到过任何盘问，由此暴露出国家安全组织有巨大漏洞。

这些启示没能引起新闻界或公众的强烈抗议，委员会当即结束了调查。但全国的反共瘴气不是那么容易被驱散。1948年，原子能委员会为回应以迫害赤色分子为能事的国会非美活动委员会（HUAC）的质询，在全国各地组成地区人事安全工作小组，负责审核原子能委员会合同单位（如加州大学）所聘用的其政治倾向受到质疑的雇员。伯克利小组的主席是尼兰，欧内斯特·劳伦斯曾特别推荐他到原子能委员会工作。海军上将切斯特·尼米兹（Chester Nimitz）和少将凯尼恩·乔伊斯（Kenyon Joyce），当地两位著名的战争英雄，作为监督员从头听到尾，虽然在听证会上，当尼兰进行调查询问时，他们总是静静地坐在那里一言不发。

327

尼兰小组的第一个案子涉及前洛斯阿拉莫斯化学家罗伯特·赫尔利（Robert Hurley），他受到怀疑是因为据称他的拉脱维亚出生的妻子是左派的同情者。尼兰在他的旧金山律师事务所里对赫尔利进行了令人难堪的质询，只有赫尔利的导师伯克利化学学院院长温德尔·拉蒂默（Wendell Latimer）在场提供咨询和支持。赫尔利讥讽地回避了尼兰提出的关于他与解放组织联系的问题，拉蒂默只能静静地坐在一旁，他内心对联邦调查局的这种基于道听途说的指控文件（而被指控者根本无权查阅这些指控）的诉讼不公正性有一百个不满，但只能忍着。尼兰认为赫尔利是在推诿——"他是个自作聪明的人。"并命令将他开除。但后来知道拉蒂默又悄悄地重新聘用了他。于是尼兰再次命令将他解聘，这次只好真的走人了。

拉蒂默对于自己在小组中的双重角色——检察官和陪审团成员——向戴维·利林塔尔提出抱怨。这位原子能委员会主席则将拉蒂默的意见反馈给了小组，提请乔伊斯将军问一下尼兰："如果欧内斯特·劳伦斯能给出一些友善而中肯的建议，让拉蒂默更保守些、少一些感性因素，会不会更好些？"尼兰回答说，他已经问过劳伦斯，劳伦斯向他保证，拉蒂默仅仅是"劳累过度"。

审查小组求助于劳伦斯表明，他们对劳伦斯在看待事情的方式，在平衡新兴的国家安全利益与科学家聘用方面的能力，充满信心。当审查小组将注意力转向罗伯特·塞尔博（他在洛斯阿拉莫斯曾是奥本海默在理论物理方面的得力助手）时，这种信心产生了非常好的效果。战争结束后，塞尔博已经成为伯克利的一名重要的教授，被劳伦斯看成可与奥本海默比肩的重要理论物理学家。但因为他的朋友和他的妻子夏洛特与左翼团体有联系，塞尔博受到攻击。于是塞尔博夫妇被传唤至在洛斯阿拉莫斯举行的安全许可听证会接受询问。战时夏洛特曾担任洛斯阿拉莫斯实验室不可缺少的图书馆馆员。原子能委员会认为这不够安全，拒绝给她发放安全许可，使她无法在伯克利得到同样的工作，并欲置她的丈夫于同样的境地。

在尼兰小组的听证会上，塞尔博的证人就是劳伦斯自己。只要他愿意，他完全能够保证塞尔博取得安全许可。但欧内斯特在听证会上的表现与拉蒂默迥然不同，因此产生了截然不同的结果。据尼兰回忆："当时劳伦斯说道：'我希望你们能消除对他的怀疑，因为他是一个好人。'欧内斯特在塞尔博身上赌上了他的身家性命，并被证明是正确的。"欧内斯特早已学会了如何玩弄安全这套把戏。与拉蒂默不同的是，他接受庭审规则，集中精力于对被告的辩护，而不是对这套体系的攻击。

但这种精心策划的进程第一次使用就失败了。当时尼兰问了塞尔博一个暗指哈康·舍瓦利耶（Haakon Chevalier）情形的危险的假设性问题。舍瓦利耶是伯克利的法国裔教员，并且是奥本海默的亲密朋友。舍瓦利耶曾接近奥本海默，想从他那里了解到原子弹项目的信息并将其传递给苏联。奥本海默当场予以回绝，虽然这次会面将会给他带来一连串的政治问题。

尼兰问塞尔博："如果有人同情苏联，他想通过你从欧内斯特·劳伦斯那里得到一些秘密信息，并将其卖给苏联特工，你会向劳伦斯提这件事吗？"

塞尔博回答说："是的，我会提的。"

"说什么哪？"劳伦斯大声喊道。

329　　其实是塞尔博误解了这个问题。在劳伦斯的细心引导下，他解释说，他的意思是他会将这个情况作为一种安全漏洞报告给劳伦斯，而不是要邀请间谍。尼兰接受了这个解释，认为塞尔博是清白的，宣称他"光明磊落"。

对塞尔博来说，整个情节让他感到深深的不安。他想象着自己像电影中上了军事法庭的被告，由三名毫无幽默感的检察官来询问他几乎不记得的某个可疑的熟人。他从来没有接到过正式的通知告知他通过了考验，尽管奥本海默后来提到，他曾看到一份审查小组的报告，塞尔博受到"热情洋溢的赞扬"。但这只是一种不起作用的安慰，塞尔博反思道："我发现这是一种屈辱、恐惧和憎恨的经历。"

一年后，劳伦斯再一次不得不为了保护辐射实验室的同事而出面说情。这一次尼兰的目标是梅尔文·卡尔文（Melvin Calvin）——一位未来的诺贝尔奖获得者。卡尔文早先曾在芝加哥冶金实验室工作，后来搬到了伯克利，与约翰·劳伦斯一起从事医用放射性同位素的和平应用研究。欧内斯特立即介入，他对尼兰说，他自己对卡尔文所受指控的调查已经"强化和重申了"他对卡尔文作为化学家的忠诚的信心。他告诉尼兰："撇开他作为伟大的科学人才这一点不说，我一直认为他是一个在性格、忠诚和诚信等方面具有良好的个人品质的人。"劳伦斯的声明像一阵风将安全审查吹走了，审查小组仅作简单询问后便放人。

更复杂的是涉及弗兰克·奥本海默的案子，尽管这是在原子能委员会的安全程序之外展开的。弗兰克是一位有才华的物理学家，他在加州理工学院拿的博士学位，但他缺乏他哥哥的理论深度。与罗伯特不同的是，弗兰克于1937年与他的妻子雅姬（Jakie）一起加入了共产党。当时他们怀着这样一种豪情，认为共产党与他们有着共同的社会正义目标。1940年，他们的理想幻灭，于是退党。但是弗兰克不愿意放弃他的政治信仰，他也不愿意像罗伯特那样以职业发展的名义压抑这些信仰。但在1941年受聘辐射实验室的工作时，他向劳伦斯保证，330 绝不在实验室从事劳工或其他政治活动。他受到他哥哥的精心指导，罗伯特在实验室可是亲身经历过欧内斯特对政治的敌意。"我警告过他，如果他不是个好孩子，欧内斯特会解雇他。"罗伯特后来这样回忆道。

弗兰克在实验室起着不可估量的作用，包括在卡留管方面的工作。但他的左派政治倾向不会永远深埋心底，这时不时就构成对劳伦斯的刺激。"你为什么要搞这些事情？"1944年，欧内斯特在前往橡树岭的火车旅行中责备弗兰克道。"好的科学家不能像那些只想着吃饭、睡觉、做爱的人。你不像那些不能去任何地方的人。你不必这样做。"弗兰克回忆道，劳伦斯关切的是政治可能引起纷争并分散对实验室工作的精力——在实验室造成他所谓的"不同质性"。

在欧内斯特看来，弗兰克没有信守不给实验室带来政治麻烦的诺言。战争结束后不久，弗兰克向一名报社记者解释说，他已经把演讲改在了小礼堂，因为大礼堂禁止黑人进入。"看看你都做了什么，"劳伦斯斥责他，"你把种族关系带进了实验室！"不过，当战争结束后弗兰克考虑去明尼苏达大学谋求教职时，欧内斯特热情地为他进行了推荐，称他为"我们员工队伍中的一位最有用的人"，夸赞他具有"科学思维的创新性和周密性"。

弗兰克得到了那份工作。1946年他离开伯克利时欧内斯特向他保证，辐射实验室的大门永远对他敞开。但是两年半后，一切都变了。1948年10月，当弗兰克准备陪物理学家约翰·威廉姆斯来伯克利讨论明尼苏达大学的加速器建设时，劳伦斯突然通知威廉姆斯，弗兰克不受欢迎。这种不加解释的拒绝令威廉姆斯感到震惊，他急忙去找"符合您的同意"的旅伴，他在给劳伦斯的信中写道。对于弗兰克·奥本海默来说——他一直期待着这趟经久在外回家看看的旅行——这个回绝更如同晴天霹雳。当天，他就写信给欧内斯特发出愤怒的呼喊：

亲爱的劳伦斯：

发生什么事了？三十个月前，你抱着我，祝我好运，告诉我无论何时只要我想回来，就可以回来工作。现在你说我不再受欢迎。

谁变了，你还是我？我是背叛了国家还是背叛了你的实验室？当然都不是……有没有人认为我曾泄露任何机密信息，有意或无意？……你不同意我的政治观点，但你从来没有指责我久远的过去，也没有新的谣言四处流传……

我真的为你的这个行为感到很惊讶和伤心。

字面上透着不容置疑的真诚，但实际上奥本海默的信显示出一种厚颜无耻的不诚实，也许这就是该信作者的主要性格缺陷。1949年，在国会非美活动委员会的调查下，弗兰克最终公开承认他的共产党员身份。由于这一点，他被明尼苏达大学开除。但他知道，在他给劳伦斯写信的那会儿，关于他的过去的新的谣言已经"四处流传"；《华盛顿时代先驱报》记者曾吵着要他讲讲1947年的事儿，这促使他对已经记录在案的他的党员身份予以矢口否认。记者的信息来源无疑是联邦调查局的一份文件，其中披露了弗兰克·奥本海默的共产党员的身份。这份档案被爱荷华州参议员伯克·希肯卢珀（Bourke Hickenlooper）展示给华盛顿——奇怪的是，它是作为他在这个案子上反对戴维·利林塔尔向原子能委员会所确认的事实的一部分而提供的。科学界的许多顶级领导人，包

括利林塔尔、科南特和布什，其实都熟悉这份文件。有一种可能性，那就是劳 332
伦斯也已经知道这件事，在这种情况下，他知道弗兰克·奥本海默再三否认自
己的党员身份注定是瞒不过去的。这一点足以促使他阻止弗兰克来他的实
验室。

最后，劳伦斯要求埃德温和艾尔西·麦克米兰取消邀请弗兰克的晚宴。这
很让人伤心，要知道弗兰克与麦克米兰的友谊可以追溯到20世纪30年代中期，
当时他们多次一起在假期出去野营，在罗伯特家位于新墨西哥沙漠的牧场里骑
马。劳伦斯的干预使得这两家人私下友谊的裂痕越来越大。"当我们在（伯克利）
某个大的聚会中遇到欧内斯特时，我对他提到这一点，"罗伯特回忆说，"我不
认为欧内斯特会在意这些，但事实上，我妻子说他很在意，我想也许他真是这
么想的。"

原子能委员会人事听证会预示着在安全和政治问题上会有一场冲突，它将
给伯克利校园和辐射实验室带来历史性影响。这场冲突涉及加州大学的忠诚
宣誓。

在1949年年初，出席关于辐射实验室安全听证会的杰克·坦尼，一口气提
交了13项法案，件件指向大学和州政府其他部门中可疑的共产党人。3月25日，
罗伯特·斯普劳尔出于希望避免保守派议员对大学事务的干扰，要求校董事会
修改1942年颁布的、大学所有应聘人员都必须宣誓的誓言：增加一项条款——声
明本人不是"信仰、主张或教导推翻美国政府的任何党派或组织"的成员或支
持者。校董事会更过分，要求大学员工明确否认共产党。

这是斯普劳尔最不好的时刻。他想让校董事会相信，他引进人才都是得到
教工委员会批准的，而事实上，教工委员会并不知晓他提议的改变。就因为这，
他与校董事会的关系破裂，又被教师队伍视为异己分子。由此产生的不信任使 333
得关于忠诚宣誓的争议持续沸腾了两年多，在此期间伯克利作为学术圣地的声
誉受到极大的损害。

是否签署宣誓的问题使教师队伍分裂。大多数虽然反对宣誓，但仍选择了

签署，尤其是在校董事会下令，那些拒绝签署的人将面临解雇的情况下。但对于许多教职工来说，宣誓的意义要深得多。甚至是对那些签了名的人，这种被迫承认自己政治效忠的经历是如此令人厌恶，以至于真正的问题变成了是否要留在伯克利的问题。这场争论对整个大学造成了很深的伤害，对辐射实验室尤为如此。

劳伦斯的导师杰克·尼兰也因这场争论而受伤。尼兰最初反对斯普劳尔的宣誓版本，他给出的奇葩理由是，那样只会鼓励其要排斥的对象——被认为涌向大学的激进分子——作伪证。"我确信一个共产党员会对任何事情发誓。"他后来说道。但不久，他就以董事会领导的身份抓住这件事情的控制权，要求校方解雇不签名者。随着他的位置变得更具争议，尼兰也变得越发固执。尽管斯普劳尔可能被认为是校园骚动的始作俑者，但实际上是尼兰将这种做法变成一种具有破坏性的制度。在校园里，他被视为这一事件突出的恶棍不是没有原因的：在他的授意下，董事会在1950年解聘了31名不签名者。两年后，加州最高法院下令他们全部复职。其中之一——戴维·萨克森(David Saxon)，一位毕业于麻省理工学院的物理学家——于1975年成为加州大学的校长。

劳伦斯与尼兰的友谊使他对辐射实验室员工（尤其是那些欧洲来的科学家）所面临的道德困境不敏感。即使是他们中最热心的反共分子，也将这种宣誓视为一种他们在自己国家曾遭受的强加于学术自由之上的令人不舒服的提醒。在欧内斯特看来，这种态度是不可理解的；他把他们的反对意见贬斥为"吹毛求疵的狡辩"而予以驳斥，埃米利奥·塞格雷回忆道。不仅如此，他对拒不合作者的态度非常果决，对待辐射实验室优秀的理论家吉安-卡洛·维克(Gian-Carlo Wick)的情形便是如此。在得知维克拒绝签署宣誓后，劳伦斯将他叫到办公室进行了一番令人痛苦的交谈。欧内斯特宣称，除非维克改变主意，否则他会"出了实验室就进地狱，就我所知"。当得知维克坚持自己的立场后，他要求维克交出他的安全许可证。

L. 阿尔瓦雷斯自告奋勇来蹚这趟浑水。阿尔瓦雷斯自己愿意签署宣誓，但他知道劳伦斯此时已大大超越了他的权限。在维克坚持自己立场的当时，董事会还没有决定是否要解聘不签名者。阿尔瓦雷斯在叙述这段情节时说道，他赶紧到劳伦斯的办公室告诉他，只要维克作为教员保持良好的品行，欧内斯特无权解雇他。"欧内斯特咕哝着，大声地自言自语了好大一会儿，"阿尔瓦雷斯回忆道，"但他最终平静下来，同意我是正确的。"阿尔瓦雷斯赶紧去找维克，让他忘掉这一切。阿尔瓦雷斯解释道："欧内斯特有时候表现得情绪化。"维克拿回了他的安全许可证，但他不会轻易地忘记对他的知识分子的独立性的侮辱。几个月后，他离开了伯克利，在匹兹堡的卡内基技术学院谋到了新的教职。

这是辐射实验室人才外流的开始。其他要走的还有和蔼的柏林人皮夫·帕诺夫斯基（Pief Panofsky），一个出色的30岁的粒子物理学家。帕诺夫斯基天生有着敏捷的理论思维功底和过人的实验天赋，是由阿尔瓦雷斯从曼哈顿项目专门招过来的。阿尔瓦雷斯认为他是"我在洛斯阿拉莫斯和伯克利的秘密武器"。帕诺夫斯基来伯克利两年就被提升为副教授，他虽然不喜欢宣誓的做法，但还是"勉强"签署了（就像他后来说的那样）。他认为自己在安全问题上有着丰富经验。他观察到，在战争期间，那些持有安全许可的科学家已经习惯了"这种不合理性和在人事安全措施上缺乏内在的隐私"。但是一旦董事会以解雇来胁迫进行宣誓，那么事情变得很明了：再继续服务于伯克利是不可能的了。已经有好几个顶级大学希望他去工作，他告诉劳伦斯他决定辞职。

"什么都别做，看看校董事会到底是什么态度。"欧内斯特告诉他，并安排这位物理学家与尼兰会谈。欧内斯特和皮夫一起开车驶过海湾大桥，来到尼兰在半岛上阿泽顿森林里的别墅。尼兰居高临下地问帕诺夫斯基："年轻人，你烦什么呢？"帕诺夫斯基回答说他对董事会的这种不能容忍异见的做法感到困扰。"现在，听我说，我的孩子，"尼兰回答道，随后尼兰就宣誓的历史、罗伯特·斯普劳尔的两难境地和教师会董事会的不尊重等方面做了两个小时的独白。在开车返回的路上，帕诺夫斯基告诉劳伦斯，他没有改变他的想法。几周后，他接受了斯坦福大学的一份工作，在那里一直工作到2007年去世。

这种"出埃及记"仍在继续上演。由于劳伦斯拒绝反对宣誓，使得越来越多的沮丧在辐射实验室蔓延。整个事件凸显了他在实验室对政治的敌意是徒劳的，因为现在很清楚，没有办法将政治完全排除在外。劳伦斯的座右铭——政治讨论与实验室里的科学研究无关——只能扩大员工之间的政治裂痕。伯克利的物理学家，无论是在系里还是在辐射实验室，最终被分成两个阵营：一边是劳伦斯、阿尔瓦雷斯和其他一些支持宣誓的人；另一边是一些同样杰出的科学家。那些大声说出反对宣誓的人最终感到自己被边缘化。其中就有杰克·施泰因贝格尔（Jack Steinberger），辐射实验室的一个不签字的科研人员。他在听到"阿尔瓦雷斯关于共产主义第五纵队的'同情者'的恶行的演讲中提到那些叛逆者中可能包括我"时简直汗毛直竖。阿尔瓦雷斯向劳伦斯提出对维克的处理意见，以表明他对老板的强烈忠诚；现在他禁止施泰因贝格尔接近467厘米回旋加速器——施泰因贝格尔必须赖以完成一个重要实验的平台。不久后，施泰因贝格尔就被拒绝了由塞格雷和麦克米兰提名的教师职务聘任申请；最后，他在他的桌子上发现了一张纸条，上面说自从他拒绝签署宣誓之后，实验室已不再欢迎他，他必须在天黑之前离开。

到这场争论结束时，有6位物理学家离开了辐射实验室，其中包括所有的4位理论物理学家。"这对于理论研究是一个沉重的打击。"塞格雷回忆道。事件留下的是一片沮丧，实验室的领导人，这些伯克利最杰出的人物，其中包括劳伦斯、阿尔瓦雷斯、西博格、麦克米兰和塞格雷，在整个争论中始终保持冷处理，尽管他们的同事一再努力争取他们加入到反对宣誓的战斗中来。

在那些将作为学术自由问题的宣誓与其同事和朋友对董事会的忠诚问题联系起来看的教授中，劳伦斯不是唯一的一个，但他无疑是最突出的。他不站出来说话使这个问题变得更严重。研究这一事件的第一位历史学家戴维·加德纳（David P. Gardner）写道："人们只能猜测，董事会是否会解雇那些对大学的科学声誉有着举足轻重作用的不签字的人。"

他们中的一些人在签字后试图为自己的行为寻求合理的解释，好像担心历史会因为他们的沉默而审判他们。塞格雷的好几位学术界朋友都因此失去或放弃了在伯克利的工作，但他认为抵制宣誓"毫无意义"，你不妨将这种宣誓看成是一种"短暂的精神失常"，他宁愿以一种心灵上有所保留的态度——认为这不算什么——来接受它。"我估计我已经向国王、墨索里尼、纳粹党、宪法和政权宣誓效忠了至少15次。"还在乎多这一次？

格伦·西博格，他所从事的与钚有关的工作还处于政府严格保密的条件下，他对这种投降说得更坦诚。"虽然我认为宣誓是一种极其不明智的政策，但我对它的抗议只是到最后一天才签署它。"他在回忆录中解释说："我没看出拒绝可以得到什么，被解雇不会让它消失。疏远欧内斯特·劳伦斯只会让你什么都得不到，虽然他在战后已经越来越向右转。我相信，为了更有效的战斗，我不妨节省点我的政治资本，比如默默地工作，以便摆脱一些不必要的保密规定。"

劳伦斯没有留下关于他对这一事件的看法的公开声明。这些只能从他的同事的回忆录中去寻找。他们一致认为他自始至终支持尼兰的立场。阿尔瓦雷斯说："无论是从感情上，还是从他与尼兰的友谊上，欧内斯特觉得他都必须这么做。"

爱德华·特勒发现存在同样的情感纠结，让他很是不爽。当伯克利爆发有关宣誓的争议时，特勒——一位杰出的理论家——刚同意离开芝加哥大学前来加州大学洛杉矶分校（UCLA）应聘教授职位。他认为劳伦斯对这项政策的支持让他实验室的所有理论物理学家感到不光彩。当他发现尼兰正拿他要来UCLA作为证据，四处宣扬忠诚宣誓并不妨碍杰出科学家慕名前来的做法后，便愤怒地退回了他的接收函。随后特勒收到了斯普劳尔和其他几位行政领导发来表示同情的问候，希望能缓解他这个决定所带来的打击。"有一个人例外，"他写道："就是欧内斯特·奥兰多·劳伦斯。自从纳粹上台以来，我还从未见过这样的事情。我尽量委婉、泛泛地向他谈起这件事情，因此劳伦斯没有攻击我个人。但他确实使用了威胁的口吻，他很不愿意听闻任何与尼兰的观点相左的意见。当我离开他的办公室时，我感到有点不舒服。"然而，尽管他的感情受到刺激，但是特勒与欧内斯特的分手没有持续太久。正是超级炸弹项目让他们重新走到了一起。

忠诚宣誓事件使得辐射实验室作为纯科学研究的避风港的声誉开始发生

微妙的转变。它开始成为这样一个地方：如果一个人对国家安全和武器发展的令人担忧政策有看法，那么他职业前景就可能变得不明朗。在劳伦斯或多或少的邀请下，政治已经破门而入。"杰出的人离开了，因为辐射实验室的氛围……让那些持异议的人感到他们不是受欢迎的。"戴维·萨克森——未来的大学校长——说道。他认为，随着物理学的进步和与之竞争的实验室的出现，辐射实验室注定要面临不可避免的衰落——许多实验室都是按劳伦斯开创的模式建立的。"但我认为，忠诚宣誓事件只是加速和放大了它的衰落"。

第 17 章　超级炸弹的阴影

　1949 年 9 月 23 日，一则新闻快讯掀起了核政策辩论的政治热潮。欧内斯特·劳伦斯是在他的车里读到这条惊人的头条新闻的，当时他正在去约塞米蒂国家公园开会的途中，在默塞德的一个拐角报刊亭前停车买了份报纸。这则新闻报道，杜鲁门总统宣布，在苏联境内探测到"原子爆炸"。他的话是经过精心选择的，但含义很清楚：美国对原子弹的垄断已经结束。约瑟夫·斯大林的物理学家只用 4 年就取得了与美国的核平衡——与罗伯特·奥本海默预言的时间相差无几。

　　回到伯克利校园，有关 Joe-1[1] 的新闻犹如爆炸声在全美回响，也让路易斯·阿尔瓦雷斯很兴奋。对于在战后已经做了 4 年基础研究的阿尔瓦雷斯来说，苏联的原子弹不仅意味着危机，而且也是一个契机。据他所知，美国的超级炸弹——热核炸弹——计划已经停滞了。如果苏联人准备从原子弹发展到他们自己的超级炸弹，那么他们很可能会击败美国取得领先。政府花了数以百万计资金在辐射实验室建造的大型加速器也可能因此"休耕"，它们必须为国家安全让路。然而，超级炸弹项目的规模完全合乎大科学的资源和野心。第二天，他来到劳伦斯的办公室，进言道："我们必须做点什么。"欧内斯特不需要进一步提示。他让阿尔瓦雷斯站到一边，给爱德华·特勒打电话。特勒当时还在洛斯阿

1　苏联第一颗原子弹的昵称。——中译者注

　　　　　　　　　　　　　　　　　　　　　　　　大科学

拉莫斯，考虑要不要接受UCLA的邀请加入其物理教师团队。

在特勒的邀请下，劳伦斯和阿尔瓦雷斯飞往阿尔伯克基。飞机在凌晨降落，然后在上午10点赶到洛斯阿拉莫斯。他们与特勒的交谈验证了阿尔瓦雷斯对超级炸弹进程缺乏进展的印象。特勒告诉他们：这个项目"基本上还没有眉目"。按特勒的说法，只是因为他个人的努力，该项目才算保住没有下马。

特勒无法抑制对萦绕在心头的这个项目的喜欢，在驱车返回阿尔伯克基的路上就决定加入到他们中去，并一路聊着建造超级炸弹项目所需的各种基本要求。简单来说，这种炸弹就是通过让最轻的元素——氢——的同位素聚变来释放所产生的能量。但是这种聚变反应需要巨大的能量才能使反应开始，所需的这种能量大到也许只有小型常规原子弹爆炸才能够提供。特勒承认，这些技术问题远未解决。事实上，他们甚至不知道如何解决这些问题。但他挑明了一个引人注目的关键点，这让劳伦斯和阿尔瓦雷斯知道了该如何向华盛顿阐明恢复这个项目是当务之急。特勒认为，超级炸弹可选择的一种很有前途的燃料是氚——氢的超重同位素。（氚核由一个质子和两个中子组成，它比氘——氢的较熟悉的重同位素——要多一个中子。）氚可以在重水反应堆中用大量中子去轰击氘来产生。但自战争结束以来，政府资助的核反应堆发展几乎停滞下来。因此劳伦斯和阿尔瓦雷斯认识到，这里的关键在于：推动原子能委员会资助建造生产规模的重水反应堆，由此得到制造超级炸弹所需的氚燃料。

他们的任务现在变得清晰。伯克利的两位科学家于当天凌晨3：30乘飞机赶往华盛顿。落地后，他们便开始在国会和原子能委员会办公室之间来回奔波，一直忙到晚上，还顺便在镇上参加了阿尔弗雷德和马内特·卢米斯夫妇的新婚晚宴（两人都是通过离婚才摆脱以前的婚姻走到一起，马内特以前住在内华达州），总算结束了他们在华盛顿的第一天。卢米斯火速批准了这个超级炸弹项目。劳伦斯和阿尔瓦雷斯在他们共同的导师怂恿下，次日早上继续他们的活动。

总的来说，各方接待是积极的。在原子能委员会，他们首先遇到的是专员刘易斯·斯特劳斯(Lewis Strauss)和研究部主任肯尼斯·皮策(Kenneth Pitzer)。

皮策是伯克利的物理学家，被暂时借调来政府部门工作。双方谈起来都充满热情。原子能委员会的五角大楼联络官罗伯特·勒巴伦（Robert LeBaron）还与来客共进了早餐，也正在这会儿，一封来自伯克利的电报打断了他们的交谈，原来欧内斯特刚刚有了第六个孩子（一个闺女，苏珊）。

这之后他们开始了这次旅行的最重要的一次会谈：与参议员布里恩·麦克马洪（Brien McMahon）和国会联合原子能委员会的其他成员共进午餐。劳伦斯和阿尔瓦雷斯向这些立法者的头脑中灌输了这样一个用心险恶的印象：苏联正谋求通过核恐怖来统治世界。按照强硬的委员会常务理事威廉·博登（William Borden）的现场笔记，他们"甚至说，他们担心俄罗斯可能在这场竞赛中走在我们前头……他们宣称，按他们的经验，他们第一次真的害怕美国会输掉这场战争"。

当两位物理学家回到原子能委员会来见主席戴维·利林塔尔时，对方的态度则显得不那么热情。利林塔尔对杜鲁门总统将要公布的关于拨款3亿1900万美元让五角大楼着力扩大美国的核武库的决定已经想了一整天。"一个巨大的［项目］，"利林塔尔在他的日记中咕哝道，"更多更好的炸弹……我们一直在说'我们别无他途'；但实际上我们要说的是'我们没有足够的光亮来看清其他途径。'"劳伦斯和阿尔瓦雷斯的到来只会使他的心情变得更加暗淡，他们高调的声音令他非常不快，以至于他转过椅子背对着客人。利林塔尔在事后生气地记录道："这一天谈的都是……关于超级炸弹的事情，一颗炸弹就能将一大片区域夷为平地。"他早先对劳伦斯的称赞被后者谈起这种可恶的新武器的热情击得粉碎。"欧内斯特·劳伦斯和路易斯·阿尔瓦雷斯在这里口吐莲花。我们必须全力支持这个东西？" [342]

劳伦斯和阿尔瓦雷斯同样也对与原子能委员会主席的会面感到不满。阿尔瓦雷斯宣称他对"他的行为感到震惊……他转过椅子，望向窗外，表示他不想讨论这件事。他不喜欢热核武器的想法，我们几乎无法与他交谈具体内容。"这是他们从利林塔尔和刘易斯·斯特劳斯（超级炸弹的热情支持者）那里感受到的有关超级炸弹的争论如何使原子能委员会分裂的第一个征兆。双方在核政策问题上存在巨大鸿沟, 怒目相视。

华盛顿之行将劳伦斯推到了制造氢弹的最突出的位置上, 他成为最可靠的推进派。他为上马超级炸弹所作的努力将给伯克利带来政府提供的新的巨大资助, 包括兴建一个全新的武器实验室的资金, 其规模比国家的核计划资助规模大一倍, 并给美国带来领先几十年的技术优势。但是他的努力也将他的名字永远与核扩散问题联系在一起, 给他的科学遗产蒙上了一层阴影。

劳伦斯发动的这场攻势让他的朋友和同事们陷入两难境地。大多数人认为, 美国在重水反应堆领域的发展是一个完美的想法, 因为它有可能增进核知识。但很多人对超级炸弹项目则持模棱两可的态度, 虽然其中包含反应堆项目。任凭劳伦斯在说服各方上马一个项目方面有着过人的本事, 但面对这样一个有着道德风险的项目, 他的这套本事使起来显得相当费力。

想到劳伦斯和阿尔瓦雷斯这趟隆重的出游和特勒对超级炸弹信念的死灰复燃, 奥本海默给亲切的"吉姆大叔"科南特(科南特当时56岁, 比奥本海默年长9岁)写了封信表达他的疑虑。华盛顿"(关于核弹的)氛围发生了很大变化", 他提醒科南特道, "两位经验丰富的发起人——欧内斯特·劳伦斯和爱德华·特勒——一直在做工作。这个项目在特勒的心里已经酝酿了很久, 欧内斯特已经确信, 我们必须从 Joe 中得出结论:俄国人很快就会研制超级炸弹, 我们最好在这方面击败他们。"至于建造产中了的重水反应堆计划, 奥本海默是很看重的。"出于各种原因, 我想我们必须予以批准", 因为这种反应堆不止是可用于超级炸弹。但他怀疑眼下的科学是否能克服建造超级炸弹所面临的技术挑战, 他对争论中潜在的政治动机感到不安:"我不知道是否会发生悲惨的事情, 也不知道是否能达成目标, 除非用牛车……令我担心的是, 这件事似乎已经抓住了国会和军方人士的想象, 好像俄国人的进步就设定了问题的答案……在我看来, 我们致力于拯救国家和和平的方式充满危险。"

从华盛顿回来后, 劳伦斯和阿尔瓦雷斯计划飞往渥太华, 去看看加拿大政府设在乔克里弗(Chalk River)附近的重水反应堆。他们认为这个设计可能适于生产氚。当了解到去不成渥太华后, 他们转而亲自去拜访 I. I. 拉比——原子能委员会下总咨询委员会成员、哥伦比亚大学教授。拉比原先以为他们会事先打个礼节性的电话过来，因此听到他们为开发氢弹的大项目滔滔不绝地宣传感到很惊讶。

据阿尔瓦雷斯对这次会面的回忆，拉比赞同他们的提议，表示正合我意。"拉比也很担心俄国人的核爆炸，并且赞同我们的计划，"他后来写道，"'很高兴看到第一梯队回来。'他告诉我们，'过去四年你们一直在玩你们的回旋加速器。现在该是你们回去工作的时候了。'"

如果真是这样，那将是得到了一位有影响力的科学家的重要支持。但拉比对这次会面的回忆却非常不一样。他同意美国的计划应该提速，以便恢复美国在核武器方面的领先地位，但他认为两位来访者的幻想已经远远超出了超级炸弹的实用性。"他们极其乐观，"他回忆道，"他们都是非常乐观的绅士……对于这事儿以及所需的特殊材料，特勒博士给了一个非常乐观的估计。所以他们都急着要上马。"

拉比极尽所能把他们拉回到现实中。他回忆道："当我和这两位先生交谈时，我通常会发现自己处在一个非常尴尬的境地……那些家伙如此热情以至于我不得不成为保守派。这使得我总站在一个奇怪的立场说：'现在，现在。那个，那个……'诸如此类。"

欧内斯特的新事业使他那老去的不知疲倦的自我重新焕发青春。他让阿尔瓦雷斯回到伯克利后组建一个反应堆设计小组，并四处张扬辐射实验室已经有了一项新的使命。同时，他自己回到华盛顿，与格罗夫斯的前军事副官肯尼斯·尼克尔斯见面，后者现在是五角大楼主管武器发展的头儿。他要敦促参谋长联席会议将氢弹指定为军事需要，这将有助于从国会山那里获得资金。尼克尔斯第二天便向参谋长联席会议主席作了简要汇报，声称整个科学界都赞同这个计划。这促使主席——第二次世界大战英雄奥马尔·布拉德利（Omar Bradley）将军——宣布："如果这能够做到……那我们还坐在这里等什么！"

特勒也采取了类似的步调，可惜没有成功。10月，他走访芝加哥去见费米。

当时费米刚从意大利飞回来。他显然对特勒的来访持有戒心，不愿意与满嘴车轱辘话的特勒深谈，因此便推说他刚下飞机，太累，没法听他絮叨，更别说承诺了。特勒只好转向去纽约州的伊萨卡，让康奈尔大学的汉斯·贝特为超级炸弹项目说话，然后向阿尔瓦雷斯报告说，他"觉得他可以搞定贝特"。

但这是特勒的自说自话，事实出乎他的预料。贝特不打算这么快就签字，他要仔细掂量了这个项目之后再做决定，而且他倾向于反对它。与特勒的交谈让他充满了"最大的疑虑"，他回忆说："我不明白为什么有人会对走在前面有着这么大的热情。"他注意到，特勒、劳伦斯和阿尔瓦雷斯正通过将超级炸弹研制列为科学挑战——"即如何克服技术障碍"——来掩盖他们可能要面对的道德焦虑。这显然不足以诱使贝特上套。他将疑虑转告了奥本海默。奥本海默说他有同感，并向贝特出示了他的"吉姆大叔"的回信，说明科南特也反对超级炸弹计划。贝特的另一个朋友，物理学家维克特·韦斯科普夫（Victor Weisskopf）也有同感，认为这样势必会引起热核战争。"我们都必须承认，在这场战争后，即使我们赢得了胜利，世界也不会……像我们要保卫的世界那样。"他拒绝了特勒的建议。

但在热情奔放的劳伦斯看来，这个项目的未来似乎已经笃定。在伯克利他自己的一亩三分地里，他花了一个周末巡视了重水反应堆的选点位置，自信有把握将这个项目作为辐射实验室的辅助设施拿下来。他的首选站点是苏伊孙湾（Suisun Bay）——旧金山北部圣巴勃罗湾的河口。他认为这地方离人口密集的居住区足够远，因此是安全的，但不足的地方在于从伯克利经常过来巡视监督不太方便。他满怀着乐观情绪向阿尔瓦雷斯保证，任命他为苏伊孙湾项目的主任。而阿尔瓦雷斯则更为谨慎，他在日记中写道："我将要成为一个尚不存在的实验室的未经授权项目的主任。"

实际上，超级炸弹方案在华盛顿看似缺乏进展，让劳伦斯和阿尔瓦雷斯感到不安的日子并没有持续多久。当他们于1949年9月离开首都时，事情正以喷气式的速度向前推进，但他们听到这个好消息时那已经是几个星期以后的事了。阿尔瓦雷斯回忆道："似乎突然间出现一种缺乏热情的氛围，我们担心……华盛顿的气氛会不会有变化。"他们与杰克·尼兰商量，于是尼兰给他在华盛顿的好朋友刘易斯·斯特劳斯打电话，打探华盛顿的态度。尼兰回过头来报告说，事情正稳步推进，尽管仍然在桌面下。他解释说，国会已经通过向原子能委员会下拨一笔用于健康研究的经费来表明其对扩大原子能委员会计划的热情。"把你的衬衫穿上，孩子们！"尼兰说，"一切都会好起来的。"

但科学家们无法不怀疑有人会向齿轮箱里扔沙子，他们认为他们知道是谁——奥本海默。劳伦斯悄悄派遣罗伯特·塞尔博到普林斯顿去打探奥本海默的态度。塞尔博在洛斯阿拉莫斯曾是奥本海默的科学副手，是《洛斯阿拉莫斯的命门》一书的作者。每一位来到炸弹实验室的科学家都会被递上这么一本小薄书，让他快速了解炸弹设计所基于的理论物理原理。塞尔博来到普林斯顿，对此行的目的他并没有一个很坚定的想法，因为他已经被深深地浸没在辐射实验室的回音室，以至于想当然地认为东海岸的物理学家也会像劳伦斯、阿尔瓦雷斯和特勒一样热心于超级炸弹。奥本海默立刻纠正了他的这一想法。在伯克利，如果对超级炸弹持怀疑态度，更不用说像奥本海默那样持根本就不该追求这个东西的坚定信念，那是"想都不敢想"。但塞尔博现在发现，"东部显然是完全不同于加州的另一个世界"。

第二天，塞尔博和奥本海默一起坐火车去华盛顿参加总咨询委员会（GAC）的会议。奥本海默将主持会议，塞尔博将给出一个关于拟建的重水反应堆的报告。实际上，整个议程关注的就是超级炸弹的命运。当他们到达时，他们发现阿尔瓦雷斯已经在大厅溜达，准备着一旦GAC做出决定，就立即向劳伦斯汇报。他被关在闭门会议之外，来回踱步了几个小时，看着"我的朋友和一些著名的军方人物上楼去参加一个封闭的GAC会议"，他觉得自己的命运也似乎将要由此决定。

GAC花了一上午的时间来摸清军方的意见。正像利林塔尔对当时现场所描述的那样，关于超级炸弹的想法让五角大楼的军官们"眼前一亮"，但他们也意识到，部署这种威力巨大的武器不会是军事行为；超级炸弹的价值严格来说是"心理上的"，布拉德雷将军宣告。奥本海默以他那典型的中立方式主持着会议，在讨论中没有偏袒任何一方，但委员会似乎是以他的态度来看待此事。正如他后来所描述的那样："有人提出此事在道义上有相当强烈的负面效应。"

午餐时，奥本海默领着塞尔博和阿尔瓦雷斯来到远离机构办公室的一间小咖啡屋小坐。他第一次直接告知阿尔瓦雷斯他反对这个计划。"他给的主要原因是，"阿尔瓦雷斯后来回忆说，"如果我们建造了这么一个氢弹，那么俄国人也将建造一个氢弹。而如果我们不建造氢弹，那么俄国人也就不会建造氢弹。"阿尔瓦雷斯语无伦次地试图辩解说，美国人会觉得很难看清奥本海默所持立场的逻辑。后来，在出席奥本海默的安全听证会作证时，他直言不讳地陈述道：这是"相当混乱的思维"。

但奥本海默的立场准确反映了GAC达成的共识。委员会在10月会议后发表的报告毫不妥协地明确指出，反对将超级炸弹列入政府小组发出的任何文件中。奥本海默为该文件所写的序言点明了主旨："委员会的任何成员都不愿意赞同这项提议。"他写道，氢弹的无限爆炸威力是其最可怕的特征：一旦聚变反应的技术问题得到解决，就可以通过加入更多的氘来实现更大的爆炸，而氘很容易获得，也很便宜。"很明显，这种武器的使用会带来无数人的生命的毁灭；它不是那种可以专门用于破坏军事设施或半军事用途的材料设备的杀伤性武器。因此它的使用将带来远比使用原子弹本身来消灭平民的政策更深远的影响"。

奥本海默的主题贯穿于随报告发布的两种意见中。由科南特、西里尔·史密斯、李·杜布里奇和工业界科学家哈特利·罗和奥利弗·巴克利（Oliver E. Buckley）等人组成的多数集团警告说，部署这种武器"将涉及屠杀大量平民的决定……超级炸弹可能成为种族灭绝的武器……为了决心不继续开发超级炸弹，我们看到存在这样一个独特的机会，它提供（例如）对战争总规模的某种限制，从而限制恐惧并唤醒人类的希望"。在一份单独的声明中，费米和拉比重复了多数派的预警性论调："这种武器必定……不可能仅限于军事目标，而将成为一种其实际效果几乎是引起种族灭绝的武器。"他们进一步提出，杜鲁门总统"应告诉美国公众和世界，我们认为，从基本道德原则来看，启动发展这种武器的计划是错误的。同时，我们还应该邀请世界各国与我们一道庄严宣誓，不要继续发展或建造这一类武器"。

有人暗示，委员们对这种超级武器可怕后果的强调可能适得其反，因为它听起来与其说是一种束缚美国手脚的论调，倒不如说是一种对俄国人有可能抢先得到超级炸弹的警告。事实上，对俄国人的意图和能力的强烈恐惧已经让华盛顿下定决心。这种强调只会加剧对苏联战争不可避免的预期。由于对这种武器的可怕后果的想象压倒了它们所带来的道德约束，总咨询委员会的委员们实际上是促进了而不是遏制了加快上马该计划的兴趣。

然而，这种论调还没考虑到欧内斯特·劳伦斯和爱德华·特勒的强大的说服能力，后者在推动制造氢弹方面起了关键作用。打探到GAC准备拒绝超级武器，他们赶紧赶在委员会发布报告之前表明支持超级武器的研制。在GAC会议后的一天，郁闷的利林塔尔在他的日记中写道，那些访问伯克利的联合原子能委员会的委员们出的简报"非常糟糕：这些观光客见到的是这样一群科学家，他们简直就是一群对着这个项目直流口水、'嗜血成性'的人"。欧内斯特·劳伦斯尤其"坏得"突出。他将劳伦斯的心态描述成"不加思考；这不啻'格罗夫斯精神'"。利林塔尔总结道："事情肯定很快就到摊牌阶段并提速。" ³⁴⁹

他是对的。总咨询委员会向原子能委员会报告了支持和反对超级炸弹的双方阵营之间的鸿沟。宣称坚决反对超级炸弹的有利林塔尔、共和党的石油大亨萨姆纳·派克和普林斯顿大学的物理学家亨利·德沃尔夫·史密斯（Henry DeWolf Smyth）。另一方则有刘易斯·斯特劳斯和戈登·迪安（Gordon Dean）——罗斯福时期的司法部资深法官，现在在加州大学教法律。他们要求以最快的速度上马这个计划。

两人中斯特劳斯个性突出。作为一个白手起家的银行业和投资业巨头，他宣称自己的姓氏就是"救命稻草"[1]，当他被个人痴迷的东西所控制时，他就像一股自然的力量倾泻而出，而现在做出超级炸弹就是他一生中最痴迷的东西。这

---

[1] 姓氏 Strauss 与 straws（稻草）的词形相近。——译注

件事暴露了他性格中最令人不快的一面，即使在其表现最好的时候也不招人待见。政治观察家约瑟夫和斯图尔特·艾尔索普（Stewart Alsop）将斯特劳斯描述为"迫切需要别人屈尊俯就，总是被认同，需要得到无限认可和钦佩，主宰并扮演伟人"的人。他们引用了他的一个同事、原子能委员会的（匿名）委员的话："如果你在什么事情上不同意刘易斯的看法，一开始他认为你是个傻瓜。但如果你们始终不同意他的意见，他会说你一定是个叛徒。"

这个特点完美地描述了斯特劳斯与罗伯特·奥本海默之间关系的发展。随着奥本海默在超级炸弹项目上的立场由疑虑发展到公开反对，斯特劳斯对奥本海默的看法逐渐变差，像预示着一场雷雨的乌云。GAC的报告是这一发展的一个分水岭。它将斯特劳斯置于"绝对的犹豫不定"。拉比回忆道："斯特劳斯到处寻求支持，他找记者诉说，找众议院和参议院，没有他找不到的途径。"与此同时，劳伦斯、特勒和阿尔瓦雷斯则向五角大楼和有影响力的国会议员们大声呼吁。奥本海默作为这场竞争的对立面可谓立场坚定，但不是特别有效，因为他的抽象的表达方式很难表达他想要传达的意思，那就是他那过于乐观的
350 想法：苏联会对美国提出的放弃核武器的提议做出响应。杜鲁门的国务卿迪安·艾奇逊（Dean Acheson）宣称自己被奥本海默的话弄得不知所措："我一直在仔细听，我想知道他怎么辩说，但我不明白奥本海默到底想说什么。"他告诉他的助理戈登·阿尼森（Gordon Arneson）："你怎么可能用'例如'来说服一个偏执的对手呢？"

随着辩论的展开，杜鲁门表现出保持开放的心态。11月18日，他任命利林塔尔、艾奇逊和国防部长路易斯·约翰逊组成特别委员会来权衡超级炸弹在政治、军事和技术等方面的利弊。利林塔尔曾告诉杜鲁门，他打算在新的一年的早些时候以原子能委员会主席的身份退休。现在他意识到，他在职的最后一周将会在劝说他的委员会同事和总统就氢弹研制问题达成一致意见这一毫无结果的战斗中消耗掉。随着国会吵吵闹闹地辩论这一提案，杜鲁门的决定似乎早已确定。

1月31日，特别委员会给杜鲁门建议，美国应进行超级炸弹的研制。对

此，白宫为正式开启热核时代召开了整整七分钟的会议，会议之所以用了七分钟，是因为利林塔尔要求有时间来表达自己的不同意见。但在他只说了几句话之后总统便打断了他："我们到底在等什么？"杜鲁门咆哮道："让我们继续吧。"

同一天晚些时候，杜鲁门在全国广播讲话中宣布，他已指示原子能委员会"继续开展所有形式的原子武器的研制工作，包括所谓氢弹或超级炸弹"。当晚，利林塔尔在他的日记中写道："对今天做出的决定只有心痛。"他觉得，如果说还有那么一点小的个人满意度，那就是他通过"'在会议上站起来'对着不可撼动的强势群体说'不'"，展示了自己的勇气，也由此通过了对自己职业生涯最严格的检验。"……时间是否会证明我是对的，而总统的两位秘书、国会山的那帮小子，以及E. O. 劳伦斯是错的，我想没有人会知道的。"

• • •

杜鲁门发表声明时，刘易斯·斯特劳斯正好在庆祝他的45岁生日。这条消息将他为自己安排的华盛顿酒店的鸡尾酒招待会变成了他追求超级炸弹大获成功的胜利庆典。奥本海默早就接到了他的邀请，觉得有必要露面。现在在他十分沮丧和郁闷，他将自己游离于这个庆祝活动之外，独自坐在那里，背对着宴会厅。甚至当斯特劳斯前来向奥本海默介绍他的女儿和女婿时也没转身，而只是伸出一只手在他的肩上拍了一下，算是表示无声的问候。刘易斯·斯特劳斯对这种轻慢非常敏感。这是他不会忘记的侮辱。

反对超级炸弹的物理学家们对总统的公告垂头丧气。"我永远不会原谅杜鲁门在压力下的屈服。"拉比回忆道。

但对于欧内斯特·劳伦斯，这可是机遇在招手。

第 18 章　利弗莫尔

353　　1950年仲夏的一天，欧内斯特·劳伦斯和L.阿尔瓦雷斯站在一个废弃的海军航空站的停机坪上。这个地方位于一个名叫利弗莫尔（Livermore）的炽热的、尘土飞扬的农场小镇的郊区。加州利弗莫尔的唯一名气是它曾是20世纪20年代搬来这里的一位重量级冠军的故居。横跨进镇要道的拱门上清晰地标注着这一荣誉：马克西·贝尔的故居。

　　他们在基地周围散步，走过破损的、杂草丛生的跑道，眼前是废弃的营房、空荡荡的体育馆，还有一个满是碎石的排水池。

　　"好吧，路易，"劳伦斯说，"就这儿了。"

　　他听起来像摩西在估量着应许之地。这么说还真离事实不远。几个月来，欧内斯特一直在寻找一个地方作为他最新项目的落脚点。这个项目是如此之大，如此雄心勃勃，以至于它已经不适合放在伯克利校园里，甚至不适合放在俯瞰旧金山湾的山坡上——他在那里已经建立了467厘米回旋加速器。现在他找着了这么一块地。欧内斯特·劳伦斯给利弗莫尔小镇带来的世界知名度将远远超过马克西·贝尔曾带来的声誉。氢弹研究的枢纽——利弗莫尔国家实验室——将是欧内斯特·劳伦斯最后的纪念碑。至今，它仍是美国政府规模最大、最隐秘的研究机构之一。

• • •

通向利弗莫尔之路是以失望开始的。劳伦斯发起的争取让伯克利的原子能
粉碎技术武器库添加一座核反应堆的努力，可以追溯到他在战时从阿瑟·康普
顿和芝加哥大学手中夺走恩里科·费米的核反应堆的那一刻。但也正是费米
在 1949 年 10 月的总咨询委员会会议上给他的梦想带来了最后的一击——这次
会议产生了一篇不利于超级炸弹的负面报告。总咨询委员会一致同意建设重
水反应堆是一个很有前途的研究项目，但费米否决了将反应堆建在伯克利的提
案。他尖锐地指出：劳伦斯和辐射实验室"在反应堆的设计和操作方面完全没
有经验"。在全国有很多具有丰富经验的实验室的情况下，我们为什么还要让
辐射实验室得到一座反应堆？带着伯克利的建设方案前来参加总咨询委员会
会议的罗伯特·塞尔博不得不承认，费米提出的"问题显而易见"，这是无可辩
驳的。

离开会议室，塞尔博赶紧将这个坏消息传给一直在大厅楼下等着的L.阿尔
瓦雷斯。阿尔瓦雷斯原本想给欧内斯特带来两个好消息：总咨询委员会批准了
他们的反应堆项目，并同意他们为超级炸弹项目提交的临时计划。但在听了塞
尔博的报告，尤其是在他与奥本海默共进午餐后，他知道他只能两手空空地回
到伯克利了。没等到总咨询委员会的会议结束，他便收拾行李离开了首都。"我
回去做物理吧，"他这么写道，"但不会太久。"总咨询委员会关闭了伯克利反应
堆的大门。但另一扇门即将敞开。

在总咨询委员会破灭了他的反应堆梦想之后，欧内斯特动员辐射实验室
寻找另一种产生高中子通量的方法。该项目的一个新动力已经显现：对铀矿
石——生产钚弹核的原材料——短缺的恐惧。当时整个国家的核武库只依赖于
两个来源：一个是比利时治下刚果的快速消耗的矿井；另一个位于北极圈附
近的加拿大。

但劳伦斯有理由相信，尽管国内的铀矿石资源实际尚不存在，但铀的另一
种形式的来源是丰富的，这就是作为废物堆放在橡树岭和汉福德的成吨的铀矿
渣。在欧内斯特看来，通过适当处理（分离）这些铀 −235 碎屑来产出钚是一个

未开发的宝藏，而要解开它的价值就只能依靠中子。"如果你有中子，你可以立刻变废为宝"，包括产出钚。他向对此感兴趣的联合原子能委员会说道。他承诺，用中子轰击废铀将使美国"突破原材料问题的瓶颈"。"我们可以制造任何想要的原子弹。我们可以将原子弹的产量提高10倍……我们有成千上万吨的铀-238，我们可以将其转换成数千吨的钚"。

但是去哪里能得到中子呢？辐射实验室的想法是开发一种新型加速器。这又转回到欧内斯特的老的"蛮力"方法：当所有其他方法都失败了，那就调高能量，加大电流，然后等着看看会有什么事情发生。对于目前这种情况，他认为，可以用高能氚束轰击合适的靶来获得所需的大量中子，然后再用这些中子反过来去作用于次级靶。这样，要想得到所需的最终产物，仅仅是如何选择合适的次级靶的问题。例如，如果氚是抢手货，那么你就采用锂-6作次级靶；如果你要的是钚，那么次级靶的原料就是铀——废料铀-238。

劳伦斯的目的是要将直线加速器作为最有效的中子发生器。从本质上讲，他这是要将回旋加速器取直。而几年前他正是设想将罗尔夫·维德勒的直线加速器弯成螺旋状才弄出回旋加速器的概念。1949年年末的一个星期六的早上，他把员工临时召集起来开会，向大家概述了他的这一想法。这让不少员工从周末意想不到的警铃中惊醒。物理学家唐·高（Don Gow）摇摇晃晃地接到电话的传唤："欧内斯特想见你。"他浑身一激灵，心想："天哪，我做了什么？"但其实，他是被邀请来见证欧内斯特的最大胆的项目揭幕的。

欧内斯特设想的这个直线加速器可谓规模惊人。其原型的外套筒直径达18米，长度有26.5米，这只是他设想的总长460米的巨大机器建设的第一步。他估计全尺寸加速器的电力需求为15万千瓦，足以为一个人口30万的城市提供照明。"我们呆呆地坐在那里，嘴巴张开，"高回忆道，"他真的疯了吗？但他是认真的。"

劳伦斯已经回到了战时的思维模式，即将无限的资源用到对付一个问题上。这种方法曾让遥远的田纳西的一个无人居住的山谷变成了橡树岭国家实验室；那么当国家安全岌岌可危时，就像现在，谁会吝惜几万千瓦的电力？他的机器能一天生产半千克的钚。"对于我们所得到的产品，这实在算不上多大的能耗。"他将向全神贯注的国会议员听众保证。

劳伦斯的魔法再一次复活。他的员工对星期六早上的这个概念讨论得越多，越觉得这是个可行的方案。当然，如果密集中子轰击理论是正确的，那么直线加速器就将是正确的机器类型的选择。会议结束的时候，设计任务已经分配下去。没有大张旗鼓的宣传，Bevatron加速器的工作暂告停止，取而代之的是用于材料测试的加速器MTA[1]（暂用着，新机器还没想好如何命名）。那些整日里与欧内斯特一起奋斗的科学家们也想不出实验室还有什么更优先的事项了。"第一要务是做他想做的"，布罗贝克耸耸肩，放下了他在Bevatron加速器上的工作。这台新机器，就像欧内斯特之前的许多想法一样，处于技术合理性的边缘，既可能提供无限美好的胜利前景，也可能带来惨痛的失败教训。但后者的可能性自然被老板充满活力的乐观态度掩盖了。

在杜鲁门发表研制超级炸弹的五周后，随着国家致力于氢弹计划而需要大量的裂变材料，原子能委员会批准为MTA原型机拨款1000万美元，机器定名为Mark I。而全尺寸机器Mark II将花费1亿美元。为此，原子能委员会只给予了有条件的批准，最终决定取决于Mark I的表现。³⁵⁷

有了开端就足够了。正是有了Mark I，劳伦斯和阿尔瓦雷斯才有机会来到利弗莫尔。但同时，欧内斯特也不得不再次接受他在战时作为政府、学术界和工业界伙伴关系经理人的角色。事情是这样的：加州大学认为，欧内斯特的这个项目纯粹就是个制造计划，因此不愿意单独为它提供经费支持。于是欧内斯特又想到了杰克·尼兰，让他为这个项目上点润滑油。为此，尼兰找到了他的老朋友、加利福尼亚标准石油公司的主席格温·福利斯（Gwin Follis），让他参加进来。这样，MTA将由福利斯的公司通过新成立的子公司加州研发公司来管理。

L.阿尔瓦雷斯被任命为MTA的首席设计师。他在接受这项工作之前就有

1　Materials Testing Accelerator（材料测试加速器）的首字母缩写。——中译者注

明显的预感。他将被证明是正确的。他回忆说："MTA占据了我未来两年的大部分时间。但这不是一段快乐的时光。"劳伦斯的事业都是靠先设定一个超出现有能力的目标，然后再想方设法兑现他的承诺建立起来的。但如今他的这一步跨得实在过远。按严格的技术水平来说，MTA堪称一绝，阿尔瓦雷斯承认："欧内斯特喜欢从技术上外推，而我们也乐于画出这种加速器的图纸。"至于建造这样一个庞然大物，"我们完全没有把握"。直径18米的主套筒将包含有史以来最大的真空室，这本身在工程上就是一个巨大的挑战。若干个巨型金属"漂移管"悬浮在这个套筒内，氘束从中穿过，每一个管件都重达数吨。施工人员需要将它们架在摇摇欲坠的木桥上来使其彼此连接，技术人员和科学家们也跟着紧张地爬上爬下。

最大的挑战是如何克服巨大的能量在漂移管内流动。储存的电能往往会通过火花放电来释放，这是新加速器的一个常见瑕疵。解决办法通常是通过给内壁抛光来消除引起放电的内壁上的毛刺。在Mark I上，这些电火花可谓聚集了闪电般的力量，它们能撕开漂移管，留下一道被皮夫·帕诺夫斯基描述为"壮观的铜质石笋和钟乳石"样的残骸。阿尔瓦雷斯认为，他个人的责任就是确保真空室被打磨得极度光滑。"几个星期以来的每天晚上，我就像试飞员学着驾驶一架新飞机。"他回忆道，"我坐在控制台前，逐步调试加载在漂移管上的电压，直到调到能引起真空室出现电火花的最高点。"每调到这一点，真空室内就会传出巨大的霹雳声，这之后阿尔瓦雷斯就会拖着他那瘦长的身体钻进管子里，去除去"石笋"和"钟乳石"，把表面打磨光滑，然后回到控制台前继续调高电压，直到另一声尖锐的声响再把他召唤进真空室。

在Mark I经历这一不断调整的过程的同时，劳伦斯则花大量精力不断向外界强调裂变材料短缺带来的持续威胁，其目的就是设法消除官方对MTA的疑虑。到1951年，他一直采用下述做法作为一种有效的全方位防御：每当联合原子能委员会要求他预计一下何时可以解决MTA的可行性问题时，他都会直截了当地回答："我不想等着看。"他说，考虑到寻找到一种方式，"能使我们跳出原料瓶颈"的紧迫性，"如果我们能有几个亿的美元来做这事，我们为什么不这么做，让我们赶紧去做"。

然而瓶颈已经消失。1950年，科罗拉多的铀矿产量大幅增长，首次超过加拿大的产量。而且在新墨西哥州的西部又发现了新的矿藏。至于铀的提取，当时已知可采取用磷酸盐来提取铀的办法。对此采购官员对佛罗里达州的化肥制造商寄予厚望，他们就有这样一个加工方案。所有这些增加产量的关键是自由市场的魔力：在原子能委员会宣布愿意提高价格来采购铀矿石后，这种被锁在地球母体深处的沉积物突然开始浮出水面。

这些发展削弱了投资造价昂贵的MTA的立论基础。虽然美国仍然依赖从南非和刚果进口大部分矿石，但随着新的资源的上线，一年前匆忙批准Mark I 上马的那种恐慌消散了。劳伦斯突然发现自己不得不就原子能委员会对MTA 359 的高成本的越来越多的抱怨，以及对其资金需求的漠不关心的表现展开激烈的斗争。在原子能委员会委员亨利·德沃尔夫·史密斯主持的一次会议上，他不由自主地重复说："MTA能够突破原材料的瓶颈……下述这一点在我看来似乎是不言自明的：我们应当推动这一进程的发展，尽管我们认为，那种国外供应不足或被中断的可能性微乎其微。"

史密斯的提问让人感到，欧内斯特的政府资助人对他的魅力越来越不感冒。在某种程度上，这种新的怀疑态度反映了他的官方监督者们已具有高超的技术知识，他们中现在包括训练有素的物理学家，这些人所掌握的核物理知识不亚于甚至超过了欧内斯特的知识。史密斯本人就是普林斯顿物理系的前系主任，他是公开发表的关于广岛和长崎原子弹计划的官方历史的执笔。他永远不会仅凭欧内斯特的热情和含糊其辞的承诺就被带到沟里。像科特雷尔、韦弗和科南特等，他们虽然也是科学家，但他们对于核的知识奥秘相对陌生。而对于像斯普劳尔、克罗克或尼兰这些人，劳伦斯嘴里的科学就像魔术师的戏法一样难以辨认。

史密斯对劳伦斯的这样一种习惯——在当前的计划取得成果之前，就提出更加雄心勃勃的后续计划——也不满意。因此当劳伦斯推出另一项打算在1952年实施大胆的计划（这个定名为J-16的产中子的回旋加速器标价高达3000万美元）时，史密斯明显不为所动。他在给劳伦斯的信中写道："我不太清楚你打算用这3000万美元怎么做机器。"对于一个经常通过纯粹的远见和乐观精神来掏空支持者的钱包的人来说，这是一种罕见的但却能说明问题的反驳。史密斯指出，国会已经将该机构1953年的研发预算从4300万美元削减到3300万美元，"正像您毫无疑问已经听到的那样"。即使他倾向于接受劳伦斯的观点，资金也不允许。

劳伦斯动员原子能委员会支持MTA的能力迅速衰落。7月，该机构投票决定无限期推迟Mark II的建设。标准石油公司加州研发分公司读懂了这个不祥之兆：这个决定无异于取消。Mark I的成本已经在原本估计的1000万美元的基础上翻了一番。加州研发分公司的总裁弗雷德·鲍威尔（Fred Powell）被迫对"继续进行研究和开发工作的智慧"提出质询。在利弗莫尔，该项目开始大量减员。随着该项目似乎越来越接近于走进死胡同，一些工作人员被解雇，而另一些人，主要是劳伦斯从辐射实验室调过来的人，则重新回到他们在伯克利的工作岗位上。该项目在蹒跚了18个月后，最终于1953年12月被永久关闭。

"原型机MTA试图执行的技术超出了其合理的限制。"阿尔瓦雷斯回忆道。劳伦斯以非语言的方式表达了他自己的判断：随着资金的减少，他越来越脱离这个项目。随着劳伦斯机器的过时，这一次可以说是惨败，它甚至没有在推进加速器设计方面产生实质性的或独特的知识。

MTA是战后新环境下大科学管理方面的一个教训。学术界、工业界和政府之间的利益竞争更加激烈，对问题评判的资格变得更高，成功的标准比以前更为严格。过去，欧内斯特·劳伦斯的实验室几乎是唯一一个获得数百万美元研究经费支持的投标人，他所创造的纪录和声誉就足以让他的赞助人打开他们的钱包；但现在，在纪录和声誉方面能够与他匹敌的竞争对手已不乏其人。政府资助的分配也不再仅仅在几个科学项目之间进行权衡：高能物理的研究成本已经变得如此之大，以至于需要在更广泛的背景下来考虑优先事项。政府官员和立法议员们现在必须考虑科学与其他迅速增长的需求——社会项目、公路、学校建筑和其他物理基础设施——之间的投资平衡。在未来几十年里，这些问题只会变得更加紧迫。

然而，MTA 的失败只是标志着劳伦斯在影响国内的核政策方面暂时受阻。361
MTA 可能死了，但超级炸弹项目仍在持续。甚至在 Mark I 的第一批设备被拆除
之前，欧内斯特就已经在计划一个新的冒险项目——他想利用官方对氢弹的狂
热，使利弗莫尔成为他最初期望从 MTA 那里得到的显赫地位。原子能委员会
的现金洪流很快就将到来，彻底改变这个旧的航空站。劳伦斯的指导原则是：
建造超级炸弹的应急计划需要一个自己的洛斯阿拉莫斯，而这个地方应该就是
利弗莫尔。

美国需要一个第二武器实验室以作为洛斯阿拉莫斯的补充的想法起源于
爱德华·特勒。它是由两个因素促成的。第一个因素是这位敦实、浓眉的匈牙
利裔物理学家一直持有这样一个信念：热核研究迟缓的脚步已经使美国受制
于苏联。"如果苏联人在我们之前展示这种超级炸弹，那么我们的情形将是无
望的。"他在 1949 年一次关于研究洛斯阿拉莫斯优先事项的会议备忘录中这样
写道。

第二个因素是特勒无法与任何怀疑是否需要实施氢弹计划，或怀疑该计划
最终成功的可能性的人相处。对于诺里斯·布拉德伯里（Norris Bradbury）来
说，特勒的强迫性人格造成了一种管理上的困境。布拉德伯里是来自伯克利的
训练有素的物理学家，他接替奥本海默出任洛斯阿拉莫斯国家实验室主任。在
洛斯阿拉莫斯，特勒的聪明才智是必不可少的，但他的存在让人无法忍受。到
20 世纪 50 年代中期，这一困境日趋严重，当时很明显，氢弹设计上的一个棘手
的技术问题的解决，有赖于特勒与波兰数学家斯坦尼斯拉夫·乌拉姆（Stanislaw
Ulam）的协作。

特勒不断搅扰着洛斯阿拉莫斯的和平。这间实验室在战后科研上的作用的
不确定性已经让员工边缘化。特勒正是利用这一点玩弄起他的主要策略：动
辄以辞职相威胁——他时不时就递交一下辞呈。这些意外之举迫使布拉德伯
里不得不一次次陷入重复的例行公事：恳求特勒留下来，强调所有人都爱他。

362 同时，特勒还不断地向他在华盛顿的强大的朋友和支持者诉说他的不满。这些人包括国会议员布里恩·麦克马洪（联合原子能委员会主席）、威廉·博登（联合原子能委员会执行主任，也是一个对超级炸弹十分狂热的主儿），以及原子能委员会专员刘易斯·斯特劳斯（华盛顿最佳位置上的最热情的炸弹计划支持者）。

尽管有特勒的抱怨，洛斯阿拉莫斯还是在超级炸弹项目上取得了重大进展。1951年春天，实验室进入"温室项目"阶段。所谓温室项目就是在南太平洋上一个名叫埃尼威托克岛的珊瑚环礁上进行热核技术试验。温室项目是美国氢弹计划的一个转折点。5月8日，特勒和原子能委员会主席戈登·迪安亲临现场见证了这场关键试验。氢弹爆炸产生的令人敬畏的火球将整个环形火山岛融化成珊瑚状，放置检测设备的60米高的塔被抹去，并摧毁了周围三百吨重的设备。这个试验装置还不是氢弹，确切地说，它应被称为"地球上第一次热核爆炸"，用一位目击者、年轻的伯克利物理学家赫伯特·约克(Herbert York) 的话来说。这次爆炸验证了受控热核装置的可行性。特勒就像当即升格当了父亲，立即回电洛斯阿拉莫斯："是个男孩。"

但洛斯阿拉莫斯的成功似乎让特勒更加坚持要建第二武器实验室。他的态度反过来又加剧了关于对他的处理的争论。在温室试验前的几周里，布拉德伯里曾试图在洛斯阿拉莫斯组建一个半自治的核裂变团队来安抚这位任性的物理学家——他给了特勒掌管超过25名科学家组成的团队的权力。特勒不假思索地拒绝了这项提议，认为这只是他多年来一直在争取的权力的一半。他越过布拉德伯里直接找到戈登·迪安，提出要在科罗拉多州的博尔德（Boulder）建一个独立的新实验室，在那里，大约130名物理学家将只向他报告。

迪安拒绝了这个大胆的计划，部分原因是他根本不认为需要有第二实验室，更甭说组建特勒所要求的那么大规模的团队了。这位原子能委员会主席无
363 法想象这种分叉的武器计划将如何运作，或者说，如何做才能在减少超级炸弹计划责任的同时还不影响到新墨西哥团队的士气。他最重要的问题是这个善变、自比救世主的特勒是否能管好人。那些拒绝与他合作的杰出科学家的名单

已经很长，而且越来越长。埃米利奥·塞格雷就是一个很典型的例子。塞格雷可是与特勒相知几十年，但他拒绝了特勒的合作邀请。他的准确而温和的判断是："特勒是一个被不可抗拒的激情所支配的人，这种激情甚至超过他强大的理性智慧。"

像迪安一样，诺里斯·布拉德伯里不能想象特勒能自己负责一个专业实验室。洛斯阿拉莫斯的大多数部门领导"都不会与他一起工作"，他后来回忆道："我不会让他负责的。奥本海默没让他负责。奥本海默和我一样了解他，甚至比我更了解他。"最后，布拉德伯里对这种科研政策上的无休止的争斗厌倦透了，1951年9月，他任命马歇尔·霍洛韦(Marshall G. Holloway)——一位行政风格严肃果断的洛斯阿拉莫斯老兵——作为热核研究部门的主管。虽然以霍洛韦的气质，让他监督漫长的（时间上延伸到来年）南太平洋测试计划的实施是理想的，但对他的任命更主要的目的是有意羞辱一下特勒。特勒一直怀疑霍洛韦的才干不足以应付超级炸弹研制所遇到的困难，可是布拉德伯里告诉他，他的角色仅限于"配合"霍洛韦。愤怒的特勒再次扬言要辞职。他的助手弗雷德里克·德·霍夫曼(Frederic de Hoffmann)赶紧给戈登·迪安打电话，提醒说对霍洛韦的任命就"像是在公牛面前挥舞红旗"，"特勒决不会忍受这个局面"，但迪安拒绝调解。一周之内，特勒就对针对他的威胁作出了回应。他回到芝加哥大学教书去了，并宣布他将继续独立地从事超级炸弹的研究工作。当欧内斯特·劳伦斯找到他并邀请他去利弗莫尔时，他一口就应承了下来。

特勒虽然离开了洛斯阿拉莫斯，但他并未平息想筹建另一个武器实验室的兴趣。他对洛斯阿拉莫斯的无情蔑视终于影响到原子能委员会的判断，这迫使布拉德伯里忙不迭地穿梭于洛斯阿拉莫斯和华盛顿之间以捍卫他的团队。在与富有同情心的肯尼斯·菲尔德(Kenneth Fields)上校（原子能委员会的军事应用主管）交流之后，布拉德伯里指出："具有讽刺意味的事实是，目前每一项武器开发计划都出自于这个实验室的建议(在许多情况下，甚至是催促)。"本实验室一直满足原子能委员会对于更多热核试验的最高要求，难道这还不能向原子能

364

委员会证明其价值？然而洛斯阿拉莫斯收到的不是认可和感激，而是"相当隐晦的批评"，意指它们还没能达到武器研发工作的要求。

由奥本海默牵头的总咨询委员会也倾向于建立第二所实验室。总咨询委员会得出结论：高强度的测试计划确实给洛斯阿拉莫斯施加了不可承受的压力。奥本海默担心，这种过重的工作压力迟早会降低实验室成果的质量。总咨询委员会同时也回应了华府因1950年6月朝鲜战争爆发所造成的风向变化。这种变化还包括共产主义中国对朝鲜方面的支持。随着人们担心美国将不得不独自面对中苏共产主义联盟时，总咨询委员会已经很难抗拒这样一种普遍认同的看法，即一切事情要尽可能沿着研制超级炸弹的方向前进。

此外，第二实验室的问题同时也是如何处理与爱德华·特勒的关系问题。大家一致认为，尽管他有恼人的个性，但特勒的才智是炸弹研发计划的重要资产；难的是找到一种管理模式，它能同时满足特勒和布拉德伯里两方面，即既能避免加剧洛斯阿拉莫斯的士气低落问题，又能保持热核聚变研究的进展。没有人能提出好的建议。因此到1951年年底，这个问题在原子能委员会仍然没有得到解决。

然而在西海岸，欧内斯特·劳伦斯正发展他自己的一套解决这一困境的方案。在物理系的元旦招待会上，他把赫伯特·约克拉到一旁。"这星期你到我那里来一趟好吗？"他说，"有件事我想和你商量一下。"

几天后，在劳伦斯的办公室，约克被欧内斯特直截了当的提问吓了一跳：365 "美国是否需要第二个核武器实验室？"约克对政府高层在超级炸弹问题上的争论一无所知，因此无法给出一个直接明了的答案，但劳伦斯的问题大多是反问。他将第二实验室概述为，最初是"一小群人……支持洛斯阿拉莫斯和受控热核工作……我们将从小处着手，看看会发生什么。"他指示约克打包行李，准备去东部旅行，悄悄地打探科学家和政府官员是否会将这个新实验室放在利弗莫尔。

约克30岁年纪，身材魁梧，留着一个板寸平头。他发现，作为欧内斯特·劳伦斯的个人特使去与"那些我只在书上和讲座上遇到的所有其他物理学家"会面交谈真的是"令人兴奋和激动"。由于他的行程表上所列的名字都是支持筹建第二实验室的专家——他们都是已经听了特勒几个月的讲座的原子能委员会和空军官员，所以毫无疑问，约克回到伯克利时就已经转变了观念。"我向劳伦斯报告说，我也感到建立第二实验室可能是有用的，"他回忆道，"对我们来说，将第二实验室设立在利弗莫尔的想法是很自然的。"

在2月的第一周，劳伦斯开车送爱德华·特勒去利弗莫尔，希望特勒能成为实现他的希望——将利弗莫尔建成热核研究的永久根据地——的助手。笨重的Mark I还没有拆除，仍然坐落在谷仓般的大厅里——这是一个占地面积有一个足球场那么大的波纹状金属建筑，他们还在几英里以外就能远远地看见它。当天晚些时候回到伯克利后，欧内斯特要求特勒离开芝加哥，过来帮他建立第二实验室。在这短暂的片刻间，两位物理学家的雄心和擅长可谓完全一致。特勒终于有了一个地方可以带领一群高素质的科学家按他自己的意愿来研发超级炸弹；而劳伦斯呢，其声誉仍将继续吸引世界上最好的年轻物理学家到伯克利来，在扩大他的研究帝国边界的同时尽揽天下精英人才。

原子能委员会、国会和五角大楼都认识到，利弗莫尔一下子就驳回了对建立第二个实验室提出的所有反对意见。"我们对此进行了详细讨论。"戈登·迪³⁶⁶安后来叙述道。第二个实验室"必须是一个已经建设有基础设施的地方，如果你要节省时间的话。它必须是这样一个地方，你有……受人尊敬的人在那里主持，特勒愿意为他工作，愿意与他一起工作，并且是舒心地一起工作。只有一个地方能让我最终把它敲定下来，这就是在欧内斯特·劳伦斯的领导下的利弗莫尔"。这种安排是有成效的，几年后，迪安回忆说："因为特勒与劳伦斯博士相处得很好。"

然而，那种认为劳伦斯和特勒能够完全和谐地在一起工作的设想，无疑是一种超越现实的美好希望。一旦实验室赢得了原子能委员会的认可，很明显，这两个科学家实际上几乎没有什么共同之处。他们处理物理问题的方法是不同的：劳伦斯是一位无可匹敌的实验物理学家，而特勒则是一位具有深刻直觉思维的理论家。他们在如何组织人力和如何构造热核计划等方面所持的观点截然相反。泰勒将这个实验室看作是他自己充满自尊的一个反映。根据他精心设计的研究策略，这个大实验室里有许多名列前茅的物理学家，他们齐心协力地一起工作。但"欧内斯特看不到这些，"约克回忆道，"他只愿意慢慢来……这里没有大牌明星，也没有什么大的计划。"劳伦斯将利弗莫尔看作他自己风格的一种反映，或者更准确地说，是原始辐射实验室的一个复制品，其员工都是有才华但默默无闻的年轻物理学家，他们渴望在伯克利声名鹊起，而不是靠在其他地方建立起来的声誉。

"你有一群聪明的年轻人，他们会学到一切，"他对约克建议道，"那些很有名的人，不是因为他们比别人更厉害，而只是因为他们年纪大一点。"在劳伦斯的扁平化管理模式下，在利弗莫尔的科学家中将没有冠军，实验室的博士之间没有等级差别。他自豪地宣称，没有头衔是必要的，因为"没有比辐射实验室教授更高的头衔了"。

認識特勒的人都不认为他会顺从劳伦斯的权威。两人都有各自的显赫地位，都有强大的、有影响力的实力派支持。劳伦斯作为辐射实验室老前辈的地位，与特勒作为热核聚变技术不可缺少的天才之间不可能达成妥协。一旦到了要组建新实验室的阶段，两人之间保持友好关系的唯一办法就是让他们相距甚远。这项任务就落在了四面楚歌的约克身上，他作为两者之间的联系人，不断地往返于伯克利和芝加哥，特勒在那里已经建立了自己的超级实验室。约克看到，对于新实验室来说，几乎不可能存在一种符合两人标准的操作方法，因为"他们是两极分化的"。

特勒逐渐意识到，他可能无法担任利弗莫尔最高权威的角色，他的搞破坏再征服的老毛病又犯了。当原子能委员会于1952年6月发布其对利弗莫尔的官方使命的声明后，他觉得自己有了一个可乘之机。该文件将实验室的目标规定为："用以确保监测热核装置行为的诊断信息技术的开发和实验……并与洛斯阿拉莫斯科学实验室保持密切合作。"（这意味着认可了约克和其他参与温室项目的伯克利科学家的特殊专长，即对核爆炸的测量和分析能力。）委员会还表示："希望加州大学的团队——利弗莫尔的加州大学辐射实验室团队——最终能给出由加州大学或其他地方展开更广泛的热核研究计划。"

利弗莫尔的含糊不清的任务正合适劳伦斯的理想运作模式。但在特勒看来，这份声明简直就是他过去一直抱怨的目标不清模棱两可的再一次重复。7月，在优雅的克莱蒙特酒店，伯克利为庆祝利弗莫尔作为国家实验室投入使用举行了一个招待会。特勒借此机会做了回应。在包括劳伦斯和戈登·迪恩在内的一群兴高采烈的人面前，"非常滋润的"特勒投出了一枚炸弹，宣称他与新实验室毫无关系。

这无异于一种威胁，想将利弗莫尔扼杀在摇篮里。在劳伦斯看来，他更倾368向于认为这是特勒在虚张声势，因为他的这位可能的伙伴已经被证明是太难驾驭了。"没有他我们可能会过得更好。"他喃喃地对约克说。然而对于原子能委员会来说，这个僵局意味着特勒的问题并没有因为第二实验室的创建而得到解决，这将使得利弗莫尔可能付出高昂的成本和时间而无法取得进展。在迪安的坚持下，"有关各方恢复了激烈的谈判"，约克陈述道。这些天里，这些努力赢得了原子能委员会的承诺：热核武器的发展将从利弗莫尔成立伊始就列为其计划的一部分。在利弗莫尔的组建构图中，特勒将被指定为科学指导委员会的几位成员之一，但就承认他的"明显的特殊地位"的问题，委员会的决定行使了否决权。换言之，特勒在利弗莫尔没有正式的权力，但在他认为合适的情况下，他被授权主管其热核研究项目。

但这仍然留下了悬而未决的问题：谁能像劳伦斯总督那样来管理利弗莫尔的日常工作？欧内斯特把权力交给了约克，解决了这个问题。这一提议又使约克大吃一惊，其吃惊程度丝毫不亚于当初劳伦斯向他提出关于筹建第二实验室时的感觉。还让他吃惊的是劳伦斯的这一决定没有引起丝毫异议——没有审查委员会过问；没有官僚程序，也不需要审查候选人。劳伦斯曾问他，他是否认为自己能"搞定"，而且一旦约克表示同意，"他就直接告诉我这样去做……他没有给我新的头衔，没有加薪，也没有任何其他身份上的改变。他甚至没有宣布这件事，除了对他周围的几个直系伙伴给了一个非正式的通告"。约克将自己的新机会归功于劳伦斯远见卓识的胆量。"这当然是一件大事。"他反思道，"还有谁会承担新实验室的主要责任，然后要求一个没有经验的30岁的小伙子来负责它的日常管理？"

他可能把太多的自由意志归因于他的导师。事实上，劳伦斯一直承担着来自奥本海默和总顾问委员会的压力。他们要求在利弗莫尔建立起常规的管理结构，目的是形成一种制衡特勒的力量，让他无法攫取无人认可的权威。约克可能还年轻，没有经过锤炼，但作为欧内斯特指定的主任，他的管理权力至少在形式上是无可争议的。约克感到，对特勒的安排显得很"奇特"，但这种安排确实管用："在利弗莫尔，再也没有出现过特勒在洛斯阿拉莫斯所遇到的那种紧张关系。"

尽管如此，劳伦斯显然仍保持着对利弗莫尔的非常活跃的影响力。很快，利弗莫尔就演化出经典的劳伦斯实验室的运作特点。它是学院式的、跨学科的，个体研究者的责任区分只有非常模糊的界限。正如一位伯克利的科学家在对比两个实验室设计炸弹的方法时提到的，在洛斯阿拉莫斯，"有些人会做这一部分工作……另一些人做另一部分工作……他们会互相写备忘录"。而在利弗莫尔，"没有封地，我们都在一起工作"。

但是原子能委员会的梦想——通过洛斯阿拉莫斯与利弗莫尔之间的合作关系来实现热核研究的蓬勃发展——被证明是一个荒诞的想法。两个实验室不断因所取得的技术进步的荣誉归属而争论不休。第一次摩擦发生在1952年11月，当时是在埃尼威托克岛上进行"迈克"（一个大型热核装置）试验。迈克装置是基于特勒－乌拉姆设计而由洛斯阿拉莫斯建造的。而此时利弗莫尔正忙于"从无到有"，对此没有起到任何作用。然而，在政府宣布测试结果后，如果不算它的壮观结果——10.4百万吨级[1]的爆炸完全摧毁了艾卢吉拉布岛（埃尼威托克环礁上的一个小岛）——反倒是利弗莫尔因这一壮举而获得了广泛赞誉。

1　百万吨级爆炸当量，是现在衡量核爆炸能量威力的常规单位，它定义为1百万吨TNT的能量当量。据估计，广岛的原子弹爆炸约为15千吨，即15000吨TNT当量。

个中原因，约克推测，是特勒与利弗莫尔的关系，以及原子能委员会的"荒谬而严格的保密政策"所致，它阻止对两个实验室的角色做简单的划分。直到 370 1954年一幅准确的画面才浮出水面。当时诺里斯·布拉德伯里被允许反驳特勒的公开指责（说洛斯阿拉莫斯拖了超级炸弹的后腿）。其后推动力是记者詹姆斯·谢普利（James Shepley）和小克莱·布莱尔（Clay Blair Jr.）合作出版的一本轰动的书《氢弹：人、威胁、机制》。这本书接受的是特勒对事件的描述。布拉德伯里对特勒向记者暗示洛斯阿拉莫斯的科学家通过阻止超级武器的出现而表现出不忠的言论感到愤怒。他在一次记者招待会上说，他的工作人员"建立了一个实验室，开发出当今存在的每一种成功的热核武器"。自从布拉德伯里向原子能委员会的菲尔兹上校提出几乎完全相同的辩护后，三年时间过去了。但这期间特勒从未停止过对洛斯阿拉莫斯的吹毛求疵。为此，他以前的朋友和同事都因他这种持续的无故抱怨而对他采取回避，这让他深感受伤。在新闻发布会的几个月后，特勒终于决定在给《科学》杂志的一篇文章中写下真实记录。他写道，到目前为止，利弗莫尔的工作"主要是学习如何发明和制造核武器的困难技术。在这段时间内所有为世人所知的伟大成就都是由洛斯阿拉莫斯完成的"。

事实上，在热核研究领域，利弗莫尔的声誉受损于它的第一批准备测试的装置的几近漫画式的失败。由于实验室最初的兴趣是研制可以由飞机或弹道导弹携带的小型氢弹，因此爆炸装置被设计成仅有适度的爆炸威力，但不是弱到它们在测试现场仅发出令人尴尬的"砰"的一声。1953年，在实验室成立仅6个月后，利弗莫尔的装置就在内华达州进行了第一次核爆试验。结果爆炸的威力甚至不足以摧毁支撑该装置的铁塔——此类试验的一个关键性指标。（出于两周后的后续试验的考虑，人们将塔的高度减半，确保在爆炸后它不会留下一丝残迹。）利弗莫尔为自己的失败辩护说，要想积极创新，出现这种结果并非在预料之外。这种辩解基于这样一种理论，即人们常常可以从错误中学到更 371 多，而不是从简单的成功中学到更多。新实验室从其创始人——欧内斯特·劳伦斯——那里继承了这一信条，欧内斯特在其职业生涯中经历过不少这样的不幸。不管怎样，尽管结果反常，但原子能委员会还是将这个测试结果解释为验证利弗莫尔作为热核技术"新思想"的开发者的作用。

但是更多的尴尬摆在面前。1954 年 3 月，在比基尼环礁上举行了"城堡行动"，意在对洛斯阿拉莫斯和利弗莫尔的发明进行测试。第一轮试验测试的是洛斯阿拉莫斯的代号为"杀手"（Bravo）的装置，结果是一场惨败，尽管它给洛斯阿拉莫斯实验室带来了某种不正当的荣誉。它的设计者算错了聚变反应的物理性能，大大低估了爆炸产生的威力，结果原本预期为 5 百万吨级的装置，实际爆炸的能量是这个预期能量的三倍。巨大的火球在被认为处在辐射范围之外安全区的特遣部队人员身上洒下了危险的放射性尘埃。蒸发后的珊瑚呈放射状羽状物，它们向东漂移，覆盖了 18 000 平方千米的海洋。蘑菇云使附近马绍尔群岛的居民被仓促疏散到 600 千米外的夸贾林岛，在那里为他们进行放射病的治疗。更糟糕的是，从国际关系的角度来看，这些放射性沉降物落到了一艘倒霉的日本渔船(Daigo Fukuryu Maru "幸运龙五号")上，造成 23 名船员致病，其中一人死亡。接替迪安成为原子能委员会主席的刘易斯·斯特劳斯不公正地将这艘日本渔船称为疑似"红色间谍船"，从而在日本掀起了轩然大波，使人对美国的测试项目报以公开的羞辱。

接着轮到利弗莫尔上场。它的装置代号叫"摩羯尾舵"（Morgenstern），预计爆炸当量为 1 百万吨。结果这又是一颗哑弹。110 千吨的爆炸当量让处在浓雾笼罩的地平线的舰船上的观察员几乎看不见。于是，利弗莫尔团队取消了第二轮测试。洛斯阿拉莫斯的装置也使他们的设计师尴尬，但至少他们的结果真的是超级的。事实上，洛斯阿拉莫斯装置的城堡试验结果被拉比——他已接替奥本海默成为总咨询委员会的主席——称为核武器的"彻底的革命"。这一技术的骤然成熟为热核武器在美国战略武器库中的巨大作用打开了大门。

洛斯阿拉莫斯的工作人员带着自战争结束以来从未有过的自信从城堡行动中返回。相比之下，利弗莫尔团队的脸上则蒙上了一层耻辱的阴影，他们的悲惨记录现在已经是第三次了。"一些洛斯阿拉莫斯科学家放声大笑，这没什么奇怪。"约克承认。更令人不安的是，一连串的失败暴露出利弗莫尔在管理上、工作成果及其成本上的新问题。布拉德伯里再次发起对第二实验室概念的攻击。他在给美国原子能委员会的菲尔兹上校的信中写道："在某些方面，人们相信，建立竞争机制会产生辉煌的新想法……但这辉煌的新想法一直没有出现。"布拉德伯里的抱怨在总咨询委员会里得到了越来越多的同情。利弗莫尔"在其存在的两年半时间里不是个有效的机构"。1954年12月，拉比在委员会的会议上这样评价道。他高声大气地说，他想知道它是否"真的是一个重要的实验室"。

对利弗莫尔的未来的疑虑在员工中蔓延开来。他们把原子能委员会长期资金不到位所造成的粗放的工作环境看成一个不祥的预兆，表明该机构对利弗莫尔的承诺仍然是有条件的。可用的管道系统稀缺，缺少空调使科学家和工程师们在加州中央山谷的高温下工作感到痛苦。利弗莫尔似乎是两个更大的实验室——洛斯阿拉莫斯和伯克利——之间的一个辅助性前哨站，正像拉比说的，如果它不具有更大的价值，人们不能不怀疑它存在的合理性。

但事实证明，员工的担心是多余的，因为他们没有考虑到军需部门之间竞争所产生的对研究及其产出的无止境的需求。每个部门都努力想建立确保自己可以调用的热核武器库。尽管试验失败了，但原子能委员会仍然力挺利弗莫尔，他们仍对欧内斯特·劳伦斯充满信任。利弗莫尔的第一年预算（1953年财政年度）为350万美元，其员工队伍为698人。到1956年，在约克五年的主任任期结束时，该实验室的预算据说已经达到5500万美元，员工增长到3000名。一年后，专业人员的编制扩充到4000人，利弗莫尔已成为原子能委员会手下的最大的研究实验室。那一年，它对轻型热核炸弹的研究已经与海军迫切需要的核弹道导弹挂上钩，该导弹可以从即将面世的具有空前射程的潜艇上发射。其结果便是"北极星"武器系统，它标志着利弗莫尔真的"长大了"。五年里，实验室的预算总计为1亿2700万美元，员工达到5000人。利弗莫尔的生存已不是问题。

第 19 章　奥本海默事件

375　　　J. 罗伯特·奥本海默因为持续批判美国的核政策和追求超级炸弹而树敌很多，但没有一个人像刘易斯·斯特劳斯那样无情。鉴于劳伦斯与奥本海默和斯特劳斯的关系，他不可避免地会被卷入到他们的冲突中。

　　斯特劳斯对奥本海默的敌意因为后者反对氢弹计划而加深。1949 年，在总咨询委员会出现对氢弹的全面打压后，斯特劳斯以他惯有的方式确信，这个奥本海默不仅是个傻瓜，而且还是叛徒。然而，只要斯特劳斯仍是原子能委员会中的少数派，他就只能对奥本海默作为原子能委员会首席科学顾问的崇高地位怒火中烧而无能为力。1950 年 2 月，当奥本海默从原子能委员会的位子上退下来之后，他决心将奥本海默从政府高级委员会的名单里除掉。当时他认识到，杜鲁门总统做出的谋求超级炸弹的决定标志着他为实现国家安全的这一飞跃而开展的长期斗争已圆满完成。

　　这段插曲其实很短暂。随着 1953 年共和党政府入主白宫，斯特劳斯回到华盛顿，并获得了非比寻常的进入白宫的机会。艾森豪威尔总统于 3 月份任命他为原子能方面的总统私人顾问，三个月后又任命他为原子能委员会主席。从新

376　官上任伊始，斯特劳斯便将目光集中在奥本海默对委员会政策的最直接的影响上，这就是前主席戈登·迪恩授予他的顾问职位。

　　甚至在对斯特劳斯的任命被公开之前，他就开始反对奥本海默，因为物理学家已经越来越直言不讳地发起一场关于核政策的公开辩论。1953 年 2 月 17 日，

奥本海默在纽约外交关系委员会发表讲话，听众都是舆论制造者和金融领袖等精英，其中就有斯特劳斯。他的演讲主题是政治领导人对核扩散的危险和国际裁军的必要性需要"坦诚"。"当我们对限制和决定我们作出选择的重要事实和基本条件一无所知时，我们无法很好地运作，"奥本海默宣称，"在这些事实只有少数人了解，对外保密，唯恐公众知道的情况下，我们也不能很好地运作。"

斯特劳斯很生气，因为奥本海默概述了美国与苏联之间的军备竞赛状态。奥本海默说得很抽象，因为他知道，政府对核技术的保密规定不允许他透露可怕的细节。他警告说，在冷战期间，"原子钟滴答作响，走时正变得越来越快"，最后，他用一个生动形象的比喻结束了他的演讲：两个大国之间的致命冲突，"就像装在一个瓶子里的两只蝎子，每一只都能够杀死对方，但必须冒着自己的生命危险"。

白宫清除了奥本海默的演讲，但据说他的这个讲话给艾森豪威尔留下了深刻印象。斯特劳斯的感觉则不一样。说到奥本海默所要求的"坦诚"，他向总统建议道："这种宣传是危险的，其建议是致命的。"奥本海默希望公开的那些事实"对敌人的总参谋部最有意义"。斯特劳斯断言，提倡将这些信息向公众公布，不能不说是一种不忠行为。

在接下来的一年里，斯特劳斯策划了一场公开诽谤奥本海默的宣传活动，似乎是要通过最后的打击让奥本海默服软，斯特劳斯以终止奥本海默的原子能委员会顾问资格并撤销其安全许可相威胁。他伪造了自己与埃德加·胡佛 (J. Edgar Hoover) 有密切关系，威逼这位联邦调查局局长对奥本海默的行动和电话进行更严密的监视。胡佛关于奥本海默的厚厚一沓档案材料最终落在艾森豪威尔的办公桌上，斯特劳斯便从旁详加说明。他的努力成功了：12月，艾森豪威尔下令在这位物理学家与所有机密或敏感的政府信息之间设置一道"白墙"，等待进一步调查。这是撤回奥本海默的安全许可的第一步。与此同时，斯特劳斯通过他的联系密切的朋友网络分享他对共产主义统治世界的恐惧，他还在亨利·卢斯的《时代、生活和财富》以及其他流行杂志上发表攻击奥本海默的文章。这些文章符合约瑟夫·麦卡锡（Joseph McCarthy）参议员在狂热指责

大科学

共产主义影响已渗透政府部门各个角落时所确立的时代基调。罗伯特·奥本海默注定成为受迫害最突出的受害者。

按照艾森豪威尔的命令，斯特劳斯把奥本海默召到他在华盛顿的办公室，他认为这是一次决定性的交锋。他向奥本海默提出了一长串指控，指控他是共产党人的同党，并怀疑他的忠诚，其中大部分指控都是基于自曼哈顿项目启动以来安全官员对他进行的拿他过去那点事情不断重复炒作的陈腐指控。斯特劳斯通知奥本海默，他的安全许可已经被暂停，并敦促他辞去他在原子能委员会的职务。令他惊讶的是，奥本海默犹豫不决。第二天，与他的华盛顿律师权衡了利弊后，奥本海默通知斯特劳斯，他将在原子能委员会审查委员会面前反驳这些指控。正如奥本海默的传记作者凯·伯德(Kai Bird)和马丁·舍温(Martin Sherwin)所说的那样，这个决定"启动了美国历史上一项非同寻常的特别调查"。

斯特劳斯主持了原子能委员会关于是否继续让奥本海默获得安全许可的听证会，理由是奥本海默之前曾进行过诽谤活动。他亲手挑选了审查委员会的三名成员和首席顾问罗杰·罗布（Roger Robb）——一位因法庭暴力和政治保守主义而闻名的前联邦检察官。他向罗布提供了文件和笔记，帮助他寻找弹劾奥本海默的品格的证人，这其中的许多人是与奥本海默共事10年或更长时间的科学家。他还敦促罗布从旁听席上去寻找那些在情感上倾向于攻击奥本海默的人。这种取向不可避免地牵扯到伯克利的人。罗伯在那里发现了一群对奥本海默有负面情绪的人，其首领就是欧内斯特·劳伦斯。

罗布于1954年3月初造访了辐射实验室，这个时机可谓掐得正好。劳伦斯对他最近在一次鸡尾酒会上发现的一个令人不能忍受的事实感到愤怒：奥本海默在1947年与加州理工学院的物理学家理查德·托尔曼(Richard Tolman)的妻子发生了婚外情。托尔曼是欧内斯特的一位挚友，他在得知自己的妻子背叛自己后仅仅几个月就死于心脏病发作。在欧内斯特看来，他是因为破碎的心而故去的。这条消息澄清了欧内斯特多年来对奥本海默的所有怀疑和不满。这个年头要从他们作为年轻的伯克利大学的教员第一次聚在一起时算起。奥本海默的"左撇子"，他傲慢的个人主义，放荡不羁的风格，当然，还有他反对超级炸弹和对建立第二武器实验室所持的怀疑态度，在罗布的副手亚瑟·罗兰德（C. Arthur Rolander）的追问下，这些都成为欧内斯特以一种非劳伦斯风格来发泄对奥本海默不满的理由。也就是在这一刻，欧内斯特提出了一个令人震惊的对奥本海默的判断。他没有意识到，正是这个判断从此给两人带来无穷的困扰。他说奥本海默"不应当再参与到任何政策的形成中来"。更重要的是，他同意去华盛顿亲自出庭作证反对他的这位老朋友。

在伯克利，劳伦斯并不是唯一一个贬低奥本海默性格的人。在罗布和罗兰德离开小镇之前，加入到他们的证人名单里的还有肯尼斯·皮策（Kenneth Pitzer），他在卸任原子能委员会研究主任后回到了伯克利，以及路易斯·阿尔瓦雷斯和温德尔·拉蒂默（Wendell Latimer）。拉蒂默在几年前反对尼兰的安全检查，但这次他却乐意参加一个比以前更严厉的安全许可聆讯。在对罗伯特·奥本海默的生活和观点的审判中，伯克利将成为很好的代表，并且完全站在起诉方一边。

• • •

1954年4月12日，原子能委员会人事安全委员会在该机构破旧的总部（战时遗留下来的位于华盛顿国家广场边的一所临时建筑）召开了关于是否继续给予J. 罗伯特·奥本海默的安全许可的听证会。所列指控的详细清单由原子能委员会总干事肯尼思·D. 尼科尔斯(Kenneth D. Nichols)起草并签署，他曾在战争期间作为格罗夫斯的副总指挥与奥本海默密切合作，但与他共事过的人发现他是一个"狡猾的恶棍"。这份文件读起来就像是刑事起诉书，涵盖了奥本海默与自由派、左派和所谓的共产主义阵线组织的联系，以及他所谓的扼杀超级炸弹计划的种种努力。

在接下来的三周半的时间里，奥本海默的生活和职业生涯的几乎每一个方面都会被原子能委员会的法律团队拿过来掰扯。就是这么个法律团队在缺乏最基本证据标准的诉讼中担任检察官。国内的一些顶尖科学家也开始以含蓄的或

大科学

公开的方式谴责奥本海默，其中就有爱德华·特勒。他认为："如果公共事务交到其他人手上，我个人会感到更安全。"另一方面，一些熟知奥本海默平时所为的人则对听证会这么卖力地羞辱一个曾为国家做出杰出贡献的人的行为予以谴责。这其中拉比显得最突出。他厉声说道："多亏了奥本海默，我们有了一颗原子弹……你们还想要什么，美人鱼？"

听证会上更险恶的一招是全力追问在奥本海默去洛斯阿拉莫斯工作之前，他与其朋友哈康·舍瓦利耶（Haakon Chevalier）之间的相遇。舍瓦利耶是伯克利的法国籍教授，他和他妻子都是奥本海默的社交圈和知识界的朋友。1943年初（确切日期已记不清了）的一个晚上，舍瓦利耶与罗伯特和基蒂一起在奥本海默的伯克利的家里共进晚餐。正当奥本海默独自一人在厨房里调制马提尼酒的时候，舍瓦利耶走近他身边，向他提供了一个非同寻常的信息。他说，乔治·埃尔滕通（George Eltenton）——一个在壳牌石油公司海湾地区工作、同情左翼的英国物理学家——想知道奥本海默是否愿意把他的研究信息透露给苏联驻旧金山领事馆。奥本海默当即坚决地予以拒绝。据奥本海默后来的陈述，舍瓦利耶和埃尔滕通以后再也没找过他。"我想当时我就表示，'但那是叛国罪'，但我不确定具体是怎么说的了，"奥本海默在听证会为自己作证道，"但我肯定说了些什么，'这是一件可怕的事'……但就到此为止。这是个非常简短的交谈。"

但奥本海默对谈话结果的处理不当，使起初似乎是朋友间的短暂交流变成了一种人所共知的、不祥的"舍瓦利耶事件"。在这一事件中，劳伦斯是一个边缘人，一个不知情的角色。正如奥本海默所承认的，他当时应该及时向曼哈顿项目安全官员报告这件事情。但由于舍瓦利耶先生当场就表示同意，这样做不合适，因此奥本海默就把它置诸脑后了。后来得知，苏联情报人员彼得·伊万诺夫（Peter Ivanov）——公开身份是苏联驻旧金山领事馆官员——曾要求埃尔滕通建立一条管道，通往与辐射实验室有关的"三位科学家"。埃尔滕通确认，他的目标是奥本海默、欧内斯特·劳伦斯和第三位物理学家，虽然他一时记不起这第三位物理学家的名字，但他认为可能是L.阿尔瓦雷斯。埃尔滕通没有能力足够接近他们中的任何人，但他认识舍瓦利耶，因此让他对奥本海默进行了初步试探。

这个要约从来没有实现过。奥本海默当场就一口回绝了对方，而且没有证据表明劳伦斯或阿尔瓦雷斯知道这件事。等他们知道那已经是多年以后的事了。奥本海默更大的问题是，在过去的许多年里，他在对不同的安全官员叙述关于与"霍克"舍瓦利耶的交谈内容时出现了几个不同的版本，他的目的都是想将他的朋友屏蔽在安全调查之外。奥本海默的这些掩饰正好被斯特劳斯和罗布利用来驳斥他的几乎每一句话，成为摧毁他为自己辩解的一个关键。

听证会终于无情地进行到要欧内斯特·劳伦斯出场作证的时候了。欧内斯特一直在严肃地等待这一时刻，他对自己承诺要站出来作证的立场思忖再三，³⁸¹最后，他改变了主意。但一想到斯特劳斯在得知他后撤后肯定会气得中风，他又有些害怕。于是他选择把这场不舒服的对质拖到最后一分钟。4月23日星期五的晚些时候，他通过电话向尼克尔斯保证，他最迟不晚于下周二到达华盛顿，随后的一两天内他将在证人席上露面。

劳伦斯在橡树岭度过了周末，并参加了原子能委员会实验室主任的一个会议。如果说，他对自己愿意出庭作出不利于奥本海默的证词会在物理学家大家庭中产生什么影响还有疑虑的话，那么他从同事那里得到的"几乎不文明的"接待则让他消除了这些疑虑。这些同事包括最终决定奥本海默命运的原子能委员会委员亨利·德沃尔夫·斯密斯（Henry DeWolf Smyth）和拉比。就在几天前，拉比还为奥本海默做了毫不妥协的辩护。因此欧内斯特不能不意识到，物理学界的大多数人都力挺奥本海默。辐射实验室正陷于孤立。

劳伦斯从橡树岭打电话到伯克利，他向阿尔瓦雷斯倾诉他的疑虑。正像他在长途电话里解释的，他害怕他的证词，加上伯克利的其他证人和利弗莫尔的爱德华·特勒的明显反奥本海默的心态，"似乎让人感到了某种阴谋"。如果辐射实验室被卷入关于奥本海默的过去及其行为的争论中，这对它没有任何好处。这个实验室在经历忠诚宣誓后已经伤痕累累，一旦它参与到这场更具爆炸性的搏斗中，那将不可避免地让人将实验室与当今最令人担忧的政治问题联系起来。

阿尔瓦雷斯试图给劳伦斯打气。"我觉得欧内斯特承受着不该有的压力。"他后来回忆道。随着这场情绪化的谈话接近尾声，劳伦斯恳求阿尔瓦雷斯听从他的领导，并且为了实验室的利益，拒绝作证。阿尔瓦雷斯的几乎整个职业生涯都是在劳伦斯的手下度过的，毫无疑问会听从他的命令。"现在我也不打算改变。"他后来反思道，并勉强同意了老板的要求。

星期一早上，劳伦斯从橡树岭打电话给斯特劳斯。当时，他的身体状况让他为退缩有了一个痛苦但看似合理的借口：他的严重的溃疡性结肠炎发作了。这个疾病已经让他遭受了好几年的折磨，尽管此时此刻可能是因为情绪紧张所致。但被激怒的斯特劳斯驳回了劳伦斯的请求，并给了他一顿恶毒的斥责，直接怒斥他懦弱。劳伦斯挂了电话。他显然被吓了一跳，他叫来橡树岭的同事为他作证，他把喷满殷红鲜血的便池给他们看，证明他不是在装病。第二天他就飞回家了。

阿尔瓦雷斯从劳伦斯的声音中听到他被可悲的痛苦所困扰。他反省道："我以前从未见过欧内斯特感到害怕。"当天他就打电话给尼科尔斯要求取消劳伦斯的行程。几个小时后，斯特劳斯把他叫了回来，要他坚决防止劳伦斯的"疾病"蔓延。尽管忠诚于劳伦斯，但阿尔瓦雷斯证明自己在对付原子能委员会主席的威胁时更灵活。"如果你不来华盛顿作证，你以后就不能在镜子里看到你自己了。"斯特劳斯咆哮道。在不忠于劳伦斯和不服从斯特劳斯的纠结中徘徊良久，阿尔瓦雷斯最终还是选择了为后者服务，他立即订了一张飞往华盛顿的红眼航班。

阿尔瓦雷斯后来写道，他对作证感到不安，"这可能伤害到一个朋友"。在作证席上，他作证明说自己很"钦佩和尊重罗伯特"，但他确信，奥本海默对超级炸弹的判断是"错误的"，但这"与他对国家的忠诚无关，对此我毫不怀疑"。

但听证会的记录表明，阿尔瓦雷斯的证词是一种变相的报复行为。他蔑视奥本海默关于反对超级炸弹的论据，而把奥本海默描绘成一个斯文加利

（Svengali）[1]式的人物，一个无情地催眠世界上一些最顶尖的科学家加入他的反对运动中去的人。"每次我发现有这种行为的人，"他作证说，"我都能看到奥本海默博士对他心灵的影响。" 383

然而，他举的一些例子显然均出自他自己的误解。他作证说，费米也反对超级炸弹，这让他吃惊，因为他知道费米是"签署了［1949年10月30日的］总咨询委员会报告附录的两个人之一，这份附录所表达的观点与奥本海默博士领导的多数派所持的观点有所不同"。他似乎认为费米倾向于发展超级炸弹。但这完全错了，因为费米（和拉比）所签署的附录表达了与多数派同样坚定的反对超级炸弹的意见。

阿尔瓦雷斯还谈到了自己的困惑："拉比在与奥本海默博士交谈后其内心会有如此巨大的改变。"阿尔瓦雷斯证言道：拉比对超级炸弹最初的立场"也是热情支持的"。这绝对不是真实的，因为拉比已经相当详细地告知了听证委员会自己的观点。与此相反，从盲目乐观的阿尔瓦雷斯和劳伦斯就加入氢弹计划第一次与他接触那一刻起，他就试图把他们带回到现实中。他对超级武器的"热情"完全是阿尔瓦雷斯的凭空想象。

阿尔瓦雷斯没有提供一份真正有分量的重磅炸弹。他还发誓说，在1949年10月的一天，他在开车送劳伦斯和万尼瓦尔·布什从斯坦福大学返回伯克利的途中，听到布什说杜鲁门总统已经邀请他组成一个委员会来评估俄国人爆炸的Joe-1是原子弹的证据。布什说他认为让自己来当这个主席有点奇怪，因为他不是物理学家；最佳人选应该是奥本海默，虽然他已经被任命为委员会委员。阿尔瓦雷斯引述布什的解释时说："我认为总统选择了我的原因是，他不信任奥本海默博士。"阿尔瓦雷斯声称："这是我平生中第一次听到有人说，奥本海默博士是不可信任的。"

然而，布什在他六天前的证词中没有提到过这样的谈话。（相反，他直言不

---

1 斯文加利是乔治·杜莫里埃的小说《软毡帽》中的人物，指能够控制他人思想或唆使他人干坏事的人。——中译者注

384　讳地指责了委员会对奥本海默的攻击，原因是"他表达了强烈的意见"。布什还补充道："当一个人因为这样做而受到嘲笑时，说明这个国家正处于严峻的状态。"）于是，奥本海默的律师劳埃德·加里森（Lloyd K. Garrison）传布什到庭作证。布什到场反驳了阿尔瓦雷斯的这一揭露，他坚决否认说过任何这样的话。他作证说："我很肯定，我没有对他说过总统怀疑奥本海默博士，这真是一派胡言。"

　　事情落到欧内斯特·劳伦斯头上。要打破僵局，他是这次交谈唯一的另一个证人。5月4日，劳伦斯在伯克利通过公证了的书面陈述提供了他的证词，这一天也正好是布什再次到庭的那天。劳伦斯的陈述起到了破坏其他两位证人的证词的奇特效果，同时也把自己的信誉押在了诽谤奥本海默的服务上。"我记得当时我和 L. W. 阿尔瓦雷斯还有万尼瓦尔·布什博士一起开车从帕洛阿尔托去旧金山，在车中我们讨论了奥本海默在核武器计划中的活动。"他说，"在交谈中，［布什］提到霍伊特·范登堡（Hoyt Vandenberg）将军曾坚持要布什博士担任委员会主席来评估俄国的第一个原子弹爆炸的证据，因为范登堡将军不信任奥本海默博士。"

　　把所谓的对奥本海默的不信任归因于范登堡而不是杜鲁门，表面上这是说得通的，因为正是空军司令范登堡而不是杜鲁门召集成立了这个委员会，并任命了布什和奥本海默。但劳伦斯的回忆只是增加了更多的迷雾，因为布什也被问到是否可能是范登堡曾怀疑过对奥本海默的信任，但他以相同的气势予以否认。他说，如果范登堡真的对奥本海默怀有疑虑，他为什么要在第一时间任命他为委员会委员，关于这场神秘对话的清晰版本从未出现过。

　　尽管没有亲自出庭作证，但劳伦斯的声音未尝没有在听证会上被听到。在结束听证会记录之前，罗布插入了两个月前欧内斯特在伯克利给罗兰德的采访
385　记录。在劳埃德·加里森的严密盘问下，劳伦斯的话的可信度变得越来越低。他将奥本海默描述成一个傲慢、天真、对明显符合国家最大利益的热核计划充满敌视的人。他的结论是：J. 罗伯特·奥本海默，这个25年来与他一起分享了个人与职业生涯中成功与挫折的人，"不应该再与政策的形成有任何关系"。录

音记录中的这一毁灭性的结局在大厅中回荡。

欧内斯特·劳伦斯的敌意让奥本海默深感困惑。1963年，在他去世的四年前，奥本海默发现这个问题仍然很难理解，讨论起来非常痛苦。"我想我们之间可能一直都还是有温暖的，但也有苦涩。我认为这种苦涩在1949年变得非常尖锐，在他死之前从未解决过。"他告诉赫伯特·柴尔兹（Herbert Childs）——约翰和莫莉·劳伦斯委托的欧内斯特的官方传记的作者："他不赞成我的左倾路线，并且也对我如实相告。但从来没有什么东西会导致这种巨大的痛苦。"

奥本海默认为，劳伦斯的政治观点已经演化成他的那些赞助人和朋友（比如像阿尔弗雷德·卢米斯和杰克·尼兰）的政治观点的反映。他们不是那种倾向于轻描淡写地看待国家政治和国家安全的人。就拿尼兰来说，他认为罗伯特·奥本海默就是"一个如此自负，以至于自认为能推倒上帝的人"。按照这一思想脉络，尼兰猜测："欧内斯特的谦虚招他嫉恨……我认为他恨欧内斯特，是因为欧内斯特对他太善良。"

这个判断与其说描述的是奥本海默，倒不如说描述的是尼兰自己。欧内斯特和奥本海默的朋友和同事们通常是从两人的性格差异上，而不是从哪一个人的性格上，来寻求解释。但他们发现，要查明原因并不容易。在举行奥本海默的听证会期间，詹姆斯·布拉迪(James Brady)一直和欧内斯特一起在辐射实验室。布拉迪与两人都相熟，从劳伦斯和奥本海默刚到伯克利时就与他俩共事。386一天，他试着想弄清这个事情的真相。

"这到底是怎么回事，怎么除了伯克利之外，所有其他的物理学家都在为奥本海默辩护？"他向欧内斯特问道。

"这还不好理解，"欧内斯特厉声回答道，"我们是这里唯一真正了解他的人。"布拉迪对欧内斯特这么激烈的态度感到震惊，他试图深究下去。似乎让欧内斯特特别反感的是，在对待哈康·舍瓦利耶的问题上，奥本海默欺骗了曼哈顿项目的安全官员。"我是最先知道奥本海默的这件事情的。"他抱怨道，就好像奥本海默的错误可悲地反映到他自己的判断上。"我几乎可以原谅任何事情，除了对安全人员撒谎。我不能相信，我不能理解。如果一个人能这样撒谎，那他不可能成为优秀的物理学家。"但布雷迪认为，即使是这样的回答，似乎仍然留下了太多的不明确信息。他回忆说："我觉得这是个人的事。"

然而奥本海默几乎总是把欧内斯特往好处想。他拒绝接受欧内斯特可能参与了斯特劳斯发起的针对他的运动，或与有关他在伯克利校园里定期散布共产主义倾向的思想的谣言有任何关系。"我从来没有听说过有人把这归咎于欧内斯特。"他说。

但有一件事很伤人。1953年8月，在苏联首次报告了氢弹试验结果，即美国情报机构所称的"Joe-4"的相对失败后，"欧内斯特对（我认为是）杜布里奇说：'好吧，很幸运，某些人的建议没有得到采纳。'"奥本海默说，"他当面向我暗示这一点，这是我听到的最伤人的事情。"

到那时，他们之间已经完完全全地分裂了。在忠诚听证会后，奥本海默说："我们彼此几乎没再见过面。"他们的友谊中幸存下来的只有他们共同创造的科学遗产，以及比他们两人活得更久的独特的传奇。

第 20 章　小科学的回归

1954 年 6 月 29 日，原子能委员会以 4 比 1 的投票结果撤销了 J. 罗伯特·奥本海默的安全许可证。该证在此前一天就已经过期了。大多数意见都是由刘易斯·斯特劳斯起草的，他不遗余力地把奥本海默描画成一个意志薄弱的作伪证者，其行为已经严重损害了国家安全。"军情部门、联邦调查局和原子能委员会，都在不同的时间里感受到他的谎言、借口和误导的影响。"斯特劳斯写道。他引述了听证会上提出的"证明［奥本海默］的'性格'存在根本缺陷的证据"，并宣布"他与他所认识的共产党人有联系"。在不同的时期，这些人包括哈康·舍瓦利耶和奥本海默的妻子基蒂以及他的兄弟弗兰克。他的所作所为"远远超出了谨慎和自制所能容忍的限度。这种谨慎和自制是他自 1942 年担任政府赋予的高位以来人们一直所期望的"。

委员会中唯一的反对者是亨利·德沃尔夫·史密斯。他曾向在橡树岭的欧内斯特·劳伦斯发去电报表明他不喜欢这种调查的心迹。他在异议中指出，据他观察，在人事委员会收集的"大量档案"中没有发现"奥本海默博士曾泄露过任何秘密信息"的一丁点迹象。"……尽管如此，委员会的大多数成员现在仍认为奥本海默博士是一个安全风险。我不能接受这个结论，也不能接受其背后的恐惧"。

史密斯对奥本海默判决背后的"恐惧"的担忧在研究界得到了广泛的认同。令人不安的是，在当时的动辄得咎的政治气氛中，科学家们很可能会因为个人观点而被审判，他们的职业生涯和声誉处于板荡之中。政府对研究经费的巨大财政倾斜使它的利益——包括其政治利益——具有巨大的影响力。因此，大科学的经济学创造了一把双刃剑。

在这种情况下，科学家们对军事和政治正统的忠诚要胜过他们诚实的科学判断。结果是科学家和原子能委员会之间的关系发生了翻天覆地的变化。在该机构成立之初，科学家们希望它可以作为一个民用壁垒来抵御军事对核研究的垄断。但现在，在刘易斯·斯特劳斯的领导下，它比科学家们在战争中合作过的上校和将军们更加痴迷于安全问题，使两者的关系变成一种有目的的、甚至有点刺耳的友好关系。用原子能委员会官方历史学家的话来说："一个毁掉了像奥本海默这样的领导人的职业生涯的机构，不可能再次赢得国内科学家的全部信心。"

奥本海默一案不仅加剧了科学家与官僚机构之间的冲突，而且在科学界造成了多年来无法愈合的深刻裂痕。大量的指责落在了劳伦斯和他的辐射实验室同事的头上，他们在对奥本海默的问题上可谓众口一词，孤军奋战。劳伦斯发起的"超级炸弹攻势"——一个在许多物理学家看来在技术上和道德上都有疑问的项目——使问题更加复杂。这一记录损害了他作为科学家的声誉。科学家的动力应当仅来自于追求知识。但欧内斯特并不是唯一一个被政治蒙蔽的物理学家，几乎所有人都逃避不了政治的影响，因为人们几乎不可能从纯粹技术的角度出发，来选择支持还是反对对热核技术的追求。詹姆斯·弗兰克在广岛和长崎遭受原子弹轰炸后正确地写道：科学家们再也不能"否认他们对人类利用他们无私的发现负有直接责任"。

奥本海默一案使劳伦斯对公开涉足当时的政治安全领域感到恐惧。他看到，他的那些长期共事的老朋友和同事中，凡支持奥本海默的都受到人事委员的羞辱；而那些怀疑奥本海默的，比如他自己，则受到科学界的指责。现在每一项安全调查都会构成类似的风险。这些与1948年的伯克利安全事件完全不一样。那时，欧内斯特借助于他与杰克·尼兰的友谊便能顺利过关。而现在的调查，都是由无情的反共产党人来进行的毫无人性的质问，在他们面前，一个人的生命和名誉无足轻重。

辐射实验室的前职员、化学家马丁·卡门就经历了这样一个案子。马丁在战争期间被欧内斯特解雇，以回应一项既未经证实又毫无根据的不忠指控。卡门一直在努力重塑自己的职业生涯。他在一次自杀未遂中幸存下来，并最终在圣路易斯州的华盛顿大学获得了一个高级教员的任命，当然这要归功于其校长亚瑟·康普顿。1954年，他对极端的保守党所把持的《芝加哥论坛报》提起诽谤诉讼，该报认定他是俄国间谍，理由是爱荷华州的右翼参议员伯克·希肯鲁珀（Bourke Hickenlopper）含糊其辞地指控了他。卡门向劳伦斯求助，希望他能提供证明他忠诚的证词，对此劳伦斯毫无疑问是能够做到的。但令卡门吃惊的是，劳伦斯虽然同意了，但条件是他不接受盘问。卡门无法理解，劳伦斯怎么能指望免于法庭讯问。他猜想——毫无疑问，他猜对了——欧内斯特"不准备经受与对手对峙的创伤"。与欧内斯特的反应形成鲜明对比的是，康普顿坐在法庭上，面对《芝加哥论坛报》的辩护律师们长达一天的庭辩，毫不动摇地为卡门做了辩护。最后，卡门赢得了诉讼，并获得了7500美元的赔偿金。

· · ·

战争行将结束时，欧内斯特的健康状况已经恶化，停战后变得更糟了。现在，他的心情因未能将辐射实验室拖出奥本海默案件的混乱而感到格外沉重，病魔也开始占上风。他面色灰白，疲惫不堪，心烦意乱，以至于受到路易斯·阿尔瓦雷斯罕见的抨击，说他不注意辐射实验室的工作。最糟糕的是，奇怪地反复发作的病毒性肺炎、慢性鼻窦炎和溃疡性结肠炎，一起向他袭来，使他在原定于出席奥本海默案的作证之前的周末就变得憔悴不堪。在他兄弟约翰（他长期承担兄长的医疗顾问）看来，欧内斯特的基本问题是劳累过度。整个20世纪30年代到战争初期，他的自然活力将这些疾病掩盖了，但长时间的精力过度集中终于让疾病占了上风。有越来越多的事情要做，放松的时间越来越少，让欧内斯特无法保持长时间的静养，加上体质日渐虚弱，所有的不利因素全凑一块了。

战争结束后，各路显要——军人、外国政要、国际知名科学家等——络绎不绝地到访伯克利，同时，邀请参加各种政府委员会和公司董事会的邀请函雪片似的飞来。杰克·尼兰和罗恩·盖瑟把他从这些事务中拉了出来，其中包括回报丰厚的邀请他加入孟山都公司董事会的邀请。尼兰担心这个邀请太有钱："我知道，只要欧内斯特能有机会拿走那么多钱，他都会拼命去挣的。"他回忆道。但尼兰和盖瑟发现很难阻止他接受加入公共事务的委员会和董事会的邀请，结果他经常穿梭于伯克利和华盛顿之间，参加一个又一个的政府职能事务。

约翰和莫莉试图引导欧内斯特走向休息和放松。但他有一个习惯：即使是无害的度假他也会将其转化为对身体的挑战。1946年，他在洛杉矶南部的度假胜地巴尔博亚岛(Balboa Island)拜访了他的亲家，并想在岛上租一所房子过夏。当他得知那所梦寐以求的房子不出租只出售后，他当即买下了它。就这样，莫莉想安静地过个夏天的梦想没了，因为房子需要装修——"那是一所老旧的房子，是那一片房子中最古老的，而且建造时就没有得到建筑师的帮助。"她回忆道。更糟糕的是，欧内斯特决定亲自管理装修工作。"重新改造正是欧内斯特乐此不疲的一项冒险。"他的女儿玛格丽特回忆道，那年夏天她才10岁，看着建筑工人把房子的外墙拆下来，一个房间一个房间地重建结构。然而，工程完工后，各种事务的压力使他很少能真正在新装修的家里度个安心假，也就度周末来小住几天。

在这段时间里，消耗他精力的东西大多是新的：他有了第一次纯粹的商业冒险，这次冒险是建立在他第一次发明的基础上，完全与辐射实验室的工作无关——他正在制作一个彩色电视显像管。

欧内斯特对彩色电视的兴趣可以追溯到1949年。当时他和L.阿尔瓦雷斯应邀出席了一个初创的显像管的演示。彩色图像广播的想法是如此难以置信，以至于阿尔瓦雷斯去的时候在口袋里揣了一个小磁铁，他想验证这幅画面实际上是由电子撞击荧光屏产生的。尽管画面非常模糊，但这个设备触发了欧内斯特思考如何产生更高质量的显示器。

迎接技术上的挑战正是他的拿手好戏。他明白，显像的原理包含将一束带电粒子流进行电磁聚焦，及与其振荡电流保持同步，换句话说，包含回旋加速器的基本要素。这个项目让他回归到小科学的环境，他在第一次手工制造回旋加速器之后就告别了这个环境。现在他亲自加工设备，而不是拉起一支技术人员和工程师队伍，他就在家里的一个实验台上工作。短短几个月，他已经搭起了一个改进了的显像管，他将它展示给阿尔弗雷德·卢米斯看。在此期间，卢米斯提出过几个小小的技术建议。他也拿给阿尔瓦雷斯和麦克米兰看，但他们的反应是感到不安，他们不明白为什么欧内斯特对这种在他们看来是最不讨人喜欢的项目抱有这么大的热情。阿尔瓦雷斯回忆道："安迪和我都对显像管非常糟糕的画面质量感到尴尬，而更糟糕的是它的商业潜力。"但是欧内斯特 ₃₉₂"摇摇手打消了我们的疑虑。他说，是有一些技术问题需要解决，但管子肯定能工作"。

更大的鼓励来自罗恩·盖瑟，他那商人灵敏的嗅觉一下子就捕捉到这里面巨大的商业潜力。在旧金山，盖瑟是一位无可挑剔的、训练有素的律师，他与华尔街和华盛顿都有着广泛的联系，不仅如此，他还惯于为金融界和技术界牵线搭桥。战后，他帮助五角大楼改组了其研发部门（称为兰德项目组），使其成为独立的兰德公司。随后，他又协助亨利·福特（Henry Ford）二世重组福特基金会，后来福特成为美国总统。盖瑟与欧内斯特的关系从辐射实验室的财务和法律顾问扩展为个人之间的友谊。新项目得到了阿尔弗雷德·卢米斯的大力支持后，卢米斯的这两个受保护人结成了合作伙伴，从而将劳伦斯在彩色电视上的修修补补转变为一项业务。他们唯一的分歧在于所有权的划分：盖瑟提出与劳伦斯二八分，劳伦斯拿大头；但劳伦斯坚持五五分。他们找到卢米斯请他来裁决，结果卢米斯支持劳伦斯的意见。这样，彩色电视实验室于1950年3月31日成立。

彩电在当时还是一项处于胚胎阶段的技术，但其可感知的市场规模已经引发了急于开发消费产品的激烈竞争。参与者包括美国无线电公司（RCA）、哥伦比亚广播公司和通用电气公司，所有这些公司都在为各自的互不兼容的技术寻求联邦通信委员会的批准。好莱坞对此也很感兴趣，盖瑟很快就从派拉蒙影业拉来了赞助资金。在未来的6年里，对彩色电视实验室的投资将达到数百万美元。

393受其一贯的乐观主义的驱使，欧内斯特·劳伦斯开始为这个项目招募工人，并安排他们在他位于迪亚布罗（Diablo）的家中车库实验室里干活。迪亚布罗是度假胜地，距伯克利不到一个小时的车程。迪亚布罗的这个家原本是用来避世藏身放松身心用的，现在成了又一处失败的尝试。莫莉回忆说，欧内斯特是在1950年一时冲动买下它的，"在这里他可以远离电话和日常工作的压力"。这是一所小平房，对于一个八口之家显得不是那么足够宽敞，虽然它位于带儿童游泳池的乡村俱乐部附近。这所房子对于莫莉从来就没有多大吸引力，因为内陆的夏天酷热难耐，而欧内斯特似乎也从来没有专程来住过——对他来说，"休息和放松"所定义的活动意味着无聊。但现在这所房子有了新的用途。欧内斯特在车库里为搞彩电的技术人员配备了双层床和一个小厨房，很快，使用面积增大了一倍，足可以容纳得下一个全尺寸的电子商店。

从利弗莫尔和辐射实验室招募来的科学家和技术人员使这里的员工人数激增。第一批里有一个叫唐·高（Don Gow）的人，他以前是一位军械工程师，曾在直线加速器和MTA上与阿尔瓦雷斯共事过。高是被劳伦斯强人的感召力吸引到这里来的。吸引他待在这里的是老板的"紧迫感，他有了想法愿意立即尝试，并且在有了更好的想法时放弃这些想法"。他和他的同伴已经习惯于接听劳伦斯在晚饭的时候打来的电话："我有了一个新的想法，让我们停下手头的工作，今晚就试试这个主意怎么样。"他们很快就会迅速赶到迪亚布罗，就像一个大篷车队，直到天亮才会回到伯克利。

劳伦斯以他自阿尔法赛道项目以来从未有过的强度进行了显像管的设计。他一直带在身边的蓝色笔记本上写满了笔记和他在白天或晚上任何时间任何地点想起点什么就画上的设计草图。有些是在开车从巴尔博亚返回伯克利的路上画的，有些是在去芝加哥的火车上，在"波希米亚森林"酒店里，或在飞往纽约的航班上，不一而足。到1951年年中，他开发出了一种全新的设计，其基础是在显像管屏幕的后面布上极细的金属线。这些线将电子束聚焦到屏幕背面的彩色荧光粉上。就这样，在迪亚布罗的车库里，劳伦斯搭建了一个原型管，其结果是惊人的：画面的亮度比美国无线电公司制作的和哥伦比亚广播公司制作的管子都要亮，而且组件更便宜。在此示范力量的感召下，派拉蒙公司同意在奥克兰建一座制造工厂来制作这种原型管。394

派拉蒙也参与到彩管的管理中来。突然之间，生产经理和财务主管都对欧内斯特的运作实施严密的监督。研究实验室与工业工厂在运作模式上的本质矛盾变得异常明显。高反思道："生产工程是一个非常昂贵的游戏，我们中没有人，包括欧内斯特，明白这意味着什么。"劳伦斯也曾非常抠门地管理辐射实验室——那是为了实验室。但比起研究目标来，实验设备的成本一直是次要的，特别是在战争期间，当时曼哈顿项目的紧迫性使得损益的计算变得无关紧要。高说："我们都习惯于建立一个装置，当它用于进行一百万美元的实验时，你很难注意到实验的成本。"劳伦斯在彩管上付出的类似的努力同样旨在制作一个原理性的模型，但派拉蒙的首要目标是要以每只50美元或75美元的市场价格大规模生产这种管子。大规模生产和大规模营销的需求开始压倒欧内斯特开朗的性格。

压力的增大还来自许多其他事情对他的时间的占用。对超级炸弹的辩论一直没有停止，导致他被频繁地召到华盛顿出席听证。利弗莫尔正在从MTA项目过渡到作为第二武器实验室的角色。当然，辐射实验室现在是全口径运行，Bevatron加速器也已回到正轨。"欧内斯特可能是全国最忙的人。"高观察道："每日里他办公室进进出出的不是有关国防事务的很重要的人，就是有关基础科学和基础研究方面很重要的人，要不就是对于研制彩色电视很重要的人，或其他一些只有上帝知道的很重要的人。"劳伦斯的手头上什么事都有，都需要决策，有时甚至需要当场决定。

终于，在1952年春天，欧内斯特病倒了，结肠炎的再次发作让他不得不又395一次住进医院。医生建议他休息和独处，但这是他无法忍受的处方。在巴尔博亚的一周里，每天从华盛顿、纽约、洛斯阿拉莫斯和伯克利打来的电话就没有中断过。他试图保持他一贯的活泼轻松的风采，但已经常常做不到了，有时即使一些小问题也会让他发脾气。有一次，他扇了一名利弗莫尔的员工一耳光，这人居然质疑他的指示，这是对劳伦斯风格和辐射实验室约定俗成的惯例的前所未有的违反。受害人向欧内斯特递交了辞呈，但被说服留了下来，为此欧内斯特召集全体员工开会，当面向他表示道歉。

显然，必须找到一种方法来迫使欧内斯特接受休息治疗。杰克·尼兰想到了一个妙招：乘坐加州标准石油公司的邮轮周游世界。由于公司董事长格温·弗里斯(Gwin Follis)是尼兰的好朋友，而且公司本身又是伯克利MTA项目的分包商，因此很快达成决定并作出安排。欧内斯特和莫莉在16岁的玛格丽特的陪伴下（她周围老是围着一群十几岁的小屁孩的求婚者，这让欧内斯特感到不安），踏上行程。同行的还有约翰·谢里克(John Sherrick)博士，一位古板的老朋友，劳伦斯的5个孩子都是他接生的，这次他是欧内斯特的随行医生。

1月24日，一行人从纽约港出发，乘坐的邮轮叫"保罗·皮戈特"号。邮轮的舱单上列明他们是船员（莫莉和玛格丽特被列为服务生，欧内斯特被列为随船医生），他们的工资定为每人1美元。更令人惊讶的是，在这艘美国大公司的邮轮上，还为这些贵宾旅客提供了宽敞豪华的宿舍。两个月里，他们的旅行线路是：从纽约坐船到贝鲁特；再从那里乘汽车去约旦的安曼，然后乘飞机到巴林、卡拉奇和锡兰[1]，在那里，他们作为最尊贵的客人度过了迷人的两周，其间观看了费雯丽和彼得·芬奇出演的大片《大象漫步》。（费雯丽后来患上了神经衰弱，于是后面由伊丽莎白·泰勒替代。）他们还受到总理和埃米尔[2]的宴请。

396 在返回西西里岛首府巴勒莫的路上，他们还受到沿途大使馆和领事馆的热情招待。在巴勒莫，他们登上另一艘邮轮打道回府。欧内斯特在纽约上岸，看上去他比过去几年健康多了，卢米斯夫妇亲自到码头来迎接旅行归来者。

欧内斯特的病情不再持续。但管理处于起步阶段的利弗莫尔实验室，出

---

1 印度南面的一个岛国，现名叫斯里兰卡。——中译者注

2 西亚穆斯林的首领。——中译者注

席在内华达沙漠进行的热核试验，以及计划要进行在埃尼威托克岛的新的试验，都是事儿。国际义务也在招手。1954年他访问了日内瓦，商讨如何在欧洲粒子物理研究中心（CERN）的支持下建立国际高能物理实验室。（从那时起，该机构先后拥有了两台直线加速器、三台同步加速器，以及大型强子对撞机。从技术上说，这些装置都是欧内斯特在25年前亲手建造的原始加速器的后辈。）随后在春天，也就是奥本海默听证会结束的那一天，欧内斯特前往日本参加由原子能委员会"原子促进和平计划"赞助的演讲之旅。该计划旨在通过强调核研究在发电方面的潜力，并作为和平繁荣时期的另一种驱动力，来淡化其军事色彩。

回到国内，一场围绕氢弹试验的全国性争论正蓬勃展开。这场争论是由布拉沃核试验的放射性尘埃的沉降引起的。刘易斯·斯特劳斯坚决支持艾森豪威尔总统坚持走上热核霸主地位的道路，他要求劳伦斯给予更多的支持——更多的技术咨询，更多的公开表态，以及将更多的时间和精力放在这方面。1953年，斯特劳斯在担任原子能委员会主席后不久，就扩张了舍伍德计划（Project Sherwood）。这是一个和平利用原子能的计划，旨在开发基于核聚变的电力反应堆。利弗莫尔立即跳入聚变研究的浪潮中，劳伦斯对自己的研究重点逐步进行了调整。斯特劳斯将舍伍德计划的预算从100万美元扩大到1000万美元，利弗莫尔分得了其中的三分之一。但是，利弗莫尔在着手新项目上的加速也意味着欧内斯特要承受更多的压力和更多的失望，因为核专家对受控热核聚变的一阵热情过后，他们发现，这个想法被证明很难行得通。

然后就是彩电。劳伦斯从环球旅行归来后的几个月里，成功似乎已唾手可得：奥克兰制造的劳伦斯彩色显像管在电视机发展史上具有里程碑的意义：1953年6月2日，电视实况转播了伊丽莎白（二世）女王的加冕礼。当时通过黑白电视机收看加冕礼的全世界的观众估计在1亿5000万人，但伦敦的大奥蒙德街医院（一所儿童医院）的100位年轻的患者则通过彩色电视收看了这一节目。这台电视机采用的就是22英寸的劳伦斯显像管。图像由沿游行道路设置的三台彩色摄像机拍摄，然后通过闭路传送。当然，这一技术是一回事，而彩电的商业潜力则是另一回事。公众对彩色电视机的需求越来越值得怀疑。明眼人可以敏锐地感受到人们对彩电的兴趣在退潮。"没有人向我们要样品管,你又不能将它们扔了。"高回忆说。

到1955年,派拉蒙实在扛不动了,不顾一切地退出了这一领域。欧内斯特感到有义务帮助他的财务伙伴减少其账面亏损,他上路去帮派拉蒙找买家。他找过哥伦比亚广播公司的高管,找过美国的飞科(Philco[1]),飞往荷兰去做宣传(与荷兰的技术巨头飞利浦公司洽谈),但都徒劳无功。最后,派拉蒙将彩色电视业务转让给了杜蒙(DuMont)实验室——杜蒙电视网络附属的电视机制造商。(杜蒙电视网络是早期的一家网络公司,曾造就了杰姬·格里森和其他未来电视明星的职业生涯,尽管它在1956年倒闭了。)但劳伦斯的技术并没有完全消失。1961年,派拉蒙公司将剩余的技术授权给了日本索尼公司。几年后,这家日本公司将劳伦斯的设计元素融入了历史上最成功的彩电技术——一种名叫特丽珑(Trinitron[2])的产品。

1　一家成立于1892年,专营无线电通信器材的美国老牌公司。——中译者注

2　该词的中文意思是单枪三束彩色显像管。——中译者注

第 21 章 "清洁炸弹"

1956 年，欧内斯特的结肠炎再次复发。他认为这次复发很大程度上是由于 399对彩管前途未卜的压力所致，但同时他也担心利弗莫尔。尽管实验室于 1955 年 2 月和 3 月在内华达州试验场成功进行了代号为"茶壶行动"的一系列试验，但该实验室的未来仍然是不确定的。在一次核爆之后，实验室的业务经理带着消息来到约克的办公室，大喊："我们还有戏！"

"茶壶行动"并没有终止华盛顿关于设立两个国家炸弹实验室是否存在重复建设的辩论。仅仅两个月后，国会的联合原子能委员会在就这一主题召开的几乎没完没了的听证会的基础上又召开了一次会议。委员会的工作人员为会议议程设立了一系列不祥的问题："洛斯阿拉莫斯与利弗莫尔之间到底是什么关系？……如果两个实验室提出类似的建议……（原子能委员会）到底如何决定谁来做这项工作？"更何况，"茶壶行动"虽获成功但并未完成。这项行动未能实现其最重要的目标，就是证明武器测试所释放的放射性尘埃只局限在测试现场附近。因为在爆炸后的几天内，纽约、北卡罗来纳州和南卡罗来纳州的东部地区都发现了放射性沉降物。尽管可以肯定，由此带来的健康风险可以忽略不计，但其政治意义是巨大的。

美国人由所报道的辐射危险而引起的担心，并没有因 3 月 31 日刘易斯·斯特劳斯在白宫举行的新闻发布会上的拙劣表现而得到些许安慰。这次发布会是 400在太平洋上"杀手"（Bravo）试验后不久召开的。在艾森豪威尔的面前，斯特劳斯断断续续地读着书面声明，他向听众保证，到达美国的辐射水平"远低于以任何方式对人类、动物或农作物造成可能伤害的水平"。然后，他不明智地请记者提问。当记者问到这个奇怪的新武器威力有多大时，他回答说："你希望有多大就有多大……也就是说，一颗氢弹足以毁灭一座城市。"

"什么样的城市？纽约？"有人问他。

"大都会地区，是的。"

艾森豪威尔陪他走出房间。"刘易斯，要是我，我不会那样来回答这个问题，"总统一本正经地说，"我会说，'等着看电影吧'。"

但太晚了。斯特劳斯的话只是引起了人们对核大屠杀前景的担忧，但却没有让公众对核辐射的担忧得到缓解。对利弗莫尔来说，这是世界上所有可能性中最糟糕的一种，因为它为结束核试验的抗议活动注入了新的能量。

总统本人并不需要"杀手"的结果来让他对禁止核试验和核裁军的国际努力变得敏感。作为一名军人，他对爆炸装置太强大而不能作为实用武器持怀疑态度，同时他也不像杜鲁门那样，认为威力越大越好。赫伯·约克早在1954年就了解这一点，那是在劳伦斯授予他利弗莫尔主任的正式头衔后不久。他的权威得到了门上的标牌和个性化办公文具的彰显。约克为利弗莫尔提出了一种"工作哲学"，呼吁"始终沿技术边界前进"。在实践中，这意味着发展强大而紧凑、具有高能量增益的热核装置。但当约克写了一份测试2000万吨核弹的建议书呈递白宫让艾森豪威尔总统批准时，总统很干脆地予以拒绝了。当被告知炸弹威力将会比以往任何时候都大得多时，总统咆哮道："绝对不需要！它们已经太大了！"约克后来从艾森豪威尔总统的武官安德鲁·古德帕斯特（Andrew Goodpaster）将军那里得知，他的要求促使总统反思："整件事都是疯狂的，必须做些简单的事情。"

艾森豪威尔很快就发起了一项做点"事情"的倡议。1955年3月，他任命哈罗德·史塔生（Harold Stassen）为他的裁军特别助理。史塔生被称为共和党的"神童"。1938年，他在31岁时就被选举为明尼苏达州的州长。他具有北方人和蔼可亲的个性，这种个性掩盖了他敏锐的法律头脑和高涨的政治野心。这项任命享有内阁成员的地位，史塔生决心充分利用这一点。他抓住报纸主笔，让报上称他为艾森豪威尔的"和平秘书"。他还大胆向总统建议，如果在新闻发布会上被问到这个昵称怎么回答，艾森豪威尔回答："那当然表示认可啦。"史塔生将他特有的旺盛精力投入到工作中，宣称他将组建一支由"经验丰富、分析能力强的人"组成的支撑队伍，自上而下彻底审查美国的裁军战略。几周后，他成立了一个8人工作小组来承担这项工作。这个小组将致力于核材料的国际检查和控制等关键问题。而主管这个小组的责任，他交给了欧内斯特·劳伦斯。

斯特劳斯充分利用他对劳伦斯的影响，敦促劳伦斯任命特勒为工作小组成员，并将奥本海默之流的思想家们排除在外。他的建议可能是多余的，因为组建后的劳伦斯小组的12名科学家有9人来自利弗莫尔。除了特勒，其中还包括来自加州理工学院的戴眼镜的38岁理论家马克·米尔斯（Mark Mills），他在去年加入利弗莫尔，并迅速崛起成为欧内斯特最信任的助手之一。其余的工作组成员来自兰德公司，罗恩·盖瑟的旧领地。这一组成确保了专家组将倾向于反对基于对核查的可行性的怀疑而禁止试验。那样会给史塔生造成困难，因为暂停核试验的国际压力正变得越来越大——事实上，苏联人在5月份就曾提出暂停核试验，而当时史塔生的特遣部队刚组建完成。

检查小组的成员中，劳伦斯和米尔斯原则上愿意接受禁止核试验的想法，⁴⁰²不过他们对能否施行充分的监督持悲观态度。强硬派自然当属特勒，他在小组会上提醒他的利弗莫尔同事，禁止核试验的禁令打击的正是实验室的核心任务。"爱德华一直对［禁止核试验的］整个想法持有毫不掩饰的敌意，"约克回忆道，"他说，如果我们落后的话，我们必须通过试验来迎头赶上；但如果我们领先的话，我们就更得通过试验来保持领先。在任何情况下，我们对禁止核试验的禁令都不感兴趣。"

刘易斯·斯特劳斯非常认同特勒的观点，他在白宫竭力反对史塔生为争取有关核武器的国际协定而进行的游说。1955年10月，在召开所有小组成员出席的联席会议前夕，斯特劳斯告诫劳伦斯，不要让史塔生在裁军事业上的企图损害到自己的名誉。"街上的所有人都会认为，"他在给劳伦斯的信中写道，"正是这位伟大的科学家，回旋加速器的发明者，接受了这项任务。因为他的科学能力的崇高地位，他会从帽子里拉出兔子。"他不必担心。劳伦斯小组的报告论证了人们关于对监测可行性的适当怀疑。欧内斯特认为，主要问题是如何跟踪苏联境内的可裂变物质，并确保它们没有寻找到变成武器的途径，这很困难。他计算过，即便是通过分流将产量降低到总产量的10%，也需要数万名核查人员分散到俄罗斯广袤的领土上。

然而这一次，劳伦斯作为最大的科学家的巨大信誉却没能发挥作用。12月22日，当史塔生向国家安全委员会提出了专家小组的结果时，他的估计遭到了嘲笑。艾森豪威尔总统对史塔生说，他"非常肯定，苏联人从来没有考虑过任何涉及核武器存在的检查计划……更别说2万到3万名外国检查员了"。国务卿约翰·福斯特·杜勒斯抱怨说，这个数字将使美国成为"笑柄"——使美国在定于明年夏天在日内瓦举行的与苏联人的首脑会议中处于不利地位。史塔生被要求"修改"他的估计，并在明年2月中旬提交报告。

禁试协议的前景褪色，但只是暂时的。随着1956年年初总统大选的到来，国际社会对白宫的压力加大。英国首相安东尼·艾登（Anthony Eden）在新年初对华盛顿进行国事访问期间，建议美国和大不列颠单方面中止核试。他解释说，此举将给他在国内政治上打掩护，目前国内公众反对核弹的情绪急剧上升。但这项提议只为他赢得了刘易斯·斯特劳斯的一场措辞严厉的演讲。后者坚持认为，对放射性尘埃的担忧过于夸大，因此没有必要禁止核试验。

斯特劳斯已经策划了一场针对放射性尘埃恐慌的宣传运动，他让原子能委员会的科学家出面辟谣。这项活动于1955年12月发起。首先推出的是戈登·邓宁在《科学月刊》上发表的一篇文章。邓宁在原子能委员会有"健康物理学家"之称，他向读者保证，将放射性尘埃限制在爆炸现场的技术正在不断改进。邓宁的论文是用学术论文的严肃语言写成的，其中宣称核试验是"保卫我们的国家所必需的"。论文里充满了听起来令人欣慰的统计数据，但普通外行人根本无法完全理解。（例如："按照上述估计，如果在30 000年内，每年发生几次大规模的热核爆炸，那么世界上由此产生的接近平衡的碳–14的数量将比现在的数量大20倍左右。")邓宁的底线是:"在太平洋和美国大陆的控制区之外,基本上不存在放射性沉降物所带来的危险。"

接着是对原子能委员会委员、前伯克利化学教授威拉德·利比(Willard Libby)在西北大学的一个讲座进行广泛报道。利比说:"可以明确地说……目前进行的核武器试验不构成对人类健康的危害。"

但终止核试验的压力在持续增加。伊利诺斯州的前州长阿德莱·斯蒂文森(Adlai Stevenson II)在他发动的旨在反对田纳西州参议员埃斯特斯·凯法弗(Estes Kefauver)出任1956年民主党总统候选人提名的初期竞选造势中,通过呼吁暂停核试验确立了他在核问题上的领先地位,凯法弗被迫勉强同意退出。另一部分压力来自委员会的内部,即源自原子能委员会委员托马斯·默里(Thomas Murray)本人。他最初与斯特劳斯一起支持这个超级炸弹项目,但对军备竞赛的激烈程度感到不安。作为一位百万富翁的商人和著名的天主教信徒,默里用严格的道德标准来阐述他的立场。在联合原子能委员会作证时,他呼吁单方面停止大规模武器的试验,并限制美国库存核武器的规模,尽管他没有要求全面禁止所有的核武器。他在1956年2月告诉委员会:"上帝以全能的力量和善良将原子能的奥秘赐给我们,是为了和平和人类的福祉,而不是为了战争和毁灭。"

默里还主张开发一种"清洁炸弹"——这种装置可以在某种程度上提供核爆炸的破坏力,但不产生放射性尘埃。无放射性副作用的核弹概念在1954年年末就已出现,并为利弗莫尔所接受,因为它与实验室正在探索的新想法非常吻合。这个概念吸引了特勒和劳伦斯,他们明白,公众对放射性尘埃的警觉可能威胁到实验室的生存。1956年春天,"清洁"装置被纳入"红翼行动"计划(在南太平洋进行的一系列测试)。艾森豪威尔在行动开始前不久的一次记者招待会上提到了清洁炸弹概念。当时他是为了回避有关史蒂文森呼吁的暂停核试验的一个问题,于是宣称美国的目标"不是要制造更大的爆炸,不是要造成更多的破坏,而是要找出所能采用的一切方法和手段……来减少放射性尘埃,使其更像是一种普通的军事装备,而不是一种大规模杀伤性武器"。

"我们知道我们可以做得更大，"他说，"但我们对此已不感兴趣了。"

红翼项目包括热核装置的第一次空降，它产生了一个直径达6千米的巨大火球，引爆位置在比基尼岛上空4500米以上。风将下落的放射性尘埃安全地带离有人居住的岛屿，对此斯特劳斯在测试结束后的官方声明中吹嘘说已取得"最大的效应……具有最小的放射性尘埃沉降危险"。随后，他又笨拙地说得太多：因此，目前的一系列试验，无论是从军事角度看，还是从人道主义方面来看，都产生了非常重要的成果。"

斯特劳斯提到的"人道主义"氢弹遭到了军备竞赛批评者的嘲笑。"清洁的"热核武器的概念被著名的反核物理学家拉尔夫·拉普（Ralph Lapp）发表的《原子科学家公报》无情地推翻了。拉普通过对引起氢弹爆炸的过程的清晰描述，阐明了所谓清洁炸弹是一个幻想。因为氢弹包含裂变，这必然产生放射性排放（是脏的），但聚变没有放射性排放（是干净的），我们可以通过增大炸弹中聚变对裂变的比值来减少爆炸产生的相对放射性。但这样将增大炸弹的整体威力，引起脏东西的绝对增长。"超级炸弹既可以设计得比较干净，也可以设计得很脏。"拉普写道："我们这个时代之所以有些疯狂就是因为有成年人用像人道主义这样的词来描述氢弹。"

斯特劳斯显然已经走得太远，但是结果如何？他的目标也许是要淡化美国国家科学院所发布的有关放射性尘埃沉降研究的影响。这项研究的结论是，核试验对美国人所受到的放射性的影响远远超过他们暴露在诊断X射线和其他常见辐射源前的影响。（劳伦斯自己在伯克利发起一场个人的宣传活动，旨在消除在儿童的脚上随意使用荧光X光机照射的现象，这是一种普遍存在的促销活动。最终这种促销活动在全国范围内被取缔。）然而，引起报纸头条关注的是科学院所发布内容中这样一条信息：即使是暴露在低辐射下，也会对遗传产生潜在的影响。"所谓安全的辐照率的概念"，该项研究的声明令人震惊，"根本没有意义，如果人们关注的是对后代的遗传损害的话。"这一结论不仅增加了公众对核试验辐射的警觉，而且也增加了对一般意义上的全球军备竞赛的警觉。

斯特劳斯不但没有放弃"人道主义的"氢弹，反而变本加厉地强化他作为艾森豪威尔政府在核政策方面的发言人的作用。他提出的观点是，一纸核试禁令将中止制造更安全的氢弹的研究，从而使得美国只拥有过时的"肮脏"的核武器。在阿德莱·史蒂文森召集博士们讨论癌症发病率上升的风险与"可以毁灭我们的不可控力量"之间的关系的同时，斯特劳斯派遣自己的科学家团队将这些说法视为可怕的宣传，并将核辐射损害的威胁描述为轻微的。

在这个团队中就有劳伦斯和特勒。大选前不久，斯特劳斯说服他们发表一纸反对史蒂文森禁令的声明。特勒拿出了第一稿，并在选举日之前的星期日寄到了劳伦斯家里。欧内斯特接到这封信时正好刚与和他一起去乡村俱乐部喝酒的客人告别完毕。当他终于审读完这份草案后，他发现它带有特勒演讲风格的所有缺陷：太长、太好辩、太情绪化。欧内斯特将大学宣传口的负责人丹尼尔·威尔克斯（Daniel Wilkes）叫到家里来当场改写。威尔克斯对劳伦斯为什么要急着赶制这样一份声明——它所涉及的政策辩论已经讨论了一年了——感到困惑，他提醒说，如果这样一份声明出现在大选当天的报纸上，会出得太过强烈的党派色彩。经过一个下午的社交活动，欧内斯特此时已经"没有了疼痛感"，他在听了威尔克斯的意见后反驳说，这份声明有利于斯特劳斯，需要在今晚准备好。

威尔克斯版的这份声明，在劳伦斯和特勒签字后发了出去。声明有个很熟悉的主题：在国家"没有确信的可检测（苏联）核武器试验的方法"之前，美国 407 继续进行核试验是维持"快速发展的核武器科学技术"的必要条件……除非经过试验，否则我们无法确定这种核设备是否能正常工作；我们也无法知道我们最近的想法是否有效"。文章向美国人民保证，"由核试验产生的放射性是微不足道的"，不管选举的结果如何，"核试都将以严谨地对待公众健康的态度继续进行"。在选举日的上午，声明登上全国各地报纸的头条。正如预期的那样，艾森豪威尔取得了压倒性的胜利。

尽管竞选失败，但阿德莱·史蒂文森已经成功地将有关核试验的政策牢固地塞入公众的议程。然而在白宫内部，哈罗德·史塔生因发出主张禁止核试验的呼声最响亮，其地位下降。在那年夏天召开共和党全国代表大会之前，他因领导"抛弃尼克松"的竞选造势活动激怒了艾森豪威尔，这场造势活动旨在让马萨诸塞州的贵族出身的州长克里斯蒂安·赫特（Christian Herter）取代理查德·尼克松成为副总统。此外，在裁军谈判中，他制定了一种令人恼怒的惯例，即在未经总统或国务卿约翰·福斯特·杜勒斯批准的情况下就向苏联人做出让步。3月，作为惩戒，史塔生被剥夺了他在内阁的职务。正常情况下，他的降级会给斯特劳斯一个开始游说反对禁止核试验的机会，但艾森豪威尔对斯特劳斯也失去了耐心，很大程度上是因为他在这个议题上不妥协。政府内部的政策陷入持续僵局。

对于利弗莫尔来说，这是一个令人不安的时期。但利弗莫尔还是经历了另外一系列长期存在的危机。这要追溯到上一年的秋天，当时原子能委员会和五角大楼为两个武器实验室制定了军事计划。在这个过程中，五个项目已经取消或搁置——所有这些项目均为利弗莫尔的项目。新计划闲置了"利弗莫尔潜力的一半"，约克向诺里斯·布拉德伯里抱怨道。原子能委员会的官员试图通过向劳伦斯和约克建议继续推进先进研究方面的优势来缓解利弗莫尔实验室的担忧，因为实验室有开发新技术的能力，其成果总是领先于军方的已知需求。五角大楼的要求迟早会赶上实验室的创新。这将被证明是对的，但在1956年年底和1957年年初的休耕期，利弗莫尔的未来看上去前景暗淡。

这年的早些时候，一个新的挑衅再次引发国际上反对核弹的抗议活动。原因是大不列颠宣布，它将于春天在圣诞岛试验它的第一个热核装置。这一前景促使夏威夷和日本表示愤慨。受人尊敬的人道主义者和诺贝尔和平奖得主阿尔伯特·施魏策尔（Albert Schweitzer）从他位于赤道的非洲国家加蓬的家中发表声明，反对进一步核试验。奥斯陆的诺贝尔奖颁奖委员会主席向全世界——除美国外——的广大电台听众宣读了施魏策尔关于"在任何情况下都必须避免这一灾难"的警告。在那些听不到他的话和几乎没人注意到他的声明的地方，原子能委员会委员威拉德·利比发表了一个公开的回应，主要是为了让施魏策尔的声明能够引起美国人的注意，尽管受到新闻封锁。

与此同时，科学界又开始骚动起来。最活跃的人物当属加州理工学院的化学家莱纳斯·鲍林(Linus Pauling)——一位以其强烈的左派观点和巧舌如簧的演讲天赋闻名的诺贝尔奖获得者。在圣路易斯的华盛顿大学举办的一场以倡导禁止核试验为题的演讲中，他的演讲赢得了全场起立鼓掌。随后，鲍林发起了一场请愿活动，呼吁立即在国际上停止所有核试验。这一倡议当场就有27人签名，其中包括哈罗德·尤里、默尔·图夫，前辐射实验室的科学家马丁·卡门和爱德华·康登。在两周内，又得到了2000个签名。于是鲍林向白宫递交了请愿书，并让新闻界予以发布。

请愿书又将劳伦斯和特勒拉回到公共辩论中。自从阵亡战士纪念日以来，他们的机会一直在发展。那一天，华盛顿的亨利·杰克逊(Henry Jackson)参议员打电话到利弗莫尔。杰克逊是原子能联合委员会的成员，他此番电话的目的是想让劳伦斯和特勒参与到他的有关增加汉福德的钚工厂的产量的游说中来。汉福德是他的家乡。但谈话不可避免地偏离到如何继续核试以保持美国的核优势这一主题。由于受到这两位科学家坚决反对禁止核试验的鼓舞，杰克逊邀请他们向联合委员会下设的军事应用小组委员会发表讲话，他是该委员会的主席。

6月20日星期四，劳伦斯、特勒和马克·米尔斯出现在小组委员会面前。杰克逊向小组委员会介绍了他们，暗示他们的目标是制造清洁的原子弹。报告说"在科学家眼中，它们看起来就像象牙牌肥皂"，然后自我挖苦地补充道："当然不完全是。"

三位科学家敦促委员会不要缩减核武器试验，因为核试能使核武器更符合道德要求。"如果我们停止核试，"劳伦斯宣称，"哦，上帝保佑……那么我们就只能使用能杀死五千万人(他们本不该遭屠戮)的武器。"看到有戏，他接着说，禁止核试验将是"对人民的犯罪"。特勒也借此机会发出警告，美国不可能设计出一种万无一失的监督制度来防范苏联的秘密试验。委员会成员们对几位科学家的演讲印象深刻，他们大声惊呼，如果白宫知道他们的意见该多好！来自纽约的共和党人斯特林·科尔(W. Sterling Cole)主动安排三位物理学家在下周一与艾森豪威尔总统举行会谈。三人在华盛顿一家酒店的套房里住了一个周末，刘易斯·斯特劳斯在那里对他们进行了与总统会谈前的仔细操练。

6月24日早上9点，斯特劳斯和三位物理学家被带到艾森豪威尔的椭圆形办公室。欧内斯特·劳伦斯——这位诺贝尔奖得主、众多政治家和百万富翁的亲密朋友——对于第一次面见总统突然感到一丝怯场。爱德华·特勒对他的紧张感到惊讶。"这种敬畏是我无法想象的，"他回忆说，"他一句话也说不出来。我的意思是他非常的紧张和兴奋。"

劳伦斯最终平静下来开始他的演讲。演讲内容与他在杰克逊的小组委员会上所讲的大同小异。白宫的会议纪要引用他的话说："如果我们知道如何使核武器变得清洁但却不这样去做，不去将现有的武器变得清洁，那么在战争中使用肮脏的武器将是对人类的犯罪。"艾森豪威尔听得入迷，但他巧妙地告诫来访者注意国际核武器政策的实际情况。他提醒他们，美国现在"面临着极其困难的国际舆论形势"，并宣称他不希望国家被"钉死在原子的十字架上"。但他向他们保证，如果没有全面的裁军协议，任何禁止核试验的行为都不会被接受。"我们没有想过在没有一揽子协议的情况下停止核试验。"他说。

在离开椭圆形办公室后，斯特劳斯安排几位科学家接受了白宫新闻组的采访。劳伦斯向记者们表示，有可能"制造出一种某种意义上就像TNT炸弹〔换句话说，就是无辐射的炸弹〕那样的核武器，只是威力极其强大"。

有记者问如何能使核武器变得清洁。斯特劳斯回答说，就是核辐射可以减少到"百分之九十或百分之百，现在已经快接近一半了。"

新闻发布会向劳伦斯问了最后一个问题："你认为核试应该继续吗？"

"当然应该。"他回答说。

第二天，全国的新闻媒体都刊登了由斯特劳斯给出的数字："美国将消除氢弹带来的95%的核辐射。"《纽约时报》在头版如是报道。

戴维·利林塔尔在他的曼哈顿公寓里读到这些话，觉得很讨厌。他在个人日记中写道："这样的讽刺实在怪诞，以至于相当迷惑人……欧内斯特·劳伦斯和爱德华·特勒，以及斯特劳斯，都非常确信超级氢弹，威力大到如同地狱，能拯救这个国家；那些像我一样的人则对此事产生强烈怀疑——嗯，难道是我们有些古怪或不爱国的地方？……但现在已经很清楚，大型氢弹并不能解决世界上所有的安全问题。"

自从 1946 年他遇见欧内斯特·劳伦斯，并首次记录下他对这位"神话般的人物……充满活力和热情"的印象的那天起，利林塔尔走过了一段长长的、令人沮丧的个人心路旅程。现在，他把劳伦斯看成一位致力于谋求政府慷慨资助和个人荣誉的科学家。"你对能上新闻头条的名声就这么在乎？"他写道。他对这种"推销员式"的科学家怀有极度的蔑视："E.O. 劳伦斯、L. 阿尔瓦雷斯、爱德华·特勒——麦迪逊大街型科学家，是穿着灰色法兰绒西装的科学家。"

欧内斯特和他的同事给艾森豪威尔总统留下了深刻的印象，但这还不足以促使他完全排除核试禁令。在劳伦斯一行访问白宫的第二天接受记者采访时，艾森豪威尔继续含糊其辞地表示，尽管他现在对禁止核试验有了第二种想法，但他仍决心就此进行谈判。他说："在关于立即中止核试验这件事情上，肯定和否定皆有可能。"总统解释说，他刚刚"接见了该领域最杰出的几位科学家，其中有劳伦斯博士和特勒博士……他们告诉我，他们制造的炸弹比我们原来的炸弹，或者他们所谓的脏弹，减少了 96% 的放射性尘埃。……他们说，'给我们四五年的时间来测试我们发展的每一步，我们将制造出一种绝对干净的炸弹。'……正如你恰当表述的那样，这个问题并不是非黑即白的。"

艾森豪威尔夸大了科学家们所谓的成就。他们告诉他的是需要至少六七年的时间才能研制出清洁炸弹，而他在引用他们的话时却说有四五年的时间就能拿出"绝对干净的"装置。他的话让科学界目瞪口呆，因为根据大家普遍的共识，根本就没有办法制造出"绝对干净的炸弹"。即使放射性尘埃相对较少，那也只能通过减少产出来达到，而且远远没达到斯特劳斯和几位科学家所说的 95% 的清洁程度。这在利弗莫尔是很好理解的。赫伯·约克告诉美国原子能委员会军事应用的主管阿尔弗雷德·斯泰尔伯德（Alfred D. Starbird）准将，除非有某些"非常幸运的机会"，否则在接下来的十年里，开发出一种干净的战术武器是不可能的。而那个时间框架是关于巨型武器的，飞机或导弹的运载能力也是个问题。就是小型武器也至少需要"几年时间"。

一些新闻出版物调查了劳伦斯、特勒和总统对强大而清洁的核武器所做的预言，确定他们是在幻想。《新周刊》认为："所谓'绝对清洁的氢弹'可能对大多数科学家和国会议员，以及公众来说仍然是个谜。"艾森豪威尔的言论重新激起了人们对"安全"热核武器概念的蔑视。这个概念是从斯特劳斯发明的"人道主义氢弹"引出的。《新共和党人》质问道："被氢弹爆炸蒸发难道就比被氢弹的沉降物毒杀更'清洁'？回答显然是肯定的，如果我们能正确解读总统的话的话……当无畏的刘易斯·L.斯特劳斯和他的技术人员——这是对劳伦斯和特勒两位美国最著名的科学家的蔑称——要求再进行五年的试验时，在我们看来，他们争取时间不是为了制造一枚'人道主义'炸弹，而是为了继续军备竞赛。"

出了白宫后，劳伦斯和特勒很少再参与争论。反对核试的人发现，科学家们的承诺是荒谬和不道德的；而那些赞成继续核试的人则接受了他们的观点，即认为核试验是使核武器不那么恐怖和实用的最好方法。对于斯特劳斯来说，他对他所信任的科学家的表现感到高兴，因为很明显，他们已经为继续核试争取到了时间，如果不是为了彻底扫除谈判桌上的禁令的话。当劳伦斯和特勒回到利弗莫尔后，他们接到了斯特劳斯等人写来的表示祝贺的信件。斯特劳斯写道："一切都按照我们希望的那样解决了。"他的军事助手，海军上尉小约翰·莫尔斯（John H. Morse Jr.）支持他的意见："你会发现，清洁武器的潜力最近被过分夸大了，也过分简化了。"他在给劳伦斯的信中写道："我认为你在给总统和媒体的陈述中做了正确的事情。这种情况下需要过度推销而不是推销不足。"

斯特劳斯对核试得以延续感到乐观还有另一个理由：他送别了他在原子能委员会里的最坚定的对手——托马斯·默里。在斯特劳斯的敦促下，艾森豪威尔在默里的任期于6月30日到期后没有再继续让他留任。（在默里离任前，斯特劳斯告诉总统："我在日历上早就标出了这一天。"）默里仍会在公众场合露面和在国会作证时继续推行他的核试禁令，但现在他只能在外面寻找机会。随着杰出的数学家约翰·冯·诺依曼在2月份去世——他自1955年起就一直任原

413

子能委员会委员——现在出现了两个空缺有待艾森豪威尔总统填补。继续核试验的坚定支持者斯特劳斯也希望借此机会安排人选。但是，原子能联合委员会对原子能委员会的任命拥有管辖权。为了安抚民主党的多数派，艾森豪威尔任命了两位前杜鲁门的助手：约翰·格雷厄姆（John S. Graham）和约翰·弗洛伯格(John F. Floberg)补缺。两人都不受斯特劳斯的影响。

这些任命是斯特劳斯日渐衰落的影响力的进一步体现，但更大的变化即将到来。推动这种变化的不是美苏在裁军战线上的发展，而是非常不同的技术领域的竞争。

1957年10月5日，美国被一条消息惊醒：苏联宇航局于前一天向太空发射了一个人造物体。这是一个83.5千克重的铝合金球体，直径58厘米，俄国人称之为"Sputnik"——其意义为"伴侣"或"同路人"。在一阵歇斯底里的苏联科学家明显超过美国科学家的聒噪声中，一个新的技术顾问小组被带进白宫。刘易斯·斯特劳斯垄断传递给艾森豪威尔总统科学信息的日子即将结束，连同一道的还有欧内斯特·劳伦斯对核政策的影响。

第22章 103号元素

艾森豪威尔的白宫政府迅速采取行动，以安抚美国人对苏联人造地球卫星的紧张情绪，政府发言人将上空飞过的卫星视为"愚蠢的小玩意儿"，并将发射卫星技术视为仅仅是"一个巧妙的科学把戏"。而与政府立场保持相对独立的外围顾问们则一直认为这更是一场斗争。爱德华·特勒在爱德华·默罗（Edward R. Murrow）的热门电视节目上宣称，苏联卫星的发射对美国是一个"比珍珠港事件更大、更重要的"损失。为此艾森豪威尔总统责备刘易斯·斯特劳斯，让他的属下不要信口开河。但苏联的这一成就所带来的不祥的影响很难忽视，特别是一个月后人造卫星2号的发射，这个"胶囊"还携带了一条名叫Laika（"树皮"）的活狗。苏联似乎在研制能携带大的有效载荷（例如核弹头）的远程弹道导弹方面超过了美国。人造卫星2号的质量达500千克，而美国最重的卫星先锋号的重量仅1.6千克，而且还没有脱离发射台。美国人在第二次世界大战中赢得的那种大科学领域所感受到的所有自豪感，都在数百万美元的火箭在飞行中发生爆炸的景象中消失了。

艾森豪威尔明白，消除公众的疑虑需要具体行动。他转身向I. I. 拉比请教。他在拉比担任哥伦比亚大学校长的五年期间结识了后者。拉比出生在波兰与乌克兰交界的加利西亚（Galicia）。他是一位头脑冷静的物理学家，曾尖锐地谴责了斯特劳斯对奥本海默的复仇，并试图说服劳伦斯和阿尔瓦雷斯放弃他们对超级炸弹的盲目追求——如果这一研究没有结果的话。他还担任过国防动员员办公室下属的科学咨询委员会主席，这个委员会直接承续战争期间由万内瓦尔·布什组织的技术委员会。在这个位子上，拉比起到了对斯特劳斯不屈不挠地反对禁止核试验的一种合理的制衡作用。在苏联人造卫星成功发射的三周后，白宫举行了一次会议。在会上，他与汉斯·贝特——来自康奈尔大学的物理学家，曾断然拒绝了特勒邀请其参加超级炸弹的研究——认为，禁止核试验协定将保护美国对苏联的核优势，因此美国应当接受这一"出自自身利益的"禁令。斯特劳斯原本慢吞吞地作完了他的大部分演讲发言，但当拉比对"清洁"炸弹的虚幻概念大加抨击时，他爆发了。斯特劳斯猛烈回击道，他的科学顾问劳伦斯和特勒教授认为，拉比的看法是一种根本毫无根据的假设。不知所措的总统赶紧停止了这场争吵。他在后来的日记中写道："我了解到，科学家之间的一些相互对立是如此激烈，要使他们一起合作几乎是不可能的。……拉比博士和他的小组与劳伦斯博士和特勒博士之间是如此对立，他们之间的交流几乎为零。"

然而，正是拉比让艾森豪威尔保留了对这一崇高的科学争议的信心。在被问及对苏联人造卫星的反应时，他回答说，艾森豪威尔首先需要的是一位健全、独立的科学顾问，他在裁军问题上与对立的政治阵营没有任何联系。他说这项工作的最佳人选是他的科学咨询委员会里的一位叫詹姆斯·基利安（James R. Killian）的委员。

基利安是一位操着细声软语的南卡罗来纳州人，53岁，当时已接替卡尔·康普顿成为麻省理工学院院长，是一位管理方面的专家而不是一个受过训练的科学家。但他证明了自己具有一流的学术管理水平，在麻省理工学院的那群脾气暴躁的教职工中赢得了众口一致的认可。作为总统科学咨询委员会（PSAC）的主席，他将赢得白宫和科学界的信任，同时让总统在政府面临无数技术挑战时保持"开明"（艾森豪威尔的说法。艾森豪威尔称他为"我的'巫师'"。）他在三年的PSAC主席任上，成功地恢复了科学家对政府的信心，这种信心一度因奥本海默遭迫害而失去。

基利安的委员会包容了多种科学观点，这是在斯特劳斯领导下的艾森豪威尔的科学委员会里不曾有过的事情。他任命的委员有拉比、贝特和赫伯特·约

417

克。约克在担任利弗莫尔主管五年后，对实验室管理的日常工作感到厌倦，因此已经辞职转而成为五角大楼的首席科学家。自艾森豪威尔上任以来，斯特劳斯、劳伦斯和特勒关于核武器争论的意见第一次被另一方博学的声音所平衡。

基利安在白宫的崛起正值艾森豪威尔在裁军方面的前首席顾问斯特劳斯和哈罗德·史塔生的影响逐渐减弱。1958年1月6日，在国家安全委员会的马拉松式的会议期间，当史塔生提出了一个新的与苏联谈判的框架后，会场上响起了对两位老战士的最后的欢呼声。史塔生的想法是，为俄国人提供一个为期两年的核试验暂停期，由每个国家领土上的8至12个监测站验证是否符合要求。该方案的新颖之处在于，它首次将暂停核试验与所有其他的裁军问题脱钩，从而消除了两国间僵局的主要障碍。

虽然史塔生的观点与艾森豪威尔逐渐开始青睐的观点相似，但它在国家安全委员会会议上引发了一场旷日持久的争论。国务卿杜勒斯担心这会引起英国和法国的反对。斯特劳斯则重申了他那众人皆知的主题：停止核试验将对清洁武器计划产生"严重的后果"，洛斯阿拉莫斯和利弗莫尔在停试期间将会"失去动力"。他引用了劳伦斯和特勒的结论，"在苏联，需要有几十个检测站来监测这一协约的执行情况"，而不是史塔生建议中提出的十几个。艾森豪威尔现在完全明白，斯特劳斯一直给他提供的科学建议有局限性，他要求斯特劳斯解释一下科学界关于监测效果的分歧。他问道，怎样才能调和白宫与爱德华·特勒的观点，后者刚发表了一篇文章，怀疑任何监控的有效性。而I. I. 拉比则坚持认为在美国现有能力的情况下实施监督是必要的。艾森豪威尔观察道："很显然，史塔生长官相信这一组科学家的意见，而斯特劳斯长官则相信另一组的意见。"根据随后发生的事情，他可能已经暗示，是时候让这两个人离开战场了。基利安第一次参加国家安全委员会会议，便通过承诺在几周内让"美国最有资格的科学技术人员"在总统办公桌前对核试验的监测问题进行明确、中立的研究，顺利地平息了争论。会议结束时艾森豪威尔表面上仍暂时列入了史塔生的计划。

史塔生看到了不祥之兆，知道自己作为艾森豪威尔的"和平秘书"的有效任期行将结束。艾森豪威尔将这个日子订在2月7日，那天他给史塔生安排了一个其他方面的行政职务以示安慰。史塔生谢绝了，他已经将注意力转向了竞选宾夕法尼亚州州长的预备活动。像阿德莱·史蒂文森一样，尽管失败，但他已经取得了很多成就。他富有想象力的外交手段（尽管经常是使用过度）使白宫的裁军政策得以维持，而他为使禁止核试验与裁军脱钩而提出的最终计划确实是打破政治僵局的关键，否则这一僵局将使这两个目标都难以实现。

在史塔生卸任前两周的白宫会议上，斯特劳斯提醒艾森豪威尔，他是原子能委员会的主席，任期至6月30日。艾森豪威尔提出对他下一个任期的新任命，但斯特劳斯已经厌倦了华盛顿的整天躲避批评的日子。他请总统"非常认真地" ⁴¹⁹ 考虑对他的提名的问题，因为他"积怨甚深，包括华盛顿出版界大多数专栏作家对他的[仇恨]。"艾森豪威尔公允地回答说，他也负有同样的责任。但日子一到，他还是让斯特劳斯走了。

1958年最初的几个月，随着暂停核试的前景逐渐明朗，美国和苏联各自进行了一系列大规模的核试验，并期望试验窗口很快就会关闭。美国的核试称为"硬面饼行动"，已经计划了近三年，涵盖地面、水下和高空试验。欧内斯特·劳伦斯对后者特别感兴趣，他担心俄国人可能会在3万米或更高的空域进行试验，以逃避美国的大气探测系统。他的目标是收集数据，以帮助抵消任何此类逃避行为。硬面饼行动也将测试利弗莫尔的不同品种的"清洁"弹和"脏"弹，以及它们在不同形状和尺寸下的有效载荷。其中最重要的是"北极星"的原型，这是海军潜艇用的弹型，海军现在是利弗莫尔重要的、来自政府方面的新赞助人。2月下旬，14 000名军事人员和文职技术人员前往南太平洋为"硬面饼行动"做准备。随着项目负责人试图将他们的装置塞进计划中，该计划还在继续扩大。3月24日，在与斯特劳斯和杜勒斯一起召开的白宫会议上，艾森豪威尔注意到，最初计划从4月到7月进行的核试已改为将持续到9月。他要求斯特劳斯解释天气恶劣的原因。

同样是在这次会议上，约翰·福斯特·杜勒斯指出，俄罗斯已经急速提升了他们的导弹和核弹的试验——在不到三周的时间里发生了11起高空核爆炸。情报还指出，苏联将在本月底宣布单方面中止核试验。杜勒斯说，任何这样的举措都将使美国处于"全世界一个非常困难的境地"。苏联在完成了他们自己的试验后，美国将在"硬面饼行动"上陷入困境：如果美国取消核试，那么它将在技术上失去对苏联的优势；如果它按计划进行，那么这个国家将"使自由世界对其作为和平冠军的地位失去信心"。被挫败的前景使杜勒斯转而热切倡导签署一项禁止核试验的协约。他当场建议艾森豪威尔宣布"硬面饼行动"将是他任期内批准的最后的一系列核试，并将这一宣布与加快推进全面裁军谈判联系起来。

尽管处于跛脚鸭的地位，斯特劳斯还是以他惯常的粗暴态度反对杜勒斯的建议，他重申核试并没有带来严重的健康危害。会议在令人沮丧的气氛中结束，与会者准备承受苏联的一次宣传打击，因为艾森豪威尔无力地恳求他的班子成员"思考如何才能摆脱目前我们所发现的在裁军问题上的可怕僵局"。

情报是准确的。在新总理尼基塔·赫鲁晓夫（Nikita Khrushchev）的领导下，苏联于3月31日宣布单方面中止核试验，并呼吁美国和英国也这样做，同时警告说，如果他们继续核试验，那么俄国人也将随时恢复自己的核试验。正如白宫顾问所预期的那样，俄罗斯的声明——尽管通篇显得愤世嫉俗——是一个巨大的宣传上的胜利。来自海外的呼声——阿尔伯特·施魏策尔再次呼吁结束核试验，他说："人类坚持要求停止核试验，并有权这样做。"在国内，埃莉诺·罗斯福和国内的其他知名人士也呼吁美国对苏联的倡议做出响应。

事实上，不是每个核研发组织的人都认为暂停核试是件坏事。利弗莫尔肯定是不断要求进行更多的核试，争取更大的预算——这一时期的一份工作人员的报告称："在不久的将来，可以做的工作肯定比［利弗莫尔］目前的实验室规模下的工作要有用得多……我们觉得……在进行这些工作时，资金的限制不应该是一个决定性因素。"然而在洛斯阿拉莫斯，诺里斯·布拉德伯里总算在对更多的设计和更多的测试的无情需求中得到一丝喘息。他告诉斯塔伯德海军上将："明摆着的事实是，尽管国家在原子武器研发上的投入更多了，但与1947—

1950年或1952—1954年相比，几乎可以肯定的是，每美元的回报比以前少了。"布拉德伯里估计，政府现在在核武器研究方面的支出每年大约为1亿5000万美元，大约是利弗莫尔实验室建立之前的三倍。此外，第二武器实验室的存在，使得甚至没有希望的武器项目也不可能被扼杀，洛斯阿拉莫斯质疑的项目将被利弗莫尔接手，就像欧内斯特·劳伦斯对资金的那种无底洞般的乐观主义和天然的官僚作风下的竞争一样。洛斯阿拉莫斯一直担心，如果它拒绝了一个项目，就会被视为比竞争对手利弗莫尔"不那么热情"，这让它很丢脸。"所有这些事情，"布拉德伯里写道，"导致武器计划过于冗长、太过详细，包含了太多的测试，而有真正改进的工作则太少。"

埃尼威托克岛的变幻莫测的春季天气使得在狂乱中进行的"硬面饼行动"的准备变得更难了。4月7日晚上，马克·米尔斯带着一个诊断小组登上一架直升机，准备对第一次核试验的准备工作进行检查。但途中他们突然遇到了飓风。直升机坠毁在海里，米尔斯不幸身亡。

当消息传到伯克利时，欧内斯特正在给他的在访问日内瓦的弟弟约翰写信。他报告说，他已经从最近的一系列疾病中恢复过来，现在觉得自己的"身体很健康"。但这个不幸的消息带来的打击，无论是在个人层面还是职业层面上，都是毁灭性的。自米尔斯加入辐射实验室以来的四年里，他已经成为欧内斯特的继承人。约克离开赴职五角大楼后，劳伦斯同意让特勒担当了为期一年的实验室主任，附带条件是随后米尔斯将永久接管。米尔斯海上遇难让劳伦斯再次受到病魔的攻击：他的结肠炎复发了，为此欧内斯特不得不卧床四天。等到他稍微恢复过来后，他便步履蹒跚、面色苍白地赶到东湾教堂来参加米尔斯的追悼会。

随着"硬面饼行动"在南太平洋稳步进行，华盛顿开始在禁止核试验方面取得进展。

4月初，基利安向艾森豪威尔和杜勒斯报告了他的专家给出的结论：利用现有技术可以检测出是否存在违反禁令的核试验。鉴于美国在核武器知识方面超过苏联的优越性，基利安确认，在"硬面饼行动"结束后签署一项暂定核试验的双边协议"将大大有利于美国"。艾森豪威尔似乎将基利安的这份报告视作一个安慰。收到报告几天后，他告诉基利安，他"从未对特勒博士、劳伦斯博士和米尔斯博士所表达的我们必须继续进行核武器试验的观点留下太多的印象，也从未对此完全相信"。当然，历史都是由修正主义者写的。艾森豪威尔似乎忘了，正是三位科学家在去年6月的白宫会议上所作的陈述，促使他公开质疑禁止核试验的明智性。

但从那以后事情起了变化。基利安的报告有助于建立起对苏联进攻序曲的势头。4月28日，杜勒斯起草了一封给赫鲁晓夫的信，提议在日内瓦召开一次关于核查禁止核试验情况的"技术会议"。最后，美国终于正式将禁止核试验从更广泛的裁军问题中脱离出来。正如赫鲁晓夫所承认的，基础的设立是为了取得突破。5月9日，他接受了杜勒斯的建议。

两周后，艾森豪威尔向新闻界宣布了一项初步协议，同时公布了参加技术会议的三名美国代表的姓名：前原子能委员会研究部主任詹姆斯·菲斯克（James B. Fisk）、加州理工学院的物理学家罗伯特·巴彻和欧内斯特·劳伦斯。三名代表中，巴彻赞成核试禁令，菲斯克立场中立，劳伦斯反对但具有灵活性。

欧内斯特刚想在巴尔博亚的住处偷得几日闲，结果从华盛顿飞来一封邀请他出席日内瓦会议的请柬。莫莉反对他接受这项任务，尤其是因为会议的准备工作需要先在华盛顿集中起来，进行数周密集的情况简要通报。但正如劳伦斯在启程前往欧洲之前对默尔·图夫所说的那样："我们帮助启动了这件事，我们就必须尽我们所能来解决它。总统有需要，我当然必须去。"

这次会议将是他四年来第四次访问日内瓦。每次旅行都带给他对前次旅行的怀旧情结。1954年，他首次访问日内瓦，目的是帮助建设欧洲核子中心的物理实验室。这个实验室将建造一台基于欧内斯特的原始加速器的后代。1955年，他出席了为配合美苏首脑会谈而召开的原子能和平利用大会。欧内斯特在会上与俄国物理学家弗拉基米尔·韦克斯勒（Vladimir Veksler）一起，做了有关加速器的联合发言。（韦克斯勒在1944年与埃德温·麦克米兰同时独立地提出了相稳定性概念，他对麦克米兰错误地声称对这一概念拥有优先权感到愤怒。）日内瓦从没有给他留下痛苦感。劳伦斯和韦克斯勒一起在城里最好的法国餐厅友好地共进晚餐，相互交流在各自的职业生涯中所做出的技术贡献。一年后，还是在日内瓦召开的一个由欧洲核子中心主办的研讨会上，欧内斯特遇到了斯坦·利文斯顿。他们在明媚的秋色中度过了一个漫长的下午，共同回忆起往日一起共事的经历。他们惊奇地发现，自从早期用神奇的0.3米加速器所做的那些实验以来，他们已经走了那么远，当时这台装置甚至还没有被称为回旋加速器。他们的工作对随后的四分之一世纪的科学进程产生了多么巨大的影响。

新任务意味着又一次的老友聚会。鲍勃·巴彻与欧内斯特·劳伦斯的第一次相见是在1930年。当时巴彻来伯克利对埃德勒弗森用的早期的0.1米加速器进行了考察。第二次世界大战前，劳伦斯将他招募到麻省理工学院的雷达实验室，在那里他与劳伦斯的连襟埃德温·麦克米兰结下了持久的友谊；后来他又与欧内斯特在铀的电磁分离项目上有过合作。

但是在接下来的几周里几乎就没有时间回顾了，因为为三个代表举办的情况简要通报的时间安排非常紧凑。代表们"实际上是住在一起"，巴彻回忆道，代表们就像研究生准备答辩一样需要强记住有关核试验监测的各种技术术语。在那段时间里，他们一直处在武装士兵的监视之下，除了吃饭和睡觉，他们就没有离开过会议室。第一周周五过后，累得筋疲力尽的欧内斯特·劳伦斯连夜登上红眼航班回到巴尔博亚的家休息，两天后他又赶紧乘飞机回来开始第二周艰苦的培训。第二个周五他回到伯克利，但还是来得太晚了，没赶上参加儿子罗伯特的高中毕业典礼。莫莉在机场见到他时，判断他"处于从未有过的疲劳状态"，并再次劝说他别参加日内瓦会议了。但他还是又回到华盛顿参加了下两个多星期的培训。

最后阶段包括与国务院外交官举行一系列见面会，外交官们担心几位科学家在外交上是新手，容易被他们狡猾的苏联对手拖入政治讨论。在一个发布会上，国务卿杜勒斯亲自强调，代表们要做"纯粹技术性的科学工作"——不掺杂一点政治。为了维持技术协商的光环，杜勒斯下令不向代表团指派正式的外交人员。

欧内斯特的压力没有减轻。国务院将他和莫莉的旅行安排搞砸了：把他俩安置在一架没有卧铺的飞机上。在从纽约到葡萄牙的里斯本的第一段漫长的旅程中，欧内斯特非常需要卧铺来保持体力，现在他只好匍匐着来到欧洲。另外十分无助的是苏联人在会前一直未露面，让美国人费尽猜测。这是因为在原定于7月1日举行会谈的前两周，苏联人突然坚持要把会议议程扩大到包括全面禁止核试验本身的谈判。面对美国对这一想法的坚决反对，现在他们是否会让步还不清楚。"我们都要启程了，希望他们能现身。"巴彻回忆道。

苏联人到底还是来了。随着他们第一次出现在日内瓦的停机坪上，很明显，美国国务院对他们的政治意图的关注得到了他们充分重视。苏联代表团中有一位"面容粗犷、举止不羁、一脸坏笑的人"，美国的克里姆林宫研究专家很快就认出了这是塞米恩·沙拉普金（Semyon Tsarapkin）——莫斯科最狡猾的外交谈判家。美国人都叫他"老砂纸"。在随后几周的会谈——政治对科学里，沙拉普金和美国代表团团长菲斯克将展开角力。

会谈期间宴会和招待会不断。欧内斯特认为出席这些招待会对于建立起与苏联同行的个人关系至关重要。在一次花园晚宴中，他意外地遇见了罗伯特·奥本海默。奥本海默来日内瓦是有其他的事情。在安全听证会后，这是他们第一次也是唯一的一次见面，是他们彼此间最后一次见面。他们交谈了几个不痛不痒的话题。"这当然谈不上不愉快。"奥本海默回忆道，他只是简单地驻足聊了几句就先离开了。

会谈期间还安排了游览瑞士的度假胜地阿尔卑斯山，以便代表们放松紧张情绪。但这种远足活动只会加重欧内斯特虚弱身体的负担。在瑞士待了两周后，他开始出现干咳和持续的发烧。莫莉害怕他再次出现病毒性肺炎，为他叫来了医生。医生没发现他有呼吸道感染，但还是为他注射了肝精和胎盘素，以便提高他的免疫力。从那以后，除了偶尔出去呼吸新鲜空气和去看医生外，欧内斯特很少下床。"他好像一直不太舒服。"巴彻回忆道。最后，在这趟旅行的第四周，他决定先期回国。

约翰是在伯克利欧内斯特的家里见到他的，第二天便护送他到奥克兰的佩拉尔塔医院就医。在医院，欧内斯特灰色苍白的面容让主治医师吃了一惊。但两天后，他便恢复了体力。他闲不住，让人支起活动画架——他想画画——这是他当年在曼内特·卢米斯敦促下习得的一项业余爱好。他答应莫莉和孩子们本周内在巴尔博亚与他们相聚。但第二天，他的病情就又恶化了。绘画的颜料都尚未启封，更别说去巴尔博亚了。医生们很清楚，欧内斯特的慢性结肠炎严重损害了他的消化系统。外科手术有可能使病情好转，但这需要切除他的大部分结肠，而这意味着将永久性地改变他的生活质量。在约翰的坚持下，欧内斯特被从海湾转院到帕洛阿尔托（Palo Alto）医院，以便能更好地与阿尔伯特·斯内尔（Albert Snell）医生商量，他是全美国最杰出的结肠炎专家之一。

在伯克利校园，库克西与加州大学的新校长克拉克·克尔（Clark Kerr）就将辐射实验室主任一职交由埃德温·麦克米兰接任（这也是欧内斯特的意思）的事宜进行了平静的讨论。莫莉则被她的妹妹艾尔莎·麦克米兰召回北方全职照看欧内斯特。在对腹部手术抵制了多年后，他在咨询了斯内尔医生后终于让步了，但现在他似乎期待着一个更遥远的前景。"你知道，"他对莫莉说，"我真希望我能多休息。我本想歇下来，但我的良心不允许我这么做。"

手术定于 8 月 27 日。当欧内斯特被推进手术室时，莫莉俯下身来低声说："你醒来时我会在这里。"手术持续了五个小时。结束后，医生只让她看了他一会儿。这一次，当她靠得很近的时候，她认为她听到他说："莫莉，我已经准备放弃了。"这时是晚上 10 点。医生劝说她休息一下——他们说欧内斯特会慢慢镇静下来的——于是她去了深夜咖啡店。但等待是痛苦的，她冲回到医院。当她从电梯里出来时，她立刻从护士的脸上看出，57 岁的欧内斯特已经走了。

欧内斯特的病情使手术室的外科医生感到惊讶。感染和结肠炎的溃疡早已严重损害了他的消化系统，他们惊讶的是这种状况几个月前他怎么还能够打网球。他恢复正常的机会实际上是不存在的，更不用说恢复到正常的生活方式。欧内斯特的朋友和家人对他的生活方式怀着一种恐惧和宽慰的复杂心情："一个有欧内斯特性格的人，"库克西对前来吊唁的一个同事说，"如果像病人一样生活，会感到十分痛苦。"但现在还有很多其他的工作要做，他写道："欧内斯特为我们留下了这样一份遗产，我们有很好的挑战需要去迎接。"

427　　欧内斯特的许多朋友和同事都在思考他身后留下的事业，其中来自罗伯特·奥本海默的判断也许显得最奇特。1959年1月下旬的一个冬日，他造访了戴维·利林塔尔在普林斯顿的家。奥本海默的头发变成了银白色，但他似乎比利林塔尔记忆中他们最后一次见面时显得面色红润，不是那么憔悴。他们就利林塔尔通过非营利的20世纪基金会来促进核裁军的努力谈了很多。最后，利林塔尔引出了这样一句话："一个人在他本该被授予爵士的时候却受到如此恶劣的待遇，任谁都会感到同样的痛苦。"这是利林塔尔在提到欧内斯特·劳伦斯时说的。

利林塔尔在日记中是这样记录这次谈话的："正如罗伯特所说的那样，劳伦斯死于挫折。因为他的雄心壮志太过远大，最终导致他试图破坏日内瓦关于结束核弹试验的会谈。"奥本海默的这番话让利林塔尔吃惊不小，他回答说，欧内斯特"在我看来似乎一直都是一个性格外向、心满意足、有活力的人"。不，奥本海默说："我认识他比你早，我也比你更了解他，他最担心的是自己的地位正在或可能被削弱，这对他来说是一种恐惧。"

正像利林塔尔的日记中所反映的，这的确是一个"奇特的侧面"。但这与事实不符，而且也与奥本海默几年后转达给劳伦斯传记作家赫伯特·柴尔兹的判断不符。基于他从他的好友罗伯特·巴彻那里得到的关于劳伦斯在日内瓦会谈中的作用的表述，奥本海默承认，虽然劳伦斯对禁止核试验的可能性，甚至关于禁止核试验的智慧，"有非常严重的怀疑"，但"显然他很愿意将他的怀疑让位于他所承担的任务"。这么说可能更接近真相：劳伦斯去日内瓦是出于责任感和确保会谈顺利进行的承诺，但这一努力缩短了他的生命。

在劳伦斯回来后，日内瓦会谈又持续了三个多星期。詹姆斯·菲斯克以一个科学家意想不到的外交技巧监督了美方的会谈，并达成了一项将监测核弹试 428 验认定为"技术上可行"的协议。这是接下来进行禁止核试验的谈判不可或缺的前奏。在日内瓦会议结束后的第二天，艾森豪威尔便提议定于10月31日开始禁止核试验的谈判。为了设立会谈的舞台，他宣布，美国将遵守为期一年的暂停核试的承诺，并且每年都会进行一次更新，条件是俄国人在这一时期内也停止核试，并同意对裁军达成"令人满意的进展"。几天后，赫鲁晓夫接受了这一建议。

自广岛核爆以来，到1959年人类在大气层、地下和海上进行了190多次原子弹和热核炸弹试验。美国占其中的125次；俄国人有44次；英国人21次。现在，自1945年以来，核试验带来的人为闪电和雷鸣第一次在世界范围内停止了。

禁止核试验的谈判持续了两年多，其间希望和绝望可谓交相出现。双方对核试的范围保持沉默。这种沉默终于在约翰·F.肯尼迪总统任期的最初几个月被打破。1961年8月31日苏联宣布，将恢复大气层核试验，并在第二天就做好了应对威胁的准备。肯尼迪则坚持暂停核试验的方针不变，直到1962年3月2日，他在电视讲话中宣布，美国也将恢复大气层核试验。新一轮的核试验到1963年夏天才结束，当时美国和苏联达成一项有限的禁止核试验的协议，即除了地下核试验之外，禁止大气层、海上和其他一切场所的核试验。

这项为期三年的暂停核试对爱德华·特勒来说是一段艰难的时期。利弗莫尔的装置通常比洛斯阿拉莫斯的更尖端也更复杂，因此很难完全通过理论模型而不进行测试来确认。但是实验室——1980年它已经重新命名为劳伦斯·利弗莫尔国家实验室——通过利用其与空军和海军的生产关系而得到了蓬勃发展和壮大。在暂停期间，利弗莫尔继续其在北极星方面的研究，接着是下一代 429 的潜射核导弹"海神"（Poseidon）。在20世纪70年代，这项工作发展出多弹头分导式导弹系统"MIRV"。这些导弹的弹头装载有8~14枚核弹头，每一枚分弹头的威力都要比广岛原子弹高出25倍。MIRV系统（包含陆基MX导弹计划）是利弗莫尔长期研制高产量、低重量核装置的最终成果。

作为大科学的核心，辐射实验室既继承了它的光荣传统也经受住了挑战。

欧内斯特的7名学生和同事在他去世后先后获得了诺贝尔物理学奖或化学奖。辐射实验室现已重新命名为劳伦斯·伯克利国家实验室（图37）。其中有四人以上的实验室人员进入科学家名人堂。他们虽然没有与欧内斯特一起工作过，但他们继承了他为辐射实验室所确立的传统。

图37　欧内斯特·奥兰多·劳伦斯在俯瞰4.7米回旋加速器。现在这里已被改名为劳伦斯·伯克利国家实验室。

伯克利还有许多其他学者赢得了化学家和物理学家同行的尊重，尽管他们离最高荣誉——诺贝尔奖——仅差一步。其中一位是阿尔伯特·吉奥尔索（Albert Ghiorso），一个矮胖固执的物理学家。他恰在战前来到伯克利，向以电子学奇才及其无懈可击的自由主义观点而闻名。西博格在描述吉奥尔索时这样写道：他是"我认识的人中唯一一个将富兰克林·罗斯福称为保守派的人"。他还以历史上最刻苦、最富有创造性的新元素猎手著称，12个超铀元素的发现都与他有关。其中的103号元素据信就是吉奥尔索及其伯克利的同事于1961年通过所谓的"每次一个原子"——其字面意思是在数百次试验中，平均每次仅检测一个原子——的化学过程发现的。他们延续了这样一个新元素命名的传统：1949年，他们将他们发现的97号元素命名为berkelium（伯克利，中文译作锫）；1950年，将新发现的98号元素命名为californium（加利福尼亚，中文译作锎）。现在，他们将这个至今为止人类肉眼不可见的新元素命名为lawrencium（劳伦斯，中文译作铹）。

尾声：大科学的曙光？

莫莉·劳伦斯一如既往地反对为她丈夫举行公开的葬礼。取而代之的是，在欧内斯特去世后的第三日上午10点，几百名应邀前来的朋友和同事来到伯克利的第一公理会教堂为劳伦斯祈祷。这所教堂与伯克利校园仅隔两个街区，距离旧的辐射实验室仅几步之遥。

主持悼念仪式的是克拉克·克尔——一位秃顶的劳动经济学家，他在忠诚宣誓事件后不久接替鲍勃·斯普劳尔成为伯克利本校区的新一任校长。（斯普劳尔则被提升为迅速扩张的加州大学系统的总校长，1958年在他退休后也是由克尔接替。）

欧内斯特如果能听到克尔将他的一生和事业放在人类不断追求知识的连续体中肯定会很高兴：

生活在这个星球上的人类至少已延续了一百万年。在这上百万年里，他们不断地摸索着去更多地了解、更好地控制这个世界。他们中的一些人向未知的黑暗投射出一束光，为所有后代照亮了一个新时代。在这些光束中，最强的一束是由欧内斯特·劳伦斯点燃的。从此以后，人们会看得更远，了解得更多。我们每个人以及我们的每个孩子，都应将这一无价的贡献归功于欧内斯特·劳

伦斯。因为他扩展了我们的视野，减少了我们的无知。他增添了我们每个人的尊严，给了我们更多的生活的意义。

那些最了解欧内斯特的人也许从中听到了雷蒙德·福斯迪克20年前证词的回响，当时他代表洛克菲勒基金会为467厘米回旋加速器拨款115万美元，称这个装置为"一个强有力的象征，它代表着人类对知识的渴望，是人类精神最高尚的表达方式，是人类对真理无畏探索的象征"。而那些更实际的头脑则在思考欧内斯特是如何管理好这个研究机构的。"他将作为回旋加速器的发明者被人们永远铭记，"L.阿尔瓦雷斯在美国国家科学院纪念馆这么写道，"但更重要的是，他应该作为现代科学研究方法的发明者被人们记住。"

在随后的几十年里，欧内斯特·劳伦斯做科研的方式依然是一个样板。当然，即使没有他，大规模跨学科的实验室依然有可能创建出来，因为高能物理学的发现创造了其自身对更大、更复杂和更昂贵加速器的需求。但劳伦斯式的实验室的发展似乎只有在检讨过去时才能避免。对于欧内斯特的同代人和继承他的第一代科学家来说，大科学可能还有许多其他的途径可遵循。对他们来说，他发明的这种让"物理学家、工程师和技术人员可以共同协作，来建造更大、更复杂的粒子加速器"[1]的大实验室是美国独有的，也是独一无二的。例如，正是欧内斯特·劳伦斯，将加速器实验室的工程师的地位提高到与物理学家同等的地位。相比之下，欧洲的物理学家则"倾向于躲避工程技术上'肮脏'的细节"。这就很好地解释了为什么欧洲在加速器技术方面会落后于美国，虽然它 433 也可能鼓励在欧洲大陆采取一种更自由、更少约束的物理方法。

劳伦斯领导下的辐射实验室所产生的动力将物理学带入20世纪70年代。1959年，斯蒂文·温伯格（Steven Weinberg）——未来的诺贝尔奖得主（1979年因对电弱相互作用理论的贡献而获奖）——来到辐射实验室做博士后。当时比尔·布罗贝克正在山顶上按照欧内斯特的遗愿建造质子加速器Bevatron。温伯格回忆说，Bevatron"是专门为将质子加速到足以产生反质子（带负电荷的质

1　这句话是英国物理学家约翰·伯特伦·亚当斯（John Bertram Adams）说的。他在1975—1980年间任欧洲核子中心主任。

子）的能量而建造的。不出所料，反质子被创生出来"。但还有许多其他类型的粒子有待发现，这就要求人们建造一代又一代的新加速器来破解新的谜团。这些加速器能量更高，当然也更昂贵。第一代的玻璃腔加速器和蜡封加速器分别始于0.7米和0.9米回旋加速器，接着发展出1.5米和4.7米加速器，但到了Bevatron，加速器已经太大，不适合建在深谷；也太昂贵，无法由一个大学来筹资建设。所以新机器都是由学术共同体和大学－政府合作机制来建设的。前者的例子是欧洲核子研究中心，后者如芝加哥大学之外的费米实验室。新一代科学装置的规模远远超出了历史上以往任何科学装置的规模。按照温伯格的话来说，它们在伊利诺伊大草原上和在法国与瑞士的边境地带，已经成为一道"特色景观"。

但在欧内斯特·劳伦斯去世后的短短几年里，怀疑论者质疑他的方法所培育的企业的规模和成本的呼声又开始甚嚣尘上。在这些持怀疑态度的人中就有物理学家阿尔文·温伯格（Alvin M. Weinberg）。巧的是正是他在1961年提出"大科学"一词。世事难料，还是这个温伯格，后来成为橡树岭国家实验室的主任。这间实验室是由欧内斯特·劳伦斯和格罗夫斯将军为采用电磁分离法来浓缩铀而成立的。但现在这个位置给了温伯格一个独特的、有利的观察视角，使他能够从中调查欧内斯特·劳伦斯播下的研究成果。

434　温伯格提出了关于大科学的三个基本问题：它会破坏科学吗？它是否会在经济上毁了国家？我们是否应该将它所支配的资金用于（例如）根除疾病和其他直接针对"人类福祉"的努力，而不是用于诸如太空旅行和粒子物理学之类的"壮观"方面？

仅仅是这样问问题就已经暗示答案必然是肯定的。温伯格观察到，大科学在宣传上的兴盛使得对技术价值的讨论减退为对哪些项目可能在新闻界引起最大轰动的争论。大项目过多的资金鼓励人们去更多地建造但却减少了人们的思考："人们自然会急于花钱而不是思考——想着订购一台价值10^7美元（1000万美元）的核反应堆，而不是想着如何利用手边的反应堆设计一个关键性实验。"温伯格指出，大科学对研究和大学的影响已经引起人们的不安。他写道：
"我怀疑大多数美国人更愿意有一个首先给世界带来治愈癌症的社会，而不是
一个首先将宇航员送到火星上去的社会。"

另一些人则关注大科学对传统学术结构的影响。这种学术结构将基础研
究、应用研究和教学融合为一个统一的、多方面的整体。一旦物理学家的机器
打破了大学校园的界限，那么这种关系就将开始瓦解；在第二次世界大战、朝
鲜战争和冷战期间，军用资金的主导地位已使这种局面变得更加支离破碎。在
庆祝辐射实验室成立五十周年的座谈会上，约翰·伯特伦·亚当斯告诉他的听
众："当机器大到大学环境容纳不下时，进行实验的地方与学生学习物理的地
方将出现分离……教授一门专业课程，比如说在哈佛大学，需要你有特别强健
的个性；而在（比如说）费米实验室或欧洲核子中心进行一项重要实验，则需要
你有强烈的责任心，尤其是在这个实验需要持续数年的情况下。"

大科学曾不再是学术机构的一部分，而是其本身就是一个机构。在数十亿
美元的机器上做实验必须得到委员会的批准，委员会的决策不仅仅取决于所申 435
请项目的客观价值，还取决于他们对申请人的声誉及其在所属领域中的地位
的主观判断。但随着欧内斯特·劳伦斯的去世，实际上是他这一代人的整体远
去，这种科学研究风格与过去那种建立在偶然发现基础上的研究之间的日益扩
大的鸿沟已经消失。在他生前主持辐射实验室的那些年里，欧内斯特亲自执掌
实验指导委员会，亲自直接指导研究，或通过他对顶级助手的选择来间接指导
研究。在辐射实验室，重要的研究通常被定义为欧内斯特·劳伦斯、L. 阿尔瓦
雷斯，或埃德温·麦克米兰希望探求的任何一项研究。

欧内斯特·劳伦斯这一代人都是科学界的政治家。他们在和平时期的权威
来自他们在第二次世界大战中所扮演的角色。在战后的30年里，这一代人中的
许多人已经去世：J. 罗伯特·奥本海默去世于1967年，亚瑟·霍利·康普顿去
世于1962年，万尼瓦尔·布什去世于1974年。下一代人中没有任何人能像他
们那样受到国会议员或白宫的尊重；没有人能像他们当年那样声称代表科学
界的统一利益。没有人有欧内斯特·劳伦斯那样的筹款能力。

恰逢对新加速器的需求与日俱增之际，同时在另一方面，甚至连物理学家也开始怀疑加速器的必要性的历史节点上，美国科学界的一批最伟大、最有影响力的科学家去世了。对于粒子物理学家——在回旋加速器时代，他们是科学发展的主宰——来说，需要更大、更高能量的机器是一种信念。"如果没有巨大的努力和巨大的机器……我们根本不知道如何获取物质最微小结构（高能物理学）或宇宙最宏大尺度的信息。"辐射实验室的资深研究人员、后成为斯坦福大学极具竞争力的高能加速器计划的负责人皮夫·帕诺夫斯基在1992年这样写道。不仅如此，温伯格观察到，这些项目还具有这样的特点：要么资助到位，否则等于没给。"大科学的特殊性在于它不能轻易地缩小"，他在文章中写道，

436 设计一台新的花费数十亿美元的加速器，目的是用来在巨大的地下隧道里让两束相向飞行的粒子束迎头碰撞并粉碎，"建这样一条加速器隧道，如果只建半个圆是一点用处都没有的"。但不是所有的科学都是物理学，也并不是所有的物理学都是高能物理学。

随着曼哈顿项目的科学领导人在20世纪60年代中期陆续离开战场，对科学家在制订国家重点项目上的作用的疑虑也变得越来越强。"科学的这个20年的蜜月期结束了。"《科学杂志》的编辑菲尔·埃布尔森（Phil Abelson）在1966年这样写道。埃布尔森曾是辐射实验室的研究人员，参与过用于制造原子弹的热扩散法分离铀工艺的开发过程。

这是一段盛大的蜜月期。在这个始于广岛的20年中，在苏联人造地球卫星的强大助力推动下，科学家成为对政治生活的各个方面都产生重大影响的人物。从战争中走出来的万尼瓦尔·布什、欧内斯特·劳伦斯和他们的同事们能够说服国会，"不论是其自身的缘故，还是出于其他原因，基础科学都是值得支持的，它不需要与实用结果有太密切的联系。"哈佛大学公共管理专家唐·普莱斯（Don K. Price）评论道。杰出的科学家成了"政治动物"，就职于（政府的）武装部队工学院的政治科学家拉尔夫·桑德斯（Ralph Sanders）在《原子科学家公报》中写道："总统的科学顾问现在可以对许多问题发表评论。而搁在40年前，

这可是政治家们独享的权力……今天，大批科学家奔波于公共事务领域，急于解决越来越多的问题。"政治家们之所以让渡这种权力，是因为他们已经"被科学的辉煌成就搞得眼花缭乱，对科学的深奥本质感到不安，并且对苏联在科学上的挑战感到困扰"。这个过程始于欧内斯特·劳伦斯，但在他去世后，这种局面已经无可估量地形成了。

然而，在那时，科学家们的影响力开始减弱的迹象已经出现。可以肯定的是，科学仍然占据着国家资源的巨大份额：联邦政府在研究和开发方面的支出 437 从1940年的7400万美元增长到1965年的150亿美元，年均增长近20%。但增长率已急剧下降：从1950年至1955年，年均增长率为28%，但从1961年至1965年，年均增长率为15%。

这种趋势无疑反映了已经根本不可能维持战争年代和战争刚结束时期的那种增长率。但还不止这些。大科学在过去取得的成就被夸大了，而且它的发起人又过分高估了其未来的收益。到20世纪60年代中期，战时的成功已消退为一种记忆的迷雾，而且在后人造卫星时代与苏联竞争的费用开始惊人地上涨。

接着是越南战争。这场战争让政府的资源不堪重负。它引发的有关美国在世界上的作用的争论将国家的社会优先发展事项大白于天下。同时，学术界和科学界对战争机器的参与，也引发了关于军事科研经费的新问题。国会不得不采取行动切断五角大楼向学术界的资金输送渠道。1969年出台的曼斯菲尔德修正案（以提案人参议院多数党领袖、蒙大拿州民主党人迈克·曼斯菲尔德的名字命名）禁止五角大楼把钱花在任何与军方无关的研究上。这一变化也发生在由国防部的"人造卫星时代"高级研究计划局（ARPA）资助的一大批大科学高校项目上，其中就包括将各大学研究用计算机连接成一体的网络建设项目（即今天互联网的前身阿帕网ARPANET）。（为了与其使命的改变相协调，美国国防部"人造卫星时代"高级研究计划局（ARPA）更名为国防高级研究计划局（DARPA）。）这个时期对于物理学家来说尤其困难，他们中的许多人的职业抱负原本就是建立在对政府继续资助大科学的期望之上的。在麻省理工学院，这

大科学

一变化使其来自政府的支持自1968年以来下降了30%。1972年，物理学界领袖维克多·韦斯科普夫（Victor Weisskopf）对"在人造卫星的刺激下投身学习物理学的一代人"的就业前景越来越渺茫表示遗憾。"当这些孩子们在学校念书时，他们被告知，现在国家处于非常时期，我们需要更多的科学家。所以他们刻苦学习。"现在，他说："他们被赶到大街上，自然会感到被欺骗了。"

从事大科学的科学家们试图推翻人们因关于越南战争的论战和不断增长的预算要求而引起的对他们的工作的怀疑。他们为基础研究的巨额开支所进行的辩护还是过去的那几条理由。他们声称，只要经费充足，从基础研究到实际应用指日可待。正像《哈珀》（Harper）杂志编辑约翰·费希尔（John Fischer）轻蔑地反复絮叨的那样，要想战胜癌症，"或心脏病，或中风，或精神病，或其他疾病，就只有与相关性相距甚远的事物联系起来的研究才是合理的"。还有一种论调是，如果美国在大科学方面的努力动摇了，那么就难有军事上的突破，就会让苏联人主宰世界。

在这种国家全面紧缩科研经费、重新考虑研究重点的氛围下，大科学面临着自劳伦斯时代以来前所未有的挑战。在那个年代，以及战后的第一个十年里，人们普遍认同，民族自豪感要求政府为追求知识提供资金。"当你有了自由以后，伟大的思想就出现了，"洛克菲勒基金会的沃伦·韦弗宣称，"自由地思考，从其他压力中解脱出来，会让个人拥有伟大的知识能力……并让他们的动力主要来自于他们想了解大自然如何运作的好奇心。"

现在，这个想法听起来就是个无可救药的精英主义者。以基础研究为目的的数百万美元的项目受到越来越实际的审查。例如，莫霍[1]（Mohole）项目的命运就是如此。这项大胆的计划于1958年启动，旨在通过深海海底钻探深入到地球的地幔。莫霍项目被认为是美苏之间空间竞赛和亚原子物理学探索在地质构造领域的延伸。但它无法持续，原因是成本估计从原来的1500万美元一下子飙

1　Mohole 是莫霍洛维奇（Mohorovic）的简称。莫霍洛维奇是一位克罗地亚地球物理学家和地震学家。是他最早通过地震研究发现了地壳与地幔之间存在不连续的界面，后来学术界就将这个界面称为莫霍面。——中译者注

升到1亿2700万美元。1966年7月，该项目被国会取缔。尽管项目的发起人曾试图通过将该项目描绘成"可以包治百病（除了毒葛藤）的灵丹妙药"（《科学》杂志讥讽语）来挽救它。

在美国，没有任何事件能像20世纪80年代到90年代初关于超导超级对撞机（SSC）的激烈辩论那样使大科学的局限性得到极大的缓解。SSC可谓是欧内斯特·劳伦斯和尼尔斯·埃德勒弗森的玻璃腔加蜡封加速器在当代的超现代子孙，其建设费用预计在10年内将耗资60亿美元。支持者直接就拿着劳伦斯的剧本到国会去推销。他们从唤起民族自豪感、拯救生命的应用前景，到人类寻求自然界基本真理的荣耀可劲儿地吹嘘。SSC项目的两位最有力的推动者谢尔登·格拉肖（Sheldon Glashow）和莱昂·莱德曼（Leon Lederman）这样写道：该项目将衍生出有关超导磁体的新知识（这种技术可用于"超快运输"、电池和电力传输），可促进建筑技术和计算机科学等方面的发展。而他们游说的一个基本点是：警告美国科学有可能被欧洲超越。他们写道，"如果美国拒绝上马SSC，损失的将不仅是我们的科学，而且包含更广泛的民族自豪感和技术自信心的问题。当我们还是孩子的时候，美国做得最好。因此它现在也应该再铸辉煌"。

然而，SSC团队缺乏劳伦斯的那种既能笼络一般民众又能让科学界聚众一心的能力。早在1967年年初，《纽约时报》就已谴责了高能加速器"既昂贵"又与那个时代紧迫的社会问题"不相关"（当时的具体目标是针对费米实验室计划中的一台新机器）。随着SSC项目的进展，预算方面的考虑压倒了技术副产品、民族自豪感和人类愿望的承诺。在"拉里国王"电台的一个访谈节目上，斯蒂文·温伯格面对面地接受了反SSC议员的挑战。"他说他不反对在科学上花钱，但我们必须有优先考虑。"温伯格回忆道："我解释说，SSC将帮助我们了解自然规律，我问是否这项工作不值得高度重视。我记得他回答的每一个字。他说'不值得'。"在劳伦斯那个年代，没有哪一位国会议员敢对欧内斯特·劳伦斯直言不讳地予以反驳。

在是否有必要上马SSC的问题上，物理学界内部的公开分歧进一步削弱了SSC。像帕诺夫斯基和温伯格这样的高能物理学家坚持要"上"，但他们受到其他学科分支的人的反对。这些人长期以来一直认为高能物理对研究经费的需求可谓贪得无厌。最后，在1993年，由于在超导超级对撞机的成本、必要性和实用性等问题上的争论长期僵持不下，加上经济衰退的加剧，国会否决了该项目。

这是一个大科学的丧钟？直到几十年后本书的写作为止，这个问题仍不清楚。在SSC被取消后，高能物理的重心转移到欧洲核子研究中心和它的大型强子对撞机（LHC）上，这台装置成为（目前）世界上最强大的加速器。大型强子对撞机雇用了成千上万的物理学家，其中许多是美国人。2013年，在它上面取得了能够成功识别难以捉摸的希格斯玻色子的信号。但是，正如近一个世纪以来的物理学模式所显示的，这一发现只是为研究关于自然界基本粒子和基本相互作用力的更多的问题指明了方向，这些问题可能需要束流更强能量更高的机器来回答。"在接下来的十年里，"温伯格预测，"物理学家可能会要求他们的政府提供届时我们认为需要的更新更强大的加速器。这将是一场非常艰难的博弈。"

在SSC被取消后的几年里，政府在资助大科学方面的作用持续减弱。在21世纪的前几十年里，主要的赞助人是企业。它占美国研发经费的三分之二。其中的近三分之二是"发展"支出，即努力将应用性研究成果推向市场。只有大约1/6的研发经费是用于基础研究。从2003年到2008年，美国国家科学基金可查到的基金增长几乎全都来自企业。大科学的未来似乎有赖于企业，其研发重点非常不同于大学、研究基金会和政府的项目。

· · ·

441　　在欧内斯特·劳伦斯去世后的几年里，不仅是他的大科学的成本和实用性受到攻击，而且他的筹资方式和部署科技人才的方式也成问题。这些问题集中反映在利弗莫尔身上。

到了20世纪80年代，利弗莫尔在国际军备竞赛中的作用日益突出，这一点开始让莫莉·劳伦斯提出令人不安的疑问：她丈夫的遗产是否被利弗莫尔用歪了？莫莉当时住在伯克利校区北边山上的塔马尔帕伊路上。她的结论是欧内斯特一定会反对这么做，她决心要将这一点告诉世界。

1982年的一天，在看了关于有争议的洲际弹道导弹项目的新闻后，她告诉当地报纸的记者："我听说劳伦斯·利弗莫尔实验室正参与MX导弹的部分设计。一想到欧内斯特的名字将与此联系在一起，由此使它有了合法性和可敬性，就让我感到害怕。"她确信，欧内斯特会和她一样震惊：为国家安全考虑而开发超级炸弹的努力现在已经演变成一场不断升级的无限制地制造破坏性力量的竞赛。她说，他会被这些"中产阶级的白痴"激怒，"在我们已经有了高出威慑所需的十倍二十倍的力量时，［他们］仍不愿意面对我们所带来的恐惧，拒绝停止这种疯狂"。

那年春天，她写信给加州大学表达她的"羞愧和自责"。她不愿意看到欧内斯特的名字与利弗莫尔联系在一起，她要求将劳伦斯这个名字从该实验室的名称中去掉。但校方告诉她，因为利弗莫尔是联邦政府的实验室，改动它的名称是联邦政府的事情。另外还让她感到无助的是，约翰·劳伦斯就是校董事会成员之一，他强烈反对她的立场。于是她向国会提出她的请求，要求加州的联邦参议员阿兰·克兰斯顿(Alan Cranston)给予帮助。但她从未如愿，到今天欧内斯特的名字仍保留在利弗莫尔实验室的名称里。

但欧内斯特是否真的会反对核武器在后来发展中的作用，这其实很难说。早在1952年，人们就很清楚，发展超级炸弹可能引发美苏之间永久性的军备竞赛。事实上，这也是奥本海默、费米、拉比和其他反对者反对研制超级炸弹的基本原因。在劳伦斯生前，利弗莫尔就积极争取在武器发展方面发挥更大的作用。后来在其指定的接班人爱德华·特勒的领导下，这一目标仍得到继续贯彻。劳伦斯自己就是武器计划的发起人。他为利弗莫尔后来的发展做了非常精心的考虑。

莫莉·劳伦斯的目的是要保护她丈夫在超过半个世纪的过程中所发展的遗产。她的目标仅此而已。我们不妨重温罗伯特·奥本海默的观点：欧内斯特·劳伦斯利用他的天才，不仅揭示了自然界中一些最隐秘的秘密，而且发明了一种新的方法来解决"研究大自然的问题"。虽然劳伦斯的方法将科学和军事的同盟关系提升到一个新高度，但同时也丰富了科学，丰富了我们对自然世界

大科学

的认识。直到他生命的尽头，欧内斯特一直注意遏制巨额资金对科学发展带来的过度影响。尽管他有时会屈从人性所产生的信念，认为个人的目标总是正确的，但这不应掩盖他为科学带来新知识水平的真正成就。

在莫莉开始采取行动要将欧内斯特的名字与军国主义和大规模毁灭性武器分开来的前一年，她在伯克利的一次演讲更多唤起的是令人振奋的回忆。这次演讲是为纪念辐射实验室成立50周年而举办的。但按约翰·格林利夫·惠蒂尔（John Greenleaf Whittier）的话来说，"在所有悲伤的语言和笔触中，最令人悲哀的可能是"，她有意将那些能让欧内斯特在科学世界打上印记的运气、内心驱动力和巧合独具匠心地组合起来：

443　　如果罗尔夫·维德勒没有在1928年发表关于钾离子加速的文章那将会怎样？如果不是那一天欧内斯特在图书馆读到它那又将怎样？尽管他读不懂德语，但他能理解文章给出的一般原理。如果尼尔斯·艾德勒弗森没有被说服来建造伯克利的加速器（用的还是玻璃管和封蜡），那又将会怎样？……如果斯坦·利文斯顿没有承担起建造更大的加速器的任务，并想出一些非常巧妙的解决问题的办法，那又将会是怎样一个局面？如果没有那群富有奇妙的灵感、敬业的精神、勤奋耐劳的品格，以及愿意长期忍受寂寞的年轻人被吸引到伯克利来，在他们要求很高的导师的指导下夜以继日地工作，节假日也不休息，那又将会怎样？如果罗伯特·戈登·斯普劳尔不是一位老派守旧的大学校长而是一位年轻、充满活力的大学校长，那又会是一个什么样的局面？……

如果实验室的成功中缺乏这些实质性要素的任何一个，今天又会是怎样的情形？如果这些正确的人们没有在适当的时间想到正确的方法，如果没有适度的热情和毅力，如果时间和地点不对……那又将会怎样？

她总结道："那样的话，辐射实验室就肯定不会于1931年在伯克利成立，今晚我们就肯定不会在这里庆祝那些幸运的日子。但他们做到了，因此才有我们在这里会聚一堂。"

致　谢

　　几乎所有与欧内斯特·O. 劳伦斯一起经历过高能物理形成年代、原子弹 445
的发展以及热核时代诞生的男性和女性都已经过世了。但是他们中的许多人的
声音被保留了下来。这要归功于 1968 年赫伯特·柴尔德为撰写经授权的劳伦
斯传记《一个美国天才》而对他们进行的大量采访。这些采访录音现在仍存放
在伯克利加州大学班克罗夫特图书馆。柴尔德的作品和素材，以及由海尔布伦
(J. L. Heilbron) 和赛德尔（Robert W. Seidel）于 1969 年出版的《劳伦斯和他的实
验室》（记述了辐射实验室的历史）一书，对于任何研究劳伦斯和他那个时代的
人来说，都是不可或缺的出发点。

　　欧内斯特·O.劳伦斯的论文也存放在班克罗夫特图书馆。在我长时间地
在图书馆阅览室翻阅这些档案资料时，班克罗夫特图书馆的公共服务主管苏
珊·斯奈德（Susan Snyder）和其他员工始终彬彬有礼地为我提供了大量帮助。
我还应感谢劳伦斯·伯克利实验室的帕梅拉·帕特森（Pamela Patterson），她协
助我调取了实验室的档案材料，并在我访问期间给予了热情款待。国会图书
馆、尼尔斯·玻尔图书馆和美国物理研究院档案馆，以及西点军校图书馆等，
也为我提供了重要的历史资料。欧内斯特和莫莉的次子罗伯特·劳伦斯慷慨地
向我提供了家藏的照片。

　　我的经纪人桑德拉·戴克斯特拉（Sandra Dijkstra）在这个项目上投入了大
量的热情、支持和诚意，这是我长久以来的依靠。西蒙－舒斯特出版社的编辑 446

托马斯·莱比恩(Thomas LeBien)为文稿的结构和最终成书提供了宝贵的指导。

最后，也最重要的是，我要感谢我的妻子德波拉及我的两个儿子戴维和安得烈带给我的灵感。如果没有他们的爱、忍耐、合作和支持，这本书就不可能写作完成。

扫描二维码，进入第一推动的奇妙领地
回复"大科学"，获取本书参考书目及索引